A guerra dos gibis

goncalo junior
A guerra dos gibis

A formação do mercado editorial brasileiro e a censura aos quadrinhos, de 1933 a 1964

EDIÇÃO REVISTA E AMPLIADA

© 2023, Gonçalo Júnior
© 2023, Editora Conrad
Todos os direitos reservados.
1ª edição – São Paulo – 2023

DIRETOR-PRESIDENTE Jorge Yunes
GERENTE EDITORIAL Cassius Medauar
EDITORA Marina Taki Okamura
ESTAGIÁRIA EDITORIAL Ana Marcílio
SUPORTE EDITORIAL Nádila Sousa e Fabiana Signorini
COORDENADORA DE PRODUÇÃO Juliana Ida
COORDENADOR DE ARTE Denis Takata
CONSULTORIA Guilherme Kroll
GERENTE DE MARKETING Renata Bueno
ANALISTAS DE MARKETING Juliane Cardoso, Anna Nery e Luiz Andrade
ESTAGIÁRIA DE MARKETING Mariana Iazzetti
DIREITOS AUTORAIS Leila Andrade
PREPARAÇÃO DE TEXTO Cássio Yamamura
REVISÃO DE TEXTO Lielson Zeni
DIAGRAMAÇÃO DE TEXTO Valquíria Palma
CAPA Delfin [Studio DelRey]

Dados Internacionais de Catalogação na Publicação (CIP)
de acordo com ISBD

G635g Gonçalo Junior

A Guerra dos Gibis – A formação do mercado editorial brasileiro e a censura aos quadrinhos, 1933 a 1964: Edição revista e ampliada / Gonçalo Junior. - São Paulo : Conrad Editora, 2023.
552 p. ; 16cm x 23cm.

ISBN: 978-65-5803-193-2

1. Editoração. 2. Mercado editorial brasileiro. 3. Quadrinhos. 4. Censura. I. Título.

2023-1754   CDD 070.5
                                           CDU 070.4

Elaborado por Vagner Rodolfo da Silva - CRB-8/9410

Índice para catálogo sistemático:
 1. Editoração 070.5
 2. Editoração 070.4

Conrad Editora
Rua Gomes de Carvalho, 1306 – 11º andar, Vila Olímpia
São Paulo – SP   04547-005
Tel. 11 2799.7799
atendimento@grupoibep.com.br

Para Josélia Aguiar, é óbvio.

SUMÁRIO

CAPÍTULO 1 — A VIAGEM MÁGICA DE ADOLFO AIZEN 15
    Porta-voz da América do futuro 17
    Representante dos jornalistas cariocas 24
    Um passeio para a história 32

CAPÍTULO 2 — A REVOLUÇÃO DOS SUPLEMENTOS DIÁRIOS 41
    Algo economicamente complexo 43
    Nova identidade para o editor 53
    Outro negócio próprio 62

CAPÍTULO 3 — O IMPLACÁVEL ROBERTO MARINHO 65
    O nascimento da indústria das historietas 67
    A investida de Roberto Marinho 73
    O primeiro golpe 79
    A revolução do comic book 85
    No país das oportunidades 89
    O segundo golpe 93

CAPÍTULO 4 — CHATEAUBRIAND E OS PRIMEIROS ATAQUES AOS QUADRINHOS 101
    Cartilha de doutrinação para crianças 103

Os primeiros opositores 108
Proximidade com o fascismo 117
A polêmica sugestão de Marinho 122
Chateaubriand cria sua revista 123
Formação do mercado 127
A guerra nacionalista de Aizen 137

CAPÍTULO 5 — ALFREDO MACHADO E O NASCIMENTO DOS QUADRINHOS 145
Quase disputado a tapa 147
Salve-se quem puder 153
A Ebal e os educadores rivais 160
A imprensa ataca os quadrinhos 171
A guerra que veio da América 173

CAPÍTULO 6 — ORLANDO DANTAS X ROBERTO MARINHO 181
O perigo da falsa literatura infantil 183
Professores como aliados 186
A carta de Marinho 193
Teoria importada dos EUA 198
Aliados da "subliteratura infantil" 202
A repressão se espalha pelo país 208
O segundo *round* de Dantas 218

CAPÍTULO 7 — GIBIS, UM PROBLEMA CONSTITUCIONAL 225
A defesa de Gilberto Freyre 227
Os quatro cavaleiros do apocalipse: Aizen, Marinho, Civita e Chateaubriand 230

CAPÍTULO 8 — A OPOSIÇÃO SE ALASTRA PELO PAÍS 243
Um negócio de 150 milhões de exemplares 245
Os ataques de Carlos Lacerda 250
Estratégias de defesa 256
A La Selva e o terror paulista 263

CAPÍTULO 9 — SAMUEL WAINER X ROBERTO MARINHO 279
Receita para envenenar a alma da criança 281
A mobilização gaúcha 283
Briga de cachorro grande 292
O segundo *round* de Wainer x Marinho 313

CAPÍTULO 10 — AS TENTAÇÕES DO DR. WERTHAM 321
A paranoia que vem da América 323
O código de ética americano 329

Exportação do código americano   335
Mais um ano de embate pela censura   337

CAPÍTULO 11 — DIPLOMACIA DE AIZEN E EVANGELIZAÇÃO DAS HQS   339
Um problema que se tornou constitucional   341
Mais críticas no Brasil   345
Código para mutilar histórias   348

CAPÍTULO 12 — POLÍTICA E LITERATURA   363
O cerco se fecha no Congresso   365
Aizen e Marinho se aproximam   375

CAPÍTULO 13 — HORA DE SEDUZIR O INIMIGO   385
Leitores fora de controle   387
Uma editora fortalecida   395
Plano para expandir em São Paulo   404
A Outubro e a nacionalização dos quadrinhos   406

CAPÍTULO 14 — CARLOS ZÉFIRO E O BRASIL DE JÂNIO   411
Os "catecismos" pornográficos   413
"O quadrinho é nosso!"   418

CAPÍTULO 15 — CÓDIGO DE ÉTICA E A AVENTURA DE BRIZOLA   433
A criação do selo brasileiro   435
A cooperativa gaúcha   442
Tecnologia alemã   454

CAPÍTULO 16 — O DECRETO DE JOÃO GOULART   459
A lei de reserva de mercado   461
Roberto Marinho e a TV   468
A ditadura e os quadrinhos   472

EPÍLOGO — O DESTINO DE CADA UM   477

APÊNDICE   493

FONTES E BIBLIOGRAFIA   506
Depoimentos e entrevistas ao autor   506
Depoimentos a terceiros   506
Periódicos   506
Coleções de fanzines   507
Coleções de revistas   507
Livros   507

CRÉDITOS DAS ILUSTRAÇÕES — CADERNO EM CORES   512

ÍNDICE ONOMÁSTICO   529

*Esta é uma história sobre intolerância e preconceito,
com bandidos e mocinhos reais.*

"O Terror Negro" está sendo lida por crianças do Rio e São Paulo. Os La Selva, como Roberto Marinho e Adolfo Aizen, estão empreendendo uma campanha verdadeiramente selvagem no sentido de transformar as novas gerações em um celeiro de anormais, tarados e mentecaptos. Reclamamos do governo uma legislação que proteja a criança brasileira contra cada espécie de ação criminosa.

Carlos Lacerda
Tribuna da Imprensa, 6 de julho de 1951

Esclarecimentos necessários

No Brasil, as histórias em quadrinhos foram chamadas durante algum tempo de "historietas em quadrinhos" ou apenas "historietas", em uma apropriação do termo espanhol. Aconteceu assim até meados da década de 1960, quando ficaram conhecidas como são hoje – ou abreviadas para quadrinhos ou HQs.

As revistas em quadrinhos ou "revistinhas" receberam o diminutivo por causa do formato reduzido a partir dos anos de 1950 e porque tinham como público-alvo principal crianças e adolescentes.

O termo "gibi", como muitos preferem chamar, nasceu do título de uma famosa revista semanal lançada por Roberto Marinho, o *Gibi Trissemanal* (saía três vezes por semana), em 1939. Como se verá neste livro, sua adoção, porém, surgiu da necessidade dos detratores de Marinho de acusá-lo de publicar revistas que induziam seus leitores mirins ao crime. Portanto, apelidá-las de revistas "do tipo gibi" tinha uma conotação pejorativa.

Por esse motivo, o editor Adolfo Aizen, personagem central desta narrativa e concorrente de Marinho, não gostava quando assim se referiam às revistas em quadrinhos que ele publicava. Seu uso no título desta obra pareceu ao autor mais que apropriado por causa do enfoque dado ao tema.

O leitor notará também o uso frequente de termos derivados da palavra quadrinhos. "Quadrinhização" e "quadrinhizar" e "quadrinhistas" são neologismos cuja criação é atribuída a Aizen, pioneiro desse gênero de imprensa no Brasil. O autor optou por adotá-los aqui com o uso da letra "h", dentro da regra comum de que termos originários de palavras com "nh" preservam seu uso. Desenhista, cavaquinhista etc.

Todos começaram a ser incorporados nos dicionários brasileiros a partir de 1970, só que sem o uso do "h". O verbo "quadrinhizar" quer dizer, segundo o Aurélio (que prefere sem o h), "adaptar (uma narrativa, uma história) à forma de quadrinhos, de história em quadrinhos".

Talvez o leitor ache estranho também o uso de derivados como "letreiramento", adotado entre desenhistas, roteiristas, produtores e editores de quadrinhos. Quer dizer "colocar os textos dentro dos balões". E quem faz isso no processo de produção ou edição de uma história é o "letrista".

Além de não usar notas de rodapé, outra opção adotada pelo autor para deixar a leitura mais agradável e fluente foi a de não detalhar no decorrer do texto as propostas e as leis de censura aos quadrinhos no Brasil e em vários países, por considerá-las excessivamente repetitivas e carregadas de termos jurídicos. O interessado em conhecer o conteúdo dessas propostas poderá consultá-las no apêndice no final do livro.

CAPÍTULO 1 – A VIAGEM MÁGICA DE ADOLFO AIZEN

CHICAGO
WORLD'S FAIR
MAY 27TH NOV. 1ST
1833 A CENTURY OF PROGRESS 1933

PORTA-VOZ DA AMÉRICA DO FUTURO

Por mais que tentasse esconder a ansiedade, o repórter Adolfo Aizen, de 27 anos, tinha bastante pressa e quase nenhum tempo quando entrou na redação d'*O Globo* naquela tarde de começo de outono de 1933. Havia trabalho a fazer nos três empregos eventuais que mantinha: no jornal de Roberto Marinho e nas revistas *O Malho* e *O Tico-Tico*. Felizmente, os dois últimos pertenciam a uma mesma empresa e, portanto, ficavam no mesmo andar do prédio de número 34 da rua do Ouvidor, no Rio de Janeiro, a algumas quadras de onde ele se encontrava naquele momento.

Aizen estava acompanhado dos irmãos Sana-Khan e Chacarian, a quem teria de fazer as honras da casa. A dupla de astrólogos e quiromantes armênios aparecera repentinamente para visitar o jornal, embora o repórter tivesse feito o convite poucos dias antes, durante uma reportagem que fizera com eles. O motivo: sua popularidade entre a elite carioca e paulistana e os políticos, por causa de supostos poderes de prever o futuro que lhes renderam elogios até do presidente Getúlio Vargas.

Sana-Khan ficaria famoso depois por ter examinado a mão de Jânio Quadros, em 1936, e dito a ele que seria eleito vereador, prefeito, governa-

Acima, Adolfo Aizen em 1930. Aos 23 anos, segura um exemplar da revista que editava e chamou de Primeira. FA

À esquerda: Aizen junto ao monumento de John Haward, na Universidade de Cambridge, em setembro de 1933, na viagem que mudou sua vida. E dos quadrinhos no Brasil. FA

dor de São Paulo e presidente da República em um curto espaço de tempo. Anteviu sua renúncia e depois previu seu retorno ao Planalto e até um assassinato próximo ao político. O mago errou, no entanto, no vaticínio de sua própria morte, que fora marcada para 30 de dezembro de 1970 e aconteceu no mesmo dia e mês, mas em 1979 – portanto, só errou o ano.

Um dos patrões de Aizen, Roberto Marinho, gostara do enfoque da matéria sobre a dupla, que o repórter mostrou com algum ceticismo. Depois de apresentá-los aos colegas, o repórter os levou até o final da ampla redação do jornal – mais precisamente à última mesa. Com um impecável terno branco, bigodinho fino e cabelo engomado, lá estava Marinho, que datilografava numa máquina Remington de modo bastante compenetrado. Ele era editor-chefe com apenas 29 anos – três a mais que Aizen – e em torno de 1,62 metro de altura – uma altura bem próxima à dele.

Marinho tinha um tom de pele mais para pardo, herança por parte de pai, enquanto o funcionário não escondia os traços de ascendência russa: cabelos castanho-claros e lisos, olhos azuis da cor do mar. Ao sentir a aproximação do repórter e dos visitantes e, apesar de atarefado, Marinho interrompeu o texto que escrevia e os saudou com entusiasmo. Reconhecera de imediato Sana-Khan e Chacarian por causa das fotos da matéria recém-publicada.

– Então, os senhores são os adivinhos de quem o nosso bravo Adolfo tanto fala?

– São eles mesmos, Roberto – respondeu o repórter, com seu peculiar sorriso tímido.

Feitos os cumprimentos, Marinho convidou-os a se sentarem no velho sofá próximo à sua mesa, para onde costumava levar todos os que visitavam o jornal. Enquanto tomavam um café, o editor explicou que havia pedido a Aizen que os apresentasse por causa da curiosidade que a matéria despertara nele – principalmente na passagem em que era listada uma série de "acertos" dos dois irmãos, segundo relatos de testemunhas famosas.

Por fim, o editor fez um desafio aos dois. Se eram bons mesmo, que adiantassem o que o presidente Vargas aprontaria em breve, depois da violenta repressão que promovera ao movimento Constitucionalista de São Paulo, um ano antes. Sana-Khan parecia ter a resposta na ponta da língua. Garantiu com segurança que o país passaria por algumas mudanças importantes nos próximos dois anos e que a nova Constituição viria em breve.

Nesse momento, Aizen interrompeu a conversa para contar ao dono do jornal uma história que ouvira de Sana-Khan, logo depois de entrevistá-los:

Adolfo e sua mãe Sônia Aizen, por volta de 1929, quando ele ajudava nas despesas de casa como jornalista. FA

19

– Sabe o que ele me disse, Roberto? Que dentro de algumas semanas farei uma viagem de navio para um lugar bem distante, que mudará minha vida para sempre.

– Espere e verá – sorriu Sana-Khan.

– Com o que ganho nos empregos que tenho, creio que a única embarcação que poderei pagar será a barca para Niterói – observou o repórter, sem se dar conta de que fizera a brincadeira diante de uma das pessoas responsáveis por sua renda.

A conversa terminou com uma foto dos quatro sentados no velho sofá, aparentemente tirada em um momento de descontração, enquanto conversavam. Como era de praxe, a imagem saiu publicada no dia seguinte, na página 2 do jornal, com o registro da visita. Aizen aparece sobre o braço do sofá, enquanto Marinho fala algo para Sana-Khan e Chacarian. Aquele encontro teria sido apenas mais um acontecimento corriqueiro e logo esquecido se, poucas semanas depois, Aizen não se visse diante de um episódio no mínimo curioso, que o lembrou da previsão dos irmãos armênios.

Ele agora estava a bordo de um confortável cruzeiro, entre 150 convidados ilustres, escolhidos pelo Touring Club do Brasil, que viajavam para Chicago, EUA, onde participariam do centenário da Feira Mundial de Chicago. Seria essa a tal viagem de barco que mudaria sua vida para sempre? Era apenas coincidência ou Sana-Khan tinha de fato acertado a previsão? Era preciso ser paciente e esperar para saber até onde o destino o levaria naquela experiência.

O passeio seria chamado pela imprensa de "Excursão Turística-Cultural aos EUA". A viagem foi anunciada no dia 6 de julho de 1933, quando o *Diário Carioca* publicou uma entrevista com Luis La-Signe, empresário bastante conhecido no Rio e um dos diretores do Touring. "Essa é uma das iniciativas de maior alcance do Departamento de Turismo do Touring, tão brilhantemente dirigido pelo sr. P. B. de Cerqueira Lima, vice-presidente de tão útil associação", afirmou. "É uma ocasião única essa para se fazer uma viagem ao país do 'skyscrapers' (arranha-céus), do cinema e dos automóveis em condições fáceis, confortáveis, agradáveis, ao mesmo tempo da forma mais econômica possível", acrescentou.

Para La-Signe, a iniciativa era interessante sob todos os aspectos possíveis. Não apenas turístico, "mas para estudos profissionais, econômicos e mesmo filosóficos, pois entre aquele povo tão adiantado materialmente, a vida tem atingido, nas grandes cidades, um grau de superatividade, uma

De pé: Paulina e David Davidovich (colo), Léa Davidovich, Rebecca Davidovich, Rosa Linoff, Esther Linoff, Luba Aizen e Sophia Linoff. Sentados: Elias Davidovich, jovem não identificada, Mira Linoff, Adolfo Aizen e Hélio Davidovich. Petrópolis, 1932. FA

Em 1929, Adolfo ainda fazia poemas, mas queria mesmo ser jornalista. FA

O frio inverno não atrapalhou Adolfo de fazer uma série de reportagens em vários estados americanos. FA

Os noivos Adolfo e Luba durante passeio em Petrópolis, 1932. FA

Em 25 de julho de 1927, com apenas 20 anos, Aizen fez sua primeira investida como editor. FA

vertiginosidade de movimentos como não há outra no mundo". O ritmo de vida lá era diferente, destacou ele. "O tempo tem outro valor do que aqui. Será, pois, uma oportunidade para estudar e julgar por antecipação o futuro acelerado que nos é pré-dito."

As idas a Hollywood e à Feira de Chicago prometiam ser das mais interessantes, "em um país onde o progresso comercial e industrial atingem o seu máximo. Lá estarão reunidos e admiravelmente apresentados numa das mais belas cidades do universo, em um quadro suntuoso, à beira do grande lago Michigan, as últimas descobertas da ciência e da mecânica; a eletricidade contribuirá para o êxito dessa feira e, pelas informações que tenho recebido de amigos, parece que as iluminações serão de originalidade e de esplendor nunca vistos".

A viagem tinha também interesses de "nível mais elevado", ou seja, o contato dos brasileiros com a América deveria trazer resultados de aproximação intelectual e econômica – realização de "grandes negócios" –, "tão necessários para facilitar a reorganização entre visitantes e visitados, sob bases de uma cooperação internacional 'efetiva e sincera'." Para formalizar a excursão, a companhia Munson Line, que levaria os brasileiros em um de seus navios, ofereceu um almoço à diretoria do Touring e à imprensa a bordo do American Legion naquele dia.

Desde o ano anterior, a entidade tinha iniciado os preparativos. Tanto que seu departamento de divulgação preparou uma revista de 28 páginas – "Uma Viagem Cultural à América do Norte" – com todo o roteiro turístico preparado. Na capa, o destaque era o evento de Chicago. Logo abaixo, ao lado do escudo do Touring, vinha o destaque: "Visitem a Exposição Internacional de Chicago, de 17 de agosto a 13 de outubro".

A publicação incluía uma ficha de inscrição, que só seria aceita após aprovação e pagamento de três mil-réis. O restante – 8,5 mil-réis (pacote de dois meses) ou 7,5 mil-réis (seis semanas) – deveria ser quitado antes do embarque. A quantia mais elevada correspondia a trinta vezes o salário de Aizen em *O Malho*. Ou seja, dois anos e meio de trabalho. O pacote incluía passagens, estadias e *tour* por vários estados. E uma carta de duas páginas, datada de julho de 1933 e assinada pelo presidente Octavio Guinle e pelo vice-presidente Cerqueira Lima.

A mensagem se tornou um documento para a história dos quadrinhos:

Prezado Consócio:
O Touring Club do Brasil não poderia, na execução integral do seu programa, deixar de considerar o turismo sob um dos aspectos de maior relevância: o turismo educativo e cultural.
Viajar para recrear, viajar para intensificar o intercâmbio comercial, viajar para fortalecer os laços sagrados da nacionalidade, pelo melhor conhecimento entre si dos filhos do mesmo país, são objetivos que temos visado e realizado, com animador sucesso, em várias excursões promovidas, até agora, pela nossa Agremiação.
Faltava-nos, entretanto, organizar algo que atendesse diretamente àquela faceta do turismo, quiçá, a mais importante de todas: a viagem com escopo essencialmente instrutivo e educacional. A Exposição Internacional de Chicago trouxe-nos a oportunidade.
A América do Norte é vista, hoje, no mundo, como um país padrão. É a terra onde as conquistas do gênio encontram, talvez, expressões mais vigorosas. Para ela convergem, de todos os recantos do globo, inteligências de elite, ávidas de se aperfeiçoarem nesse laboratório incomparável.
Dentro dessa nação única, a Feira de Chicago exibindo, com esplendor de apresentação genuinamente americano, tudo o que as ciências, as artes e as indústrias con-

seguiram de melhor, em um século de progresso, constituía uma atração formidável sob todos os aspectos, máxime o cultural, à qual não podíamos permanecer indiferentes. Tendo nas mãos os destinos de uma organização turística, a nós se impunha, como um dever precípuo, assegurar, ainda com sacrifício, aos nossos associados e aos intelectuais brasileiros, em geral, o meio prático e cômodo de assistir de perto a essa maravilhosa realização do grande povo irmão, em que colaboram, com o maior interesse, quase todas as nações do mundo.

A excursão aos Estados Unidos, que temos a satisfação de apresentar, com o opúsculo anexo, embora constituindo um turismo para fora das fronteiras, é das iniciativas de maior relevância para o país já realizadas pelo nosso grêmio.

Com o programa que oferecemos, dentro dos Estados Unidos, e com o prestimoso concurso das principais instituições norte-americanas – os médicos, advogados, engenheiros, arquitetos, professores e industriais em geral que dela participarem trarão para o Brasil, ao seu regresso, um cabedal precioso de ensinamentos de toda a natureza, que contribuirá para acelerar a marcha do progresso nacional.

Na expectativa de que o ilustre consócio se dignará examinar, com interesse, a possibilidade de sua participação no mencionado cruzeiro, subscrevemo-nos com os protestos de nosso elevado apreço e distinta consideração.

Touring Club do Brasil

REPRESENTANTE DOS JORNALISTAS CARIOCAS

No dia 10 de agosto, Adolfo Aizen foi escolhido pela Associação Brasileira de Imprensa (ABI) como delegado para representar a instituição na viagem, "por maioria absoluta", como noticiou no dia seguinte o jornal *A Nação*. A escolha se deu na reunião comandada por Herbert Moses, presidente da ABI.

O eleito teria a "honrosa missão de representar os jornais e revistas brasileiras em tão importante evento" – e mandar reportagens para os jornais brasileiros. Pesou na escolha o fato de ele falar inglês, como justificou mais tarde. Depois de ser aplaudido de pé, Aizen agradeceu "aos companheiros a prova de confiança que acabavam de lhe dar", segundo o *Jornal do Comércio*.

Fundado em 1922, o Touring Club seria presidido por mais de uma década pelo milionário Octavio Guinle, dono do hotel Copacabana Palace.

A instituição funcionava como uma espécie de entidade nacional não oficial de promoção do turismo.

Aizen tomou conhecimento da viagem porque era repórter e secretário de redação da revista O Malho, uma das mais lidas do país. E se tornara membro do Comitê de Imprensa do Touring, a convite de seu amigo Berilo Neves, diretor de imprensa da entidade. O cargo na instituição era informal, uma espécie de conselho de simpatizantes que, voluntariamente, apoiava o Touring na cobertura de seus eventos e campanhas de promoção.

O jovem jornalista de 26 anos queria ir não só para conhecer a América do Norte, mas também passar alguns dias com os irmãos Lídia e David, que moravam lá desde a década de 1920, com suas respectivas famílias. Ele agradeceria por toda a vida a Berilo Neves, que propôs seu nome a Moses para representar a imprensa na viagem. Boêmio e intelectual, Neves alcançara grande popularidade nas décadas de 1920 e 1930 como autor de uma série de livros com frases de efeito.

— Com este cruzeiro turístico, ajudaremos o Brasil a descobrir um novo mundo! – disse Neves a Aizen.

Toda a viagem tinha apoio estratégico e logístico dos clubes de turismo americanos envolvidos no programa de recuperação econômica do país, de-

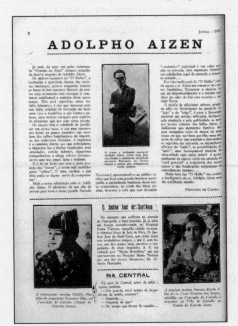

Responsável pela seção de livros de O Malho, Aizen ganhou seu primeiro perfil profissional, escrito por Fernando de Castro, na edição de junho de 1930 de A Nação Brasileira, de Belém, Pará. BN

25

Da esquerda para a direita: Elias Davidovich, José Scheinkmon, Salo Brand e Adolfo Aizen em festa de feriado judaico. FA

pois da recessão provocada pela quebra da Bolsa de Nova York, em 1929. O intercâmbio era estimulado pelo governo Roosevelt como parte da política de aproximação com as nações vizinhas.

Isso seria feito principalmente por meio de campanhas junto àqueles que formavam a opinião pública dos países latino-americanos – jornalistas, intelectuais, empresários e políticos – para impressioná-los com a política de expansão comercial dos EUA de modo que a divulgassem ao retornar a seus países. Portanto, os americanos esperavam deixá-los maravilhados com a Feira Mundial.

Não havia exagero algum nas observações do diretor de imprensa do Touring. O Brasil praticamente engatinhava em suas relações de aproximação política e econômica com os EUA. O capital americano só começou a entrar no país em 1921, timidamente, quando o governo de Washington fez um empréstimo de cinquenta milhões de dólares ao brasileiro. Antes disso, São Paulo, então em ritmo acelerado de industrialização, já havia atraído as primeiras empresas americanas, como Firestone, Burroughs, Panamerican e American Foreigner Power – esta, ao lado da canadense Light & Power, passaria a deter o oligopólio da eletricidade nas duas maiores cidades brasileiras, São Paulo e Rio.

Notícias sobre o progresso dos EUA chegavam aos brasileiros de modo fragmentado, pelo cinema e pelas modernas revistas de variedades, que copiavam os formatos americano e francês desse tipo de publicação. Entre os títulos mais conhecidos, destacavam-se *O Cruzeiro*, *Paratodos*, *Revista da Semana*, *Pelo Mundo*, *Fon-Fon!*, *Eu Sei Tudo* e *A Scena Muda*. A maioria apresentava o *glamour* de galãs e divas de Hollywood e as oportunidades de consumo do "*american way of life*", embora o país vivesse tempos terríveis de recessão para a classe trabalhadora.

Esse interesse crescente dos brasileiros pela vida americana a partir da segunda metade dos anos de 1920 sugeria uma clara transição cultural. Dizia-se que, naquele momento, o Brasil ainda se vestia à francesa – pela influência do século anterior –, mas já passava a agir como americano. Começou a ser difundida a ideia de que os EUA eram a terra da liberdade de pensamento, das grandes oportunidades individuais e do desenvolvimento econômico, do progresso tecnológico que nem a recessão conseguia abalar.

Mesmo assim, os americanos estavam longe de despertar o interesse da elite brasileira e daqueles que viajavam para o exterior. Os destinos dos turistas eram quase sempre Paris, Roma e Londres, nessa ordem. Não por acaso, a capital francesa influenciou o início do movimento modernista brasileiro, em 1922.

Fundada em 1902, a revista O Malho *fazia um tipo de jornalismo temperado com humor e projetou o nome de Aizen.* AA

Aizen começou a se destacar pela irreverência, ao criar uma entrevista fictícia com Dom Pedro I, em 1933, morto mais de século antes. BN

O MALHO　　　　　　　　　　　　　　　　　　　　　　　　　　　　　　　　　　7 XII 1933

A grandiosidade das coisas, na America, não se mede pela altura, mas pelos dollars que custam. Esta fonte, por exemplo, na photographia, nada vale. Entretanto, para os filhos de Chicago, ella é a maior preciosidade do mundo, porque custou a fortuna de 700.000 dollars.

CHIC

Outro aspecto bonito da cidade de Chicago, com as dezenas de pontes que atravessam o rio, mais ou menos o nosso Mangue. E quando dizemos mais ou menos, queremos dizer mais do que menos.

(DE ADOLFO AIZEN, ENVIADO DO TOURING CLUB AOS ESTADOS UNIDOS, ESPECIAL PARA "O MALHO")

CHICAGO sempre foi uma cidade de grande destaque no mappa norte-americano, mas ultimamente se celebrisou no estrangeiro com a Feira de Um Seculo de Progresso que realisou.

Pertence ao Estado de Illinois. Fica ás margens do Lago Michigan. E tem industrias que não é brinquedo...

Chicago é uma cidade essencialmente proletaria. Com um jornal

Ao alto deste edificio, todas as noites, circulando a cidade de Chicago, está um possante pharol. E' conhecido por "Lindberg Beacon". Foi erigido em homenagem ao joven aviador que atravessou o Atlantico, sózinho, pela primeira vez.

Esta ponte, em Chicago, delimita a parte Sul da parte Norte da cidade. Como se vê, a vontade de subir, na America, não está sómente em Nova York, mas em qualquer cidade onde haja um americano.

Uma vista de Chicago, á noite. Das grandes cidades da America, é a melhor illuminada.

AGO

Esta é a Michigan Avenue, de Chicago, e ao lado, escuro, com um leão á frente, destaca-se o edificio do Instituto de Arte. Esta Avenida Michigan é como a nossa Rio Branco, sendo apenas tres vezes mais longa e mais coalhada de arranha-céos...

As Universidades são a maior maravilha da America do Norte. Este é o edificio da Universidade de Northwestern, Mckinlock Campus, Chicago, o maior assombro já visto em materia de escola superior.

communista diariamente em circulação. E uma porção de *sem trabalhos* pelas ruas.

Tem avenidas bonitas. Parques enormes. Edificios grandes e luxuosos. Curiosidades. Museus e bibliothecas que têm todas as cidades.

Os leitores que desejariam ver Chicago como eu vi graças ao Touring Club do Brasil e seu Comité de Imprensa, os leitores fixem bem estas photographias i n é d i t a s que O MALHO lhes apresenta.

Mostram tudo. E explicam tudo.

Good bye.

A Water Tower, o Torre da Agua foi a unica coisa que se salvou de Chicago, quando esta cidade pegou fogo ha coisa de cincoenta annos. Uma vaca derrubou um candieiro num estabulo. O estabulo pegou fogo e o fogo passou á cidade. Salvou-se a Torre, que é hoje um monumento nacional.

CARLITO VISITA

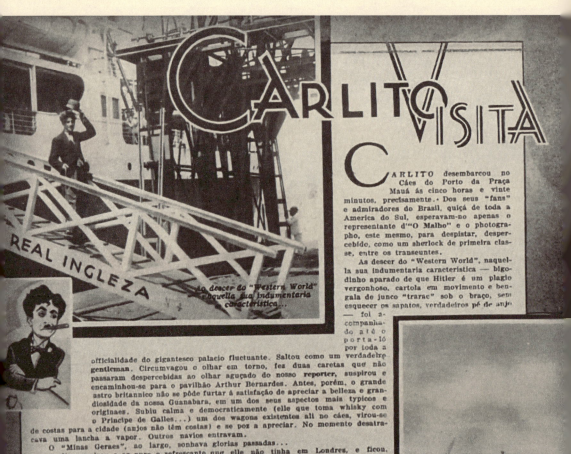

Ao descer do "Western World" naquella sua indumentaria caracteristica...

REAL INGLEZA

...virou-se de costas para a cidade.

CARLITO desembarcou no Cáes do Porto da Praça Mauá ás cinco horas e vinte minutos, precisamente. Dos seus "fans" e admiradores do Brasil, quiçá de toda a America do Sul, esperavam-no apenas o representante d'"O Malho" e o photographo, este mesmo, para despistar, despercebido, como um sherlock de primeira classe, entre os transeuntes.

Ao descer do "Western World", naquella sua indumentaria caracteristica — bigodinho aparado de que Hitler é um plagio vergonhoso, cartola em movimento e bengala de junco "trarac" sob o braço, sem esquecer os sapatos, verdadeiros pé de anjo — foi acompanhado até o porta-ló por toda a officialidade do gigantesco palacio fluctuante. Saltou como um verdadeiro gentleman. Circumvagou o olhar em torno, fez duas caretas que não passaram despercebidas ao olhar aguçado do nosso reporter, suspirou e encaminhou-se para o pavilhão Arthur Bernardes. Antes, porém, o grande astro britannico não se póde furtar á satisfação de apreciar a belleza e grandiosidade da nossa Guanabara, em um dos seus aspectos mais typicos e originaes. Subiu calma e democraticamente (elle que toma whisky com o Principe de Galles...) um dos wagons existentes alli no cáes, virou-se de costas para a cidade (anjos não têm costas) e se poz a apreciar. No momento desatracava uma lancha a vapor. Outros navios entravam.

O "Minas Geraes", ao largo, sonhava glorias passadas...

Carlito respirou o ar puro e refrescante que elle não tinha em Londres, e ficou, assim, uns cinco minutos, scismatico e fleugmatico.

Ninguem diria, vendo-o, assim, super-ensimesmado, que alli estava, em carne, osso e vestimenta, o maior comico de todos os tempos. Ninguem diria, vendo-o, assim, cabisbundo e meditabaixo (como diria o venerando Accacio), que alli estava, de visita ao Rio, extatico e bestificado ante a sua resplandescencia, o maior de todos os humoristas do Universo!

Pois era elle mesmo. Com o seu andar, seus gestos, suas manias. Era elle mesmo: com sua cartola, seu bigode, sua bengala e seus sapatos.

* * *

"QUEM tem bocca vae a Roma" — disse, já no seculo XVIII, um poeta rumaico. Pois Carlito, ao saltar na Praça Mauá, resolveu servir-se desse instrumento falante. E chegando-se a um Inspector de Vehiculos, perguntou, no mais perfeito portuguez de Camões, algo que não ouvimos distinctamente.

Para onde queria dirigir-se o grande astro de Hollywood? A quem procurava Carlito? Estas duas interrogações, como saltimbancos, saltaram em nossa memoria por dois instantes. Nesse momento o homem dirigiu-se para o Edificio d'"A Noite", cumprimentando-o (a elle, o edificio) naquelle seu estylo de mestre. Mediu a altura com os olhos e enxugou uma lagrima... Chorava? Reconheceria naquella caixa de phosphoros de cimento-armado, algo de sua Nova York? Sentiria saudades? Não sabemos. Nem quizemos saber. A bôa educação manda não nos intrometter nos sentimentos alheios...

* * *

SEGUINDO, calmamente, rumo á Avenida Rio Branco, Carlito trocou no City Bank alguns dollars, tomou um refresco de côco no Sympathia, caminhou, ainda a pé, até a Rua do Ouvidor e tomou em seguida um taxi. Tomámos outro. E acompanhámos, de perto, como em films policiaes, o illustre personagem que visitava incognitamente o Rio de Janeiro.

Na viagem de perseguição que moviamos ao actor norte-americano, pensavamos tão sómente na alegria immensa que abalaria a cidade no momento em que se espalhasse a nova da estadia do grande Charles entre nós. E da furia, formidavel, dos nossos collegas matutinos e vespertinos, quando publicassemos a reportagem sensacional acompanhada de

encostando-se a um lampe-

Rio

por ADOLFO AIZEN

PHOTOGRAPHIAS DE CARVALHO

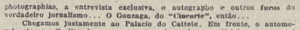

photographias, a entrevista exclusiva, o autographo e outros furos do verdadeiro jornalismo... O Gonzaga, do "Cinearte", então...

Chegamos justamente ao Palacio do Cattete. Em frente, o automovel estacou. Carlito desceu sem pronunciar palavra e dirigiu-se ao portal senhorial dos barões de Friburgo. Nas janellas, varias pessoas esperavam-no. Caminhava, naquelle seu andar de personagem illustre, quando, ao subir a calçada, um accidente lamentavel occorreu com o astro de "Luzes da Cidade", tanto mais lamentavel quanto involuntario. A nossa photographia, aliás, melhor que nós, apanhada estrategicamente, diz o que foi esse accidente. Desconhecedor, sem duvida, das nossas ruas, asphaltadas todas ellas com um degrau de granito para as calçadas, ahi tropeçou o nosso illustre visitante, vindo dar com as trombiqueiras no cimento presidencial... O chapéo de côco balançou na cabeça, a bengala vôou, o corpo todo esparramou-se e foi com bastante difficuldade, talvez devido ao calor, que Carlito conseguiu levantar e aprumar-se.

O momento foi devéras critico. Todos quantos, no Palacio do Cattete, esperavam o grande astro para a visita annunciada reservadamente pelo Itamaraty, accorreram para soccorrel-o. Introduzido nos salões, após escovado o frack, na portaria, foi recebido, primeiramente, pelos continuos, em grande gala, e depois, certamente, pelo Chefe do Governo Provisorio. E dizemos certamente, porque não é de nosso feitio metter mão em combuca...

...em frente ao Palacio do Cattete um accidente lamentavel...

...dirigiu-se para o Edificio d'"A Noite", cumprimentando-o...

Foi no momento em que Carlito se retirava do Palacio do Cattete, que "O Malho" abordou o astro da tela mundial.

— Em nome da imprensa brasileira, de toda ella, desde o Monróe á Praça Mauá, saudamol-o cordialmente, Mr. Chaplin: "Welcome"!

— Mucho bien! — respondeu-nos, alegremente, em castelhano, o fino artista de Hollywood.

E batendo-nos no hombro, familiarmente:

— E' da imprensa? Muito prazer em conhecel-o. Mas vae fazer-me um favor: nada dizer da minha presença aqui a um tal mister Moses, para que eu não tenha de me sacrificar como se sacrificaram Hoover e Will Rogers.

— Refere-se... — tentámos esclarecer. Mas o homem confirmou: — Refiro-me, sim, a ter de supportar um discurso em inglez...

O homem conhecia demais os nossos homens... Precisavamos mostrar-lhe as nossas novidades.

— Já provou, mister Chaplin, as nossas bananas reaes? São daqui... — E fizemos o signal caracteristico do dedo pollegar e indicador na ponta da orelha esquerda. O artista olhou attentamente para o nosso gesto, repetiu-o e disse em puro inglez castiço:

— Very well, John! Cambeque p'ra folia.

Redarguimos, immediatamente, para evitar futuras complicações, não sermos John por sombras nem tradição. E seguimol-o no taxi rumo á fuzarca...

✤ ✤ ✤

O que occorreu depois... o que occorreu depois... nem é bom falar. O tal de maior humorista do mundo, em nossa companhia, conheceu a Brahma, ali na Galeria Cruzeiro, e tambem a Delegacia do 3º districto... Conheceu as coristas do Theatro Recreio e teve uma syncope que o poz knock-out até o dia seguinte... Quando deu accordo de si, dormia num dos bancos do Albergue Nocturno que está para inaugurar-se.

Dois dias depois appareceu, para despedidas, em nossa redacção. Apresentamol-o ao Chiquinho, d'"O Tico-Tico" e, quando dé nós se despedia com um forte aperto de mão, teve esta phrase que passará á historia:

— Vou dizer ao Roosevelt que acabe, de vez, com essa historia de "lei secca", senão me naturalizo, definitivamente, botocudo...

✤ ✤ ✤

E foi assim que Carlito visitou o Rio...

...e quando do nós se despedia...

...apresentamol-o á Chiquinho...

UM PASSEIO PARA A HISTÓRIA

O passeio do Touring pelos EUA duraria seis semanas para um grupo e dois meses para outro, de acordo com o pacote comprado, e incluía atividades culturais intensas, passeios turísticos e palestras com empresários do país anfitrião. A atração principal seria a Feira Internacional de Chicago, iniciada em 27 de maio e que se estenderia até 12 de novembro.

O evento foi batizado de "A Century of Progress International Exposition", para celebrar o centenário da cidade de Chicago. No Brasil, foi apelidada de "Um Século de Progresso", e não por acaso. O tema da feira foi inovações tecnológicas – incluindo, por exemplo, a novidade revolucionária chamada televisão, que só ganharia o mundo uma década depois. Já seu lema foi "Science Finds, Industry Applies, Man Adapts" (A ciência descobre, a indústria aplica, o homem adapta). O seu símbolo arquitetônico era o Sky Ride. Seria considerada uma das feiras mais importantes do país, ao lado da de Nova York.

Os preparativos da viagem pelo Touring e a expectativa dos convidados alimentaram as primeiras páginas dos jornais durante semanas. A lista de passageiros foi publicada no *Diário de Notícias* um dia antes do embarque

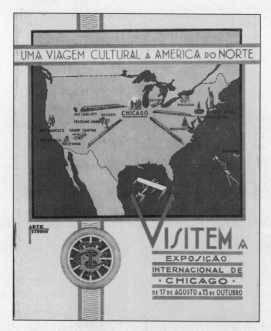

Revista de 28 páginas distribuída pelo Touring Clube do Brasil com todo o roteiro turístico preparado para a viagem aos Estados Unidos. Na capa, o destaque era a evento de Chicago. AA

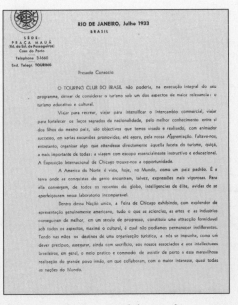 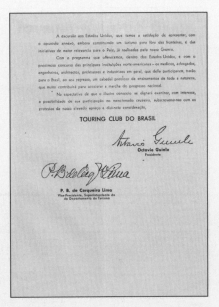

Convocação do Touring Club enviada à imprensa para a viagem do centenário da Feira Mundial de Chicago, de 1933. AA

no Rio de Janeiro. Eram empresários de diversas áreas (principalmente turismo), escritores, jornalistas e artistas de diferentes categorias.

O primeiro grupo de brasileiros embarcou no navio American Legion, da Munson Line, na tarde do dia 16 de agosto, no porto de Santos, de onde saíram os passageiros de São Paulo. Na noite do dia seguinte, foi a vez dos cariocas subirem a bordo, sob grande expectativa – o fato se tornou um dos acontecimentos sociais do ano na Capital Federal – e inclusive foi a manchete principal do *Diário de Notícias* e destaque de primeira página em todos os jornais do Rio de Janeiro no dia seguinte.

O porto ficou apinhado de parentes, amigos, jornalistas, fotógrafos e curiosos que foram se despedir dos afortunados. O *Diário da Noite* destacou no dia seguinte: "Constituída de figuras de relevo dos nossos meios culturais, bem como de negociantes, industriais, engenheiros, médicos e advogados não só desta capital, como de São Paulo, Minas Gerais, Ceará e Rio Grande do Sul, a caravana segue sob a direção geral do sr. Ângelo Orani, secretário do Departamento de Turismo daquela instituição nacional" – ou seja, o Touring Club.

A expectativa era imensa para quem veria a América em exatas duas semanas, tempo que duraria a viagem entre o Rio e Nova York. "Desde as

Inscrição para a viagem aos EUA só seria aceita após aprovação e pagamento de 3 mil-réis – o restante, de acordo com o pacote escolhido, deveria ser quitado antes do embarque. AA

O regulamento do passeio incluía dois pacotes, com estadias diferenciadas e os valores cobrados incluíam passagens, estadias e tour por vários estados. AA

15h já se tornava intenso o trânsito nas imediações [do porto]. Centenas de famílias da nossa melhor sociedade ali estavam, no concorrido bota-fora. Em todos os pontos havia a graça das *toilettes* femininas em profusão. Somavam-se em milhares os presentes", escreveu o jornal.

O roteiro até a América do Norte incluía breves paradas nas principais capitais do Nordeste e Norte – Salvador, Recife, Natal, São Luís e Manaus – e navegação por afluentes do Rio Amazonas. A última parada seria em Trinidad e Tobago. Tudo seria filmado por uma equipe de cinejornal contratada pelo Touring Club, que depois exibiria as imagens nas principais salas de cinema do Brasil. O mesmo *Diário de Notícias* destacou: "Excursão representa um elo forte unindo as nações irmãs. E o Brasil vai bem representado na grande data de 'um século de progresso' de Chicago".

Contando com um guia de viagem, o mesmo que distribuiu a ficha de inscrição, todos sabiam quais seriam as atividades todos os dias. No desembarque no porto nova-iorquino, a comitiva foi recebida pelo Cônsul Geral do Brasil em Nova York, Sebastião Sampaio, que, entre um passeio e outro, organizou uma série de eventos, divididos pelas áreas que tinham maior número de interessados – médicos, engenheiros, banqueiros, exportadores, importadores etc.

Fazia parte do trabalho de Aizen durante a viagem alimentar a imprensa brasileira com reportagens e notas, que enviava de todas as paradas, por telégrafo – ele só assinava as que saíam na revista onde trabalhava, *O Malho*. Berilo Neves cuidaria de reenviá-las às redações do *Diário de Notícias*, *O Globo*, *Correio da Manhã*, *A Noite*, *Diário Carioca* e *Revista da Semana*. Afinal, todos queriam saber detalhes da comentada aventura de milionários. Já para *O Malho*, era o próprio Aizen que mandava.

A viagem teve uma agenda intensa. Em Washington, os turistas foram homenageados com um chá no hotel Mayflower oferecido pelo embaixador brasileiro Rinaldo de Lima e Silva. Após visitar a Feira de Chicago, os 150 turistas foram divididos em dois grupos. Parte da comitiva foi levada para conhecer as Cataratas do Niágara e seus desfiladeiros, até a cidade de Levinson. O regresso a Nova York se deu no dia 21 de setembro. Todos ficaram hospedados mais uma vez no hotel Taft, na 7ª Avenida, um dos melhores da cidade.

Com matérias quase todos os dias, a imprensa em todo o país – e não apenas a carioca e a paulista – transformou a viagem em algo tão grandioso que parecia a descoberta das Américas. Ou a chegada do homem à Lua.

"A excursão aos EUA, que temos a satisfação de apresentar, com o opúsculo anexo, embora constituindo um turismo para fora das fronteiras, é das iniciativas de maior relevância para o País, já realizadas pelo nosso Grêmio", prometia a direção do *Touring Club*. AA

Reportagem de Aizen publicada com destaque em O Malho e vários jornais brasileiros sobre a Filadélfia. AA

Artigos e matérias bem-humoradas transformaram Aizen em uma celebridade durante cobertura de viagem aos EUA. AA

"De Nova York à Filadélfia, e daí a Washington – a alegria de Manhattan, a melancolia do berço de Franklin, e a beleza da terra que tomou o nome de Washington – Atlantic City, um 'bluff' – 'Expedição', 'depressão' e descendências... a América é um colosso", escreveu Aizen.

Suas descrições das cidades eram só entusiasmo: "O dinamismo abracadabrante de Nova York, com seus edifícios que se perdem de vista, seu movimento, sua vida de primeira cidade do universo, sucedeu-se Filadélfia, terra da nostalgia por excelência". Os brasileiros ficaram encantados também com a vida noturna da metrópole daquele ano de 1933: "Aos cabarés excêntricos da Broadway – 'Hollywood Reveu', 'Paradise', 'Ah! Ah!' – ou o 'Cotton Club', dos negros, no Harlem da cidade, sucedeu uma noite verdadeiramente família de sócios, dessas que se vai dormir antes de o relógio bater as doze pancadas de estilo". Nos três dias que a comitiva passou na cidade, a "ala moça" da caravana do Touring não dormiu três horas por noite, segundo o repórter.

Um dos passeios que o grupo mais gostou foi nos pontos históricos da Independência dos EUA, na Filadélfia. Os brasileiros visitaram museus, locais marcantes no episódio e bibliotecas. Aizen anotava tudo e mandava reportagens mais extensas para *O Malho*. Além de notas, para a revista escreveu nove longas reportagens assinadas, a maioria sobre pontos turísticos que os brasileiros visitaram. Como a celebrada e esperada ida ao Empire State Building, na época o edifício mais alto do mundo (com 102 andares) e símbolo do desenvolvimentismo americano. Outro lugar que mereceu destaque foi o Niágara, com suas famosas cataratas.

Dos dias 22 a 29 de setembro, os brasileiros do pacote de seis semanas ficaram livres para fazer o que quisessem, como visitar museus, parques, fazer compras, ir a restaurantes etc. A outra turma, que faria a viagem com duração de dois meses, depois de uma excursão à Cordilheira Wasatch, seguiu de trem para o extremo leste, rumo a São Francisco, na Califórnia. Nessa cidade, seriam hospedados no Flift Hotel.

O primeiro grupo retornou ao Rio no dia 30, a bordo do Western World, que tinha a mesma estrutura de conforto do American Legion (ambos pertenciam à mesma companhia). No dia 25 de setembro, o grupo que ficou chegou a Los Angeles. Quatro dias depois, conheceu Beverly Hills, onde foram mostradas as casas dos principais astros de Hollywood. Em seguida, visitaram as famosas praias de Santa Mônica e Ocean Park. Em 10 de outubro, todos os integrantes regressaram a Nova York, de onde partiram para o Brasil no American Legion no dia 14.

Todos, exceto Adolfo Aizen, que chegara com um esquema montado para passar mais tempo no país e se manter com reportagens que mandaria para o Brasil. Os EUA encantaram o jovem jornalista. Nova York passou a ele a impressão de que o mundo parecia pequeno diante das ambições americanas. Ao mesmo tempo que a cidade recebia imigrantes do mundo inteiro, que se amontoavam nos guetos do East Side de Manhattan, a ousadia de muitos aventureiros americanos em busca de fortuna ultrapassava as fronteiras da nação e chegava às exóticas selvas da África.

Isso atiçava a imaginação dos produtores de Hollywood e dos editores de histórias em quadrinhos. Seus mirabolantes heróis de aventuras nessas regiões distantes começavam a aparecer nas páginas dos jornais e nas telas de cinema. Ele ficaria mais um mês em Nova York e, como combinado por carta, foi encontrar a irmã, Lídia, para passar uma temporada em sua casa, na cidade de Nova Bedford, estado de Massachusetts. Lídia se mudara para os EUA alguns anos antes, depois de se casar com Phillip Rothberg, imigrante russo e judeu cuja família fora vizinha dos Aizen em Salvador.

A estadia do jornalista em Nova Bedford durou pouco mais de dois meses. Ele passaria o Natal e o Ano-Novo em família. No dia 2 de janeiro, partiu para Nova York, de onde embarcaria para o Brasil uma semana depois. Enquanto melhorava seu inglês, Aizen continuou a mandar reportagens para o Brasil. Para *O Globo*, fez uma entrevista exclusiva com o líder comunista Maksim Litvinov, então comissário dos Negócios Estrangeiros da União Soviética, de passagem por Nova York.

Um dos passatempos do jornalista durante o mês que passou na metrópole era bisbilhotar os pontos de venda de jornais e revistas. Encantava-se com o mercado editorial americano, então impulsionado pelas tecnologias modernas de impressão, como ofsete e rotogravura, que possibilitavam tiragens cada vez maiores em menor tempo e sem perder a qualidade. As múltiplas possibilidades gráficas – incluindo o uso da cor nos suplementos dominicais – e o acabamento perfeito das edições permitiram o surgimento dos suplementos semanais temáticos, bancados por anunciantes e encartados gratuitamente nos jornais.

Em determinado dia da semana, circulava, por exemplo, o caderno feminino, com dicas de educação para o lar, moda, culinária e orientações de como ser boa mãe e esposa. Havia também os suplementos literários, os de contos policiais, os de esporte e os infantojuvenis. Em conversas com jornaleiros americanos, Aizen soube que aqueles suplementos tinham aumentado substancialmente as vendas dos diários, uma vez que muitos leitores os compravam apenas para lê-los.

Notou ainda que nenhum caderno fazia mais sucesso que o infantojuvenil, que trazia curiosidades, passatempos e muitas histórias em quadrinhos – chamadas de "comics" pelos americanos, porque os primeiros artistas exploraram o gênero para fazer graça com o universo miserável dos cortiços das grandes cidades americanas no final do século XIX. Impressionou-se com aquele tipo de leitura por ser uma obsessão nacional consumida avidamente em praças e metrôs. Todos os grandes jornais tinham suas séries de quadrinhos em episódios, principalmente com heróis de aventuras.

Todas as manhãs, Aizen comprava os jornais para ler a sequência de seus personagens preferidos. Gostava em especial de *Buck Rogers no Século 25*, de Philip Francis Nowlan, publicado desde agosto de 1928, na revista *pulp Amazing Stories*. O brasileiro espantou-se ao ver que as continuações das histórias de *Buck Rogers* e *Tarzan* eram acompanhadas com ansiedade por uma legião de fãs, como se fossem folhetins. O mais curioso: os *comics*

No alto, à esquerda: Lídia Aizen e o marido Phillip Rothberg. O casal hospedou Aizen durante a histórica viagem de 1933. FA

Acima: Adolfo e Lídia, cuja residência se tornou base para as várias vagens do irmão pelos Estados Unidos. FA

Mais à esquerda: No decorrer de cinco meses, Aizen não só mandava reportagens e artigos como seus passos ganhavam destaque no Brasil. BN

À esquerda: Em 20 de janeiro de 1934, Aizen desembarcou no Rio, vindo de Nova York. Ele viajou no Paquetá American Legion. BN

exerciam fascínio sobre o público de todas as idades, ao contrário do que acontecia no Brasil, onde os raros quadrinhos publicados em revistas como *O Tico-Tico* – que existia desde 1905 – eram dirigidos às crianças.

Aquelas histórias em tiras ou páginas seriadas dominicais que ele lia nos EUA eram desconhecidas no Brasil. Muitas haviam sido criadas fazia pouco tempo e não tinham despertado o interesse dos editores brasileiros. Empolgado com suas descobertas, ele enviou, em dezembro de 1933, um artigo em que falava da experiência nos EUA e do seu fascínio pelo jornalismo. O texto saiu no *Diário Carioca*:

> O jornalismo sempre foi o sonho de minha vida. Quando pequeno, mal soletrando ainda as letras do meu nome, era já nos títulos gráficos dos jornais que ia procurar um campo mais vasto para o meu aprendizado. Crescido um pouco, a antítese me surgia: era agora nas letrinhas miúdas dos textos enormes que eu procurava os enigmas que me torturavam a imaginação.

Ao embarcar em Nova York de volta ao Brasil, no dia 10 janeiro de 1934, Aizen estava embriagado com aquela viagem. Estava decidido, já havia algumas semanas, a dar uma guinada em sua vida com o que descobrira e aprendera naqueles quase cinco meses. Traria para a imprensa carioca algumas daquelas maravilhas editoriais. E concluiu que apenas uma pessoa no Rio de Janeiro poderia ajudá-lo a concretizar o projeto de lançar suplementos temáticos encartados diariamente em um jornal brasileiro: Roberto Marinho.

Esperava convencer o dono d'*O Globo* de que os cadernos seriam um grande passo na evolução do jornalismo nacional. Se ele aceitasse, Aizen se tornaria responsável pelo núcleo de produção, seu editor. Apostou nisso com certa tranquilidade e certeza. Achava que conhecia o jovem editor e empresário suficiente para acreditar nisso. Não poderia estar errado... poderia?

E nas duas semanas seguintes, em alto-mar, o judeu Adolfo Aizen, tão seguro de sua religião e de suas crenças, lembrou-se principalmente dos irmãos armênios Sana-Khan e Chacarian e a profecia de que uma viagem em breve mudaria para sempre a sua vida. Tinham de estar certos. Mudaria a sua, a de Roberto Marinho e de todos à sua volta. Mas ele teria de pagar um preço alto por isso.

CAPÍTULO 2 – A REVOLUÇÃO DOS SUPLEMENTOS DIÁRIOS

A NAÇÃO

ANNO I   Rio de Janeiro, 14 de Março de 1934   NUM. 1

A PEDRA QUE ROLOU DA MONTANHA

AQUELLE era o velho que morava nas montanhas. O velho que tinha as mãos sujas de terra e o olhar cheio de luz.

E era bom, e era meigo, e era amigo dos pobres e dos humildes, o velho misterioso que morava sósinho nas montanhas, num logar que ninguem sabia ao certo onde ficava.

E era forte, immensamente forte, na sua musculatura sadia e selvagem do homem livre, o velho que morava nas montanhas silenciosas. O velho que tinha as mãos sujas de terra, a terra limosa dos montes selvagens, e os olhos cheios de luz, a luz que era o reflexo de sua alma cheia de bondade e de belleza.

Ora, naquelle tempo, os negros escravos soffriam no tronco ás brutalidades dos senhores máos. O senhor desta fazenda não era máo. Mas tinha escravos que trabalhavam em trabalhos pesados, suando nos campos e apanhando pancada do feitor.

E um dia, o velho solitario desceu das montanhas, com aquelle mesmo olhar de luz que deslumbrava a gente simples, dirigiu-se á casa grande da fazenda. Ahi, teve uma conferencia com o senhor e pediu-lhe que désse liberdade a todos os escravos.

E, no dia seguinte, não havia um unico negro escravo nesta fazenda, que por isso passou a chamar-se "Fazenda da Liberdade".

E todos abençoaram o velho bom das montanhas distantes, que amava a pobre gente humilde que soffria, que libertava escravos, que curava doentes e tinha sempre uma palavra carinhosa para as crianças que andavam sósinhas pelas estradas...

E esse velho — ninguem sabia disso — era um genio bom que protegia a fazenda. E tinha um inimigo, um genio máo que odiava a gente simples da fazenda. Esse genio máo era um feiticeiro terrivel, que tambem morava nas montanhas, muito em cima, e que ninguem vira jamais.

Todos os maleficios que elle planejava contra a escravaria, o bom velho da montanha annullava, vigilante na sua missão de fazer o bem, sem que ninguem soubesse que elle o fazia.

Ora, aconteceu que depois que o senhor da fazenda deu liberdade aos escravos, o feiticeiro, que devorava a escravidão e o soffrimento dos negros, jurou que mataria o bom fazendeiro e toda sua familia.

E um dia, o feiticeiro foi para o mais alto pico dos montes silenciosos, transformou-se numa pedra gigantesca e ati— (Conclue na PAGINA 3)

Luiz Martins

★ ★

ALGO ECONOMICAMENTE COMPLEXO

Em 20 de janeiro de 1934, Aizen desembarcou no Rio, vindo de Nova York. Ele viajou no Paquetá American Legion, o mesmo que o tinha levado aos Estados Unidos cinco meses antes. Quando foi conversar com Marinho, ele se lembrou de Sana-Khan e Chacarian. Estava mais convicto do que nunca de que a previsão feita pelos videntes tinha a ver com a sua viagem aos EUA. Ou seja, os suplementos realmente mudariam seu destino. Marinho o saudou com entusiasmo, parabenizou-o pelas matérias que mandara para os jornais do Rio. Brincou que nunca um jornalista tinha participado de tantos jornais ao mesmo tempo.

Em seguida, após ouvir de Aizen que tinha trazido novidades que poderia introduzir em *O Globo*, ele folheou vários exemplares dos suplementos que o colega lhe entregou, além de dezenas de páginas e tiras de heróis em quadrinhos que, garantiu-lhe, tinham se tornado uma coqueluche entre crianças e adultos americanos.

— Acredite, Roberto, você não só aumentará a tiragem diária como despertará o interesse de segmentos que não têm o hábito de ler jornal. Isso vai ser ótimo para a ampliação do alcance e da tiragem.

— A ideia é bastante interessante, Adolfo, mas creio que seja algo economicamente complexo de ser concretizado. Não vejo como tornar isso viável.

Por mais que mostrasse entusiasmo, Aizen não empolgou o chefe em questão. Falou com ênfase principalmente do papel que os patrocinadores deviam ter na empreitada. Mas Marinho não quis arriscar. Alegou que não tinha como cobrir o projeto e não acreditava que conseguiria convencer anunciantes a bancá-lo.

Aizen deixou a redação do jornal bastante abatido. A decepção fez que prometesse a si mesmo que jamais retornaria àquele lugar. Saiu repetindo que Marinho se arrependeria amargamente de sua falta de coragem em apostar em um negócio que prometia repetir o mesmo sucesso dos EUA. Não se deu por vencido. Foi direto à redação d'*O Malho* para rever os colegas e fazer uma sondagem semelhante.

Repetiu a conversa que teve n'*O Globo* com o diretor Antonio A. de Souza e Silva, que ficou maravilhado. Mas Aizen queria apenas ouvir sua opinião, pois se tratava de uma revista de circulação semanal e aquele formato de suplemento não se encaixaria. De lá, ele e um grupo de colegas foram jantar em um restaurante onde, animado, repetiu sua ideia e logo percebeu que dessa vez falava a uma plateia mais interessada em ajudá-lo a viabilizá-la. Participaram da conversa o desenhista Monteiro Filho e os jornalistas Osvaldo da Silveira, Roberto Macedo e Luís Peixoto.

Artista de múltiplos talentos, escritor, repórter, caricaturista — além de cunhado e parceiro musical de Ary Barroso, com quem compôs *Mulata assanhada* —, Peixoto foi o que mais vibrou com o projeto. Ele sugeriu a Aizen que poderia levá-lo a um velho amigo seu: o famoso capitão João Alberto Lins de Barros, polêmico chefe da polícia de Vargas e diretor do jornal *A Nação*. Peixoto trabalhara com ele um ano antes, como auxiliar de gabinete, e acreditava que seu ex-patrão poderia ajudar o amigo a bancar os suplementos diários.

Apesar de conhecer a fama pouco lisonjeira do militar como cabeça da repressão do governo Vargas, Aizen decidiu aceitar a sugestão, por causa de uma coincidência quase inacreditável. No domingo, 22 de janeiro, dois dias depois de ele ter desembarcado no porto do Rio, o jornal lançara o *Suplemento A Nação*, com o subtítulo de "Noticioso, literário e artístico" e doze páginas, compostas por contos, poemas e crônicas de escritores como Cecília Meireles, Cornélio Penna e Correia Dias, entre outros, além de uma "Página das Crianças" e outra voltada à agricultura.

A edição totalizou 24 páginas e era, sem dúvida uma iniciativa ousada. No domingo seguinte, 29 de janeiro, ainda sem falar com Aizen, que tinha viajado para fazer uma reportagem em Porto Alegre para *O Malho* e só voltaria no dia 4 de fevereiro, o jornal de João Alberto trouxe outra novidade: o que o jornal chamou de "Suplemento Infantil", mas que era, na verdade, a "Página Infantil", dirigida aos filhos de seus leitores. Com essas experiências, havia, sem dúvida, uma chance maior de vender seu projeto.

Peixoto marcou uma audiência com João Alberto poucos dias depois. Pernambucano de Olinda, o militar era dez anos mais velho que Aizen. Nasceu em 16 de janeiro de 1897. Filho de um professor de história e uma dona de casa de origem holandesa, João Alberto formou-se em engenharia no Recife, mas preferiu se dedicar à carreira militar – nessa época, ainda não deixara transparecer certa inquietação política. Mudou-se para o Rio, onde cursou a Escola Militar de Realengo.

Promovido a tenente em 1922, João Alberto solidarizou-se com o levante de dezoito colegas no Forte de Copacabana, ocorrido em 5 de julho. O apoio lhe custaria cinco meses de prisão. Após ser libertado, transferiu-se

Como se previsse que os quadrinhos seriam atacados por fazer mal às crianças, desde o começo, Aizen incluiu em seu jornal textos voltados à educação. AA

Aizen tinha uma dívida de gratidão com o coronel João Alberto, homem de confiança de Vargas, por ter lançado seus suplementos no jornal A Nação. Em 1939, no segundo ano da ditadura do Estado Novo, ele flertava com a política educacional fascista do regime. AA

para o município de Alegrete (RS). Lá, revoltado com seu encarceramento arbitrário, segundo ele, envolveu-se em atividades conspiratórias.

Primeiro, participou dos levantes deflagrados no interior do Rio Grande do Sul, a partir de outubro de 1924 – quase em paralelo ao movimento que ocorreria em São Paulo a partir de julho e deixaria quase mil mortos. Derrotados por forças fiéis aos governos federal e estadual, os rebeldes gaúchos se dirigiram ao estado do Paraná, onde uniram-se aos remanescentes do levante ocorrido na capital paulista.

Da unificação das forças rebeldes paulistas e gaúchas nasceu o movimento que ficou conhecido como Coluna Prestes, formada por um exército de guerrilheiros comandado por Luís Carlos Prestes e Miguel Costa, que percorreu o interior do Brasil durante mais de dois anos, em campanha contra o governo de Artur Bernardes – o grupo percorreu cerca de 25 mil quilômetros e passou por dez estados em 26 meses. João Alberto desempenhou papel de relevo na Coluna, tendo sido o comandante de um dos quatro destacamentos em que se dividia o exército rebelde.

Em 1926, com o fim da Coluna, ele foi condenado ao exílio na Argentina e na Bolívia com muitos de seus companheiros que participaram do movimento. Em fevereiro do ano seguinte, porém, João Alberto regressou ao Brasil e passou a viver na clandestinidade. Trocou seu nome para Nelson de Castro e foi viver no interior do Paraná e, depois, em Pernambuco. Sem perder a disposição como conspirador, aproximou-se dos políticos da Aliança Liberal, coligação que reunia grupos dirigentes dos estados do Rio Grande do Sul, Minas Gerais e Paraíba em torno da candidatura de Getúlio Vargas à presidência da República.

João Alberto deu a volta por cima em 1930, quando se tornou um dos líderes da suposta "revolução" que derrubou o presidente Washington Luís e impediu a posse do presidente eleito Júlio Prestes. Em retribuição, Getúlio Vargas o nomeou interventor federal em São Paulo. No começo de 1932, assumiu a chefia de polícia do Rio. Mal tomara posse, Vargas o convocou para uma tarefa de emergência: voltar a São Paulo para sufocar o movimento constitucionalista. Após cumprir a missão, João Alberto reassumiu a chefia de polícia e se tornou um eficiente demolidor dos inimigos do governo – tarefa cuja continuidade caberia ao temido Filinto Müller alguns anos depois.

Quando Aizen o procurou com Luís Peixoto, seu jornal *A Nação* circulava havia pouco mais de um ano. Essencialmente político, o diário era conhecido como porta-voz oficial do governo e dos líderes tenentistas que participaram do golpe de 1930. Tinha também a reputação de ser mais um fruto da arbitrariedade de Vargas para se fortalecer no poder depois da repressão que promoveu contra os revolucionários paulistanos de 1932.

A Nação foi fundada em janeiro de 1933, a partir da estrutura física e de todos os equipamentos gráficos d'*O Jornal*, de Assis Chateaubriand – fechado pelo próprio João Alberto um ano antes, depois de um confronto pessoal com o empresário e jornalista paraibano.

Para surpresa de Aizen, João Alberto aceitou imediatamente a ideia de fazer seis suplementos – um para cada dia da semana. Autorizou o jornalista a tornar o projeto viável o mais rápido possível. Político habilidoso, João Alberto viu na proposta uma forma de fortalecer o jornal e amenizar a imagem de panfleto partidário varguista.

A pequena equipe que produziria os tabloides foi formada inicialmente por alguns colegas d'*O Malho*, como Monteiro Filho, Osvaldo da Silveira, Luís Peixoto e Roberto Macedo. Todos continuariam a trabalhar na revista. Silveira era um escritor paulista que depois ficaria conhecido como autor do romance *Bartyra*, escrito em português arcaico e cuja primeira edição seria lançada por Aizen em 1942. Além de jornalista, Macedo era professor de história do Brasil no Colégio Pedro II e no Instituto de Educação. Pouco depois, juntou-se a esse grupo Maria Lopes Monteiro, esposa de Monteiro Filho.

O intervalo de tempo entre a aprovação de João Alberto e o início da produção dos suplementos foi tão curto que, em 45 dias, *A Nação* lançaria o primeiro número. O grupo trabalhou a toque de caixa para preparar a estreia de cada tabloide, que circularia de terça a domingo. Aizen procurou ser fiel ao formato dominical americano, o que não seria nada fácil, uma vez que as máquinas do jornal estavam longe de possuir a mesma qualidade gráfica.

Os cadernos foram planejados e desenhados numa pequena sala de d'*A Nação*, no ritmo frenético de um jornal com circulação diária. Embora a chance de alguém fazer algo parecido praticamente não existia, parte da estratégia contra a possível concorrência envolveu informar os leitores da novidade somente dois dias antes da estreia. Na edição de domingo, 11 de março de 1934, a manchete da primeira página deixou de lado a tradicional chamada política para anunciar: "Programação de *A Nação* para a próxima semana: um suplemento por dia".

Logo abaixo, um quadro explicava quais seriam os nomes dos cadernos, cada um com doze páginas, por ordem de lançamento: *Humorístico*, *Infantil*, *Policial*, *Feminino*, *Esportivo* e *Literário*. Como o diário não circulava às segundas, a partir da terça-feira, dia 13, a série de cadernos começou a chegar às bancas. Como Aizen queria, mesmo com os suplementos, *A Nação* continuou custando duzentos réis – "mais barato que um café ou uma caixa de fósforo", como anunciava o diário.

Na quinta, dia 15, o jornal organizou um almoço de confraternização para celebrar os lançamentos. O evento reuniu representantes das distribuidoras e vendedores de jornais no salão da Associação dos Auxiliares da Imprensa. A concorrência ficou boquiaberta diante de tamanha ousadia de João Alberto, a quem couberam os méritos pela aposta nos lançamentos. A repercussão entre os leitores foi a melhor possível. Jornaleiros de toda a cidade corriam ao jornal durante o dia para pegar mais exemplares.

Os cadernos d'*A Nação* se tornaram um acontecimento importante na história da imprensa brasileira porque introduziram o formato diário dos cadernos segmentados nos jornais. Iniciativa, aliás, frequentemente esquecida por pesquisadores, talvez por causa da curta existência do diário de João Alberto, que deixaria de circular dois anos depois.

Alimentar seis edições por semana com notícias e variedades culturais e esportivas tornou-se uma tarefa árdua para Aizen. Parte da dificuldade foi resolvida com a compra de textos e desenhos americanos, vendidos no Brasil por representantes de agências conhecidas nos EUA como *syndicates*, distribuidoras de *fratures* (ilustrações, artigos e reportagens) que nada tinham a ver com o conceito de sindicatos. Para temperar o "Suplemento Policial" com um pouco de brasilidade, por exemplo, ele contou com colaborações dos próprios repórteres e redatores d'*A Nação*.

Ao mesmo tempo, convidou escritores amigos seus de pouca projeção para participar, em especial, da produção de contos policiais e infantis. Quanto ao "Suplemento Esportivo", a própria redação do jornal ficou encarregada de preenchê-lo com noticiário da semana.

Um caderno em especial logo se destacou entre todos os outros pelas novidades que trazia: o *Suplemento Infantil*. O primeiro número chegou às bancas no começo da tarde de quarta, 14 de março, com capa desenhada por J. Carlos, um astro da ilustração na época e que seria considerado o mais influente ilustrador gráfico da imprensa brasileira na primeira metade do século xx. Couberam a ele, ainda, as ilustrações do conto "A pedra que rolou a montanha", de Luís Martins. O caderno incluía jogos, palavras cruzadas e textos didáticos sobre a história do Brasil.

Mas a atração principal era uma novidade no país. Os leitores se depararam, pela primeira vez, com os quadrinhos que eram grandes sucessos nos EUA naquele momento: *Buck Rogers*, *Agente Secreto X-9*, *Flash Gordon* (que fez sua estreia em grande estilo, em cores, nas duas páginas centrais, dois meses depois do lançamento no país de origem) e *Jim das Selvas*. Nos anos seguintes, Aizen traria *Mandrake*, *Brucutu*, *Príncipe Valente*, *Tarzan*, *Brick Bradford*, *Pinduca*, *Rei da Polícia Montada* e até mesmo histórias inéditas de Walt Disney, que começava a chamar a atenção pelo perfeccionismo em cinema de animação.

Trazer esse material foi menos complicado do que Aizen imaginava. Ele descobriu que havia no Rio um representante do King Features Syndicate (KFS), Arroxelas Galvão. O distribuidor recebeu com surpresa o interesse do editor, já que, até então, só conseguira convencer Orlando Dantas, dono do *Diário de Notícias*, a comprar os quadrinhos que oferecia (desde 1930, o jornal publicava as tiras do marinheiro Popeye em duas páginas coloridas aos domingos, encantando crianças e adultos).

Os quadrinhos pareciam hipnotizar as crianças. Tanto que os jornais de HQ chegavam a ter três edições por semana. AA

O editor encontrou no estoque de Galvão muitos dos heróis recém-lançados nos EUA. Pareceu-lhe que estavam ali à sua espera. O agente se comprometeu a fornecê-los com exclusividade no Rio de Janeiro. Não apenas aquelas histórias, mas também os futuros lançamentos do KFS. Os dois fizeram, então, um acordo informal, pelo qual Aizen se comprometia a pagar duzentos mil-réis por página de tudo que fosse publicado.

O *Suplemento Infantil* não se limitou a lançar heróis americanos. Desde a estreia, reuniu como colaboradores vários desenhistas e escritores brasileiros. No primeiro número, Monteiro Filho lançou a série de quadrinhos *As aventuras de Roberto Sorocaba*, com roteiro de sua esposa, Maria Monteiro, e que seria publicada em episódios semanais de uma página cada um, no mesmo formato das aventuras seriadas americanas.

A presença de autores brasileiros no suplemento de Aizen não parou por aí. No terceiro número, de 28 de março, teve início a série *Os quatro ases*, uma novela infantil escrita a quatro mãos por um jovem (mas já conhecido) Jorge Amado e por Matilde Garcia-Roza, com desenhos do ilustrador e cenógrafo paraibano Santa Rosa. Durante alguns números, os leitores se divertiram com as aventuras do menino Tonico, do gato Pega-Ligeiro, do papagaio Doutor e do galo Terreiro, todos criações do trio.

Se as histórias em quadrinhos faziam Aizen acreditar que o sucesso americano se repetiria no Brasil, para o redator-chefe d'*A Nação*, José Soares Maciel Filho, as maiores apostas eram os suplementos de contos policiais e de esportes. A pedido de Aizen, ele mandou fazer uma nova tiragem do primeiro número do *Suplemento Policial* e o pôs à venda durante uma semana em várias lojas de departamentos da cidade, separado da edição do jornal. Repetiu a operação por muitas semanas. Começava a surgir no Brasil, assim, esse gênero de ficção policial para venda em banca.

Em maio de 1934, perto do terceiro mês de vida dos suplementos, já se notava claramente que o pico de vendas do jornal acontecia às quartas-feiras, quando saíam as tais "historietas em quadrinhos" do *Suplemento Infantil*. Naqueles dias, a tiragem do jornal passava dos sessenta mil exemplares por edição – o triplo da circulação normal do diário antes dos cadernos.

Nas ruas, podia-se notar um fenômeno interessante. De repente, um jornal sisudo, de temática quase exclusivamente política, que todo mundo sabia ser mantido pelo governo Vargas, passou a ser disputado no meio da semana por crianças e adolescentes em todos os pontos de venda do Rio de

Janeiro. O jornalzinho se tornou assunto da garotada nas filas das matinês dos cinemas, até se transformar numa leitura quase obrigatória, em especial para os meninos.

A aceitação do tabloide de Aizen foi tão grande que era comum a molecada se dirigir ao jornaleiro toda semana para pedir o caderno de uma forma peculiar: "Por favor, moço, quero o suplemento que está aí no jornal *A Nação*". Recebia a publicação completa e jogava a parte que não lhe interessava fora, perto do vendedor. Em pouco tempo, páginas eram levadas pelo vento e sujavam as ruas.

Nem tudo, entretanto, corria como Aizen esperava. Sua presença como editor dos suplementos não era bem-vista por Maciel Filho. O redator-chefe não fazia questão de esconder sua antipatia pelo projeto do colega. Se desde o começo ele não escondeu sua opinião de que os suplementos seriam um fracasso, logo mudou de ideia quando percebeu que sua previsão estava errada.

Maciel Filho dizia para quem quisesse ouvir que os cadernos comprometiam a imagem, a linha editorial e as finanças do jornal – o que não era verdade, pois eles fizeram as vendas dobrarem (no caso do policial) ou triplicarem (no caso do infantil). Não demorou a levar suas queixas a João Alberto:

– João, um jornal não pode ser levado a sério quando é avidamente comprado por crianças. Tenho ouvido piadas na Câmara dos Deputados de que garotos retiram o *Suplemento Infantil* e espalham o resto da edição pelas ruas da cidade. Chamam seu jornal de "A Nação Infantil" e isso é uma completa desmoralização.

O editor argumentou ainda que aquele tipo de "luxo" não conseguiria se manter pela publicidade. Tinha alguma razão quando observou que as empresas não estavam habituadas a anunciar naquele formato de encarte. Aizen desde o início disse em sua defesa que, a médio prazo, conseguiria atrair publicidade. Era uma questão de tempo e de sucesso dos cadernos.

A implicância sistemática do redator-chefe, porém, começou a afetar o apoio do dono do jornal a Aizen. Quatro décadas depois, Aizen afirmaria que Maciel Filho não passava de um "invejoso", inconformado com o sucesso de seu projeto. Só não imaginou que João Alberto fosse se deixar levar tão rápido pelas intrigas: no começo de junho, decidiu cancelar todos os cadernos, apenas quatro meses depois do lançamento – e catorze edições publicadas de cada um.

Com trânsito fácil no Palácio do Catete, o hábil João Alberto não tinha problemas com dinheiro e poderia bancar os cadernos pelo tempo que achasse necessário. Mas preferiu dar ouvidos à implicância de Maciel Filho por uma questão de estratégia política. O tema se tornara prioridade em sua vida, e ter um jornal com esse fim era um fundamental para suas ambições e na sustentação do governo Vargas. Acatou, portanto, a queixa de que seu diário estava "perdendo respeito" entre os leitores adultos.

Por outro lado, João Alberto se afeiçoou demais a Aizen na breve convivência que tiveram, de modo que encontrou uma saída que se revelaria vantajosa para o criador dos suplementos: os cadernos deixariam de sair no seu jornal, mas o editor teria apoio financeiro para montar um novo diário que desse continuidade à circulação deles. Além disso, pelo menos nos três anos seguintes, ele foi mantido como editor d'*A Nação*, com registro em carteira e salário mensal, sem nunca mais contribuir com a publicação.

A participação financeira de João Alberto nesse empreendimento, porém, teria de ser a mais discreta possível.

NOVA IDENTIDADE PARA O EDITOR

Aizen aceitou com entusiasmo a proposta de João Alberto. Claro que gostaria de ter seu próprio negócio. Só que, no momento em que cuidava de sua legalização, viu-se diante de um problema intransponível, criado pelo decreto nº 11224.776, que seria votado em 14 de julho de 1934 e instituiu uma nova lei de imprensa para o país. Além de proclamar a liberdade de expressão, o projeto trouxe como novidade um artigo que proibia a participação de estrangeiros como proprietários, diretores e acionistas de empresas jornalísticas.

E o que o fundador dos suplementos d'*A Nação* tinha a ver com isso? Ninguém sabia que, apesar de falar e escrever em português como qualquer brasileiro, Aizen não nascera no Brasil, e sim na Rússia. Um dos segredos que marcariam sua existência e que ele levaria para o túmulo. Ao saber, ainda em maio que, o decreto estava prestes a ser votado, confessou seu dilema ao irmão Nahum, que sugeriu uma saída: forjar para si uma identidade nacional. Mas como fazê-lo?

Nahum lembrou-se de que tinha amigos na Bahia que talvez pudessem ajudá-lo. O próprio irmão, em seguida, decidiu cuidar pessoalmente disso, pela delicadeza do assunto, e viajou para Salvador. No fim, conseguiu que fosse "tirada" uma certidão de nascimento na cidade de Juazeiro, com a colaboração do amigo e de um funcionário do cartório. Por ser irregular, o documento, no entanto, não seria registrado no livro de nascimentos.

Mesmo assim, a partir desse momento, Adolfo Aizen se transformou em um brasileiro nato, filho daquela cidade, um "legítimo" baiano do árido sertão. E assim seria conhecido por toda a vida pela legião de fãs que conquistaria como editor de quadrinhos. Com o propósito de legitimar sua nova nacionalidade, criou para si a biografia do imigrante nordestino que viera para o Sudeste em busca de oportunidade de trabalho.

Entre outras invencionices, passaria a dizer que sua família chegara ao país em 1902, oito anos antes da data real. Curiosamente, por toda a vida, Aizen jamais esteve em Juazeiro (mas de fato vivera, durante anos, em Salvador). Por ser "descendente" de russo, chamava a atenção pelos olhos, de um azul-celeste um tanto incomum. Ninguém podia saber que ele e os irmãos eram imigrantes judeus russos que tiveram infância e adolescência difíceis. Primeiro, na Rússia turbulenta e pré-revolucionária e depois em São Paulo, Bahia e Pernambuco, até se estabelecerem no Rio.

O coronel João Alberto com o sócio Aizen. O ex-tenente, que chefiou a polícia de Vargas e foi interventor em São Paulo, socorreu o amigo financeiramente várias vezes. FA

Quando sua família desembarcou no Brasil, ele tinha apenas três anos de idade, em 1910. Sua vida seria cercada de mistérios desde então. Quando foi morar no Rio, deixava escapar apenas algumas expressões regionais e certo sotaque que aprendera em Salvador, onde viveu durante quase toda a adolescência. Pela versão oficial, ele teria vindo ao mundo em Juazeiro, às margens do rio São Francisco, no dia 10 de junho de 1907. Apenas a data estava correta; o local, não.

Seus pais, judeus, Pavel Aizen e Sonia Gurevitch, chegaram ao Brasil com oito filhos. O casal deixara a Rússia por questão de sobrevivência. O país vivia o horror dos conflitos étnicos, religiosos e políticos que resultaram na primeira tentativa de derrubar o regime de Nicolau II, em 1905. O *czar* culpou os judeus pelos problemas que desestabilizavam seu império, e milhares deles foram mortos por multidões enfurecidas incitadas por ele.

O ataque antissemita mais violento aconteceu em novembro de 1905, em Odessa, quando cinquenta mil partidários do monarca saíram às ruas gritando "morte aos judeus" e mataram a tiros, esfaquearam e estrangularam centenas deles, após invadir e queimar suas casas e pontos de comércio. A situação era ainda mais insustentável para aqueles cujas aldeias

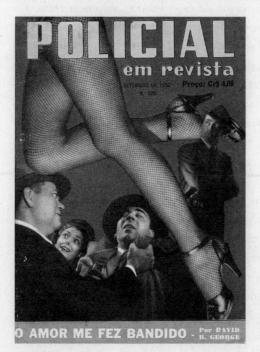

Além dos quadrinhos, o Suplemento Policial *criado por Aizen também vendia bem. Tanto que ele o transformou em uma revista que durou duas décadas.* AA

penavam por causa dos temidos *pogroms*, ataques armados repentinos de vários grupos simpatizantes de Nicolau II com o objetivo de exterminar a população judaica.

Temerosos do risco que corriam, depois de terem visto alguns membros de sua comunidade assassinados, os irmãos Pavel e Salomon Aizen juntaram suas famílias e partiram sem rumo certo. Depois de se refugiarem na Europa, embarcaram em um navio de emigrantes com destino ao Brasil. Deixaram para trás dois outros irmãos, Nahum e Isaac, que mais tarde seguiriam o mesmo destino, a América do Sul, mas optariam por se estabelecer na Argentina.

Adolfo Aizen nasceu na província de Iekatrinoslav (Aldeia de Catarina), na Rússia. Sua família chegou ao Brasil pelo porto de Santos. Com Pavel, vieram sua esposa, Sonia, e os filhos Tania (1895-1980), Nahum (1896-1939), Lea/Lídia (1897-1969), Mikhail/Miguel (1900-1965), David (1904-1999), Adolfo Paulo (1907-1991), Manya/Mary (1905-1999) e Aron/Arnaldo (1909-2005). Salomon trouxe a esposa, que seria rebatizada de Maria, e os filhos Esther, Raul, Anita e Leia – todos também mudados para nomes comuns no Brasil.

Enquanto Pavel optou pelo interior de São Paulo, Salomon tentou a sorte no Rio de Janeiro, que, por ser a capital do país, parecia oferecer mais possibilidades de trabalho. Para facilitar o contato com o novo país, Pavel adotou um equivalente português de seu nome. Virou *Paulo* Aizen. Buscou o sustento da família como mascate, profissão que o obrigou a peregrinar por dezenas de localidades atrás da clientela.

Infelizmente, Adolfo guardaria poucas lembranças do pai, porque ele foi morto em 1914, vítima de um tiro no peito nunca esclarecido pela polícia. Paulo estava em Itambé, na comarca de Barretos, São Paulo, quando aconteceu a tragédia. A certidão de óbito, assinada por Theodolino de Paula Borges, escrivão de paz e oficial de registro civil de Itambé, não trazia, claro, a causa do tiro. A versão contada à família por conhecidos, semanas depois, dizia que ele fora atingido por um tiro acidental quando limpava sua própria arma. Depois, falou-se que o revólver disparara ao cair de sua mala, quando Paulo descia de um trem no terminal da cidade. As duas versões não convenceram Sonia. Tempos depois, ela soube de outra explicação: seu marido teria sido morto ao reagir a um assalto.

As dificuldades que a viúva encontrou para criar os filhos só não foram piores graças à ajuda do genro, o também russo Leon Bloch. Ele conheceu a família de sua futura esposa no mesmo trem que trouxe os Aizen do porto de Santos para São Paulo. Tinham migrado no mesmo navio para o Brasil. Ao perceber pelo idioma que eram compatriotas, aproximou-se e começou a conversar com Paulo. De imediato, apaixonou-se pela filha mais velha do casal, Tania, então com vinte anos. Os dois se casaram poucos meses depois.

Bloch, um comerciante que costumava arriscar todas as fichas em um único negócio, vivia uma situação financeira de altos e baixos, ora com fartura de dinheiro ora sem nada. Quando aconteceu a tragédia com Paulo, ele escreveu para a sogra e sugeriu que ela se mudasse com os filhos para Salvador, onde havia se estabelecido como comerciante bem-sucedido. Prometeu que a ajudaria no sustento das crianças.

Na capital baiana, os Aizen foram morar próximo à residência de Leon, em uma ampla casa no bairro de Brotas, na época uma área de classe média baixa, ocupada principalmente por operários. Ali, os filhos mais velhos de Sonia, aos poucos, romperam as barreiras impostas pela dificuldade do idioma e começaram a frequentar a escola. Não foi complicado para Adolfo, que desde os três anos tinha contato com o português. Logo falaria o idioma perfeitamente.

Na Bahia, os Aizen levaram uma vida de poucos recursos. Além da boa vontade de Leon, os filhos mais velhos conseguiam pequenos serviços no comércio, o que lhes permitia viver dignamente. Sonia matriculou os mais novos no Colégio São Salvador, instalado na praça do Campo da Pólvora – cuja parte central antes continha um depósito de munição e depois, nos anos 1940, daria lugar ao monumental edifício do Fórum Ruy Barbosa. Naquele ano de 1914, a praça era ocupada por um concorrido campo de futebol. A escolha do local se deu porque era possível ir à escola (e voltar para casa) a pé. Bastava descer a rua da Fonte, cruzar a rua Djalma Dutra e subir a ladeira dos galés.

Em 1921, sete anos depois de acolher os parentes da esposa, nova perspectiva de bons negócios levou Leon Bloch para Recife. Sonia e os filhos acompanharam o genro. Na capital pernambucana, os Aizen chegaram a estudar no colégio Aires Gama, mas, antes de completar o primeiro ano na cidade, a família se mudou definitivamente para o Rio de Janeiro. A decisão, dessa vez, foi de Sonia. Perto do cunhado Salomon, agora Salomão, ela esperava encontrar apoio para empregar os filhos mais velhos e criar os pequenos.

Quem mais gostou da ideia da mudança foi Adolfo, que saía da adolescência. Desde cedo, ele mostrou interesse pela leitura. Devorava tudo o que lhe caía nas mãos: de velhos jornais a exemplares da revista infantil *O Tico-Tico*, na qual sonhava trabalhar um dia. Ainda criança, publicou seu primeiro ensaio na efêmera revista *Bom-Tom*, dirigida pelo entusiasmado Carlos Chiacchio (1884-1947), jornalista, médico e escritor, membro da Academia de Letras da Bahia.

A transferência para a capital do país seria ideal para as suas pretensões literárias. Teria mais chances de frequentar grandes livrarias e, quem sabe, as redações dos maiores jornais e revistas brasileiros, que aprendera a ler na Biblioteca Central de Salvador, nos Barris, e no Gabinete Português de Leitura, na praça da Piedade. Aos quinze anos, Adolfo conseguiu seu primeiro emprego, como balconista numa loja de ferragens especializada em peças para fogão, na avenida Marechal Floriano, centro da cidade. Estudava à noite e entrava pela madrugada lendo tudo o que pudesse comprar ou o que encontrasse em casa, adquirido pelos irmãos.

Graças à indicação do tio Salomão, conseguiu uma vaga de datilógrafo no escritório da multinacional de seguros de importação Lloyds Register. Ali, aprenderia as primeiras noções de inglês que lhe seriam úteis no futuro. A empresa, então, colocou-o em um curso intensivo do idioma. Os tempos continuaram difíceis para toda a família; no entanto, ele entregava a maior parte do salário à mãe.

Na hora do almoço, o que ficava do salário só lhe permitia comer o popular "mata-fome", um bolo feito com sobras de salgadinhos do dia anterior, comprado por alguns réis num dos botecos perto do trabalho. Invariavelmente, depois de degustar o mexido, Adolfo complementava a digestão com um copo d'água da torneira, dado de boa vontade pelo atendente. E foi numa dessas pausas para colocar algo no estômago que decidiu procurar um trabalho que o ajudasse a aumentar o orçamento doméstico e, ao mesmo tempo, o aproximasse do que gostaria de fazer: escrever. Não deixaria, claro, o emprego na seguradora.

Adolfo se considerava um poeta, mas o sonho de ser jornalista ou exercer alguma profissão relacionada à área editorial se tornou cada vez mais forte em sua vida. Naquela época, como não havia faculdades de jornalismo, o caminho inicial para chegar a uma redação dependia principalmente das costumeiras indicações de amigos e políticos. Para quem não possuía padrinhos influentes, o ingresso só era possível pela chamada "porta da cozinha" – isto é, a revisão de texto ou pequenos trabalhos como contínuo. Com esforço, o pretendente poderia chegar à reportagem nas editorias de geral ou de polícia.

Mas nem isso Adolfo conseguiu depois de visitar várias redações. Identificava-se como poeta e autodidata – uma petulância corriqueira entre os candidatos a jornalista. Os poemas que levou para mostrar aos editores e sua timidez excessiva não estimularam seus interlocutores a lhe dar mais atenção, desconfiados de que aquele rapaz taciturno ainda estava verde para o ofício. Apenas aceitavam que deixasse alguns escritos para possível publicação, em momentos de falta de material.

Sem se dar por vencido, Adolfo continuou a fazer seus versinhos na solidão das noites. E não desistiu de procurar trabalho na imprensa. Antes de voltar para casa, circulava pelos pontos de encontro de jornalistas, quase sempre botecos próximos às redações. Em 1925, com dezoito anos, depois de enviar artigos, ensaios e poemas pelo correio para vários editores, finalmente veio uma resposta do poeta e romancista Murilo Araújo, autor do romance *O candelabro eterno* e um dos redatores do *Suplemento Literário* do *Correio da Manhã*.

O gentil Araújo fez algumas observações sobre as poesias camponesas do rapaz, inspiradas principalmente nas histórias que ouvia da mãe sobre a vida rural na Rússia, e sobre alguns contos e crônicas sobre o Rio. No final, convidou-o a passar na redação do jornal para que os dois se conhecessem. Adolfo conhecia a obra do editor e era seu admirador. Araújo o convenceu a desistir da poesia e optar pelo jornalismo, para o qual parecia levar mais jeito.

Ao ver o rapaz destruído com sua observação sobre seu lado poeta, tentou consertar, de acordo com suas lembranças, relatadas quatro décadas depois:

– Ora, meu rapaz, não desanime com minhas críticas. Na verdade, trata-se de algumas imperfeições naturais em trabalho de estreia de um poeta, que podem ser corrigidas se você de fato quer fazer versos.

O jovem pretendente agradeceu e, meio constrangido, guardou o papel com o poema no bolso e saiu. Antes de chegar ao saguão do prédio, rasgou-o em pedacinhos e decidiu que, definitivamente, não faria mais poesia. Algumas semanas depois, Adolfo voltou à redação do *Correio*. Araújo o recebeu com festa. Segundo Adolfo, disse-lhe:

– E então, onde estão os novos versos do nosso jovem poeta?

– Estão bem guardados na gaveta, de onde nunca mais vão sair.

— Ora, o que é isso, meu filho? Pelo visto, você ficou mesmo magoado comigo, não é?

— Não é isso, doutor Araújo. Quero dizer que o senhor tem razão.

— E o que você pretende fazer da vida? Vai se dedicar à prosa ou ao jornalismo?

— Vou deixar todos os interesses práticos de minha vida para fundar uma grande revista.

Murilo Araújo não escondeu sua surpresa diante da expressão determinada do garoto que outro dia lhe parecera frágil e temeroso. Com seu estilo teatral, teria dito a Aizen:

— Não faça essa loucura! Não faça essa loucura! Esse negócio só vai lhe trazer aborrecimentos, ninguém lê nesse país. Esfrie a cabeça, meu rapaz, não se deixe dominar por essa maluquice juvenil.

A disposição de Adolfo falou mais forte. Em 25 de julho de 1927, com apenas vinte anos, fez sua primeira investida como editor, ao mandar para as bancas o primeiro número de *Primeira – A revista por excelência*. Em parceria com o médico Elias Davidovich – que mais tarde se casaria com Rebecca, prima e futura cunhada de Adolfo –, o título trazia contos e poemas. Os dois abriram uma pequena redação na rua da Conceição, nº 158, e naquelas páginas publicou suas primeiras experiências como contista. O editor explicou aos amigos por que escolheu aquele nome:

— Porque será a melhor e, também, porque depois dela faremos muitas outras publicações. Podem apostar nisso!

Primeira teve circulação bimestral e vida mais longa do que se imaginava, circulando por quase dois anos. Em 1928, a dupla criou o segundo título, a *Ilustração Israelita*, uma das primeiras revistas judaicas totalmente produzidas em língua portuguesa. A vida da nova publicação foi menor. Circulou por menos de um ano, mas causou boa impressão entre os judeus do Rio, pelo empenho do jovem editor em cobrir as atividades da comunidade.

Foi nessa época que surgiu mais um mistério ligado ao nome do agora editor e jornalista: vários jornais da época falavam de um "conhecido industrial desta praça, o sr. Adolfo Aizen", que também era judeu, tinha forte influência na comunidade e costumava patrocinar competições esportivas, principalmente de tênis de mesa, como a *Taça Juventude*, totalmente bancada por ele. O tal empresário também patrocinava o Clube Juventude Israelita. Porém não havia informações sobre em qual segmento de negócio esse Adolfo Aizen atuava, qual a idade e que destino teve, pois não se falou mais dele desde o início da década seguinte. Também não consta obituário. Como era possível que o futuro editor de nome tão incomum tivesse um homônimo de mesma religião, bastante ligado à comunidade judia, e que desapareceu sem deixar vestígio? Infelizmente, até hoje não temos resposta definitiva.

Em 1929, aos 22 anos, depois de colaborar com a revista mensal *O Excelsior*, de orientação católica, Adolfo passou a publicar artigos, contos e reportagens em *O Malho*, revista humorística semanal que circulava desde 1902. Ele ganhava, então, a oportunidade de ter seus textos lidos em todo o Brasil, uma vez que a publicação tinha distribuição nacional e era uma das mais vendidas do país. Como era comum na época, ele não tinha contrato de trabalho e recebia apenas pelos textos que publicava.

Ao mesmo tempo, conseguiu, enfim, seu primeiro trabalho regular em um jornal diário. A estreia ocorreu no "Suplemento Literário" dominical d'*A Ordem*, editado por Matos Pimenta e Mário de Brito. Sua presença constante na redação e a disposição para pequenas tarefas lhe renderam o posto de "repórter de campo", que significava cobrir o dia a dia da capital. Pouco depois, foi promovido a secretário de redação, cargo que na época nada tinha de excepcional: significava resolver pequenos problemas editoriais e operacionais, fazer a edição andar até o fechamento.

Quando tudo parecia engrenar para o jornalista n'*A Ordem*, na agitada noite de 24 de outubro de 1930, explodiu o movimento golpista que resultou na deposição do presidente Washington Luís e anulação da eleição de Júlio Prestes – até hoje, o único político eleito presidente da República do Brasil pelo voto popular a ser impedido de tomar posse.

Com o golpe promovido pela Aliança Liberal, que colocaria Getúlio Vargas no poder, partidários foram às ruas para comemorar. Enquanto aguardavam a chegada dos líderes golpistas vencedores, os mais exaltados iniciaram um violento quebra-quebra pela cidade contra os "inimigos" da "Revolução", como chamavam o movimento – entre os quais estavam os jornais favoráveis ao presidente deposto.

Foram totalmente destruídas as instalações de *Crítica*, de Mário Rodrigues (pai dos jornalistas Nelson Rodrigues e Mário Filho); *O País*, de João Lage; e *A Ordem*, onde Aizen trabalhava. Antes de acontecer esse momento ruim, a experiência como editor e o emprego n'*A Ordem* renderam ao jornalista o primeiro perfil profissional, escrito por Fernando de Castro, publicado em dois terços de uma página da edição de junho de 1930 d'*A Nação Brasileira*, de Belém do Pará.

O título era seu nome profissional: "Adolfo Aizen" – na verdade, seu nome completo era Adolfo Paulo Aizen. Como um jornalista em atividade no Rio de Janeiro tinha despertado interesse em uma revista editada tão longe? Castro respondia na introdução do texto: "Já mais de uma vez pelas colunas no *Correio do Pará*, tivemos ocasião de dizer a respeito de Adolfo Aizen. Os últimos números d'*O Malho*, a conhecida e apreciada decana das revistas nacionais, gênero *magazine*, trazem as bases de um concurso literário de contos cuja orientação está entregue à competência intelectual e artística desse nosso amigo".

O espaço dado era um tanto exagerado pela justificativa um tanto vaga. Não seria exagero supor que tal agrado pretendia chamar a atenção para o autor, que gostaria de ter seu texto selecionado pelo jornalista. Continuou ele: "Não será supérfluo outra vez dele falarmos: é dos que merecem pelo seu feitio original de excepção no meio onde vive e frutifica o seu formoso talento, uma curiosa excepção pelo espírito de altruísmo que aos seus atos assiste".

Além de contribuir com *O Malho*, Adolfo Aizen sobreviveu durante meses com poucas colaborações em alguns jornais. Na edição de 7 de novembro de 1930 da revista *Beira-Mar*, por exemplo, publicou o conto "A Tragédia do Pássaro Infeliz", com ilustrações de Francisco Acquarone, que ele chamaria depois para colaborar em seu suplemento de quadrinhos.

OUTRO NEGÓCIO PRÓPRIO

Adolfo tinha botado na cabeça que deveria ter seu próprio negócio, mais uma vez. Em 1931, ele e o amigo Sebastião de Oliveira Hersen fundaram a Adersen Editores – fusão do nome dos proprietários. Na prática, no primeiro momento, tratava-se apenas de uma revendedora de livros de várias editoras por reembolso postal – anúncios eram publicados em revistas com as capas dos livros e um cupom para o interessado pedir e esse pagava no momento de retirar a encomenda nos Correios, que enviava um cheque (vale postal) aos vendedores.

A ideia do negócio surgiu quando Aizen assumiu a coluna "Caixa", a seção de cartas d'*O Malho*, em janeiro daquele ano. Muitos leitores de lugares distantes de vários estados escreviam para perguntar como comprar os livros que eram comentados na revista. A distribuição de livros pelo país era precária e Adolfo considerou que vendê-los pelos Correios poderia ser um bom negócio.

No primeiro ano, a operação prosperou tanto que os donos da Adersen decidiram arriscar a edição de seus próprios livros. O negócio cresceu e os amigos alugaram um depósito na rua do Lavradio, nº 60, região central do Rio. Um dos primeiros títulos editados pela empresa foi da escritora baiana Noemi Pitanga, com o título *Quem canta...*, com ilustrações de J. Carlos e Luiz Sá. Lançou também *Floriano Carneiro de Batalhão*, de Assis Cintra. De Theo Filho, um dos autores que mais vendiam no país, publicou *A Fragata Niterói*, com capa de J. Carlos.

O feito maior, porém, foi o então inédito *Menino de Engenho*, a primeira obra do paraibano José Lins do Rego, lançada em 1932 e bancada pelo jornalista e escritor Augusto Frederico Schmidt, amigo do autor. Por isso e por gratidão, José Lins se tornaria um dos principais amigos de Aizen nas duas décadas seguintes.

O empreendimento prosseguiria nos quatro anos seguintes e parte desse período seria administrado quase exclusivamente por Sebastião, por causa dos compromissos do sócio após o lançamento dos suplementos d'*A Nação*. A prosperidade do negócio, no começo, dependia principalmente das atividades dele como jornalista, pois precisava negociar assuntos. E ele estava cada vez mais consolidado n'*O Malho*.

No segundo semestre de 1932, Adolfo se tornou redator da infantil *O Tico-Tico*, do mesmo grupo editorial d'*O Malho*. A revista humorística o promoveu para redator em junho do ano seguinte, no momento em que passava por uma reformulação radical para se tornar menos política e mais dedicada a variedades. Um furo jornalístico seria fundamental para sua escolha como representante do Touring Club na excursão para a Feira de Chicago.

Em junho de 1933, ele foi notícia em jornais de todo país por ter sido o único jornalista a entrevistar Charles Chaplin, que passava férias secretamente no Rio. Teria sido ele quem descobrira onde estava o ator ou a redação d'*O Malho* obteve a informação e o escalou por falar fluentemente inglês? A segunda hipótese é a mais provável, segundo seu filho mais velho, Naumim. De qualquer modo, a reportagem saiu na edição do dia 6. O astro chegara no final de maio, pelo navio Western World, que atracou no porto da Praça Mauá, onde apenas o repórter e o fotógrafo d'*O Malho* esperavam por ele.

Depois de admirar o edifício A Noite, que pertencia ao famoso jornal, ele seguiu em um carro do Itamaraty para uma visita reservada com Vargas. Aizen acompanhou tudo. O fotógrafo registrou o momento em que Chaplin tropeçou no degrau que dava acesso ao palácio e teve uma queda feia. Todos correram para ajudá-lo e, em seguida, ele fez um passeio por todo o Catete. No momento em que deixava o local, foi abordado por Aizen e lhe deu a entrevista. O astro bateu-lhe no ombro e disse:

– É da imprensa? Muito prazer em conhecê-lo. Mas vai me fazer um favor: nada dizer sobre a minha presença aqui a um tal Mister Moses, para que eu não tenha que me sacrificar, como me sacrificaram Hoober e Will Rogers. Refiro-me a ter que suportar um discurso em inglês.

Adolfo Aizen, então, recomendou que experimentasse as famosas "bananas reais" (pastéis besuntados de açúcar com recheio da fruta e pitadas de canelas). "São daqui, ó?", disse em inglês segurando a ponta da orelha. Chaplin acenou positivamente e pediu que o levassem à "folia". "O que ocorreu depois... o que ocorreu depois... nem é bom falar", escreveu o repórter, que seguiu o astro de táxi. A reportagem virou sensação e fez com ele fosse consolidado como repórter d'*O Malho*.

Além de repórter, nessa revista ele assinava agora uma coluna com o pseudônimo de Cauby Pitanga Neto – uma homenagem ao seu antecessor na coluna, Cauby Pitanga. Disposto a se dedicar integralmente ao jornalismo, desde o ano anterior tinha se filiado à Associação Brasileira de Imprensa (ABI). Como raramente jornalistas tinham vínculo empregatício, nessa época começou a colaborar também n'*O Globo* e fez algumas reportagens para o *Correio da Manhã*.

Dois anos depois, em 1934, sua situação era completamente diferente: como dissera Sana-Khan, sua vida mudara de rumo depois da longa viagem aos EUA – não apenas a dele como a de milhares de crianças de todo o Brasil. Adolfo Aizen só não imaginava que seu destino de alguma forma estaria atrelado ao de Roberto Marinho por quase toda a vida. Não demorou para que isso começasse a acontecer.

CAPÍTULO 3 – O IMPLACÁVEL ROBERTO MARINHO

O NASCIMENTO DA INDÚSTRIA DAS HISTORIETAS

Apesar da força impressionante da charge e da caricatura na imprensa diária desde a segunda metade do século xix, o Brasil não tinha tradição de publicar histórias em quadrinhos antes da viagem de Adolfo Aizen aos EUA, em agosto de 1933. Porém, curiosamente, o país foi um dos pioneiros no mundo a adotar a narrativa ilustrada em sequência, semelhante aos quadrinhos de hoje, com a diferença principal de que as primeiras histórias não traziam balões, mas legendas embaixo de cada quadro.

O mais importante autor do gênero nesses primórdios – e o mais produtivo também – foi o ítalo-brasileiro Ângelo Agostini (1843-1910), que lançou várias publicações importantes, marcadas por humor político e repletas de ilustrações, como a revista *Vida Fluminense*. Duas de suas criações em formato de seriado ou folhetim, em especial, são consideradas precursoras das histórias em quadrinhos modernas: *As Aventuras de Nhô Quim* (1869) e *As Aventuras de Zé Caipora* (1883).

Uma das primeiras experiências nacionais no segmento de histórias em quadrinhos veio com *O Tico-Tico*, revista infantil lançada por Agostini em 1905 e que circularia por 54 anos. Mas não se tratava uma publicação exclusivamente de quadrinhos, como tanto se escreveu depois: ela trazia também textos informativos – principalmente escolares – e passatempos. Mas se tornou responsável pela introdução dos *comics* infantis e de humor na imprensa nacional.

A revista, porém, não primava pela originalidade. Um dos personagens mais queridos dos leitores, por exemplo, era Chiquinho, de Loureiro, que – descobriu-se depois – não passava de uma cópia de Buster Brown, do americano Richard F. Outcault, criador do *Yellow Kid* (1895) – que os americanos reivindicam como o primeiro personagem de quadrinhos da história. Boa parte dos demais personagens era "chupada" de publicações francesas.

Mesmo assim, alguns artistas brasileiros chegaram a marcar época em suas páginas, como Luís Sá, responsável pelo trio de meninos peraltas Reco-Reco, Bolão e Azeitona. Publicou também mestres como J. Carlos, Max Yantok, Leo, Theo, Lino Borges, Daniel, Cícero, Percy Deane e Messias de Mello. No começo da década de 1930, antes da famosa viagem desbravadora de Adolfo Aizen, *O Tico-Tico*, onde ele também trabalhava, publicava personagens infantis de sucesso, como Mickey Mouse, de Walt Disney, e o Gato Félix, entre outros personagens de tiras de jornais.

Com o *Suplemento Infantil*, a partir de 14 de março de 1934, Aizen inovou ao trazer o que havia de mais moderno no gênero de quadrinhos dos EUA: os heróis de aventura – um novo segmento que surgira no final dos anos 1920, depois de mais de três décadas de predominância do humor de costumes, e que buscava leitores velhos, como adolescentes e jovens adultos do sexo masculino que gostavam de heróis de faroeste e policiais do cinema.

Mas o suplemento d'*A Nação* não foi o primeiro tabloide brasileiro de quadrinhos. Cinco anos antes de seu lançamento, no intervalo de pouco menos de dois meses, em 1929, surgiram dois jornais no formato tabloide com quadrinhos: *A Gazetinha*, encarte infantil do vespertino *A Gazeta*, de São Paulo; e *Mundo Infantil*, da Editora Vecchi, do Rio de Janeiro. Em seguida ao *Suplemento Infantil*, circulou ainda o caderno infantil de quadrinhos do carioca *Correio Universal*.

A Gazetinha fazia parte de um curioso projeto do jornalista Cásper Líbero para renovar os leitores do seu jornal. Como ele mesmo fazia questão de dizer, com *A Gazetinha* buscou cativar o público infantil e prepará-lo para, na idade adulta, ler *A Gazeta*. O tabloide teve três fases: de setembro de 1929 a outubro de 1930, quando a sede do jornal foi empastelada durante a "Revolução" que colocou Getúlio Vargas no poder (a exemplo do que acontecera com *A Ordem*, onde Aizen trabalhava); de setembro de 1933 a março de 1940; e de março de 1948 a setembro de 1950 – quando passou a se chamar *A Gazeta Juvenil*.

No seu melhor momento, nos anos de 1930, além de publicar em São Paulo vários personagens que Aizen editaria no Rio, o jornal apostou também em autores brasileiros como Gomez Dias, Propício Pereira, Pinóquio, Lindembergh, Sammarco e Valter Ceneviva, entre outros. A estrela desse time foi Messias de Mello, que nas três fases desenhou semanalmente diversos personagens e séries.

Editada pela Vecchi, a revista-tabloide *Mundo Infantil* começou a circular em outubro de 1929, um mês depois da estreia d'*A Gazetinha*. Não chegou a completar o primeiro ano de circulação. Antes de ser cancelada, teve tempo para deixar um marco singular na imprensa infantojuvenil brasileira ao lançar vários personagens inéditos no país, como o Gato Félix.

A publicação, autoproclamada "órgão oficial do bom humor, semanário ilustrado da Casa Editora Vecchi", era dirigida por João Sant'Anna. O primeiro número circulou com doze páginas, quatro delas coloridas – a primeira, a última e as duas centrais. Seu dia de circulação era sábado, e trazia apenas quadrinhos infantis ou de humor ingênuo produzidos nos EUA.

O Correio Universal foi criado pelo casal de editores Maurício Ferraz e Helena Ferraz de Abreu. Maurício assinava o jornal com o pseudônimo de Álvaro Armando e desenvolveu um projeto inspirado naquilo que Aizen começou a fazer com os suplementos diários: um caderno para ser distribuído como encarte nos fins de semana em diversos diários. Deu tão certo que, por volta de 1936, chegou a circular em dezenas de jornais em todo o Brasil.

Em suas páginas foi lançado, entre outros heróis, *O Fantasma*, de Lee Falk. *O Correio* também investiu na produção de quadrinhos brasileiros. Em julho de 1938, por exemplo, lançou o álbum *João Tymbira em Redor do Brasil*, com texto e desenhos de Francisco Acquarone, o mesmo que quadrinizaria o romance *O Guarani*, de José de Alencar, para *O Correio*.

Com o problema da nacionalidade brasileira "resolvido" pelo irmão, Adolfo Aizen cuidou de seu próprio voo editorial. O jornalista fez as contas e achou impossível fundar um novo diário de notícias para abrigar os suplementos, mesmo com o apoio financeiro de João Alberto, o dono d'*A Nação*. Além do pouco dinheiro, sabia que a concorrência com jornais já estabelecidos seria difícil – mais de uma dúzia circulava todos os dias no distrito federal. Aizen acreditava que seria mais fácil convencer um desses jornais a assumir a publicação dos cadernos, pois a repercussão da iniciativa facilitaria qualquer negociação com os anunciantes.

Não faltariam interessados, apostou novamente. Descartou, de imediato, recorrer a Roberto Marinho, tamanha a mágoa que sentia pelo modo desdenhoso como havia sido tratado pelo proprietário d'*O Globo*. Por fim, decidiu que ele mesmo editaria os suplementos para venda avulsa, sem a necessidade de um jornal para encartá-los. Pelo plano do editor, as edições seriam oferecidas no Rio de Janeiro, em São Paulo e em Belo Horizonte, além das cidades próximas a essas, onde a distribuição não era tão precária.

Nos demais estados, imaginou que conseguiria repetir o sistema que conhecera nos EUA: vender os cadernos aos empresários da imprensa locais, que os encartariam nos seus jornais. Aizen reuniu sua equipe para informar que, como *A Nação* não queria mais os cadernos, ele estava disposto a editar os suplementos de forma individual e a dar sociedade a quem dentre eles quisesse participar do projeto.

O editor falou com tanta convicção que contagiou todo o grupo. Anunciou, então, que naquele momento nascia o Grande Consórcio de Suplementos Nacionais. O nome pomposo, claro, não correspondia com exatidão à dimensão da microeditora que estava sendo fundada. Do ponto de vista de estratégia, ninguém precisava saber disso. Era preciso algo pomposo, ambicioso, intimidador e capaz de impressionar possíveis clientes.

O Grande Consórcio começou a funcionar em uma pequena sala no primeiro andar de um edifício da rua Treze de Maio, no centro do Rio. A partir de 27 de junho de 1934, sem nenhum intervalo, os suplementos deixaram de ser encartados n'*A Nação* e começaram a ser vendidos de maneira avulsa. O editor fez uma mudança importante no *Suplemento Infantil* que, a partir do número 14, passou a se chamar *Suplemento Juvenil*.

Especulou-se que Aizen teria escolhido o novo nome a pedido de João Alberto, para evitar que o público continuasse a fazer qualquer relação entre o caderno infantil e seu jornal. Na verdade, a alteração buscou ampliar o alcance, atrair também o público adolescente. Além da redação original, que levou d'*A Nação*, o editor chamou o jornalista Ary Pavão para cuidar do *Suplemento de Humor* – que tinha em Luís Peixoto um de seus mais importantes colaboradores. O *Suplemento Policial* mudou de formato e se tornou *Suplemento Policial em Revista*.

Pioneiro no gênero de revista policial, com tiragem semanal de aproximadamente 25 mil exemplares, o *Suplemento Policial em Revista* se tornaria, poucos meses depois, o título que mais se aproximava em vendas do *Suplemento Juvenil*. Surgia, assim, a primeira revista de Aizen em formato convencional – estilo *magazine* americano. Tinha custo baixo porque ele pirateava os melhores textos das publicações policiais americanas, e as traduções muitas vezes eram duvidosas.

Desde a estreia, o *Suplemento Policial em Revista* publicou também contos brasileiros de qualidade razoável, que ficariam esquecidos nas raras coleções que sobreviveram nas mãos de colecionadores nas décadas seguintes. Ainda em 1934, impulsionado pela aceitação desse suplemento que virou revista, Aizen lançou o tabloide de mistério *Contos Magazine*, que logo viraria um livro de bolso, com lombada quadrada e cem páginas.

Um episódio ocorrido algumas semanas após o lançamento do primeiro número da nova fase do *Suplemento Juvenil* teria um significado importante nas atividades editoriais de Aizen. Um entusiasmado grupo de alunos do tradicional e aristocrático Colégio Dom Pedro II visitou a editora para propor que o tabloide encampasse a campanha que o colégio promoveria pela paz, contra o analfabetismo "e outros flagelos da civilização". Aizen aderiu ao movimento e pediu a um dos garotos, Alfredo Machado, o mais falante de todos, de apenas 12 anos de idade, que datilografasse no mesmo instante um manifesto, que seria publicado em seguida, com poucas correções.

O entrosamento imediato entre Aizen e os meninos do Pedro II traria bons frutos para o editor. Empolgados, os estudantes fundaram o primeiro fã-clube do *Suplemento Juvenil*, que apelidaram de Clube dos Juvenilistas, formado inicialmente por dezesseis garotos, todos do mesmo colégio. No dia 21 de outubro, sete meses depois do lançamento do suplemento, o editor atendeu ao pedido do clube e aceitou presidir a primeira reunião dos sócios, realizada em uma das salas do Pedro II.

Em seguida, o grupo promoveu as conferências sobre os heróis dos quadrinhos – discutia-se o desenrolar das histórias seriadas, os personagens preferidos, noções iniciais da narrativa sequencial e, de quebra, Aizen recebia sugestões de lançamentos. Os mais afoitos queriam saber sobre os próximos episódios. Em uma ocasião, Alfredo Machado tomou a palavra e sugeriu campanhas cívicas pela valorização do Brasil – não por acaso, estavam ligadas ao clima de ufanismo que começava a tomar conta do país,

Aizen virou um dos pioneiros na publicação dos pulps *magazines americanos, impressos em papel barato. Contos Magazine virou revista quinzenal e misturava policial com aventura. Competia com Detective, dos Diários Associados.* AA

promovido pelos integralistas e por Getúlio Vargas, simpáticos aos regimes de Hitler e Mussolini.

O envolvimento do *Suplemento Juvenil* nessas mobilizações dos estudantes levou Aizen a convidar os estudantes a colaborar com textos sobre acontecimentos culturais na cidade. Em poucos meses, Alfredo Machado foi efetivado como o primeiro repórter-mirim da redação do *Suplemento*. Assim começava a ser formada na prática uma das primeiras "escolas" de jornalismo do Brasil, pelo seu caráter prático de preparação profissional, de onde sairiam notáveis profissionais da imprensa carioca.

O editor chamou sua jovem equipe de estagiários de "Escolinha do *Suplemento Juvenil*". Na lista dos doze redatores e repórteres adolescentes estavam ainda Renato Di Biasi, José de Oliveira Castellar, Jonas Bahiense Lyra, Sebastião de Azevedo, Mário de Assis Curvello, Raimundo Souza Dantas, Giuseppe Ghiaroni, Pedro Anísio, Francisco Borelli Filho e Hélio do Soveral. Machado logo acumulou a função de tradutor, acostumado a ler desde pequeno revistas em inglês que seus pais lhe compravam. Bem mais tarde,

Di Biasi seria promovido a secretário de redação de cinco importantes revistas lançadas por Aizen.

Ainda em 1934, o Grande Consórcio passou a ocupar um andar inteiro do número 37 da rua Treze de Maio. No térreo, Aizen montou a Livraria Juvenil, para vender números atrasados de suas publicações e os álbuns que viria a lançar na segunda metade da década de 1930. Reservou também um pequeno espaço para sediar o Clube Juvenilista, com uma ampla mesa de vinte cadeiras.

A partir de 1935, o *Suplemento Juvenil*, que era semanal, tornou-se bissemanal, com circulação às terças e aos sábados. E dobrou de preço: duzentos réis. A crescente acolhida do jornalzinho de Aizen entre os pequenos leitores podia ser medida pelo recorde de vendas alcançado no segundo ano de circulação, quando atingiu duzentos mil exemplares por semana – ou seja, cem mil por edição e cerca de 800 mil exemplares vendidos todos os meses, um número assombroso para um país que tinha 42 milhões de habitantes.

No decorrer de 1935, o suplemento passaria a circular também às quintas. Ou seja, virou "trissemanal". O Grande Consórcio tinha adquirido uma rotativa de quatro cores que permitiu uma economia razoável na impressão, antes feita em gráficas de terceiros. Na ocasião, a editora mudou de endereço pela terceira vez. A redação foi transferida para um prédio de quatro andares na vizinha rua Sacadura Cabral. Pouco depois, a oficina gráfica entrou em funcionamento na rua General Caldwell, também no centro, com capacidade para impressão de livros, álbuns, revistas e jornais.

A INVESTIDA DE ROBERTO MARINHO

A essa altura, a vida financeira de Aizen havia melhorado bastante com o sucesso de suas primeiras revistas e o *Suplemento Juvenil*. Em 20 de agosto de 1935, o *Diário da Noite* noticiou que, na madrugada anterior, a casa do editor havia sido assaltada. O imóvel ficava na rua Gomes Carneiro, nº 21, em Ipanema. Ele foi identificado como diretor de *A Nação*, o que reforçava a informação de que fora mantido na folha de pagamento do jornal de João Alberto. Os criminosos levaram uma carteira de bolso masculina com 684 réis que pertencia a Aizen, uma carteira de senhora – talvez de sua mãe? – com vários papéis, um relógio-pulseira de ouro e uma tesoura.

O editor saiu em perseguição aos invasores, depois de acordar com o barulho estranho no andar de baixo do sobrado. No caminho, encontrou os investigadores 607, 413 e 391, que faziam a ronda e seguiram atrás dos criminosos pela rua. Em uma das esquinas, encontraram dois jovens estrangeiros (um espanhol e um alemão), que tentaram fingir tranquilidade, mas estavam suados e esbaforidos pelo esforço físico. Levados para o 2º distrito policial, eles confessaram que entraram na casa com ajuda de uma gazua. Na fuga, jogaram o relógio no jardim da casa da avenida Nossa Senhora de Copacabana nº 1008, onde pretendiam voltar para recuperá-lo quando se livrassem da perseguição. O objeto foi recuperado nesse local minutos depois.

Os negócios prosperaram naquele ano e no ano seguinte. O principal tabloide do Grande Consórcio reinou por três anos no incipiente mercado carioca de quadrinhos. Nesse período, a ligação com o Clube Juvenilista levou a uma série de campanhas que colocou o editor em evidência nos principais jornais cariocas como um empresário que criava no Brasil uma "imprensa juvenil". Essa abordagem era positiva, porque ele estimulava crianças e adolescentes ao hábito da leitura.

Aizen se dava ao luxo de contar com colaborações especiais: certa vez, publicou um conto de Luís Martins ilustrado por Tarsila do Amaral, expoente do modernismo brasileiro. O editor não se cansava de promover iniciativas pioneiras. No segundo semestre de 1937, realizou o primeiro concurso de histórias em quadrinhos do *Suplemento Juvenil*. O vencedor foi o maranhense Fernando Dias da Silva, de apenas dezesseis anos. A história escolhida, "O Enigma das Pedras Vermelhas", começou a ser publicada em capítulos a partir da edição 488, de 27 de janeiro de 1938. Fernando logo se mudaria para os EUA, onde teria uma prestigiosa carreira como desenhista de quadrinhos.

O mesmo concurso revelaria nomes que formariam a primeira geração de desenhistas cariocas: Antônio Euzébio, Celso Barroso, Salvio Correia Lima, Alciro Dutra, Oscar Brenner e Nelson Junglubuth. Todos foram contratados por Aizen. Na época, também trabalhavam na editora Mário Pacheco, responsável pelas ilustrações das capas do *Suplemento Juvenil*, e Ildeu Moreira, que cuidava do "letreiramento" das histórias, junto com Hugo Wilcelmann, que também desenhava capas e ilustrações para textos internos – contos, principalmente.

Talvez por ingenuidade, Aizen não se importou com a possibilidade de que seu sucesso estivesse sendo observado pelo mercado editorial. Afinal, o

Suplemento Juvenil era a coqueluche da garotada, acompanhado com alguma distância pelo *Correio Universal*, que não demorou a sair de circulação. Logo ficou evidente que ele descobrira um negócio bastante rentável e nem sequer considerou que alguém poderia se interessar em lhe fazer concorrência ou mesmo tomar seu lugar como editor dos heróis populares entre crianças e adolescentes. Ainda menos que esse alguém pudesse ser seu antigo patrão e amigo Roberto Marinho.

Mas era o que acontecia naquele momento, sem que ele desconfiasse. Impressionado com a ascensão do ex-repórter, o dono d'*O Globo* passou a planejar um jornal de histórias em quadrinhos para concorrer com o *Suplemento Juvenil*.

Assim como Aizen, o jornalista trazia na sua curta biografia a disposição de assumir responsabilidades profissionais com pouca idade. No seu caso, porém, tudo fora precipitado pela morte prematura do pai, Irineu Marinho, aos 49 anos, por problemas cardíacos, em 21 de agosto de 1925, 23 dias depois de ter fundado o jornal *O Globo*, em 29 de julho.

Roberto nasceu em 3 de dezembro de 1904, na antiga rua Dona Minervina, nº 13, hoje rua Noronha dos Santos, no bairro de Estácio de Sá. Estudou nos colégios Paulo Freitas, Anglo-Brasileiro e Aldridge. Levou uma vida de extravagâncias na adolescência e nos primeiros anos de juventude, por causa de seu gosto por esportes de risco – boxe, corridas de carro, mergulho –, além de apreciar modalidades então populares, como equitação e remo.

Cobrado pelo pai para que tomasse um rumo na vida e arrumasse um trabalho, ele estreou por acaso no jornalismo no periódico *A Noite* (que tinha seu pai como um dos donos) durante uma viagem de família a Lisboa. Roberto descobriu que dividiam o navio com o ex-presidente Epitácio Pessoa, a quem seu pai fizera dura oposição em *A Noite*. Por iniciativa própria, depois de uma conversa demorada com Pessoa, escreveu uma carta para um amigo com elogios à dignidade do velho político. Irineu leu o texto e convenceu o filho a mudar o endereço do destinatário para a redação do jornal. Sua carta foi publicada como reportagem de um certo enviado especial a Lisboa.

O velho sonho de Irineu Marinho de lançar seu próprio diário sozinho se tornara possível graças à sociedade com Geraldo Rocha e mais onze jornalistas. Fundaram *A Noite* em 18 de julho de 1911. A redação funcionou inicialmente em um prédio de dois andares no largo da Carioca. A oficina ficava na rua do Carmo. O jornal nasceu combativo, sem o propósito de fazer agrado aos poderes públicos em troca de favores, como Marinho disse depois.

No começo, posicionou-se com forte oposição ao governo federal e ao poderoso senador Pinheiro Machado. Na primeira década de circulação, apoiou os movimentos cívicos de Ruy Barbosa, defendeu a moralidade do serviço público e a alfabetização maciça dos brasileiros, além de promover campanhas de combate a epidemias e pregar o fim das favelas, com a construção de habitações dignas para a população pobre. Para sobreviver, recebia ajuda financeira de amigos dos proprietários. No esforço de fazer jornalismo independente, *A Noite* teve vários de seus repórteres e colunistas presos.

Habilidoso empresário e editor, em pouco tempo Irineu conseguiu fazer de seu diário a publicação mais popular da cidade. Até que Geraldo Rocha se aproveitou de uma viagem do sócio para tratamento de saúde na Europa, em 1924, e lhe deu um golpe, tornando-se o único proprietário do jornal. De volta ao Brasil, Irineu convocou antigos funcionários de confiança demitidos por Rocha e os contratou, com outros jornalistas e gráficos, para ajudá-lo a fundar um novo diário. Investiu todas as suas economias e recorreu a empréstimos para a compra de máquinas.

Com a estrutura do jornal montada, fez um concurso popular para escolher o nome, que teria como *slogan* um jornal "independente, dinâmico, avançado tecnicamente e voltado às causas populares". O título escolhido foi O *Globo*.

Porém, Irineu tinha saúde debilitada, principalmente por causa dos sérios problemas renais que o acompanhavam havia muito tempo. Em 21 de agosto de 1925 – antes que *O Globo* completasse um mês de circulação –, Irineu se sentiu mal de madrugada e resolveu tomar um banho quente – terapia recomendada pelos médicos na época. Roberto não esqueceria naquela noite os gritos de dona Francisca, sua mãe, chamando pelo marido trancado no banheiro, sem obter resposta. O primogênito acudiu o desespero da mãe e arrombou a porta. Encontrou o pai morto, imerso na banheira. Ele morreu cercado da esposa e dos filhos na velha casa dos Marinho, na rua Haddock Lobo, bairro da Tijuca.

O drama da família com a morte prematura do empresário, tão pouco tempo depois do aparecimento do jornal, quase pôs tudo a perder. Havia compromissos e dívidas que certamente apenas Irineu conseguiria administrar e honrar. Logo depois do velório, dona Francisca e os funcionários que estavam à frente do jornal insistiram para que Roberto, então com 21 anos, assumisse o comando da publicação. Ele não aceitou de imediato. Argumentou que não estava pronto para tamanha responsabilidade. E indicou Eurycles de Matos, homem de confiança de seu pai e secretário do jornal.

Matos aceitou o desafio, tomou ciência da parte financeira e colocou O Globo em evidência ao acompanhar, passo a passo, entre 1925 e 1927, a marcha tenentista da Coluna Prestes por todo o país. Em outubro de 1930, o jornal deu um furo histórico ao publicar a foto do presidente Washington Luís quando deixava o Palácio do Catete, deposto pela "Revolução" golpista.

Matos faleceu no dia 30 de maio de 1931. Roberto Marinho, agora com seis anos de frequência assídua e pontual ao diário, assumiu a direção, com o apoio incondicional de Dona Francisca. O aprendizado fora duro desde a morte do pai, que o marcaria para sempre. Durante muito tempo, viveu confinado na redação, na rua Bittencourt da Silva, ao lado da Galeria Cruzeiro, no centro do Rio. Chegava às 4h da manhã e só saía perto da meia-noite.

Durante anos, o próprio Roberto comandaria a diagramação da primeira página e das internas mais importantes d'O Globo. Aluno aplicado de Eurycles de Matos, escolhia as manchetes, as fotos e as notícias que mereciam destaque. Aos poucos, conseguiu ampliar a popularidade do jornal iniciada pelo falecido editor e diretor. Em 1934, promoveu, na praça Onze, o primeiro desfile de escolas de samba do Rio de Janeiro. Também começou a mostrar suas inclinações políticas.

Desde cedo, Roberto descobrira com o pai quanto poder tinha nas mãos ao comandar um jornal. Aprendeu que era preciso arriscar e jogar. Só precisava saber o momento certo de escolher o lado vencedor. Em 1935, por exemplo, permitiu que, da sacada do prédio d'O Globo, o jovem e explosivo Carlos Lacerda lesse o manifesto antigetulista lançado pela Aliança Nacional Libertadora, de orientação comunista. Pouco depois, publicou uma entrevista exclusiva com Agildo Barata, chefe da Intentona Comunista de 1935, deflagrada na praia Vermelha e no Campo dos Afonsos. Por causa da ousadia, o jornal foi invadido e teve toda a edição apreendida.

Em uma de suas primeiras campanhas políticas, já sob a direção do filho mais velho de Irineu, Roberto, O Globo defendeu a concessão da anistia a todos aqueles que apoiaram o presidente Washington Luís contra o movimento de 1930, liderado por Vargas. O jornal também combateu a Ação Integralista Brasileira, movimento liderado por Plínio Salgado, simpatizante do regime fascista de Mussolini.

Entre 1934 e 1937, Marinho buscou consolidar seu jornal no mercado e adotou posições políticas que o aproximaram cada vez mais do poder – e que o ajudariam a se tornar um dos homens mais influentes do país a partir da década de 1950. Ao mesmo tempo, ele acreditava que, mais de uma década depois da fundação d'*O Globo*, havia chegado o momento de expandir os produtos da empresa. Impressionado com a repercussão do *Suplemento Juvenil*, concluiu que o futuro poderia estar nas histórias em quadrinhos. Decidiu, então, fazer seu próprio jornal infantojuvenil, no começo de 1937. Foram meses de preparação, até seu lançamento em junho.

O editor d'*O Globo* imaginou que ainda pudesse contar com a amizade de Aizen – apesar da mágoa explícita que o jornalista demonstrara quando o ex-chefe não quisera lançar os cadernos que havia proposto em seu jornal. Três anos haviam se passado quando Marinho telefonou para Aizen e o saudou com simpatia. Segundo Adolfo, ele disse mais ou menos o seguinte:

– Adolfo, meu amigo. Creio que você estava certo sobre os suplementos, não é verdade? Tenho acompanhado o sucesso extraordinário do *Suplemento Juvenil*. Pois bem, preciso lhe falar. Tenho planos para lançar uma nova publicação e gostaria de lhe propor uma sociedade. Podemos conversar? Você passa aqui no jornal?

Mesmo com o orgulho ferido, Aizen concordou em ir à redação d'*O Globo*. Combinaram o encontro para o dia seguinte. O ex-repórter de Marinho chegou taciturno, sem o entusiasmo que demonstrava ao ver o chefe quando trabalhavam juntos. Sentiu que agora o tom de seu ex-chefe era mais respeitoso. Afinal, ele se transformara no editor do *Suplemento Juvenil*. Roberto Marinho teria tentado ser o mais amável possível:

– Adolfo, tenho acompanhado com atenção seu trabalho no Grande Consórcio. Soube que você tem tirado cerca de cem mil exemplares por edição do *Suplemento Juvenil*. Isso é verdade?

– É mais ou menos por aí...

– Tenho pensado em fazer uma publicação do mesmo gênero, com histórias em quadrinhos. Por isso, tenho um grande negócio para lhe propor: vamos nos tornar sócios?

– Como assim, Roberto?

– Ora, o Grande Consórcio passa a imprimir suas revistas e tabloides na gráfica d'*O Globo* e nós dois nos associamos numa editora para publicar vários suplementos de quadrinhos e dividimos os lucros meio a meio. O que acha?

Aizen recordou depois que não conseguiu acreditar no que ouvia. Não esperava que pudesse dar o troco a seu desafeto em tão pouco tempo. Mesmo assim, achou mais prudente usar a cautela:

– Olha, Roberto, a ideia parece interessante. Mas não posso aceitá-la porque tenho sociedade com João Alberto.

Marinho, então, teria dado o assunto por encerrado de modo brusco:

– Bem, se você não pode, então eu vou fazer uma publicação infantil sozinho. E, olha, acho que você vai se arrepender muito, hein?

– Tudo bem, Roberto, só que prefiro assim. Se quiser, posso até ajudá-lo no que for possível.

– Veremos, então.

Dois dias depois, Marinho ligou novamente para Aizen e lhe perguntou o que ele achava de *Rataplã* – onomatopeia do rufar do tambor – para nome de um "jornal" de quadrinhos.

– Parece bonito para crianças.

Seu antigo editor concordou e disse que usaria esse mesmo. E Aizen voltou a seus afazeres com certa tranquilidade, pois detinha os direitos de publicação dos heróis mais queridos da garotada.

O PRIMEIRO GOLPE

Algumas semanas se passaram, e *O Globo* começou a anunciar a partir de abril de 1937 que, "em breve", traria uma "grande surpresa" para a garotada. Por fim, o primeiro número do suplemento chegou às bancas em 12 de junho de 1937, Dia dos Namorados, e não se chamava *Rataplã*, mas *O Globo Juvenil*. Na verdade, quando se encontrou com Aizen, Marinho já tinha aprontado todo o projeto de um tabloide de quadrinhos. Faltava apenas definir o título da publicação e tentar se associar a seu ex-colaborador para ter acesso a pelo menos parte dos personagens que ele publicava.

Ao ouvir o nome do concorrente pela primeira vez, *O Globo Juvenil* pareceu um nome bastante familiar a Adolfo. Essa impressão durou alguns segundos, de acordo com seu filho, Naumim Aizen. Pior, foi recebido por ele como um golpe desleal – o primeiro de uma série que o levaria a transformar Marinho em seu arqui-inimigo nos primeiros tempos de editor.

Aos colegas, desabafou e disse que o concorrente havia plagiado o título de sua publicação, uma vez que fora ele quem usara pela primeira vez a palavra "juvenil" em um suplemento de quadrinhos. Acusou Marinho de lançar uma publicação com aquele título apenas para pegar carona no sucesso de *Suplemento Juvenil*. Em vez de reclamar com o próprio Marinho, Aizen recorreu a um amigo advogado, que acionou o concorrente na Justiça por apropriação indevida de marca.

O representante do Grande Consórcio argumentou que, ao fazer um jornal cujo nome era parecido com o de sua empresa, Marinho tentava se aproveitar dos três anos de esforço e investimentos para explorar uma marca conhecida entre as crianças e os adolescentes. O editor, no entanto, não ganhou a ação de plágio. Os advogados d'*O Globo* alegaram que o termo era de uso corrente na imprensa, em especial na esportiva – quando se falava de futebol, para designar as equipes que precediam a categoria profissional.

Sem a sociedade com Aizen, só foi possível para Marinho editar o número de estreia d'*O Globo Juvenil* graças à importação de algumas séries de quadrinhos que conseguiu com Arroxelas Galvão, que representava o King Features Syndicate no Brasil – e fornecia material para Aizen, como foi visto. Embora a maioria dos personagens d'*O Globo Juvenil* fosse desconhecida dos leitores, as histórias sem dúvida tinham qualidade. Entre elas, *Ferdinando, Brucutu, Zé Molambo, Robin Hood, Az Smith, Dick Dare, Marquês de Tereré, As Avenuras de Patsy, O Rei da Sorte* e *O Capitão e os Meninos* – que depois ficariam conhecidos como *Os Sobrinhos do Capitão*.

Alguns heróis como *O Fantasma, Barney Baxter* e *Sônia* (série também conhecida como *Século* xxx) já haviam sido publicados em *O Correio Universal* e *A Gazetinha*. Ao contrário do *Suplemento Juvenil*, que trazia alguns artistas brasileiros desde a estreia, nos primeiros meses do jornal de Marinho 100% do material vinha dos EUA e da Inglaterra. O editor gostava de dizer que não entrava em uma briga para perder e determinou que Henrique Tavares, seu gerente comercial, tentasse comprar séries diretamente dos *syndicates* americanos e, desse modo, atropelasse seu concorrente.

Tavares fez uma viagem aos EUA e sondou os distribuidores sobre a possibilidade de pagar mais pelo fornecimento dos personagens do *Suplemento Juvenil*. A proposta não foi aceita. O responsável pela área internacional da agência explicou a ele que apenas o agente no Brasil tinha autonomia para representá-la e que os negócios deveriam ser tratados com ele. Marinho não se daria por satisfeito e esperaria a oportunidade para dar uma cartada junto a Arroxelas Galvão.

A capa de estreia d'*O Globo Juvenil* foi impressa em quatro cores sobre cartolina, e o miolo, em papel-jornal, com dezesseis páginas — sendo que as duas centrais eram coloridas. A ilustração da capa trouxe a assinatura do desenhista Calmon, da equipe de arte d'*O Globo*. O jornalzinho de Marinho circulou nos primeiros meses com duas edições semanais, às quartas-feiras e aos sábados. A direção foi entregue ao experiente Djalma Sampaio, a quem caberia, nos onze anos seguintes, o cargo de secretário de redação das publicações infantojuvenis do grupo O Globo.

Para auxiliá-lo, Sampaio chamou duas promessas do jornalismo e da literatura, como se veria depois: Antonio Callado e Nelson Rodrigues, um com 20 anos, o outro com 25. Pela idade juvenil, claro, Callado começara n'*O Globo* havia pouco tempo. Às vezes, Marinho o chamava para fazer a revisão das histórias em quadrinhos que iam ser publicadas. A mesma tarefa era passada a outros redatores, já que não havia uma equipe encarregada de fazer apenas as edições em quadrinhos.

O futuro autor de *Quarup* acabou por assumir a edição do suplemento como uma de suas funções fixas no jornal. Na prática, porém, quem realmente fechava *O Globo Juvenil* era Nelson Rodrigues. Além de editá-las, ele escreveu várias histórias em quadrinhos para o tabloide. Com Alceu Penna, em 1938, fez a versão para os quadrinhos do clássico *O Fantasma de Canterville*, de Oscar Wilde. Com traço fino e original, Penna fez da série um dos grandes sucessos d'*O Globo Juvenil*. Ele e Nelson trabalharam juntos por mais de quarenta semanas somente na adaptação da obra de Wilde.

Notável capista d'*O Cruzeiro*, a mais importante revista semanal do país naquele momento, e apaixonado por quadrinhos e moda, Alceu se tornou colaborador d'*O Globo Juvenil* depois de saber, em maio de 1937, que Roberto Marinho preparava o lançamento de um tabloide com historietas no mesmo formato do *Suplemento Juvenil*. Foi orientado a falar com Callado e Nelson Rodrigues e lhes ofereceu seus serviços de ilustrador.

Como não aceitar quem fazia as capas d'*O Cruzeiro*? Seu traço já maduro e seu conhecimento como leitor de quadrinhos se mostraram perfeitos para o que Callado queria, uma vez que esse não tinha a menor ideia do que era exatamente uma publicação em quadrinhos, nem mesmo como traduzi-las, montá-las ou produzi-las. Alceu se encarregou com Nelson de cuidar das traduções e das letras dos balões.

Ele colaborou assiduamente no suplemento por mais de cem edições, quase ininterruptamente, desde os primeiros números. Nesse período, foi praticamente o único artista nacional no meio de incontáveis heróis e séries produzidos por autores americanos que faziam sucesso entre os brasileiros.

Ele fez dezenas de capas, a partir do número 44, de 2 de outubro de 1937. Somente no mês de fevereiro de 1938, por exemplo, concebeu cinco: 97 (dia 3), 99 (dia 8), 100 (dia 10), 103 (dia 17) e 107 (dia 26). No número 99, apresentou aos leitores oito ideias de fantasias carnavalescas para crianças inspiradas em personagens da literatura e dos quadrinhos – a partir de seu interesse por moda. Além de *O Fantasma de Canterville*, Alceu produziu, em parceria com Nelson Rodrigues, outras três séries com adaptações de clássicos da literatura que ficariam praticamente esquecidas nas sete décadas seguintes: *O Sonho de uma Noite de Verão*, de William Shakespeare; *Alice no País das Maravilhas*, de Lewis Carroll; e *Um Yankee na Corte do Rei Artur*, de Mark Twain.

Os roteiros dos três primeiros foram feitos por um tal de Robin, pseudônimo de Nelson Rodrigues, que também assinou os (mais de quarenta) episódios de *O Fantasma de Canterville*. A certeza sobre o dramaturgo por trás do pseudônimo se deve ao fato de que, nessa fase do tabloide, somente Nelson e Alceu estavam envolvidos diretamente com a edição e com a produção das histórias, uma vez que Callado apenas coordenava o suplemento.

Pelos menos uma centena de pranchas foram feitas pelo desenhista para *O Globo Juvenil*, entre capas, histórias avulsas e séries. *Um Yankee na Corte do Rei Artur*, por exemplo, teve pelo menos dezessete episódios. *Alice no País das Maravilhas*, no mínimo, doze – não é possível precisar esses números por causa da dificuldade de acesso à coleção completa. A personagem, às vezes, saía em cores nas páginas centrais. Desse modo, Alceu se tornou um dos primeiros desenhistas brasileiros de quadrinhos, em um momento em que chegavam ao país os modernos *comics* americanos. Os dois voltariam à parceria em 1941, quando produziram a quinta série deles, *O Mágico de Oz*, também para o tabloide de Marinho.

Logo depois, Djalma Sampaio ganhou o reforço de Henrique Pongetti, deslocado da reportagem d'*O Globo*. Ele ficou encarregado de traduzir *As Aventuras do Caveirinha*. A redação do tabloide contava ainda com os desenhistas Calmon e Acquarone, que haviam sido revelados no *Correio Universal*. Por mais de um ano, Callado, Nelson e Alceu deram conta de produzir as duas edições semanais d'*O Globo Juvenil*. Foi durante o expediente da

O casal Luba e Adolfo Aizen. Na segunda metade da década de 1930, eles tiveram três filhos: Paulo, Naumim e Mário. FA

publicação que Nelson começou a escrever uma de suas obras-primas, a peça *Vestido de noiva*, que seria concluída em casa, durante as madrugadas, porque várias vezes fora flagrado e repreendido por Sampaio.

Nos dois primeiros anos d'*O Globo Juvenil*, o trabalho de Nelson consistia em escrever os roteiros para Alceu, produzir seções fixas de humor, além de outras sem muita graça, com exaltações patrióticas ao Estado Novo, perfis de escritores portugueses ou curiosidades de almanaque. Também virou tradutor de um modo um tanto curioso, pois Alceu e Pongetti não conseguiam dar conta da demanda. O inglês ainda era uma língua quase desconhecida para Nelson, que passou a "traduzir" os balões por conta própria, a ponto de, quase sempre, inventar histórias a partir do que os desenhos lhe sugeriam.

Antes disso, ainda em 1938, a acirrada concorrência entre as poucas publicações de quadrinhos brasileiras – que na capital paulista era ainda maior, pois o *Suplemento Juvenil* e *O Globo Juvenil* competiam com *A Gazetinha*, que só circulava no estado – não impediu que seus editores se unissem para promover um aumento conjunto do preço de capa. De acordo com a mesma nota publicada nos três tabloides, a medida foi provocada pela falta de papel para imprensa no mercado brasileiro, que importava quase todo o papel que consumia.

O problema de fato existia, e seria agravado com o começo da guerra, no ano seguinte. A partir do dia 15 de março, o preço de todas as publicações passou de duzentos para trezentos réis. Na edição de 3 de abril, após descrever o oneroso processo de produção das histórias em quadrinhos no Brasil, *A Gazetinha* voltou a explicar o aumento: "Viram que dinheirão é empregado em zinco, chumbo, em tintas de cores, em eletricidade, em operários, com tanta e tanta coisa?". E acrescentou que, devido à elevação das tarifas alfandegárias e à alta das matérias-primas, a situação da imprensa em todo o mundo vinha se agravando de momento a momento. "Eis por que *A Gazetinha, O Globo Juvenil* e *Suplemento Juvenil* viram-se na contingência de elevar seu preço", concluía. Menos de seis meses depois, o semanário paulistano seria cancelado.

O ano de 1938 também foi marcado por um acontecimento especial na vida de Aizen. Depois de um longo namoro, aos 31 anos, ele se casou com a prima Luba, em janeiro de 1938. Logo após a lua de mel, viajou outra vez para os EUA — na companhia da esposa — para visitar os dois irmãos e buscar novidades em quadrinhos. Concluíra que, com o sucesso do *Suplemento Juvenil* e a chegada da concorrência de Roberto Marinho, aquele era o momento de fazer novos lançamentos e expandir seus negócios.

Novos títulos lhe garantiriam recursos para manter o Grande Consórcio funcionando, pois o projeto de vender suplementos para jornais de todo o Brasil não vinha dando os resultados esperados, e as finanças da empresa o preocupavam. Durante a viagem, Aizen teve uma ideia para dar o troco a Marinho pela "apropriação" do termo "juvenil". Ainda no navio, perguntou-se por que o concorrente não aproveitara o diminutivo do nome de seu próprio jornal, *O Globinho*, que soava bem para uma revista destinada às crianças, em vez de copiar o do *Suplemento Juvenil*.

Ao desembarcar nos EUA, correu para o telégrafo no porto e mandou uma mensagem aos sócios do Grande Consórcio para que registrassem o mais rápido possível o título *O Lobinho* — era, óbvio, *O Globinho* sem a letra "G" — como pretendia realmente usar a denominação assim que voltasse ao Brasil. Seu plano era neutralizar qualquer pretensão do concorrente de usar um título semelhante em outro possível lançamento.

Dois meses depois de sua volta, em 8 de abril de 1938, saiu *O Lobinho*, que parecia soar como uma declaração de guerra ao concorrente. Em vez de adotar o mesmo formato de tabloide do *Suplemento Juvenil*, Aizen experimentou outro nunca antes usado em publicações de quadrinhos brasileiras: o *standard*, o mesmo dos jornais diários. A publicação saiu com circulação semanal, oito páginas e também era vendida a trezentos réis.

O Lobinho *teve várias edições e durou anos. Seu nome veio de "O Globinho" sem a letra "G", um contra-ataque de Aizen no início da rivalidade entre com Roberto Marinho.* TZ

Ou seja, Aizen fez literalmente um jornal de quadrinhos, com o dobro do tamanho do *Suplemento*.

O Lobinho circulava com histórias seriadas. Mesmo com o respeitável elenco de heróis já conhecidos do público – *Tarzan; Buck Rogers; Joe Sopapo; Aninha, a órfã* –, o jornal não teve a receptividade esperada. Deixou de circular depois de 95 números, no começo de 1940, após mudar para mensal nos últimos meses. Em abril daquele ano, voltou reformulado, no formato convencional das revistas de variedades, com circulação mensal, 72 páginas e aventuras completas. Entre os destaques da segunda fase estavam *Falcão da Noite, Joel Ciclone, Contos de aventura, O Falcão, César Roberto, Sara, Clark Taylor, O Chicote* e *Johnny Trovoada*.

A REVOLUÇÃO DO COMIC BOOK

Em Nova York, Aizen comprou uma rotativa tipográfica de quatro cores, com o propósito de agilizar a impressão de *Suplemento Juvenil, Con-*

tos Magazine, *Suplemento Policial em Revista* e os títulos que pretendia lançar até o começo do ano seguinte. Enquanto isso, ao bisbilhotar os pontos de venda, o editor descobriu um novo formato de publicação que surgia no mercado americano e que seria perfeito para as pretensões de expandir sua editora.

Era o *"comic book"*, que chegava para aposentar em definitivo o tabloide, predominante entre as publicações do gênero. O formato era precisamente a metade do tabloide e um quarto do *standard*, usado pelos jornais diários. Por isso, era de uma praticidade impressionante, bastava dobrar e grampear uma ou duas vezes as duas outras medidas e estava pronto o *comic book*. A medida nasceu dessa ideia simples, porém revolucionária, pela praticidade de manuseio e também do ponto de vista comercial.

No caso do tabloide, a dobra dava à nova revista o dobro de páginas sem acrescentar quase nada, exceto os dois grampos na dobra. Somente algum tempo depois adotou-se uma capa impressa em papel de melhor qualidade. Essas revistas de tamanho reduzido traziam outra novidade, só que em seu conteúdo: as aventuras completas em quadrinhos, em vez dos episódios seriados semanais dos jornais, uma tradição de décadas no mercado americano.

Como acontecia nos EUA, esse tipo de revista iria, a médio prazo, dominar o mercado brasileiro de quadrinhos e decretar a morte do tabloide durante a década de 1940. O pioneirismo, mais uma vez, coube a Aizen, que, no dia 16 de maio de 1939, lançou uma revistinha de 32 páginas chamada *Mirim*, o primeiro *comic book* nacional. Para coordenar a nova publicação, convidou o jornalista e futuro embaixador Luiz Almeida Nogueira Porto, que ocupou o cargo de primeiro secretário de redação.

No início, *Mirim* tinha circulação semanal, ao preço de trezentos réis – o mesmo valor do *Suplemento Juvenil*. Logo mudou para duas vezes por semana, às quartas-feiras e aos domingos. Teve melhor sorte que *O Lobinho*. Após edições extras, sem numeração, conhecidas como *Mirim Meio-De-Mês*, a editora lançou também *Mirim Sextaferino*. Essa coleção também não foi numerada, e a edição inicial saiu em 28 de julho de 1939.

Na esteira da boa receptividade de *Mirim*, Aizen criou mais um êxito: *Mirim Mensal*. As séries *Mirim* fizeram tanto sucesso que deram origem à famosa *Biblioteca Mirim*, "a mais graciosa biblioteca de aventuras para jovens e crianças", como anunciava o editor em suas publicações. A coleção teve 31 volumes, editados em formato de bolso (9 × 11 cm) e com capa dura.

Dois momentos da revista de Aizen: quadrinhos de terror e adesão ao fascismo do Estado Novo. AA

Aquele formato de "tijolinho" ou "carteira de cigarro" não foi uma invenção sua, mas do mercado argentino. Começou com uma coletânea de histórias de *Dick Tracy*. Seguiram-se outros heróis do *Suplemento Juvenil* igualmente famosos – *Flash Gordon, Mandrake* e *Buck Rogers* – e clássicos infantojuvenis da literatura, como *Pinóquio, O Pequeno Polegar* e *A Ilha do Tesouro*.

Apesar da preocupação de Aizen quanto à entrada de Marinho no mercado, a resposta do público a *O Globo Juvenil* ficou aquém do esperado por seu fundador. As vendas iniciais foram decepcionantes e não melhoraram quase nada nos meses seguintes. O jornalzinho precisou passar os dois primeiros anos cativando um número crescente de leitores, ávidos por histórias e novos heróis que surgiam e começavam a desfrutar popularidade entre a garotada.

Mas o editor d'*O Globo Juvenil* tinha planos bem mais ambiciosos de expansão na área de histórias em quadrinhos e não ficou satisfeito com o desempenho pífio de sua publicação. Retomou em seus momentos de reflexão a ideia de tomar os personagens de Aizen. Ele tinha uma vantagem sobre o concorrente: a boa saúde financeira de sua empresa. Embora fosse apoiado por um de seus sócios, o cada vez mais influente João Alberto Lins de Barros, Aizen preferiu não lhe pedir ajuda para aliviar a crise crescente no Grande Consórcio.

A distribuição dos suplementos para jornais de vários estados brasileiros, concluiu Aizen, virou um fracasso sem volta por causa dos custos gráficos elevados e da precariedade dos meios de transporte e de comunicação para envio das tiragens em outros estados. Os correios atrasavam as entregas do material a ser reproduzido, os clientes não pagavam em dia, e as dívidas cresciam. Havia dificuldade para cobrar os créditos – devido à distância dos devedores, espalhados pelas capitais e grandes cidades brasileiras –, o que facilitava o calote.

No início de 1938, para reduzir custos com os pesados clichês – chapas metálicas para impressão –, ele decidiu vender os suplementos já impressos para os jornais bons pagadores – o que era um número bem pequeno. Só que o preço cobrado não supriu os custos. Como não sobrava quase nada para os sócios, a relação entre eles começou a se deteriorar. Por fim, acharam melhor cancelar a produção dos cadernos, no final do ano.

Mas antes disso, em junho de 1938, Aizen deu um passo editorial ousado, ao lançar o jornal semanal *Folha do Brasil*, no formato dos demais diários e com circulação aos domingos. A publicação era uma espécie de precursora de *Fatos e Fotos*, revista popular publicada nas décadas de 1960 a 1980 pela Bloch Editores, com ênfase em fotografias de personalidades da cultura (cinema,

Em junho de 1938, Aizen deu um passo editorial ousado, ao lançar o jornal semanal Folha do Brasil. *Circulava aos domingos e durou pouco.* AA

música etc.), da sociedade, do esporte e da política. Seu slogan era "Jornal dos domingos, com 93% de fotografias, único em seu gênero no país".

O semanário tinha três cadernos, no total de 28 páginas, em três cores na capa de cada caderno. Seu conteúdo trazia uma espécie de resumo da semana, com ênfase na política. Era nesse ponto que, pela primeira vez, Aizen começava a explicitar sua adesão à ditadura do Estado Novo de Vargas, fazendo parecer que o dinheiro necessário para estruturar o negócio vinha do sócio João Alberto, uma vez que a empresa passava por dificuldades por causa dos suplementos.

Havia também um noticiário internacional. Dava destaque a fotos de celebridades americanas e europeias – em especial, da família real inglesa. Comprava as imagens e notas dos distribuidores de *features*. O projeto conseguiu alguma repercussão quando reproduziu de modo exaustivo fotos do nascimento e das primeiras semanas das irmãs Dionne, quíntuplas canadenses, quando não havia inseminação artificial, claro. No novo jornal, Aizen também publicava textos ilustrados sobre temas fantásticos como Atlântida, o continente perdido. Aquela aventura editorial duraria um ano.

NO PAÍS DAS OPORTUNIDADES

Aizen não demoraria a aderir à política patriótica ufanista e fascista do Estado Novo, o que aconteceria a partir do ano seguinte. Mas não conseguia disfarçar suas incoerências. Ele, que viria a combater os quadrinhos americanos e até a propor sua proibição, mostrou-se contraditório na edição de 16 de julho de 1938, quando o *Diário de Notícias* trouxe uma extensa reportagem em que ele fazia um balanço de suas atividades como editor de revistas para crianças e adolescentes e reafirmava que sua vida mudou graças à viagem do Touring aos EUA em 1933.

Em "O pai das oportunidades, diz-me Adolfo Aizen", o editor foi o personagem de uma pauta sobre se havia algum *self-made man* no Brasil. Ou seja, alguém que, por esforço próprio, havia construído um negócio de sucesso. "Um rapaz trabalhava em uma revista. Ganhava quatrocentos mil-réis por mês. A vida tropeçava em muitas dificuldades quotidianas. Um dia, o Touring Club organizou um cruzeiro aos EUA para a Feira de Chicago. Convidou um representante da imprensa. (...) O moço embarcou com os turistas, chegou a Nova York".

O texto prosseguia: "Voltando, [Aizen] trouxe ideias novas, instruções sobre organização do trabalho, possibilidades, confiança em si mesmo. Hoje, ele é o diretor-chefe do 'Grande Consórcio de Suplementos Nacionais'". Segundo o jornal, o editor "foi o primeiro a aproveitar sistematicamente os serviços de imprensa fornecidos pelas grandes agências norte-americanas, as célebres 'histórias em quadrinhos'". Modesto, ele disse que apenas seguiu sua intuição sobre a fama que os EUA tinham: "A América é o país das grandes oportunidades. Ela valoriza o esforço humano numa proporção extraordinária".

Era a primeira vez que ele detalhava a viagem que fizera cinco anos antes: "Chegando a Nova York, estive algum tempo aprendendo. Aprendendo o quê? Coisas. Tudo. Há sobretudo uma experiência, uma concepção da vida que é preciso assimilar", filosofou. "Depois, fui para uma cidade do interior, [em] Massachussets, onde mora minha irmã casada. E lá fiquei. Mas não parado, observando, anotando, aprendendo. Viajei a Nova York diversas vezes para entrevistar personalidades. Comecei, então, a visitar os serviços de imprensa nos EUA".

Enquanto falava, Aizen circulava com o repórter do *Diário* pelas dependências de sua empresa. "Estamos andando nos compartimentos do prédio ocupado pelos seus escritórios, na rua Sacadura Cabral", prosseguiu o repórter. "Estamos agora na sala dos desenhistas. Nas paredes, originais dos desenhos de vários autores americanos, com dedicatórias ao fundador do *Suplemento Juvenil*".

Em seguida, Aizen contou sobre o retorno ao Brasil da tal viagem, no começo de 1934, e sobre como os planos foram amadurecidos no navio. Mas não citou Roberto Marinho como primeira opção para propor os suplementos. "Lembrei-me então de, ao voltar, lançar publicações populares que aproveitassem sistematicamente os serviços de imprensa americanos, fornecidos nessas 'matrizes' que, por assim dizer, socializaram o cliché".

Ao jornal, aliás, ele fez questão de destacar que cobria suas obrigações com *royalties* pelas histórias que publicava. Em 1934, foram pagos 25,8 contos de réis. No ano seguinte, 101,1 contos. Em 1936, 158 contos de réis. No outro, 282,5 contos. Os valores cresciam à medida que ampliava seu catálogo de títulos. "Na sala estão quatro desenhistas curvados sobre as pranchetas, traçando figuras", contou o repórter. Eram todos bem jovens. Ao perceber que chamaram atenção do jornalista, Aizen observou: "Esses rapazes são preparados aqui. Eram antigos leitores do *Suplemento Juvenil* que se tornaram desenhistas e redatores da casa, para organizar as historietas brasileiras, as galerias de fatos e figuras da nossa história, da nossa literatura etc., com que eu completo a matéria das nossas publicações".

As dificuldades até ali não tinham sido poucas, de acordo com o editor. Nem pequenas. "Mas eu aprendera na América como é que se vencem as dificuldades. E foi este, sem dúvida, o maior benefício da minha estada no grande país: aprender a encarar as dificuldades e a vencê-las". Em seguida, os dois entraram em outra sala. Era a secretaria dos suplementos.

Aizen explicou que ali trabalhava o "menino" de dezessete anos, cujo retrato figurava na galeria dos jovens leitores de um dos números do *Suplemento Juvenil* emoldurado na parede e que havia se tornado o secretário das publicações. "Tem aqui um modelo de organização que é o seu trabalho. É um trabalho de menino. Renato de Biasi, o menino, não está na redação. É hora da aula. Ele foi estudar", descreveu o repórter.

Em outra sala ficavam os gráficos. Aizen, então, interrompeu o jornalista para dizer que começou seu negócio com apenas cinco funcionários. Um ano depois, eram dezessete. No seguinte, 39. Em 1937, fechou com 120 pessoas, na soma de todos os funcionários. Nesse ano, imprimia seis publicações. No próximo, pulou para nove. O editor pregava que o gerenciamento de seu negócio seguia regras das mais modernas do mundo, que aprendeu nos EUA, em visitas às redações e gráficas.

Por causa desse conhecimento, disse o jornal, "o antigo redator de uma revista pôde organizar uma grande empresa de publicações. Agora, diante da rotativa que imprime em quatro cores, vemos o pequeno livro editado pelo National Press Club. de Washington". Aizen acrescentou: "Esta é a grande e maravilhosa lição dos EUA: lá se aprende a vencer, a oportunidade é caminho para a vitória. E conquistada a vitória, o homem pode ter os seus descansos, as suas tarefas diminuídas".

E foi além: "Lá se trabalha para conquistar o direito de descansar. Não há o trabalho como forma de condenação. *Self-made man*, sim, o tipo do *self-made man* é uma realidade americana. E por que não uma perspectiva brasileira?" A intenção do *Diário de Notícias* era reforçar, o tempo todo, a transformação do jornalista em um empreendedor com o que aprendeu em cinco meses de viagem à América. "Aí está diante de nós Adolfo Aizen, o redatorzinho de quatrocentos mil-réis [de salário] transformado, depois de áspera luta, no diretor do Consórcio de Suplementos".

A conversa entre o editor e empresário e o repórter não terminou aí. Ainda faltava conversar sobre as "historietas em quadrinhos" que ele publicava. "De noite, [Aizen] nos recebe em sua casa. Maravilhosos livros, edições americanas. E o esqueleto de um hipocampo do Aquário de Nova York, transformado em sustentadores de papéis. 'São cerca de duzentas as historietas em quadrinhos editadas nos EUA [na verdade, queria dizer "séries de personagens"]. As matrizes vêm prontas. Isso resolve o problema do cliché, que, em vez de ser feito em zinco, é moldado em chumbo, o que barateia e facilita fantasticamente a utilização da estampa', explicou ele".

O editor fez questão de reforçar que não havia — nem deveria haver — qualquer preocupação da parte dos pais sobre o que liam seus filhos. "As histórias em quadrinhos de *Mandrake, Popeye, Flash Gordon* e *Jim das Selvas*", listou ele, eram "todas as histórias através das quais crianças e adultos tomam conhecimento dos diferentes aspectos da vida, desde a simples dissertação geográfica até as empolgantes aventuras dos mais celebres heróis infantis e até mesmo a sátira à vida moderna — como é o caso do *Pinduca*, do *Reizinho* e do *Pato Donald* — tudo nessas histórias contribui para torná-las universalmente aceitas".

O modo como as matrizes vinham dos EUA agilizava a edição, além de garantir uma razoável economia. "Como esse serviço de matrizes facilita o trabalho, edito nove publicações por semana tendo apenas duas (impressoras) em linotipo." Ele contou que recebeu na empresa a visita do americano Bob Ripley, o homem do *Acredite-se ou Não* (ou *Acredite se Quiser*), que tentou vender suas histórias para ser publicado pelo Consórcio. "Nós compramos o *Acredite-se ou Não*".

O repórter pediu licença para acrescentar: "Os EUA, em última análise, são a terra do *Acredite-se ou Não*. A grandeza americana", continuou Aizen, "ultrapassava a capacidade de demonstração à distância. Vá lá, e veja... Vá lá e sinta a grandeza americana. Aprenderá com isso a respeitar o esforço humano, no que ele tem de mais alto e mais nobre". "E devo isto ao que aprendi nos EUA", disse, por fim.

A realidade, claro, era menos glamorosa. Por causa do crescente endividamento com fornecedores de papel e gráficas, os lançamentos de Aizen realizados em 1939 — os títulos das séries *Mirim* — se transformaram principalmente em tentativas desesperadas de obter receitas para melhorar a situação difícil do Grande Consórcio. Se não bastasse a crise interna naquele difícil ano, Roberto Marinho voltou a irritar o esquentado Aizen ao demonstrar mais uma vez que, melhor do que arriscar, a cautela recomendava seguir os passos bem-sucedidos do concorrente.

Na quarta-feira, 21 de abril de 1939, com estardalhaço, O Globo lançou sua primeira revista em quadrinhos: *Gibi*. Com 32 páginas, a revistinha trazia o novo formato importado por Aizen, impressa em papel-jornal, com algumas páginas duplas em duas cores (vermelha e amarela) e as outras em preto e branco. O preço era o mesmo de *Mirim*, trezentos réis. Para Aizen, ao batizar a revista de *Gibi*, Marinho repetiu sua atitude de "parasita", pois ambos os títulos sugeriam ideias e significados parecidos. "Mirim", em tupi, é o mesmo que "pequeno"; e "gibi" era usado como sinônimo de "moleque", "garoto", "negrinho". A revista de Marinho trazia no logotipo original um molequinho negro no alto da capa falando "Pelé" (teria nascido dali o apelido do maior jogador de futebol de todos os tempos?).

O que Aizen não sabia era que sua irritação com Marinho estava apenas começando. Seu adversário articulava uma nova jogada, dessa vez de consequências devastadoras para os seus negócios titubeantes.

O SEGUNDO GOLPE

Ainda em 1939, envolvido com o lançamento das novas revistas e o pagamento de dívidas de sua empresa, Aizen não se preocupou em formalizar o contrato de compra das tiras americanas com o representante do King Features Syndicate no Brasil, Arroxelas Galvão. Ao perceber esse descuido, o fundador d'*O Globo Juvenil* teve uma ideia: com uma boa soma em dinheiro, convenceria o distribuidor Arroxelas Galvão a romper com Aizen.

O plano de Marinho começou a ser anunciado em junho, quando *O Globo* e *O Globo Juvenil* anunciaram para breve, com estardalhaço, o que chamaram de "a grande surpresa". Quando leu a propaganda, Aizen não percebeu que a tal novidade poderia ter a ver com ele. Mas como tinha! O fim do suspense veio em agosto. Nesse meio-tempo, Marinho já tinha virado a vida de Aizen de cabeça para baixo com uma investida desafiadora: às escondidas, fizera Galvão romper o contrato de fornecimento do KFS com o Grande Consórcio.

Com estardalhaço, O Globo lançou, em 21 de abril de 1939, sua primeira revista em quadrinhos: Gibi. Tinha 32 páginas, trazia o novo formato importado por Aizen, impressa em papel-jornal.

Um detalhe: com algumas páginas duplas em duas cores (vermelha e amarela) e as outras em preto e branco, a revista saía três vezes por semana e foi apelidada de "Gibi Trissemanal".

O termo Gibi era usado como sinônimo de "moleque", "garoto", "negrinho". A revista de Marinho trazia no logotipo original um molequinho negro no alto da capa falando "Pelé". AA

Isso significava que *O Globo Juvenil* adquirira todos os heróis publicados pelo *Suplemento Juvenil*. Seria o mesmo que, na véspera de uma decisão de campeonato, uma das equipes comprasse os onze titulares do adversário... se o regulamento permitisse, claro. Para Marinho, ter sucessos consagrados como *Flash Gordon* e *Jim das Selvas*, entre outros, lhe permitia matar dois coelhos com uma cajadada só: alavancaria as vendas de suas duas publicações de quadrinhos e atrairia os leitores de Aizen, esmagando o concorrente.

Até aquele momento, o acordo de Aizen para ter a exclusividade no Rio dos heróis do KFS era meramente verbal – na "ponta do bigode", como se dizia. Ao saber disso, Marinho determinou que Henrique Tavares procurasse Galvão e lhe fizesse a respeitável proposta de trinta contos de réis pelos direitos dos quadrinhos publicados por Aizen – quantia bastante expressiva para a época, quando o salário médio de uma família de trabalhadores era de quinhentos mil-réis por mês. Ou seja, o distribuidor receberia uma bonificação correspondente a sessenta vezes esse valor.

As conversas entre Tavares e Galvão, na verdade, vinham sendo amadurecidas desde o ano anterior. Hábil negociador, o representante d'*O Globo* minou, aos poucos, os escrúpulos de Galvão. Após o rompimento do acordo, Aizen lembrou-se que, desde 1938, o distribuidor fazia uma estranha brincadeira. Ele, que sempre renovava o acordo de modo automático, procurou o editor com uma conversa que mais parecia em tom de gracejo:

– Olha, Adolfo, tenho pensado seriamente em passar os direitos do KFS para Roberto Marinho.

– Que piada é essa, Galvão? Não temos tido ótimas relações até aqui? Acho que esse tipo de gracinha não se faz. Além do mais, você sabe bem que não posso aumentar o que lhe pago porque a situação não anda boa para o Consórcio.

– Calma, Adolfo, é apenas uma brincadeira. Se eu fizer isso um dia, você me dá um tiro, não é mesmo?

– Pode ter certeza disso.

E os dois firmaram compromisso de fornecimento por mais um ano. No começo de 1939, porém, Galvão deu nova pista do que pretendia fazer. O distribuidor pediu a Aizen uma quantia a mais, como forma de bonificação pelo acordo de exclusividade: trinta contos de réis. Alegou que precisava do dinheiro para completar a compra de uma casa. Aizen lhe disse que não podia dispor de um valor tão "absurdo". Galvão pediu um tempo para pensar sobre a continuidade do fornecimento dos quadrinhos e não voltou a procurá-lo.

Nas páginas de Gibi *os leitores brasileiros leram, pela primeira vez, as aventuras do herói mítico criado por Will Eisner, em 1940.* AA

Só então o editor soube, por carta, que o contrato fora passado para Roberto Marinho. Tudo ficou claro para Aizen. A perda dos direitos dos mais populares heróis do *Suplemento* o levou a se sentir traído duas vezes – por Galvão e por Marinho. Não deu tiros, e nem sequer procurou Galvão para mostrar sua indignação. Guardou para si a mágoa de não ter sido avisado com antecedência da intenção do concorrente.

A ousadia de Marinho ao tomar os heróis de Aizen pode ser mais bem compreendida segundo sua lógica de editor. Como principal dirigente de um grupo de empresas, ele não perdia de vista nem por um momento a preocupação com sua saúde econômica e financeira. Dizia que media todos os riscos porque de suas decisões dependia a subsistência de centenas de pessoas. Como chefe de empresa, aprendeu a não subestimar os riscos, embora fosse consciente de que todos os dias deveria "dar um passo à frente".

A postura do criador do *Suplemento Juvenil* em relação à perda dos personagens mais populares ajudaria a criar um mito em torno de sua figura como um editor ético e generoso, e transformaria Marinho no grande vilão do mercado editorial brasileiro. Em uma demonstração de respeito aos leitores, Aizen publicou, no último capítulo de cada série dos personagens que perdeu, curiosos avisos. Em um deles, escreveu: "O que estarão Flash

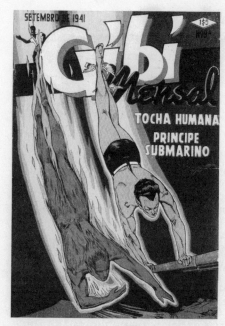 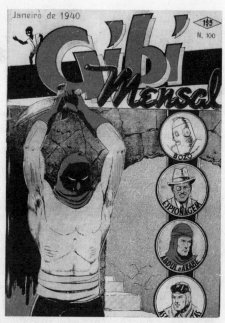

Lançado em abril de 1940, o Gibi Mensal *tinha o dobro de páginas do* Gibi Trissemanal. AA

Gordon e os outros vendo fora da caverna? Quem são esses estranhos personagens da neve? Vejam a continuação no *O Globo Juvenil*, futuramente".

Mais de três décadas depois, em entrevista ao jornal *O Pasquim*, o editor justificou a decisão de informar o público sobre a mudança dos personagens para o concorrente: "Achei que os meus leitores mereciam isso". O lembrete, no entanto, também tinha outro propósito: tornar pública a manobra de Marinho de uma forma bem sutil, ao tentar mostrar que havia algo de anormal na brusca interrupção das histórias no *Suplemento Juvenil*.

Se as tiragens d'*O Globo Juvenil* e do *Gibi* dispararam após a compra dos principais heróis, as vendas do *Suplemento Juvenil*, do *Mirim* e d'*O Lobinho* não despencaram, como Aizen chegou a temer. De imediato, para evitar que os títulos fossem cancelados, buscou alternativas de quadrinhos em *syndicates* menores, e ainda lhe restaram três trunfos respeitáveis: *Tarzan*, na época um fenômeno de bilheteria nos cinemas, por causa dos filmes de Johnny Weissmuller; *Terry e os Piratas* e *Dick Tracy*. Esses personagens eram comprados de outro distribuidor.

Logo em seguida, Aizen lançou o inédito *Super-Homem*. Além disso, tinha o direito de reeditar tudo que saíra anteriormente em suas publicações.

Tanto que, ainda em 1939, reuniu os clichês de Flash Gordon no luxuoso álbum em formato horizontal. Vendeu tanto que ficou dois dias sem aparecer em casa, para ajudar os dois encadernadores a montar os exemplares, cujos pedidos não paravam de chegar de todo Brasil, via Correios.

Do lado de Roberto Marinho, a compra dos direitos dos heróis mais populares permitiu um aumento imediato em sua escalada no segmento de *comics*. Em abril de 1940, ele juntou ao *Gibi Trissemanal* o *Gibi Mensal*, mantendo a mesma numeração da revista a partir do número 142. Em janeiro de 1941, o *Gibi Mensal* passou a ser numerado "1-A", "2-A" e assim por diante. Logo vieram vários álbuns especiais, com histórias completas. Entre elas, *Brucutu na Pré-História*, *Barney Baxter e o Mistério de Mazatah* e *O Fantasma e a Guerra na Floresta*.

O editor lançou também a *Coleção Gibi*, franca cópia da *Biblioteca Mirim*, de Aizen, no formato "tijolinho" ou "carteira de cigarro". Empolgado com os resultados, o empresário adquiriu novos equipamentos gráficos e não só melhorou a qualidade do material apresentado como não parou de fazer lançamentos. Investiu ainda, a partir de 1938, na publicação de almanaques anuais que traziam até quatro vezes o número de páginas de suas edições normais. Um deles foi o do *Gibi*, em formato 28 × 37 cm.

Não era uma ideia original de Marinho. Ele apenas tentava aproveitar uma tradição iniciada pela revista *O Tico-Tico*, continuada pelo *Almanaque Juquinha* na década de 1910, e que se consolidaria nos anos de 1930 e 1940, com a criação dos almanaques de São João e de Natal, publicados nos meses de junho e dezembro.

Outra baixa para o *Suplemento Juvenil*, ainda em 1939, foi a saída de Monteiro Filho, editor de arte do Grande Consórcio, que preferiu a segurança financeira do emprego público na redação d'*A Noite*, agora propriedade do governo Vargas. O editor considerou que a proposta, um salário de um conto de réis por mês, era irrecusável e lhe permitiria alugar um apartamento e deixar de morar em hotel. Mesmo assim, continuou a colaborar nas publicações de Aizen.

Nos anos seguintes, um gosto amargo marcaria a relação de Adolfo Aizen e Roberto Marinho, e eles só voltariam a se falar em ocasiões públicas. Mais de uma década depois, por volta de 1951, em um sábado à tarde, Marinho foi à casa de Aizen, no bairro do Grajaú. Os filhos do editor, Naumim, Paulo e Mário, observavam o visitante com desconfiança, já que ele não era bem-vindo ali.

Em outubro de 1939, Aizen já tinha perdido todos os seus heróis para Roberto Marinho, que adquiriu seus direitos. Além de buscar personagens obscuros, o editor se voltou a temas históricos e à escola. AA

Depois desse dia, surgiram sinais de que a amizade estava reatada. Foi a única vez em que Roberto Marinho esteve na residência dos Aizen. A partir daí, os filhos de Aizen começaram a receber todas as revistas que ele editava, como se fossem assinaturas. Os dois passaram a se falar por telefone com certa regularidade e se encontraram diversas vezes – a última delas em 1990, um ano antes da morte de Aizen, quando se abraçaram e se trataram afetuosamente. Marinho, então, visivelmente emocionado, chamou-o de "velho amigo".

Aizen reconheceu depois que Marinho fora apenas um concorrente poderoso. Mas era, acima de tudo, um concorrente. A reaproximação de ambos na década de 1950 aconteceu principalmente porque precisavam unir forças contra inimigos em comum: nos anos que se seguiram à ida dos heróis para O Globo Juvenil, os dois editores se viram na mira de uma campanha progressiva contra as revistinhas que publicavam – campanha que virou guerra e mobilizou forças de todo o país contra eles ao longo de três décadas.

O grave crime de ambos: editar as perigosas histórias em quadrinhos que deformavam o caráter e a alma das crianças brasileiras. Era a guerra dos gibis que começava.

CAPÍTULO 4 – CHATEAUBRIAND E OS PRIMEIROS ATAQUES AOS QUADRINHOS

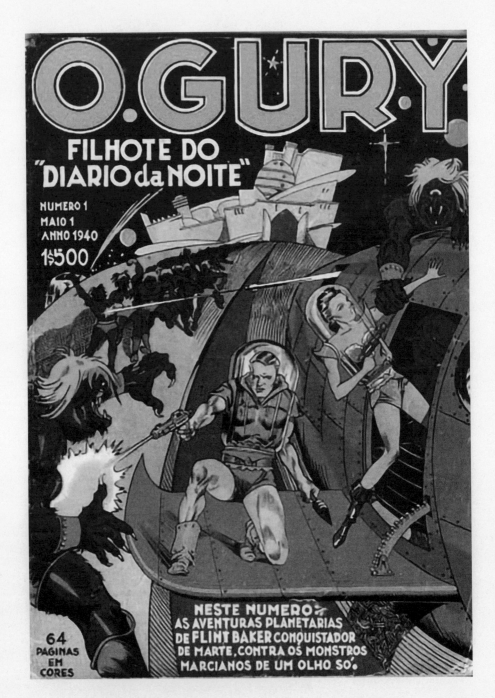

CARTILHA DE DOUTRINAÇÃO PARA CRIANÇAS

Enquanto Adolfo Aizen e Roberto Marinho viviam sua guerra empresarial particular, o mundo mergulhava no conturbado ano de 1939, que terminaria marcado pelo início da Segunda Guerra Mundial. As histórias em quadrinhos também fariam parte do conflito – seriam usadas como instrumento de propaganda de guerra pelos americanos. Em vários países, no entanto, esse tipo de diversão começava a enfrentar campanhas de adversários que consideravam sua leitura prejudicial às crianças e aos adolescentes.

Afinal, desde o início da década de 1930, os personagens dos *comics* fascinavam cada vez mais a garotada de todo o mundo. Tanto que não demoraram a despertar a atenção de segmentos da sociedade que protestavam em nome da formação moral e intelectual dessas duas faixas de público. No Brasil, os primeiros inimigos declarados dos quadrinhos foram os padres, que importaram da Itália a tese de que os *comics* americanos "desnacionalizavam" as crianças. A birra do governo Mussolini contra esse tipo de narrativa se encontrava apenas no fato de trazer temas relacionados ao modo de vida americano. Tanto que o decreto de censura não fechava jornais, mas promovia sua "nacionalização".

Os quadrinhos vão à guerra nas páginas da revista de Adolfo Aizen, enquanto Batman começa a ficar popular no Brasil. AA

O próprio Ministério da Cultura italiano chegou a recorrer aos quadrinhos para produzir cartilhas de doutrinação de crianças e jovens. Havia por trás dessa discussão a ideologia fascista difundida pelo Ministério Popular da Cultura do ditador Benito Mussolini, focada no nacionalismo ufanista – o mesmo que seria adotado no Brasil com a ditadura do Estado Novo, imposta por Getúlio Vargas, em 10 de novembro de 1937 e que ficaria conhecida também como a "Terceira República Brasileira" ou "Era Vargas".

Os sinais de que estava para acontecer um golpe contra as liberdades democráticas se fizeram notar no início do segundo semestre de 1937. Em setembro, dois meses antes de completar dois anos, o governo homenageara com estardalhaço aqueles que chamou de "heróis que combateram a Intentona Comunista", movimento ocorrido em 1935.

Soube-se depois que, no dia 27 desse mês, a cúpula militar se comprometeu a apoiar o golpe que Vargas tramava às escondidas. Três dias depois, foi divulgado com estardalhaço pelo rádio e imprensa o Plano Cohen, falso movimento de tomada de poder pelos comunistas, criado por um militar integralista e antissemita, admirador de Hitler e Mussolini. Imediatamente, o então ministro Macedo Soares, da Justiça, enviou ao Congresso pedido de decretação de um novo estado de guerra, no que foi prontamente atendido.

Era a primeira vez que um veículo de comunicação de massas – o rádio – foi usado como parte de um plano para disseminar o medo com propósitos de um golpe – o que seria ampliado em março de 1964. A máquina de propaganda do governo cuidou para que emissoras de todo o país dramatizassem o Plano Cohen em capítulos diários, o que levou o pavor a todos os cantos.

Líderes da igreja e intelectuais integralistas davam entrevistas às rádios sobre o perigo comunista, em apoio às ações governamentais, no momento em que as maiores ameaças às liberdades em todo o mundo eram o nazismo de Hitler e o fascismo de Mussolini. Com o circo armado, em 7 de outubro, Vargas instituiu uma comissão para supervisionar a execução do estado de guerra em todo o território nacional, por causa da ameaça comunista inventada.

Com isso, as forças policiais podiam prender "todos os praticantes e simpatizantes de doutrinas comunistas" e permitia a criação de "colônias agrícolas para a reeducação moral e cívica dos elementos comunistas considerados não perigosos, de campos de concentração militares destinados a receber jovens que porventura tenham transviado de seus deveres cívicos" e de um campo no mesmo formato "destinado a educar e reeducar os filhos dos comunistas presos".

Vargas investiu também contra os possíveis governadores opositores. No dia 18 de outubro, sob pressão, o interventor no Rio Grande do Sul, Flores da Cunha, renunciou ao cargo e foi substituído por um leal ao governo. Na Bahia e em Pernambuco, os governadores Juraci Magalhães e Lima Cavalcanti, respectivamente, que eram notórios opositores do presidente, seriam logo destituídos e substituídos.

No dia 1º de novembro, cerca de quarenta mil integralistas, sob o comando de Plínio Salgado, marcharam no Rio de Janeiro em apoio ao presidente. Vargas, por fim, anunciou o golpe em um pronunciamento em rede de rádio, no qual lançou um "Manifesto à Nação", em que dizia que o regime tinha como objetivo "reajustar o organismo político às necessidades econômicas do país". Antes, no discurso, reclamou das limitações de poder que via na Constituição, atacou os políticos e seus adversários. Ao fazer pesadas críticas ao Congresso Nacional, listou as normas reguladoras que considerava fundamentais para desenvolver o país e que estavam paradas, aguardando deliberação — como o Código do Ar, o Código das Águas, o Código das Minas, o Código Penal, o Código do Processo, os projetos da

Justiça do Trabalho, a criação do Instituto do Mate e do Trigo. Tudo isso seria acelerado pelo novo regime que começava naquele momento. "Para reajustar o organismo político às necessidades econômicas do país e garantir as medidas aprontadas, não se oferecia outra alternativa além da que foi tomada, instaurando-se um regime forte, de paz, de justiça e de trabalho."

Segundo seu discurso, quando os meios de governo não correspondem mais às condições de existência de um povo, "não há outra solução senão mudá-los, estabelecendo outros moldes de ação". Afirmou ainda: "Quando as competições políticas ameaçam degenerar em guerra civil, é sinal de que o regime constitucional perdeu seu valor prático, subsistindo apenas como abstração".

E concluiu: "Restauremos a nação na sua autoridade e liberdade de ação: na sua autoridade, dando-lhe os instrumentos de poder real e efetivo com que possa sobrepor-se às influências desagregadoras, internas e externas; na sua liberdade, abrindo o plenário do julgamento nacional sobre os meios e os fins do governo e deixando-a construir livremente a sua história e o seu destino".

Ao anunciar a fundação do Estado Novo, Vargas informou que revogava, naquele momento, a Constituição de 1934 e ordenava que a cavalaria cercasse a Câmara dos Deputados e o Palácio do Senado para impedir a entrada de congressistas. Às 10h do mesmo dia 10 de novembro, assinou a nova Constituição, apoiada por todos os ministros, menos Odilon Braga, que pediu demissão.

A nova Carta Magna ampliava os poderes de Vargas ao nível de um ditador, suspendeu as eleições presidenciais por tempo indeterminado – sendo que a campanha eleitoral estava em curso –, aumentou a intervenção do Estado na economia e determinou a organização dos sindicatos segundo o modelo fascista. Criava o Estado Nacional, mas acabaria conhecido como Estado Novo – nome emprestado da ditadura de Antônio Salazar, em Portugal.

O texto integral foi elaborado às pressas e sem qualquer debate pelo famigerado Francisco Campos, ministro da Justiça e adorador confesso de Mussolini. E teve aprovação prévia de Vargas e do ministro da Guerra, o general Eurico Gaspar Dutra. Plínio Salgado, líder máximo dos integralistas (fascistas) brasileiros, também foi consultado e concordou em retirar sua candidatura à Presidência em apoio à nova Carta Magna – logo, ele e seus seguidores começariam a ser perseguidos.

A nova Constituição seria apelidada de "Polaca", por ter sido inspirada na Constituição Polonesa de então, de caráter fascista. Afinal, estabelecia impedir as atividades partidárias e atender "às legitimas aspirações do povo brasileiro à paz política e social, profundamente perturbada por conhecidos fatores de desordem, resultantes da crescente agravação dos dissídios partidários, que uma notória propaganda demagógica procura desnaturar em luta de classes, e da extremação de conflitos ideológicos, tendentes, pelo seu desenvolvimento natural, a resolver-se em termos de violência, colocando a Nação sob a funesta iminência da guerra civil".

O regime varguista seria considerado décadas depois como um precursor da ditadura militar no Brasil, que teve início com o golpe de 1964, embora existissem diferenças diversas entre os dois regimes autoritários (como a primeira ter um ditador civil). Vargas forjou que havia um plano para derrubá-lo, algo que jamais existiu, para se manter no poder com mão de ferro até 29 de outubro de 1945. Nesse período, o Brasil mergulhou na opressão implacável do Estado, com propaganda maciça para manipular a opinião pública focada na figura do ditador, no nacionalismo ufanista e exacerbado, na veneração às Forças Armadas, no anticomunismo e no civismo.

Desde o primeiro momento, Vargas implementou a censura à imprensa e estruturou uma máquina de propaganda copiada do regime fascista italiano, coordenada pelo seu Departamento de Imprensa e Propaganda (DIP). Para combater o comunismo com violência, baixou a "Lei de Segurança Nacional", justificada pelo fracassado movimento revolucionário da Intentona Comunista de 1935. O mesmo que o levaria a entregar a alemã e judia Olga Benário, esposa do líder comunista Luís Carlos Prestes, ao regime nazista de Adolf Hitler, para ser executada em um campo de concentração.

Ao centralizar o poder estatal e a política econômica, focada na substituição de importações, o primeiro presidente assumidamente ditador brasileiro permitiu a captação de recursos para investir na industrialização, com a criação da Companhia Siderúrgica Nacional e da Companhia Vale do Rio Doce. Esses seriam os aspectos do Estado Novo considerados positivos.

Por mais que só se soubesse depois da guerra da existência dos campos de concentração de extermínios dos judeus, sabia-se do ódio declarado dos regimes nazista e fascistas a esse povo e do explícito alinhamento do racista Vargas com as duas ideologias tão similares. Daí vem a pergunta: como

Momento de reformulação das duas principais revistas de Marinho e a interação por cartas que fazia com os leitores. AA

entender que um judeu envolvido com sua comunidade e defensor de seus valores como Aizen viesse a aderir na linha de frente ao Estado Novo?

A ponto de produzir cartilhas de adoração ao regime e ao ditador Vargas, dedicar a ele biografias laudatórias e fazer campanha de nacionalização dos quadrinhos? A compreensão desse fato é um tanto complexa, pois ele jamais seria questionado sobre isso. Mas há algumas explicações possíveis, como o mero desejo de vingança contra Roberto Marinho levado às últimas consequências, como se verá mais adiante.

OS PRIMEIROS OPOSITORES

Como mencionado, na Itália, o problema do governo Mussolini contra os quadrinhos era apenas no fato de serem estrangeiros, de modo que o decreto de censura promovia a "nacionalização" de jornais em vez de fechá-los. Um estudo do ministério italiano concluíra que os quadrinhos importados dos EUA escondiam mensagens subliminares bem menos inocentes do que os pais podiam imaginar, constituindo uma "maneira nociva de desculturalização do povo italiano", porque funcionavam como "agentes de imposição de padrões e gostos" e "meio disfarçado para a americanização do mundo".

Como solução para o mal, ainda em 1938, criou-se uma lei de censura que bania da imprensa italiana todos os personagens e histórias em quadrinhos estrangeiros. A norma estabeleceu também que os editores e quadrinhistas italianos deveriam obedecer a um código de conduta com uma série de princípios cristãos, morais e éticos. Mas os italianos não foram os únicos a atacar os *comics* americanos no continente europeu na segunda metade dos anos de 1930.

Desde 1936, o consagrado crítico de cinema francês Georges Sadoul dedicava especial atenção contra o que chamou de "invasão americana" na imprensa de seu país, por meio dos *comics*. Em seu livro *Ce que lisent vos enfants* (O que suas crianças leem, em tradução livre), ele se tornou o pioneiro no mundo a responsabilizar as histórias em quadrinhos pela delinquência infantojuvenil, definindo-as como "condensadoras de crimes". Segundo ele, o "expansionismo" dos *comics* americanos pelo mundo se explicava pela organização "muito bem-feita" dos *syndicates* que, para ele, tinham sido criados para difundir seus quadrinhos no maior número possível de jornais "por meio de técnica perfeita de desenho e de heróis capazes de serem apreciados internacionalmente".

Como parte dos religiosos em atuação no Brasil era de imigrantes italianos, eles acompanhavam pelos jornais que assinavam o esforço do governo para banir do território italiano os quadrinhos vindos dos Estados Unidos. Alguns, preocupados, não demoraram a se voltar contra os editores de historietas em quadrinhos. Já em 1938, pela primeira vez desde que se tornara editor, Aizen viu seu nome relacionado de forma negativa às suas publicações. Ele foi citado de forma pouco lisonjeira durante o congresso estadual de jornalistas de São Paulo, na cidade de Aparecida do Norte. Seu nome aparecia na lista dos editores que "estavam fazendo fortuna a olhos vistos com a publicação de revistas criminosas, que deformavam moral e intelectualmente crianças e adolescentes brasileiros".

O alvo dos jornalistas não era o *Suplemento Juvenil*, mas as publicações de contos policiais do Grande Consórcio: *Suplemento Policial em Revista* e

Edição (pirata) brasileira da americana Detective *consagrou o mercado de revistas policiais (pulps) em paralelo os quadrinhos.* AA

Contos Magazine. No manifesto que produziram no final do evento, os profissionais de imprensa apoiaram os crescentes protestos de setores da sociedade paulista contra a proliferação de revistas policiais e de sexo. O texto condenava a humorística *A Manha*, editada por Aparício Torelly, o Barão de Itararé (e cujo título satirizava o jornal *A Manhã*); *Álbum do Nu Artístico*, da R. Dupuy Editor; *O Governador*, publicada por O Governador Editora; *Detective*, de JT Lima Editor (que seria comprada por Assis Chateaubriand no começo da década seguinte); *À Cultura do Nudismo*, da Editora Cultura Moderna; e *O Moscardo*, de Vicente Ragonetti Editor.

Para os jornalistas, todas essas publicações fugiam "às normas da decência e do bom gosto, da ética e da estética", e seus editores só conheciam "o caminho do dinheiro". Assim, seu sucesso financeiro era obtido "à custa do rebaixamento de caráter dos leitores e da corrupção em que lançam os jovens". Após o congresso, não demorariam a ocorrer acusações semelhantes dirigidas exclusivamente aos quadrinhos.

Em 1939, aconteceu a primeira manifestação pública pela censura aos quadrinhos, quando o tema entrou na pauta de discussão de um encontro de bispos de São Paulo, em Aparecida do Norte. A maioria dos participantes daquele evento recomendou às paróquias paulistas que alertassem os pais e as crianças sobre os perigos das histórias em quadrinhos. Na verdade, a discussão ganhou a atenção da grande imprensa pela primeira vez no dia 28 de junho de 1939.

Nessa data, vários jornais da capital federal publicaram uma carta enviada a Gustavo Capanema por um garoto não identificado da cidade de Niterói. Na correspondência, o menino pedia ao ministro da Educação providências contra o que chamou de "determinados periódicos dedicados em demasia às aventuras e fantasias" – estranho que uma criança pudesse criar argumentos tão bem construídos. Sua queixa era que as "historietas" traziam temas estrangeiros prejudiciais aos leitores.

O suposto menino sugeriu que os editores se concentrassem na produção de histórias com temas nacionais. Para ele, essas publicações tiravam o patriotismo e a brasilidade da juventude. No dia seguinte, numa reportagem de destaque na capa do segundo caderno, o *Diário de Notícias* estampou uma foto de Adolfo Aizen e, de modo simpático ao editor, cedeu-lhe um generoso espaço para que defendesse os quadrinhos.

Aizen disse que não era a primeira vez que se fazia "sensacionalismo" contra suas revistas e acusou o estudante de querer "aparecer" e de tentar justificar suas notas baixas na escola colocando a culpa nas revistinhas. Na entrevista, ao sair em defesa das historietas, o editor usou um tom forte que jamais voltaria a repetir no futuro, quando optaria pela diplomacia para tratar do assunto:

> Esse menino vai longe, tem uma fertilidade de imaginação que assombra e um desejo muito louvável de aprender. Mas, se quiser aprender fatos da nossa história e da vida dos nossos grandes homens – e não apenas ver seu nome em letras de fôrma nos jornais –, aconselho-o justamente a procurar a leitura do *Suplemento Juvenil* ou do *Mirim*. Minhas publicações não só trazem episódios da história do Brasil e assuntos educativos como temas capazes de cultivar sentimentos patrióticos na juventude. Seria uma calúnia se o jovem estudante de Niterói não fosse um irresponsável. E irresponsáveis os que o fizeram copiar e assinar tais leviandades.

Durante a entrevista ao *Diário de Notícias*, Aizen exibiu uma série de edições do *Suplemento Juvenil* com exemplos de sua preocupação com a formação escolar e patriótica dos leitores – de acordo com a cartilha do DIP, diga-se. Na seção que chamou de "educativa" do tabloide, ele publicava uma série de textos com biografias de personagens da história política do Brasil e de escritores ilustres. E observou:

> Recentemente, *Mirim* publicou uma galeria com vários heróis da Guerra do Paraguai. Desde os primeiros números do *Suplemento Juvenil*, em 1934, e durante todo o ano seguinte, publiquei na seção "Aprender a aprender" efemérides sobre vultos históricos. Recebemos, por isso, uma referência do então ministro da Guerra, Eurico Gaspar Dutra, na qual ele disse que seria de grande valor se a oração cívica do *Suplemento Juvenil* fosse lida em todas as escolas e recitada de cor por todas as crianças patrícias.

Aizen também se defendeu da acusação de que o *Suplemento Policial em Revista* prejudicava a formação moral das crianças:

> Essa publicação não é destinada ao público juvenil e escapa, portanto, inteiramente, às acusações feitas. O jovem colegial niteroiense tomou o bonde errado, e temos a satisfação de verificar que a sua carta não foi nem poderia ter sido inspirada na leitura de qualquer das publicações da minha empresa.

Para colocar um ponto final na discussão, o editor reduziu a carta a um exagero isolado de um estudante. Mas sabia que havia um bom número de pessoas que começava a pensar daquela forma e, no fundo, temia que essas críticas ganhassem mais espaço na imprensa, como já acontecia nos EUA – onde a tese de Georges Sadoul era compartilhada por um crescente grupo de psicólogos que acusavam os meios de comunicação de estimular a criminalidade.

Até então, as reações ao novo entretenimento, desde o aparecimento dos primeiros *comics* na imprensa diária, a partir do final do século XIX, eram de cunho exclusivamente moral e político. Agora, ganhava ares de problema policial. Em vez de ficar parado, Aizen procurou o Ministério da Educação e Saúde para se posicionar como editor em relação à queixa do estudante. Mandou uma longa carta com seus pontos de vista.

Em resposta, o então chefe de gabinete do ministro Gustavo Capanema e futuro poeta e cronista consagrado Carlos Drummond de Andrade enviou um telegrama a Aizen, que seria reproduzido na íntegra n'*O Imparcial* de 27 de julho de 1939, com o título "Nacionalismo e educação nos jornais para crianças". A mensagem respondia o pedido de que não havia necessidade de censurar os quadrinhos. Mas não deu o assunto por encerrado. Ao contrário, insinuou que o governo estava de olho nas revistinhas e que pretendia interceder no mercado:

> O memorial desta empresa foi recebido com apreço pelo sr. ministro, que se inteirou da preocupação que manifestais de dar feição educativa às vossas publicações.
> Este Ministério está empenhado em estudar o assunto da literatura para crianças e jovens, de modo a serem estabelecidas normas de orientação que assegurem à nova geração brasileira uma informação espiritual sadia.

Por causa dessa polêmica que o ministério informava que estava só no começo, pela primeira vez, o fantasma da falsa certidão de nascimento e da nacionalidade de Adolfo – forjada em 1934 para que ele pudesse ser proprietário de um meio de comunicação, como exigia a lei – pareceu assustar o editor. Aquilo se tornara seu calcanhar de Aquiles, apesar de ser um segredo de família.

Caso sua vida fosse devassada por uma investigação, ele poderia ser expulso do país, em um julgamento sumário. Não conseguiu pensar em outro assunto durante muito tempo. Até que concluiu que precisava partir para alguma ofensiva. Para piorar, apareceu a figura do padre carioca Arlindo Vieira, que se tornou o primeiro inimigo público das histórias em quadrinhos no Brasil.

Conservador radical, durante dois anos Vieira dedicou-se à tarefa de escrever artigos em revistas e jornais católicos de diversos estados brasileiros para denunciar os perigos que os quadrinhos representavam para seus leitores em idade frágil, de formação do caráter. Vieira se disse alarmado com as queixas feitas por pais em sua paróquia de que aquele tipo de leitura prejudicava os estudos de seus filhos.

O religioso achava que a maioria dos quadrinhos publicados no país tinha teor imoral e caráter "desnacionalizante" para seus pequenos leitores. Para ele, as histórias publicadas por Aizen e Marinho traziam algo mais grave do que personagens femininas com roupas indecorosas, que incentivavam a molecada a se dedicar ao "sexo solitário" (masturbação): o objetivo maior de quem fazia os quadrinhos, na sua opinião, era promover abertamente a alienação cultural dos leitores, por meio da imposição dos "modismos" americanos, estranhos à cultura brasileira.

O padre denunciou que havia uma suposta conspiração colonialista dos EUA para dominar o Brasil, cuja estratégia incluía os quadrinhos. O plano estaria sendo facilitado pela ganância dos dois editores, que buscavam o lucro rápido e elevado à custa da destruição da criança brasileira. O mais grave, alertava Vieira, era que a maioria dos pais considerava os quadrinhos uma forma ingênua de diversão para seus filhos e tudo não passava de exagero dos religiosos.

Dos sermões, o padre passou a fazer sua campanha em espaços generosos de publicações católicas, como as revistas de extrema direita *Combat* e *Nação Armada* (editada pelo general Afonso de Carvalho) e o jornal *Estação de São Paulo*. Até veículos de alcance maior e considerados mais sérios abriram espaço para ele, como *Diário de Notícias* e *O Estado de S. Paulo*. Ele não esperava, porém, que sua campanha solitária lhe causasse um problema pessoal.

Em uma tarde do começo de 1940, Vieira atendeu o telefonema de alguém que se identificou como funcionário do temido Departamento de Imprensa e Propaganda (DIP), responsável pela censura durante o Estado Novo. O religioso custou a acreditar no que ouviu: "Padre, tenho ordens para aconselhá-lo a não falar mais contra as historietas em quadrinhos. Não que não concorde com seus artigos, mas eles estão se tornando inconvenientes demais, fazem referências injustas a pessoas sérias e honestas, amigas pessoais do presidente Vargas".

Vieira pensou, no primeiro momento, que se tratasse de um trote. E mandou seu interlocutor procurar o que fazer. Mas estava enganado. O "conselho" era real. Pouco tempo antes, o próprio DIP saíra em defesa dos quadrinhos, por meio do programa radiofônico *A Voz do Brasil*. Em um de seus noticiários, o representante daquele órgão explicava para pais e professores por que não havia qualquer perigo em ler historietas:

> Os homens que dirigem os destinos dos povos, nesta confusão crescente, leram, com certeza, Júlio Verne, na idade em que as realidades ainda não aprisionam o espírito e as fugas pelas páginas de um livro são possíveis.
> Os editores do grande mercado de ideias sabem que a criança que leu as façanhas da fada Morgana será, na adolescência, a leitora de milhares de livros de aventuras. Depois virá a idade da arte e da sabedoria, e os bons livros contarão com a sua preferência, porque a leitura é um hábito.

> O que os editores não compreenderiam é a publicação de *O Príncipe*, de Maquiavel, no *Suplemento Juvenil*, e *As Aventuras do Pequeno Polegar* numa revista literária para adultos. Não nos alarmemos com a quantidade extraordinária de livros de aventura que a nossa juventude devora. Ela está lendo as histórias de sua idade e adquirindo o louvável vício da letra de forma.
>
> Amanhã, esses milhares de leitores inveterados farão a glória póstuma de alguns de nossos mestres, provocando a reedição de obras que os contemporâneos condenaram a tiragens dolorosamente limitadas.

Alguns meses depois, dois outros telefonemas fizeram Vieira acreditar que seu interlocutor falava sério em suas ameaças: ele deveria parar de publicar os artigos contra os quadrinhos. Se prosseguisse, não sabia o que poderia lhe acontecer. Depois de contar aos editores de *Combat* e *Nação Armada* que era alvo dessa pressão, o religioso foi instigado pelo general Carvalho a não se intimidar e a continuar com seus artigos.

Como não cedeu, o padre foi procurado pessoalmente por um homem que se identificou como aquele que lhe fizera alertas pelo telefone. Mais uma vez, o visitante concordou com seus artigos e acrescentou que nada podia fazer, porque os que "traficavam" com a "alma" das crianças por meio dos quadrinhos eram "pessoas muito chegadas" ao governo, que ganhavam dinheiro com suas vendas e estavam "bem defendidas".

Finalmente, Vieira sucumbiu à pressão e se calou. Anos depois, ao recordar essa experiência, ele responsabilizou Getúlio Vargas por sair em defesa de Aizen e Roberto Marinho. Apesar de não haver qualquer evidência documental de que os dois editores tenham influenciado a ação do DIP contra o padre – no caso de Aizen, com o auxílio de João Alberto –, quando este começou a escrever contra os quadrinhos, ambos eram os únicos editores do gênero no Rio de Janeiro.

O clérigo talvez não tenha se dado conta também de quanto sua reclamação contra o DIP era contraditória: enquanto se queixava de ter sido censurado pelo departamento, ele próprio defendia a censura aos *comics*. Disse ter sido vítima de "gente poderosa", que usou de influência contra seu direito de expressar suas opiniões – ou seja, queria o direito à livre manifestação para defender a censura aos gibis. Irritado, afirmou que "os responsáveis pela moralidade pública, aqueles que tinham a missão de defender a juventude inexperiente, nada haviam feito para reprimir tão pernicioso abuso, que se agravava dia a dia".

As falas de Vieira pareciam ecoar em todas as direções. Uma oposição organizada no país, capaz de chamar a atenção da opinião pública contra os quadrinhos, surgiu no segundo semestre de 1940, durante o encontro da Pastoral Coletiva do Episcopado Paulista, realizado na cidade de São Carlos, no interior do estado. Os quadrinhos e seus "prejuízos à formação moral e intelectual das crianças", juntamente de uma série de livros infantis considerados suspeitos de trazer mensagens comunistas, foram escolhidos como temas centrais para debates no evento.

Não era a primeira vez que a polêmica iniciada pelo padre carioca Arlindo Vieira entrava na pauta dos líderes católicos de São Paulo. No encontro do ano anterior, os quadrinhos foram citados na ata final do evento como um assunto "preocupante no atual quadro de educação e formação moral e cívica da juventude brasileira". A discussão entre padres e bispos sobre o "problema" dos gibis e dos livros "perniciosos" fizera com que o assunto ganhasse força suficiente para ser o destaque no encontro seguinte.

Depois de alguns dias de discussão sobre esse segmento do mercado editorial, os participantes da Pastoral Coletiva aprovaram, no dia 29 de setembro, o manifesto "Defesa da Criança". No documento, alertavam a comunidade e o governo para a "gravidade" do problema e apelavam para o engajamento das famílias paulistas na campanha que pretendiam organizar, definida como um "movimento que se delineia na sociedade brasileira contra a má literatura, em particular os periódicos infantis e suplementos [de quadrinhos] de certos grandes jornais".

Os bispos pediam ainda aos padres de todo o país que promovessem uma cruzada contra as publicações infantis em suas paróquias. E concluíam de modo dramático: "Saibam os que ambicionaram enriquecer e locupletar-se à custa da perversão alheia que ainda há no Brasil gente honesta capaz de repelir semelhante monstruosidade".

A preocupação dos bispos contra as emergentes historietas em quadrinhos não tinha a ver apenas com o antiamericanismo difundido pelos fascistas italianos. Relacionava-se com valores morais e cristãos, que eles não encontravam nas "historietas". Desde que começou a guerra, os líderes católicos de todo o mundo colocaram em prática uma política de rigor moral coordenada pelo próprio papa Pio XII, com o propósito de combater o comunismo.

Estimulada pelo intenso debate em torno das revistas em quadrinhos na Itália, a partir de 1937, e pelo banimento dos *comics* americanos naquele país no ano seguinte, a cúpula do Vaticano incorporou as críticas da Era Mussolini contra os *comics* à sua cruzada em defesa da família e dos bons costumes cristãos.

Antipatizantes fervorosos da União Soviética, os padres enfatizaram que havia uma conspiração comunista internacional que usava o cinema e os quadrinhos para desviar a juventude cristã de seus valores éticos e morais e, dessa forma, desestruturar a sagrada instituição da família. A lógica era que, se o comunismo conseguisse romper a base familiar, estaria aberta a porteira para a infiltração ideológica. Era de se esperar, portanto, que os padres que atuavam no Brasil logo assumissem posição contra os quadrinhos, nos últimos anos da guerra.

PROXIMIDADE COM O FASCISMO

A ampla difusão de publicações italianas de conteúdo fascista no Brasil durante os primeiros anos da ditadura do Estado Novo não tinha a ver apenas com o fato de aquele país abrigar o Vaticano e o Brasil ter vários padres de origem italiana. Havia uma estreita ligação entre o ditador de lá e o ditador de cá. Um farto material de propaganda era trazido de lá para orientar o regime do Estado Novo. E isso não deixava dúvidas de que o DIP conhecia bem as críticas que os partidários de Mussolini faziam aos quadrinhos.

O presidente – e depois ditador – brasileiro fez de Mussolini, ao longo dos anos de 1930, uma referência fundamental para impor seu regime de exceção do Estado Novo, a partir de 1937. Vargas adotou uma série de medidas semelhantes às do *Duce*, como a legislação trabalhista inspirada na *Carta del Lavoro* italiana.

O ministro da Justiça, Francisco Campos, teve um papel importante nesse processo. Foi o ideólogo da máquina de propaganda do Estado Novo, centrada na imagem do ditador brasileiro. Campos acreditava que o controle rigoroso da imprensa, a manipulação dos meios de comunicação e o investimento em mídia de massa como braço do Estado eram fundamentais para conduzir o regime "revolucionário", iniciado em outubro de 1930.

Já em 1931, Vargas criou o Departamento Oficial de Propaganda (DOP), reorganizado e ampliado três anos depois para o Departamento Nacional de Propaganda e Difusão Cultural (DNPD) e, por fim, transformado no Departamento de Imprensa e Propaganda (DIP), em 1939. O DNPD instituiu o programa *A Voz do Brasil*, um radiojornal burocrático, com notícias de interesse do governo, retransmitido obrigatoriamente por todas as emissoras de rádio do país.

Aos poucos, Vargas se preparava para alcançar o que pretendia: o absoluto controle dos meios de comunicação como forma de se perpetuar no poder. À divisão de imprensa do DIP cabia como principais funções exercer a censura à imprensa; organizar o serviço de controle da imprensa nacional e estrangeira; organizar um arquivo de jornais, revistas, livros e todo tipo de publicações nacionais e estrangeiras. Acumulava ainda a função de manter um serviço de clichês e fotografias para fins de distribuição à imprensa, e um serviço de *copyright* de artigos de autores brasileiros para os jornais do país e do exterior, além de autorizar previamente a circulação de publicações periódicas.

O DIP não apenas censurou mas também mostrou eficiência ao atuar como máquina de propaganda. Em especial pela manipulação que fazia das notícias veiculadas na imprensa de diversas formas. Estima-se que cerca de 60% dos textos sobre o governo publicados em jornais de todo o país eram escritos por funcionários do DIP – muitos deles escolhidos entre os melhores jornalistas e escritores brasileiros, graças aos quase irresistíveis salários pagos por seu diretor, o temido Lourival Fontes. Os 40% restantes vinham da produção dos próprios jornais, vigiados e censurados com rigor em todos os estados por meio das secretarias regionais do órgão, os Departamentos Estaduais de Imprensa e Propaganda (DEIPS).

Com a Itália fascista como referência, seria natural que o DIP prestasse atenção às críticas aos quadrinhos difundidas entre os italianos e agisse contra seus editores no Brasil. Mas os quadrinhos jamais sofreram qualquer tipo de perseguição pelos censores de Vargas. Não se podia dizer o mesmo em relação ao resto da imprensa. A tática de interferência na imprensa – até mesmo em programas de rádio e revistas – e seu uso para a propaganda varguista se aceleraram com o Estado Novo, que oficializou a censura.

À frente do DIP, Lourival Fontes comandou com mão de ferro e generosas verbas usadas para seduzir jornalistas, escritores e artistas. Nem a produção cultural popular, como a música, ficou imune à sua vigilância. Somente o controle da cultura "erudita" – literatura e artes plásticas – permaneceu sob os cuidados do Ministério da Educação e Saúde, cujo ministro era Gustavo Capanema.

Enquanto Vargas não escondia sua simpatia por Hitler, as revistas de Marinho reproduziam histórias de super-heróis contra o nazismo. AA

A suposta "tolerância" do DIP com os quadrinhos pareceu ainda mais evidente quando se observa a estreita vigilância que o órgão exerceu sobre o material escolar produzido ou patrocinado pelo governo para estudantes do primário e do secundário. Encarada como importante instrumento de formação escolar e moral das massas, a área da educação recebeu atenção especial de Vargas porque, a exemplo de Mussolini, ele sabia da importância de fazer "das gerações de amanhã um todo homogêneo e coeso, sabendo mandar e obedecer" – segundo dizia a cartilha do DIP.

Assim, crianças e adolescentes se tornaram alvos prioritários do Ministério da Educação e Saúde. As escolas públicas recebiam centenas de cartilhas e livros de apologia à figura do ditador brasileiro. Ficaram famosas as *Cartilhas de Vargas*, impressas em papel de qualidade em quatro cores. Suas páginas estampavam a imagem de um presidente com cara de pai protetor, na tentativa de atrair a simpatia das crianças e incutir o nacionalismo exacerbado.

Ainda em 1938, a Comissão Nacional do Livro Escolar do Ministério da Educação aprovou uma rígida reforma nas obras didáticas dirigidas ao primário e ao secundário. Com as mudanças, as escolas só podiam adotar títulos aprovados pelos membros da comissão. Ao mesmo tempo, os estudantes deveriam cumprir uma série de compromissos patrióticos. Em datas festivas, como 7 de setembro e 15 de novembro, por exemplo, as escolas públicas teriam de organizar paradas cívicas grandiosas, com explícitas reverências à figura de Vargas, nos moldes das marchas de louvação à imagem promovidas por Hitler e Mussolini.

Os eventos deviam mostrar a coreografia triunfal do regime, com a apresentação de imagens gigantescas do ditador brasileiro. O empenho nesse sentido do ministério comandado por Gustavo Capanema foi uma das importantes ferramentas no processo de doutrinamento de crianças, adolescentes e jovens no sentido de estabelecer uma base sólida de apoio para aquela ideologia autoritária.

Aizen também deu sua contribuição ao nacionalismo ufanista do Estado Novo. Mostrou sua sintonia com a política fascista do governo e conseguiu aliviar um pouco as dívidas de sua empresa com a venda de tiragens de suas publicações em quadrinhos para o Ministério da Educação e Saúde, graças à interferência de João Alberto. Embalado pelas campanhas grandiosas do DIP, o editor criou a coleção *Biblioteca Pátria*, que somaria 15 volumes, cuja edição de estreia foi *Getúlio Vargas para crianças*.

A edição teve tiragem recorde – falou-se em um milhão de exemplares impressos – e foi distribuída gratuitamente em 19 de abril de 1940, quando o ditador brasileiro completou 58 anos de idade. Depois, ele fez *O Livro da Juventude Brasileira*, com preceitos sobre a educação do ponto de vista do regime fascista.

A cartilha de Vargas seria descrita como "o livro padrão da juventude brasileira, lido como um catecismo em todas as escolas", segundo noticiou a revista *Vamos Ler!*, na retrospectiva da carreira de Aizen, em 1944. Na reportagem, aparecia uma sala de aula com dezenas de crianças simulando a leitura da biografia de Vargas produzida pelo editor.

Desse modo, ele fazia vendas milionárias para o Ministério distribuir nas escolas e bibliotecas públicas. Na sua redação, o editor passava entusiasmo a seus repórteres mirins para que escrevessem matérias sobre passagens históricas da vida do presidente ou com louvores ao regime. Esse seria o passado sombrio e pouco conhecido de Aizen e que ainda geraria outro episódio polêmico sobre sua falência em pouco tempo, como se verá a seguir.

Embora não tenha demonstrado interesse em censurar os quadrinhos como fazia o Ministério da Educação, o DIP se preocupava com outras formas de leitura dirigidas às crianças, como os livros de ficção. Em São Paulo, o órgão contou com o apoio do Departamento Estadual de Ordem Política e Social (DEOPS) para investigar a denúncia do procurador do Estado Clóvis Kruel de Morais contra o escritor paulista Monteiro Lobato, autor da série de livros infantis do *Sítio do Pica-Pau Amarelo*.

Morais pediu ao Tribunal de Segurança Nacional a apreensão imediata do livro *Peter Pan*, do escritor inglês J. M. Barrie, adaptado para o português por Lobato. O procurador, na verdade, formalizou a queixa que recebera do diretor da Recebedoria Federal do Ministério da Fazenda, Tupi Caldas, que acusava o escritor de ter acrescentado conteúdo subversivo à obra.

De acordo com o processo número 4.180, iniciado em 20 de junho de 1941, Morais afirmou que a versão alimentava nos espíritos infantis, "injustificadamente, sentimento errôneo quanto ao governo do país". Lobato teria agido "insidiosamente" quando explicou o motivo da desigualdade entre os povos, ao aproveitar para criticar o governo brasileiro dentro de uma obra estrangeira.

Ao mostrar como eram arrecadados e aplicados os impostos, o escritor adicionou em sua tradução que havia no Brasil uma "peste chamada governo que vai botando impostos e selos em todas as coisas que vêm de fora, a torto e a direito, só pela ganância de arrecadar dinheiro do povo para encher a barriga de parasitas". Para o procurador, o desrespeito do escritor ocorrera por causa da liberdade "excessiva" concedida pelo governo aos escritores. E a obra foi tirada de circulação.

Nesse contexto, seria natural esperar que o DIP se empenhasse em combater as revistas em quadrinhos, que traziam dos EUA uma cultura diferente daquela que o ufanismo fascista do Estado Novo queria ressaltar. Mas isso não aconteceu – provavelmente por causa de alguma interferência de Marinho e João Alberto. A estreita ligação do coronel sócio de Aizen com as forças de repressão do governo sem dúvida contribuiu para neutralizar as críticas aos quadrinhos junto aos censores.

Durante o Estado Novo, a influência do antigo rebelde tenentista só aumentou, e, como um dos donos do Grande Consórcio, interferiu no DIP para que nenhuma restrição fosse feita às suas revistas. Ao mesmo tempo, houve também a ingerência direta de Roberto Marinho, que, naquele momento, tinha se aproximado do ditador Vargas e participava do Conselho Nacional de Imprensa (CNI).

Os quadrinhos gozavam da simpatia do próprio ministro da Justiça, Francisco Campos, que costumava se declarar um "ardoroso" leitor da revista infantil *O Tico-Tico*. O gosto de Campos pelos quadrinhos era o mesmo do seu guru: o jurista e político baiano Ruy Barbosa, morto na década de 1920 e autor da primeira manifestação pública de alguma autoridade a respeito (e a favor) de histórias em quadrinhos no Brasil – ele não se envergonhava de surpreender seus interlocutores com a famosa frase "Li n'*O Tico-Tico*", sempre que queria justificar de onde tirava suas informações e conclusões e sacadas jurídicas em seus acalorados debates no Senado.

A repressão do governo provocou uma série de protestos de jornalistas e empresários do setor. Para amenizar o clima de descontentamento, Vargas criou, no dia 30 de dezembro de 1939 – pelo Decreto-Lei 1.949 –, o Conselho Nacional de Imprensa, formado por censores e representantes da imprensa, uma entidade oficiosa à qual, em tese, podia-se recorrer contra a censura. Ao órgão coube, portanto, prestar "assistência" ao DIP – fundado três dias antes – nos casos de aplicação de penalidades às empresas jornalísticas.

Dos seus integrantes, três foram nomeados pelo próprio presidente da República. A outra metade reunia delegados, escolhidos em assembleias gerais, convocadas para esse fim pela Associação Brasileira de Imprensa (ABI) e pelo Sindicato de Proprietários de Jornais e Revistas do Rio de Janeiro. A princípio, a presidência do conselho foi exercida pelo diretor da divisão de imprensa, tendo posteriormente sido atribuída ao diretor-geral do DIP. Faziam parte do conselho, entre outros, Jarbas Carvalho (presidente), Roberto Marinho, o caricaturista e compositor Antônio Gabriel Nássara e José Soares Maciel Filho, aquele mesmo que fundara *A Nação* com João Alberto e o convencera a parar de publicar os suplementos criados por Aizen.

A POLÊMICA SUGESTÃO DE MARINHO

Na prática, a função do CNI foi reduzida à de mera entidade decorativa, pois pouco podiam fazer seus conselheiros contra as arbitrariedades do DIP. O poder paralelo e independente de Lourival Fontes fez com que o órgão quase nunca conseguisse reconsiderar suas proibições. Tal descrédito não evitou que uma sugestão polêmica de Roberto Marinho fosse acatada pelo DIP. O episódio levaria o diretor d'*O Globo* a iniciar uma longa briga pessoal com o fundador e diretor do *Diário de Notícias*, Orlando Dantas, até então um concorrente com quem ele mantinha estreita relação de amizade. E se tornou a gênese da guerra contra os gibis no Brasil.

Tudo começou por causa da rápida ascensão do *Diário de Notícias*. Havia pelo menos três anos, um apelo inédito e irresistível de Dantas vinha roubando leitores d'*O Globo* e dos outros concorrentes: a distribuição de prêmios em dinheiro para quem comprasse o jornal. No começo, Marinho não acreditou que Dantas tivesse fôlego para segurar a campanha por muito tempo e não deu importância à sua estratégia de vendas apelativa.

Mas o *Diário* foi, aos poucos, transformando-se em um concorrente forte. Mesmo assim, os dois empresários continuaram colegas cordiais por algum tempo – tanto que, em agosto de 1939, Dantas ofereceu a Marinho espaço gratuito no jornal para que colocasse anúncios d'*O Globo Juvenil* e do *Gibi*. Durante 27 meses, o jornal também reproduziu tiras de quadrinhos dessas publicações, que vinham acompanhadas de recomendações para que as crianças comprassem as edições de Marinho.

Até que, em novembro de 1941, Marinho sugeriu ao Conselho Nacional de Imprensa, com a justificativa de moralizar os jornais de todo o país, que o DIP proibisse a realização de "concursos" – sorteios – em jornais com prêmios em dinheiro, promoção que continuava a ser a principal fonte de receita do *Diário de Notícias*. Dantas considerou a medida uma traição do colega, que, segundo ele, agira menos como conselheiro e mais como concorrente.

Em represália, suspendeu a divulgação das revistas em quadrinhos de Marinho e passou a acusá-lo de usar seus gibis para "desnacionalizar" o espírito da criança brasileira. Com isso, Dantas percebeu nas primeiras críticas às revistas infantojuvenis um trunfo para atacar seu adversário.

CHATEAUBRIAND CRIA SUA REVISTA

Enquanto isso, começava a ficar claro que o sucesso dos quadrinhos de aventura trazidos por Aizen para o Brasil não havia chamado a atenção apenas do editor Roberto Marinho. Em 1939, Assis Chateaubriand, já então o maior empresário brasileiro de comunicações, importou dos EUA uma impressora em cores com o propósito principal de entrar no mercado de revistas infantis.

Na ocasião, ele era proprietário dos Diários Associados, poderosa cadeia formada por vinte jornais, oito estações de rádio, uma editora de revistas (Edições O Cruzeiro) e a empresa SIRTA, encarregada de captar e distribuir publicidade entre os órgãos da companhia. Para confirmar sua hegemonia no mercado editorial, o empresário não se cansava de dizer que só lhe faltava lançar um título destinado às crianças.

Desde que percebeu que as crianças lotavam as bancas em busca do *Suplemento Juvenil*, ele botou na cabeça que faria uma revista em quadrinhos, mas o projeto foi adiado várias vezes na segunda metade da década de 1930. A entrada de Marinho nesse mercado em 1937 aumentou seu interesse pelo tema. Dois anos antes de sua revista chegar às bancas, no começo de 1940, ele registrou a marca *O Gury*, nome que pretendia usar em sua revista infantil.

Não se sabe se alguém fez a sugestão, uma vez que as revistas existentes tinham sinônimos de crianças – *Mirim* e *Gibi*. De qualquer modo, em julho de 1910, havia sido lançada no Brasil uma revista homônima no formato do que viria a ser o *comic book*, com 48 páginas, e também voltada às crianças. O volume trazia textos para reforço escolar, passatempos e histórias em quadrinhos de uma página remontadas, com os textos dos balões transformados em legendas no rodapé de cada ilustração.

Com um arsenal de recursos gráficos disponível, Chateaubriand queria entrar no segmento de quadrinhos disposto a abocanhar de imediato uma boa fatia do mercado. Sabia que *O Gury* (com a reforma ortográfica de 1942, o "y" seria trocado pelo "i") precisaria se diferenciar de algum modo dos concorrentes. Optou por inovar na parte gráfica e tratou de amadurecer a ideia de uma publicação que encantasse a garotada pela cor. Assim, tornou-se a primeira revista em quadrinhos brasileira totalmente impressa em quatro cores, da primeira à última página.

Contribuiu para a decisão sua obstinação em ter nos seus jornais o que havia de mais moderno no mercado gráfico mundial. Essa disposição fez que mandasse aos EUA seu braço direito, o diretor Dario de Almeida Magalhães, para comprar uma rotativa Hoe, considerada a última maravilha da engenharia gráfica. A Hoe era mais avançada até que a Multicolor, adquirida pouco antes também pelos Diários Associados e anunciada pelo empresário como uma revolução na tecnologia gráfica.

Pelos planos de Chateaubriand, o equipamento seria usado para agilizar a impressão d'*O Cruzeiro*, que ainda não havia se transformado num fenômeno editorial, o que só aconteceria no final da década seguinte. Ele pretendia criar um suplemento dominical encartado nos seus diários e, principalmente, imprimir a primeira revista em quadrinhos da rede.

Pela engenhoca maravilhosa, Magalhães se comprometeu a pagar cerca de duzentos mil dólares em valores da época. Metade do dinheiro foi entregue no ato da compra, e o restante deveria ser pago numa cota única em dois anos. Dívida essa, aliás, que os fabricantes da Hoe tiveram muita dificuldade para receber do dono dos Diários Associados.

A tarefa de estruturar a pequena redação da revista coube ao jovem jornalista Lúcio Cardoso, que faria carreira como um escritor respeitado anos depois. Cardoso era um rapaz de boa aparência, com sólida formação intelectual e de comportamento discreto, mas sofria discriminação por causa de sua homossexualidade. Depois, viria a se tornar um dos grandes escritores de ficção do país.

Para ajudá-lo a preparar o primeiro número da revista, ele convidou o desenhista José Geraldo Barreto, então com quinze anos e já grandalhão – tanto que faria carreira no boxe –, que conhecera na redação de *O Cruzeiro*, enquanto mostrava seus desenhos para o diretor de arte. Chamou também o pintor e desenhista português Alcino Madeira, que imigrara havia pouco tempo para o Brasil. O artista faria uma versão de *Os Lusíadas*, de Camões, em quadrinhos, com texto em prosa de Lúcio. Outro que logo se juntou à equipe foi Millôr Fernandes, recém-contratado pelo *O Cruzeiro* como ajudante de arquivo e apaixonado por histórias em quadrinhos.

Aos catorze anos, Millôr passou a colaborar com *O Gury* e aos poucos foi tomando conta da publicação. Como todo adolescente carioca, tivera sua atenção atraída para o *Suplemento Juvenil*, de Aizen, seis anos antes. A convivência com os *comics* seria fundamental para a formação de Millôr.

A presença dos quadrinhos americanos era inescapável e se tornaria "a maior e mais legítima influência" para seu desenvolvimento como escritor e humorista, como ele mesmo ressaltou. Sobretudo *Flash Gordon*, de Alex Raymond, que ele copiou quadro por quadro, nos primeiros anos, quando marcava milimetricamente onde começava a cabeça, o braço etc. "Foi a maior emoção intelectual-estética de minha vida, quando os quadrinhos chegaram aqui, em 1934, importados por Adolfo Aizen. Um deslumbramento."

O primeiro número de *O Gury* chegou às bancas em abril de 1940, com o subtítulo "O filhote do *Diário da Noite*", numa referência ao mais importante jornal dos Diários Associados. Como determinara Chateaubriand, todas as 68 páginas da revista foram impressas em cores. A revista saiu com circulação mensal até o número 7, de outubro daquele ano, quando se tornou quinzenal. Chegava às bancas nos dias 2 e 15 de cada mês.

Para preencher suas páginas, Dario Magalhães comprou uma razoável quantidade de material da editora americana Fiction House, fundada por T. T. Scott no começo de 1938. Assim como as primeiras editoras de *comic books*, a Fiction publicava apenas revistas de aventuras completas.

Suas edições, porém, traziam quadrinhos de qualidade regular, que muitas vezes não passavam de imitações de personagens famosos. O formato das publicações também não era dos mais convencionais. Cada título trazia um tema específico. Ou seja, aventuras sobre um só assunto: *Action Stories*, com histórias de ação; *Fight Stories*, de luta; *Jungle Stories*, com aventuras da selva; e *Planet Stories*, de histórias interplanetárias.

A revista de Chateaubriand seguiu à risca o estilo singular da Fiction. O número 5, de agosto de 1940, por exemplo, trouxe apenas histórias de ficção científica espacial. Por isso, *O Gury* não causou o impacto esperado, apesar do colorido ser tão atraente. A utilização da máquina publicitária dos Diários Associados, no entanto, ajudou a divulgar a revista. Os jornais passaram a veicular insistentes anúncios em todo o país. "Do Oiapoque ao Chuí, todos leem *O Gury*", diziam as chamadas.

Mas alguma mudança precisava ser feita para que a publicação andasse com as próprias pernas. Alguns meses depois de seu lançamento, os Diários Associados adquiriram material inédito das editoras Fawcett e King, medida que lhes permitiu intercalar as histórias da Fiction.

Em 1944, com o sucesso do lançamento no Brasil do *Capitão América*, a revista de Chateaubriand passou a mesclar contos policiais com quadrinhos do super-herói. Isso aconteceu durante oito números. A iniciativa aproveitava a impressionante aceitação do personagem entre os leitores brasileiros naqueles dias de guerra.

O Gury publicou também, com êxito, as aventuras do *Homem-morcego*, como Batman era chamado inicialmente. Trouxe também *Capitão Meia-Noite*, *Joca Marvel* e *Raffles*. Por volta de 1945, a revista já estava consolidada no mercado, ao atingir a marca dos 110 mil exemplares por edição. Começava assim o núcleo de publicações infantojuvenis de Assis Chateaubriand, que demorou ainda algum tempo para se expandir.

Nesse período, porém, ele ampliou o segmento de revistas para leitores mais adultos. Uma aquisição importante nesse sentido aconteceu em 1943, quando a revista de contos policiais *Detective*, antes publicada por JT Lima Editor, foi ressuscitada pelos Diários Associados, depois de um ano sem circular.

FORMAÇÃO DO MERCADO

Chateaubriand dava seus primeiros passos como editor de quadrinhos enquanto o mundo se destruía com a guerra. Os gibis, nesse contexto, faziam a festa da garotada de todo o Brasil. Principalmente nas capitais, em cidades litorâneas e nas próximas ao eixo Rio-São Paulo, onde a distribuição de jornais e revistas tinha alguma eficiência. Em outras regiões, o acesso às publicações de banca continuava bem precário, por causa do incipiente sistema de transporte e da reduzida malha rodoviária.

Assim como os filmes de aventura e os seriados semanais, as revistinhas ilustradas de heróis e mocinhos se integravam em definitivo no imaginário infantojuvenil brasileiro. As publicações de Adolfo Aizen, Roberto Marinho e, agora, Assis Chateaubriand difundiam entre seus leitores uma mania que seria o grande barato das duas décadas seguintes: o saboroso hábito de colecionar revistas, prazer comparável apenas ao de completar álbuns de figurinhas, que fazia estrago no bolso da meninada brasileira desde o século anterior.

O ritual de juntar gibis envolvia troca, compra e venda de exemplares nas tardes dos fins de semana, nas portas dos cinemas, antes das disputadas matinês dos seriados de aventura que passavam semanalmente. Apesar de a explosão dos quadrinhos americanos no Brasil ter começado apenas alguns anos antes, os primeiros números dos tabloides e revistas de Aizen e Marinho já eram disputados como relíquias arqueológicas por colecionadores fissurados.

Um exemplo disso foi o anúncio estampado no número 3 da segunda fase d'*O Lobinho*, de junho de 1940. Na página 68, Aizen publicou uma curiosa mensagem cujo título era "Exemplares de *Mirim* que estão valendo ouro!". O texto dizia que, para completar as coleções do seu próprio arquivo, o Grande Consórcio estava comprando pelo preço de 1,5 mil-réis (cinco vezes o valor da edição normal) as edições 141, 148, 194 e 198. Os interessados deveriam comparecer à sede da editora, na rua Sacadura Cabral, 43.

No final da mensagem, o editor perguntou se valia ou não a pena colecionar suas publicações. Além da correria dos meninos à sede do Consórcio para vender as edições procuradas, o anúncio inflacionou o valor das revistinhas antigas e provocou rebuliço nos pontos tradicionais do comércio de gibis.

As publicações em quadrinhos no Brasil do início da década de 1940 eram, sem dúvida, o que décadas depois seria chamado de "fenômeno de comunicação de massa". E, para alguns, como o padre Arlindo Vieira, era uma preocupação a mais para os pais interessados em dar uma boa educação aos filhos.

Uma aliada de respeito do padre se manifestou em 1940: a jornalista e escritora Dinah Silveira de Queiroz, autora dos romances de sucesso *Floradas na Serra* e *A Muralha*. Ela se tornou a primeira voz na grande imprensa a fazer acusações graves contra os quadrinhos, na sua coluna semanal, "Café da Manhã", publicada no jornal *A Manhã*. O principal argumento da escritora, no primeiro momento, foi o mesmo dos fascistas italianos e do Estado Novo: impor a seus leitores uma cultura estrangeira – a estadunidense.

A continuidade da guerra, naquele começo de década, preocupava, em particular, os editores brasileiros de jornais e revistas. Havia tempo – e cada vez mais – especulava-se sobre um possível racionamento de papel pelo governo, uma vez que quase toda a imprensa era abastecida com papel importado e havia o risco de ocorrerem ataques nazistas aos navios que traziam o produto da Escandinávia. Com a decretação do racionamento em 1941, a distribuição de cotas de papel se tornou uma medida eficiente do DIP para tentar calar as poucas publicações que ainda faziam oposição a Vargas. A revista *Diretrizes*, editada por Samuel Wainer, foi uma das que sofreram esses cortes. Por diversas vezes, atrasou suas edições e quase deixou de circular porque o DIP interferia para dificultar a aquisição daquela matéria-prima. Se Aizen não teve problemas para imprimir suas revistas, o racionamento o impediu de ampliar suas tiragens e o número de títulos em circulação como tentativa desesperada de evitar que sua editora fosse à falência.

Mesmo assim, no primeiro semestre de 1940, ele conseguiu lançar o segundo livro em quadrinhos da série *Grandes Figuras do Brasil* – o primeiro saíra no ano anterior –, com personagens importantes da história, como uma resposta aos seus primeiros críticos, e buscou provar que os quadrinhos podiam servir também para educar os leitores. Também serviu para mostrar, claro, sua adesão à política de doutrinação do Ministério da Educação e Saúde. Tanto que, por meio de João Alberto, fez chegar um exemplar do livro às mãos do presidente Vargas.

No bilhete anexo, justificou o presente como uma demonstração de que as historietas em quadrinhos poderiam ser úteis na formação das crianças. No dia 3 de janeiro, o editor recebeu uma resposta breve, assinada pelo próprio presidente:

> Cultivar nos jovens a admiração pelos heróis nacionais é obra patriótica e merecedora de louvores. O livro *Grandes Figuras do Brasil* constitui, nesse sentido, valiosa e oportuna iniciativa.
> Getúlio Vargas

Orgulhoso pela atenção de Vargas, Aizen guardou o bilhete como um troféu e criou o hábito de mandar exemplares de revistas em quadrinhos que considerasse educativas a autoridades do Legislativo, do Executivo e do Judiciário, da Igreja e das Forças Armadas.

Ele faria ainda mais para promover Vargas como realizador, sem entrar no detalhe de que o país era governado por um ditador. Ele dedicou-lhe um número da revista *Mirim*, com o título "As Realizações do Presidente Vargas", que foi lançada no dia do seu aniversário, em abril de 1941.

No editorial, ele destacou todos os artistas de sua equipe que preparam aquele número especial:

> NESTA página queremos prestar uma homenagem aos jovens desenhistas que ilustraram as páginas sobre as iniciativas do Presidente Vargas.
> São todos eles muito moços, não havendo nenhum que passe a casa dos 20 anos de idade. Temos o orgulho, portanto, de ser os reveladores destas vocações artísticas, a quem damos todo o apoio, incentivando-as e chamando-as para trabalhar conosco.
> O nosso Departamento Artístico é, assim, uma dependência da Juventude Artística Brasileira.
> Essa Juventude, ilustrando as páginas sobre a personalidade do Presidente Vargas, quis exprimir, com o seu entusiasmo e sua arte, o júbilo que sente, solidarizando-se ao Brasil festivo que rende um preito, no dia de hoje, ao homem que veio conduzi-lo ao seu rumo verdadeiro, para a Paz, para o Trabalho e para a Unidade.

> Assim, temos a honra de apresentar os jovens que assinam as mais bonitas páginas desta edição [...]

Em agosto de 1941, Aizen decidiu homenagear um de seus ídolos, Walt Disney. Ao saber que o produtor e animador viria ao Brasil para fazer o lançamento oficial da megaprodução *Fantasia*, Aizen publicou um álbum do filme para colorir.

Na verdade, a vinda do animador e produtor – enquanto seus estúdios passavam por uma greve por melhores salários e condições de trabalho – fazia parte do programa da política de boa vizinhança que os EUA desenvolviam na América Latina para garantir o apoio dos países vizinhos durante a guerra e afastar a influência fascista que rondava Argentina e Brasil.

Para se aproximar do produtor, Aizen procurou seu representante no Rio de Janeiro, o maestro Renzo Massarani, e lhe pediu para ajudá-lo a conhecer Disney. Foi atendido, claro, quando o editor lhe mostrou o álbum. No encontro, entregou-lhe um exemplar de *Fantasia* para colorir e os dois acabaram imortalizados em uma foto que foi reproduzida em jornais e revistas e nas publicações do Grande Consórcio.

A proibição dos *comics* americanos na Itália continuou a repercutir no Brasil no começo da nova década e acabou por ganhar contornos trágicos. Quem achava que tratava apenas de um esperneio solitário do padre Arlindo Vieira – com aval de vários de seus colegas de batina, inclusive bispos – logo mudaria de ideia se acompanhasse o destaque que os jornais dariam ao tema a partir de março de 1941.

Mesmo com a relativa tranquilidade permitida pela condescendência de Francisco Campos e Lourival Fontes entre 1937 e 1940, Adolfo Aizen percebeu que cada vez mais jornalistas e professores se opunham à leitura das revistinhas pelas crianças e manifestavam isso em público – e que o Ministério da Educação e Saúde demonstrava mais interesse sobre a polêmica.

Até que o DIP mudou de posição sobre o tema, após o Ministério tomar para si o discurso fascista vindo da Itália dos quadrinhos como arma estrangeira para desnacionalizar as crianças. No decorrer de março de 1941, o órgão enviou uma série de reportagens a jornais de todo país que eram, na verdade, orientações disfarçadas e em tom de ameaça.

Como a que publicou o *Correio do Paraná*, de 14 de março, dia do sétimo aniversário do *Suplemento Juvenil*, com o título "Indiscutível a necessidade de nacionalizar a imprensa juvenil". O texto deixava clara a intenção do regime de interferir no mercado e obrigar os editores a só publicarem quadrinhos brasileiros de temática patriótica. Nesse momento, notava-se que a produção nacionalista de Aizen era a única opção viável para o regime.

A matéria dizia: "Está em foco a nacionalização dos motivos que servem de base às histórias publicadas pela nossa imprensa juvenil. O fato que já tem sido ventilado com frequência merece, cada vez mais, o interesse de quantos estão ligados ao grande número de jornais e revistas destinados, exclusivamente, à juventude (todos com historietas em quadrinhos)".

Como era sabido, dizia o jornal, cerca de 70% da juventude se entregava à leitura "desses periódicos coloridos que lhe oferecem histórias mais sugestivas, influindo, poderosamente, na formação da sua mentalidade". A verdade, segundo o texto, era que, na sua maioria, "tais histórias são importadas

Exposição Nacionalista Juvenil de março de 1941. Evento marcou adesão de Aizen ao fascismo do Estado Novo ou foi uma forma de se vingar de Roberto Marinho? BN

dos *syndicates* de desenhistas norte-americanos, a quem se deve a criação de mil heróis dos mais diversos feitios, todos eles senhores de aventuras sensacionais".

Sem contestar "o interesse despertado por essas histórias fantásticas, reconhecemos que nem sempre a sua natureza se casa com a mentalidade brasileira. Há muito do 'americanismo' nas suas façanhas. Daí a necessidade de se nacionalizar o espírito de tais histórias".

Prosseguia dizendo que deveriam ser feitas "coisas nossas, apresentando temas brasileiros, sem nomes arrevesados. E sobretudo, apresentar-se material educativo à nossa juventude, de acordo com a nossa mentalidade. Finalmente, é preciso não esquecer o lado instrutivo, pois o divertimento é um excelente motivo para educar".

Os "suplementos juvenis", como o autor do texto chamava as publicações de quadrinhos, eram, segundo ele, "incontestavelmente, jornais dos mais popularizados no nosso mundo infantil". Sua divulgação era grande e seu sucesso sempre crescente. Sobre o assunto, observou, foi realizada uma entrevista com Adolfo Aizen, que defendia com voz ativa o banimento dos quadrinhos americanos, cujos principais destaques estavam na editora de Marinho.

O repórter parecia ignorar a viagem do editor aos EUA em 1933 e o modelo dos quadrinhos de heróis de aventura que ele tinha trazido de lá e permitido montar sua empresa. Sem qualquer constrangimento, Aizen afirmou que "nacionalizar a imprensa juvenil sempre foi uma ideia nossa e temos procurado manter, em nosso jornal, um intenso cunho de brasilidade, dando à juventude do Brasil, através de trabalhos ricamente ilustrados, as imagens mais edificantes dos fatos e dos feitos de nossa história e dos seus grandes vultos".

Desde 1934, continuou ele, "o que equivale dizer desde a fundação do jornal juvenil que dirigimos, dispensamos à cultura cívica da juventude do Brasil o maior do nosso carinho. Isto não são palavras apenas. Temos a prova objetiva da realização desta ideia na Exposição Nacionalista Juvenil, que se inaugurará esta semana, mostrando todos os trabalhos do caráter nacionalista publicados pelo *Suplemento Juvenil* durante sete anos".

O editor deu mais detalhes do evento: "São capas de temas patrióticos, cenas da história brasileira, poemas e alegorias cívicas, páginas de educação e cultura, como (os livros) *Aprender, Formação da Pátria, Os Que Forem Juvenilistas Sem Saber, Juventude Brasileira, A Conquista do Acre*, além da vida dos grandes homens do Brasil – tudo isso ilustrado com o máximo desvelo por ótimos artistas, também brasileiros".

Não existem indícios de que a adesão de Aizen à política de doutrinação promovida pela ditadura Vargas era, em parte, uma forma de se vingar de Roberto Marinho. Mas, se tivesse uma lei de proibição dos quadrinhos americanos, *O Globo Juvenil* e o *Gibi* teriam suas produções inviabilizadas e sairiam de circulação até que *O Globo* pudesse preencher suas páginas com histórias patrióticas. Também não é certo que ele fez essa opção por convicção, lealdade a João Alberto ou, ainda, para vender livros e revistas para o governo e tentar salvar seu negócio, agravado com o fracasso do semanário *Folha do Brasil*. De qualquer modo, ele falava com entusiasmo do que produzia: "Eis aí, na realização de uma ideia, o exemplo a seguir", continuou ele. "O que buscamos

Aizen defendeu nas páginas dos jornais a censura aos quadrinhos americanos, os mesmos que tinha trazido para o Brasil, com apoio pessoal de Vargas. BN

foi abolir a velha rotina dos jornais para crianças, fazendo um órgão novo, nos moldes do que há de mais moderno na imprensa mundial do gênero".

Para isso, procurava aproveitar essa linha editorial para conseguir "o máximo de efeito" – não ficou claro o que pretendeu dizer com essa expressão. Explicou ainda: "Realmente, uma história [em quadrinhos], seja ela de ficção ou história, sendo apresentada sem cuidado e carinho, não logrará impressionar. O sucesso alcançado no selo do 'Pessoalzinho Miúdo' pelas páginas cívicas do *Suplemento Juvenil* está justamente nisto: em que elas são feitas dentro de um espírito novo, cheio de encanto e colorido".

Continuou ele, com certo delírio, sem considerar que as crianças poderiam estar mais interessadas em *Super-Homem*, *O Fantasma*, *Batman*, *Flash Gordon*, *Brucutu* e outros. "Na vida dos grandes homens da nossa Pátria, procuraremos sempre arrancar-lhe o máximo de humanidade, de exemplos. Nacionalizar a imprensa juvenil é uma necessidade. Nós podemos servir de exemplo e de padrão para essa renovação. O que temos feito nos dá credenciamento para tanto. A própria meninada brasileira o sabe".

A campanha contra as historietas importadas pelo Ministério da Educação, via DIP, foi criada em parceria com Aizen, que a deflagrou na mesma semana em que o *Suplemento Juvenil* completou sete anos de vida, no dia 14 de março de 1941, com a exposição que ele organizou. Na prática, portanto, a mostra serviu para lançar o movimento.

A data de sétimo aniversário – que não era redonda e, enfim, não simbólica – serviu para o editor organizar o que pareceu ser a primeira grande exposição nacional de quadrinhos e uma das primeiras do mundo. Aizen a chamou de "Exposição Nacionalista Juvenilista", que ocupou o saguão e todas as salas do térreo da sede do Grande Consórcio de Suplementos, na rua Sacadura Cabral, 43 – último prédio antes da movimentada praça Mauá, onde ficava a Rádio Nacional e o jornal *A Noite*.

O público podia comparecer para ver os originais e capas de revistas com temática patriótica e toda a coleção do *Suplemento Infantil* e *Juvenil* das 9h às 17h, com entrada franca. A mostra trazia ainda uma retrospectiva da trajetória do suplemento de Aizen, porém com um detalhe inusitado: ele apagou da história de seu jornal o passado com os heróis de aventura americanos que marcaram os primeiros anos. Não havia uma única referência nesse sentido.

O foco exclusivo era a produção nacional dos últimos quatro anos, voltada ao programa de doutrinamento de crianças e adolescentes em prol do regime e de suas ideias fascistas. "São histórias sobre motivos brasileiros, desenhados por artistas brasileiros", descreveu o *Diário Carioca*. "Ilustres homens são apresentados ao pessoalzinho miúdo, no que possui de mais belo e gracioso, cenas de fatos decisivos da formação de nossa pátria, ilustradas esplendorosamente, dentro de uma linguagem singela e empolgante".

O DIP cuidou de convidar autoridades da justiça e da educação para que prestigiassem a iniciativa, o que atraiu expressivo destaque na imprensa. Vargas foi representado pelo ministro interino da Justiça Francisco Negrão de Lima, que visitou o evento acompanhado pelo major Godofredo Vidal e o coronel Ignácio Rollim.

No livro de registros de impressões, Lima escreveu sobre seu espanto ao ter contato com aquela forma de entretenimento: "Deixo esta casa sob a emoção que sempre recebemos quando travamos conhecimento com uma obra que ainda não conhecíamos em seus detalhes e na qual passamos a descobrir tudo que tem de interessante para a inteligência e de belo e de útil para o país".

O ministro tinha a companhia de "outras autoridades da Justiça e da Educação, que desta forma foram dar seu apoio ao movimento nacionalista da imprensa juvenil brasileira que há sete anos vem sendo propagada pelo *Suplemento Juvenil*, órgão oficial da nossa juventude", escreveu *O Radical*.

Para o jornal, a mostra representava "o trabalho fecundo de sete anos, que vê passar o seu natalício com a satisfação de ter sempre contribuído de maneira mais inteligente e eficaz para a edificação cívica e cultural da juventude brasileira, sendo o arauto de seus ideais e orientador magnífico de suas ideias".

O Radical ignorou que nos cinco primeiros anos, quase 100% dos quadrinhos que Aizen publicou eram de origem americana. E colocou seu jornal como uma publicação dedicada ao patriotismo do Estado Novo, voltado somente a temas ligados ao Brasil. "Não podia calar mais profundamente no novo espírito da política brasileira este esforço do *Suplemento Juvenil*, que procura divulgar na juventude o que há de belo e de grande nos fatos e nos feitos da nossa História e dos nossos grandes vultos, incute-lhe ao mesmo tempo o senso de responsabilidade perante o futuro de seu país, que mais tarde dependerá dela".

Vista tanto tempo depois, a cobertura do jornal impressiona pela manipulação quanto ao uso dos quadrinhos pela política cultural do Estado Novo. "Isto é obra de nacionalismo. Isto é digno de todos os louvores. É um exemplo a seguir, um padrão a ser observado com atenção".

Negrão de Lima, entusiasmado, afirmou aos repórteres e a Aizen, que o acompanhava: "Realmente, isto é um trabalho que dignifica". O ministro e demais convidados percorreram os painéis, ouviram pacientemente cada explicação do editor, "demorando-se em cada um dos seus setores; tendo sempre palavras de viva admiração por tudo quanto lhe expunham".

A História do Brasil – com iniciais maiúsculas – ali estava toda, segundo *O Radical*, "maravilhosamente ilustrada, dentro de um espírito moderno de educação e jornalismo juvenil". Os fatos mais relevantes da "História-Pátria", a vida dos grandes homens do Brasil, exaltações aos fatores vivos "da

Visita do ministro interino da Justiça Negrão de Lima à exposição de Aizen. Uso de suas revistas em campanhas patrióticas da ditadura do Estado Novo recebeu destaque nos jornais que apoiavam o regime. BN

nossa grandeza e da nossa glória, ao Exército, à Marinha, ao Homem que Trabalha, ao Jovem, ao Reservista, ao Estudante".

Diante de outro original, Negrão de Lima gritou: "Magnífico! Muito bom!" Foi seguido de aplausos. O major Godofredo Vidal, que acompanhava o ministro, foi o responsável pela montagem da sala onde ficava o tema "Juventude brasileira do ar".

E explicou ao chefe o conceito daquele espaço: "Aqui, Excelência, procurarei formar na mocidade do Brasil um espírito aeronáutico. A ideia da 'Juventude do Ar' foi recebida com o maior entusiasmo pela meninada que, imediatamente enviou centenas de inscrições. Ei-las", e apontou a lista. O ministro vibrou, mais uma vez: "Isto é uma iniciativa maravilhosa! O Destino do Brasil será este: o Brasil da Aviação!"

A GUERRA NACIONALISTA DE AIZEN

Somente duas semanas depois, no dia 27 de março, o ministro da Educação e Saúde Gustavo Capanema encontrou brecha em sua agenda para fazer uma visita oficial à exposição de Aizen. E ficou empolgado com o que viu: "Nunca imaginei encontrar tanto assunto de real interesse para as crianças, realizado dentro de um espírito tão brasileiro".

Ele estava com o general Heitor Borges, chefe da União dos Escoteiros do Brasil, e o coronel Costa Neto, que presidia o conglomerado de empresas de comunicação do governo. Capanema disse aos repórteres que estava "interessado nos problemas da imprensa juvenil brasileira", ou seja, no conteúdo que passava a seus leitores. Não disse, porém, que tinha pedido uma investigação rigorosa sobre o tema, como se verá adiante.

De acordo com *Diário Carioca*, o ministro pôde, nessa visita, observar de perto o que de mais perfeito e interessante se fazia nesse setor da imprensa, "dentro de um rumo de educação cívica para a juventude". O criador da exposição vibrou com a reação daquele que mais ameaçava suas revistas no momento.

A reportagem continuou: "Recebido pelo sr. Adolfo Aizen, o ministro Capanema percorreu as várias dependências da Exposição Nacionalista, mostrando um grande interesse em tudo o que via e se representava sete anos de um trabalho constante de um jornal que se vem dedicando inteiramente à juventude de nossa terra, dando-lhe através de suas páginas as imagens mais sugestivas sobre os fatos e os feitos dos grandes homens e de História Brasileira".

Não se via uma exposição de improviso, de acordo com o jornal. "Era o fruto laborioso de um idealista incansável, que quis dar aos meninos de sua terra um jornal padrão, dentro das modalidades mais adiantadas e modernas da imprensa mundial do gênero". Durante sete anos, vinha o *Suplemento Juvenil* "semeando no espírito dos jovens sementes de nobreza, entusiasmo e admiração pelas coisas e pelos homens de nossa pátria".

Feito de maneira inteligente, continuou o jornal, foi acolhido pela juventude brasileira "de forma que o consagrou como o jornal líder, tendo em cada um dos meninos do norte ao sul do país um jovem apaixonado e, portanto, um espírito moldado dentro dos seus ensinamentos cívicos".

Aizen mostrou ao ministro os desenhos originais dos próximos livros da *Coleção Biblioteca Pátria*.

— É uma velha ideia nossa que só agora estamos realizando — explicou. — Já pensávamos em dar à meninada livros contando a história de cada um dos grandes vultos do Brasil, em estilo moderno, escritos especialmente para a mentalidade juvenil.

O primeiro volume contava a vida de Ruy Barbosa, com a devida ênfase a seu nacionalismo patriótico. Capanema, então, interrompeu-o:

— Recebi-o. Realmente, é um belo livro, bem-feito. Li-o com prazer e acho que a literatura juvenil brasileira tem nele um dos seus melhores livros.

O editor, então, aproximou-se de uma mesa, pegou alguns desenhos e disse:

— Eis aqui, sr. ministro, os desenhos já prontos dos próximos livros que lançaremos em breve: Raposo Tavares, José de Anchieta... — Ele chamou atenção para o fato de que o segundo tinha sido feito por um menino, que trabalhava na editora, de dezoito anos de idade, uma verdadeira revelação. Chamava-se Celso Barroso. — Veja os desenhos, sr. ministro.

Capanema recebeu as páginas, observou o traço claro e seguro do jovem artista e disse:

— Realmente, um talento.

Entusiasmado, Aizen explicou que em seu jornal procurava sempre arregimentar jovens talentos.

– Todo ele é feito por jovens. No departamento artístico, só há rapazes, um dos quais mandamos buscar no Maranhão, tendo ele vencido no concurso de desenho. – Era Fernando Dias da Silva.

O editor lembrou que havia na equipe o mascote dos desenhistas, um menino de dezesseis anos, Oscar Brener, que desenhava as capas do *Suplemento Juvenil, O Lobinho* e *Mirim*.

– Na redação, todos são jovens, começando pelo secretário, Renato de Biasi, que está com apenas 20 anos, sendo assim o mais jovem secretário de redação da imprensa brasileira. – Aizen não escondia seu orgulho do que fizera até ali e de seu alinhamento com o nacionalismo exacerbado da ditadura. – Como Vossa Excelência vê, aqui é uma verdadeira escola de trabalho e civismo. – Na sala seguinte, chamou a atenção de Capanema uma legenda no alto de um painel: "300 páginas alegóricas de exaltação à pátria".

Aquele número era revelador: representava parte do volume de quadrinhos que ele tinha produzido para bajular o fascismo do Estado Novo. Segundo a descrição do *Diário Carioca*, "eram páginas de jornal coloridas esplendidamente e sobre temas nacionalistas, tais como sejam – 'Frases Históricas', 'Páginas de Nossa História'. 'Formação da Pátria' –, alegorias ao Exército Nacional, à Marinha Brasileira, à Aviação do Brasil, 'Grandes Datas do Brasil', enfim, uma verdadeira galeria cívica".

Capanema percorreu ainda as dependências do Grande Consórcio. Foi até as oficinas e se mostrou "sempre interessado por tudo quanto se referia ao jornal do 'Pessoalzinho Miúdo'", como noticiou o jornal. E queria saber sobre o ritmo de produção e o funcionamento das máquinas, os métodos de trabalho dos gráficos, tiragens das publicações e "aspectos da feitura e da vida do jornal mais lido pela criançada do Brasil".

Ao sair do prédio, ele passou entre duas filas formadas por trezentos escoteiros que faziam parte de delegações da Capital da República, que o "aclamaram calorosamente", com aplausos, até ele entrar no carro e ir embora. Ao se despedir, o ministro disse a Aizen: "Tudo o que vi deixou-me magnificamente bem-impressionado, despertando-me ainda mais o interesse sobre a imprensa para a juventude".

O general Heitor Borges, presidente da União dos Escoteiros do Brasil, não escondeu seu entusiasmo com o que viu. "Muito aprendi aqui nesta exposição". O general Costa Neto não foi diferente: "Aprendi antes de tudo a confiar que existem realmente espíritos no Brasil sempre voltados para a nobre e alta finalidade de educar o espírito juvenil da minha terra, presenteando-lhe com páginas e livros do maior valor cultural e cívico e da maior beleza e sugestão artística".

O trabalho de Aizen para lançamento da exposição e da campanha de nacionalização dos quadrinhos começou, na verdade, cinco dias antes, quando o jornal *O Radical*, de 9 de março de 1941, publicou a longa reportagem "um jornal de jovens para jovens", em que entrevistava "o mais moço dos secretários de redação da imprensa brasileira, Renato de Biasi, do *Suplemento Juvenil*.

O texto começava com a informação de que o tabloide fazia aniversário naquele mês – na semana seguinte deveria ser a informação mais precisa. "O *Suplemento Juvenil* comemora seu sétimo ano de vida fertilíssima, toda dedicada à juventude brasileira, líder do 'Pessoalzinho Miúdo' se impondo à simpatia da criançada de nossa terra, pela sua feição primorosa e atraente".

Entretanto, o que mais chamava a atenção era o método pelo qual era feito o tabloide, a linha de trabalho que Aizen traçou para sua vitória. "Na realidade, por que venceu esse jornalzinho?", perguntava *O Radical*. E respondia: "Porque penetrou a tal ponto no espírito da nossa criançada até se tornar uma espécie de padrão que todos os outros que porventura surgissem mais tarde tivessem que adotar se quisessem vencê-lo", disse o repórter.

De Biasi estava preparado para não deixar transparecer as dificuldades financeiras que a empresa enfrentava. "Nós fizemos esta pergunta e, ao visitarmos a redação, tivemos uma resposta interessantíssima e exemplar: 'o jornalzinho que era feito para os jovens venceu porque também é feito por jovens'".

Exaltou-se, então, o fato de que rapazes de dezesseis a dezoito anos trabalhavam na sua redação e no seu departamento artístico. "Aquilo que, por certo, interessar e despertar entusiasmo nesse corpo redacional e artístico adolescente tem que forçosamente interessar e entusiasmar a meninada cá fora. É uma coisa lógica e racional", disse De Biasi. Para ele, aquele era o segredo da vitória do *Suplemento Juvenil*. "Feito por espíritos moços, joviais, toma deles a feição e agrada, naturalmente".

A história do *Suplemento Juvenil* contada por *O Radical* era a da história da turma notável de jovens que nele trabalhava, que podia ser resumida na própria vida jornalística do mais moço dos secretários de redação da imprensa brasileira, "esse simpático e delicioso Renato de Biasi".

Ele contou que sua entrada no jornalismo foi simples. Quando o *Suplemento Juvenil* surgiu, a publicação o atraiu. "Eu tinha, então, catorze anos de idade. Vestia calças curtas e era terceiranista do Colégio Pedro II". Chamou sua atenção, explicou ele, porque era diferente de tudo que ele já tinha visto, mais moderno, mais sensacional. "Gostei da sua feição, das suas histórias, todas diferentes, do seu modo original."

Virou leitor dedicado. "Comecei, então, a frequentar sua redação. Lá encontrei um homem simpático que nos recebia muito bem, a mim e mais alguns colegas que iam comigo, e passava horas inteiras conversando conosco, indagando das nossas preferencias. Era o sr. Adolfo Aizen".

De tanto frequentar a redação do *Suplemento Juvenil*, De Biasi se tornou um de seus funcionários, ainda que sem uma atividade direta, definida. "Comecei a redigir umas notícias, a escrever umas crônicas, a traduzir, claudicando a princípio, alguns contos. Em tudo o sr. Adolfo Aizen nos guiava, procurando aperfeiçoar-nos, diminuir os nossos defeitos. Foi, na realidade, o meu primeiro e mais eficiente professor de jornalismo".

Aquele ambiente de camaradagem e de trabalho de uma redação de jornal o entusiasmou, disse. "E minha vida, então, se dividiu em duas partes – escola e redação". A vida que se tornaria profissional começava, para ele, de um modo inteiramente novo. Na redação, a linha editorial definida por Aizen "procurava aproveitar a juventude inteligente de nossa terra, dando-lhe uma ação objetiva e dirigindo-a para um campo um de trabalho honesto e renovador".

Entre as mais importantes iniciativas do *Suplemento*, disse De Biasi, estava a fundação do primeiro Clube Juvenil Brasileiro – o Centro Juvenilista do Colégio Dom Pedro II. "Nesse clube, onde sócios e diretores não tinham mais que dezoito anos de idade, e menos que doze, realizaram-se sessões que ficaram memoráveis. Toda a garotada carioca se recorda com saudades das grandes concentrações juvenilistas, de caráter cívico e artístico".

Nesses encontros, professores, escritores e poetas de renome faziam palestras "magníficas", assistidas por centenas e centenas de meninos e famílias. Como Gilberto Amado, Murilo Araújo, Odílio da Costa Filho, Donatelo Grieco, Roberto Macedo e outros. "Eles falaram, palestraram nessas belíssimas concentrações. Eu, por mim, ainda tenho esperança de reabrir o Centro Juvenilista", disse o secretário.

No clube, eram representadas peças escritas e interpretadas pelos garotos. "Foi uma iniciativa original e de grande importância para todos nós,

141

sem dúvida". Aizen montou também uma biblioteca de livros escolhidos, que seria consultada avidamente pelos juvenilistas. "Muita gente", prosseguiu De Biasi, "travou conhecimento ali com Walter Scott, Humberto de Campos, Charles Dickens, Miguel de Cervantes, José de Alencar, Joaquim Manoel de Macedo, Monteiro Lobato etc.".

O secretário do *Suplemento* se esforçou para convencer o repórter de que, desde o começo, Aizen instigava o Clube Juvenilista a despertar patriotismo nos meninos, embora praticamente todos os quadrinhos que publicava fossem americanos – informação que ele não deu. "O *Suplemento Juvenil* sempre teve como princípio básico de sua orientação incutir inteligentemente na mocidade o amor à nacionalidade. Ao lado das histórias de aventuras fantásticas que apaixonavam os meninos brasileiros, havia sempre uma página ou duas da cultura cívica e histórica".

O discurso do funcionário estava totalmente em sintonia com o do dono da editora. E agora, afirmou ele, "já que estamos colhendo os tratos lançados no espírito da nossa juventude, vamos reforçar essa norma de nossa ética jornalística, fazendo do *Suplemento Juvenil* o grande veículo de nacionalização para os moços".

No trecho seguinte, ele deixou claro que a ideia era banir mesmo os heróis e super-heróis americanos: "Os heróis de ficção (serão) substituídos pelos heróis da nacionalidade, a vida dos nossos patriarcas e grandes vultos cívicos, contadas à juventude de uma maneira inteligente e viva, no que eles possuem de mais belo, de mais humano, de mais heroico". Faltava perguntar a ele se os leitores realmente aceitariam a troca.

Era importante para De Biasi negar os personagens estrangeiros de seu passado, sem dizer que tinham sido tomados por Roberto Marinho – e que a censura seria sua punição. "O *Suplemento Juvenil* surgiu trazendo para a garotada brasileira os mais modernos heróis de ficção. Mas, com a idade, já que ele (o leitor dos primeiros anos) agora é um menino crescido e inteligente, vai tomando um novo rumo, de mais responsabilidade e importância".

O jornal informou que fora criada uma programação especial para celebrar o dia do aniversário do *Suplemento*, antecipada para 13 de março: lançamento "da grande" *Edição Maravilhosa* – com mais uma biografia de Getúlio Vargas –, inauguração da "Escola de Aviação Juvenil", reabertura da Biblioteca Juvenil na sede do Grande Consórcio, palestra sobre a "Galeria dos Heróis da Nacionalidade" e um programa radiofônico "originalíssimo" sobre a publicação e o lançamento do álbum de capa dura *Aventuras de Buck Rogers no Século* xxv.

Mais uma publicação de Aizen voltada ao doutrinamento das crianças pela ditadura Vargas levou o presidente a lhe fazer um elogio público, como destacou no dia 11 de julho de 1941, auge do flerte com o fascismo italiano, *O Radical*, com a nota "*Pequena História da República para Crianças* – O Presidente da República louva a iniciativa do *Suplemento Juvenil*".

Escreveu o jornal que "Sua Excelência o Sr. Presidente da República recebeu o diretor de *Suplemento Juvenil*", Adolfo Aizen, que foi levá-lo um exemplar do livro *Pequena História da República para Crianças*. Vargas o recebeu "com o melhor apreço, louvando a iniciativa dessa empresa em editar um trabalho que pode contribuir para a educação cívica da infância".

Enquanto isso, Adolfo Aizen vivia seu inferno como empresário. Longe de se reconciliar com Marinho, sentia que tudo ia bem com os negócios do adversário. Assis Chateaubriand também parecia satisfeito com as vendas d'*O Guri*. Um ano antes do final da guerra, chegou a seu limite no esforço de manter suas revistas em circulação. Admitiu, enfim, que somente uma pessoa poderia salvá-lo, mais uma vez: seu amigo e padrinho João Alberto Lins de Barros. Ou recorria a ele, ou se declarava falido.

CAPÍTULO 5 – ALFREDO MACHADO E O NASCIMENTO DOS QUADRINHOS

QUASE DISPUTADO A TAPA

Adolfo Aizen imaginou que Roberto Marinho não conseguiria pensar em um "golpe sujo" mais agressivo contra ele quanto o que acabara de fazer em 1939, ao lhe tomar os principais heróis que publicava. Um novo episódio, no entanto, voltou a irritar o fundador do *Suplemento Juvenil*, embora dessa vez seu rival não tivesse culpa.

Não foram poucos os colaboradores do Grande Consórcio que procuraram o dono d'*O Globo* em busca de melhores salários, no momento em que a editora de Aizen afundava em sua crise financeira. A saída de um deles, em especial, voltou a estremecer as relações dos dois editores: Alfredo Machado, um dos garotos do Clube Juvenilista, que se tornara funcionário dos mais queridos por Aizen.

Machado trabalhou no *Suplemento Juvenil* dos doze aos dezessete anos, entre 1934 e 1939. Talento precoce, logo acumulou as funções de tradutor de quadrinhos e de contos e secretário de redação do *Suplemento Policial em Revista*. Cansado da baixa remuneração e dos atrasos frequentes de salário do Grande Consórcio, ele decidiu buscar trabalho n'*O Globo Juvenil*. O episódio aconteceu pouco depois da transferência dos heróis do *Suplemento Juvenil* para as publicações de Roberto Marinho.

Ainda irritado, Aizen reagiu à decisão de Machado de pedir as contas como mais uma traição do concorrente. Ou, como dizia, ao "olho gordo" de Marinho. Tirar uma peça importante de seu esquema de produção editorial, por quem ele nutria um sentimento paternal, doeu tanto ou mais que as investidas empresariais anteriores de Marinho.

A verdade, porém, foi outra. Machado não recebeu um convite de Marinho para mudar de emprego. Ele simplesmente se convidou, depois que Aizen lhe negou aumento de salário, com a justificativa de que sua empresa passava por dificuldades financeiras. Certo dia, ao encontrar o repórter e gráfico Levy Klayman na rua, o jovem se queixou de sua insatisfação com a editora de Aizen. Disse que pensava em trocar de emprego. Klayman orientou-o a procurar em seu nome o secretário de redação d'*O Globo*, Djalma Sampaio, responsável pela coordenação das publicações de quadrinhos da empresa.

Segundo Klayman lhe disse, o jornal recrutava colaboradores para ampliar a equipe d'*O Globo Juvenil* e criar novas publicações. O jovem não pensou duas vezes e foi falar com a pessoa indicada imediatamente:

— Seu Sampaio, Levy Klayman me disse que vocês estão procurando alguém para trabalhar com quadrinhos e gostaria de me candidatar à vaga. Tenho alguma experiência no *Suplemento Juvenil*...

— Você disse Levy? Olha, garoto, não conheço essa pessoa. Mas contratação é com aquele rapaz lá do outro lado da sala, com seu Roberto Marinho, vá falar com ele.

Machado, que era tradutor, então, argumentou com Marinho que poderia lhe ser útil graças à experiência de anos na redação da editora de Aizen. O editor pareceu não se deixar impressionar e perguntou:

— Quanto o senhor ganha lá?

— Duzentos mil-réis.

— Duzentos mil-réis? Não é muito? Olha lá, hein? Se o senhor estiver mentindo, a gente vai ficar sabendo. Mas tudo bem, eu lhe ofereço trezentos mil-réis.

Assim, de uma só tacada, Machado triplicou seu salário em relação ao que recebia do Grande Consórcio, que não lhe pagava mais que cem mil-réis. Antes mesmo que tivesse oportunidade de contar a Aizen sobre sua decisão de trocar de emprego, para seu azar, encontrou o patrão quando saía do prédio d'*O Globo*. Aizen, de passagem pelo local, desconfiou do que Machado fazia ali e se limitou a resmungar:

— O senhor por acaso trabalha nessa empresa? O que está fazendo aqui?

– Ora, seu Aizen, eu posso explicar...
– Eu já entendi, não precisa dizer mais nada...

Machado não teve tempo de completar a frase. O editor saiu apressado, sem falar mais nada. Por nove anos, os dois nunca mais tiveram contato pessoal, apesar das tentativas de reaproximação do ex-funcionário. Aizen custou a aceitar que a iniciativa de ir para *O Globo Juvenil* fora do próprio Machado, e não de Marinho.

Se não bastasse, outra baixa importante aconteceu ao mesmo tempo, com a saída de Wilson Drummond, redator e tradutor, também cria da casa, que acompanhou Alfredo Machado ao *Globo Juvenil*. Drummond faria carreira ao lado de Roberto Marinho como editor de histórias em quadrinhos e outras publicações d'*O Globo* nos 30 anos seguintes.

A rápida ascensão profissional de Alfredo Machado confirmava sua precocidade como jornalista e editor. E ele queria mais. Ainda em 1939, teve uma ótima ideia. Sempre atento ao que acontecia a seu redor, observou que a venda de histórias em quadrinhos para jornais e revistas no Brasil era um serviço precário, que causava uma série de transtornos aos editores, com atrasos frequentes e dificuldade para a compra de material novo.

Se, a partir de 1934, quando teve início o mercado brasileiro de quadrinhos, só havia Arroxelas Galvão como representante dos *syndicates* americanos, no final da década a atividade havia sido ampliada, com o aparecimento de novos agentes. A produção da DC Comics (antiga National Allied Publications, criada em 1934), por exemplo, era vendida no começo da década de 1940 pelo agente Carroll Arstrong.

Como tinha um contato próximo com os dois representantes, Machado percebeu que o atendimento deixava a desejar. Os atrasos nas entregas eram comuns, e as novidades demoravam para chegar ao país. Sem falar que havia dezenas de editoras de quadrinhos inéditas no mercado brasileiro. Para esses revendedores, distribuir quadrinhos se tornou um excelente negócio, tamanha a procura pelo produto no Brasil naquela época, em que os jornais começavam a publicar tiras fora dos suplementos exclusivamente infantis.

Os agentes adquiriam os pacotes de *comics* por valores irrisórios, que lhes permitiam inflacionar o preço final sem assustar os editores brasileiros, para os quais valia a pena publicar mais *comics* importados, pois era mais barato que contratar artistas brasileiros. Machado vislumbrou ali a possibilidade de conquistar a independência financeira e trabalhar com o que mais

Os quadrinhos recebiam críticas por difundir modismos e elementos da cultura americana, como o Natal com o Papai Noel, o que ajudaria a matar a tradição dos presépios. AA

gostava – histórias em quadrinhos. E pensou: por que ele não montava seu próprio negócio, mais eficiente e diferenciado, com catálogo maior, para distribuí-las a todos os editores e jornais?

A ideia surgiu no final de 1939, quando voltava para casa, depois do trabalho. Machado tinha o hábito de parar num jornaleiro no Centro do Rio, onde folheava e comprava revistas em quadrinhos importadas dos EUA. Como leitor, sabia ler bem em inglês e procurava as novidades de fora. Para sua surpresa, certa vez, encontrou um exemplar do super-herói androide e flamejante chamado Tocha Humana, criado por Carl Burgos e publicado poucos meses antes na *Marvel Comics* nº 1 (outubro de 1939), primeira revista em quadrinhos da Timely Comics, predecessora da Marvel Comics nas décadas de 1930 e 1940.

O esquisito personagem, um androide, nunca tinha sido editado no Brasil e era uma grande novidade nos EUA naquele momento. Machado gostou tanto da história que decidiu escrever uma carta para a editora, na qual perguntava como poderia comprar os direitos do personagem. Indagou sobre preço por página e como seria feito o pagamento. Dois meses depois, quando ele havia se esquecido da carta, veio a resposta. Ou melhor: recebeu um volumoso pacote lacrado. Era véspera de Natal.

A editora lhe mandou os primeiros números do Tocha Humana e de outros títulos que publicava e colocou o material à sua disposição para publicação no Brasil. Bastava, apenas, mandar o pagamento antecipado. Para espanto de Machado, o valor da página não chegava a um quinto do pago por Roberto Marinho a seus fornecedores. Não tinha dúvida de que o editor se interessaria pelo material que, além da qualidade, lhe seria vendido pelo próprio funcionário, a um preço bem menor que o dos agentes habituais.

Na mesma noite, quando foi à casa da noiva, Maria da Glória Abreu, comentou com o futuro cunhado, Décio de Abreu, sobre a possibilidade de montar uma distribuidora de quadrinhos. Aos 24 anos, Décio era já um livreiro experiente, sócio da livraria Casa do Livro, no centro da cidade. Machado não precisou de esforço para empolgá-lo sobre a viabilidade do negócio. Naquela conversa, nasceu o embrião da primeira distribuidora brasileira de histórias em quadrinhos.

De imediato, os dois combinaram que poderiam começar a sociedade na sobreloja da livraria, no primeiro andar. Ali, foi fundada a Agência Distribuidora, que logo passou a ser chamada de Distribuidora Record de Serviços de Imprensa – e que, na década de 1950, viraria a Editora Record, um dos maiores grupos editoriais de livros do país.

Para tocar o projeto, os dois sócios recorreram às suas próprias economias. Pelo Banco do Brasil, em uma semana, fizeram a remessa do pagamento adiantado para a Timely do primeiro lote de histórias. Com apenas dezenove anos, leitor e colecionador compulsivo de gibis, Machado possuía uma boa quantidade de títulos em casa, boa parte na edição original americana, das mais diversas editoras.

Enquanto o material para revenda da Timely não chegava, ele fez um levantamento em seu acervo e separou os títulos ainda inéditos no país. Escreveu para suas respectivas editoras. Descobriu que muitos estavam desvinculados da distribuição pelos *syndicates* e, por isso, não tinham chegado ao Brasil até aquele momento. Ao mesmo tempo, Machado e Décio concluíram que não deveriam restringir a distribuição aos quadrinhos, mas ampliá-la a todos os produtos e serviços úteis a jornais e revistas, como curiosidades, passatempos, reportagens sobre turismo, fotografias etc. – conhecidos por lá como *features*.

O primeiro desafio para a empresa seria convencer os três *syndicates* mais conhecidos – Associated Press (AP), United Press (UP) e King Features Syndicate (KFS) – a transferir para a Record seus quadrinhos e *features*, uma vez que eles já tinham agentes no Brasil. Pouco depois, Machado viajou para os EUA, para falar com os distribuidores sobre seu interesse em montar uma estrutura mais profissional de distribuição que permitisse promover junto a um número maior de jornais a ideia bem-sucedida na imprensa americana de publicar tiras de quadrinhos todos os dias – aos domingos, sairiam as famosas páginas dominicais em cores. Queria também prestar um atendimento melhor às editoras que compravam as histórias. Comprometeu-se com um rigoroso cumprimento dos prazos de entrega.

Seus esforços iniciais nessas conversas, no entanto, foram vãos. As distribuidoras alegaram compromissos assumidos com seus representantes. Assim, nas primeiras semanas de 1940, a Record começou a representar apenas alguns *syndicates* menores, além de editoras como a Timely e a Fawcett. Por causa da limitação de produtos, por algum tempo a agência de *features* e *comics* prometia ser apenas um *hobby* para os dois sócios.

Eles não demoraram, porém, a levar o negócio mais a sério. Graças ao espírito empreendedor e ao talento para cativar clientes de Machado e ao aguçado tino comercial de Décio. A Record foi reconhecida, ainda na primeira metade dos anos de 1940, como uma modernizadora do mercado editorial brasileiro. Machado se movimentou com desenvoltura em um setor que conhecia bem. Apesar de ser jovem, era um tradutor de quadrinhos "veterano" – dominava o inglês, o francês e o espanhol, o que o transformara em ávido leitor de todo tipo de revistas estrangeiras. Ao mesmo tempo, tinha acesso a publicações especializadas na área editorial e boletins distribuídos pelas agências e editoras de quadrinhos que lhe permitiam manter-se informado e profissionalizar cada vez mais seus negócios. Com personagens quase desconhecidos, Machado e Décio sabiam que ganhariam a guerra se avançassem por outros flancos, como oferecer uma estrutura mais eficiente de distribuição, preços mais competitivos e cumprimento rigoroso dos prazos de entrega – um velho problema para as editoras.

As medidas tiveram o efeito esperado: aos poucos, os dois ganharam a preferência das editoras e popularizaram seus heróis. A Record também começou a prestar assessoria empresarial aos editores, orientando-os sobre a melhor forma de aproveitar os quadrinhos comprados – tradução dos balões, produção da capa e organização das histórias.

Em alguns casos, encaminhava bons tradutores e letristas que lhes prestavam serviços. *O Guri* [que passa a ser grafado dessa forma a partir do número 25, de junho de 1941], de Assis Chateaubriand, por exemplo, tornou-se um de seus primeiros clientes. No caso da editora carioca Vida Doméstica, a Record se responsabilizou pela produção das revistas e pela estratégia de entrada no mercado de quadrinhos, com a revista *Vida Juvenil*.

A Record funcionou como a única distribuidora de quadrinhos do país por cerca de seis anos, até 1946, quando Luís Rosemberg fundou a Agência Periodista Latino-Americana (APLA). Nesse período, Machado foi aos EUA mais uma vez para fechar algumas parcerias que lhe garantissem mais algumas exclusividades de distribuição no Brasil. Depois de fechar um acordo com Roberto Marinho, a quem ainda estava ligado como funcionário, e com os Diários Associados (para *O Guri*), o distribuidor enfrentou o desafio de se reaproximar do magoado Adolfo Aizen para lhe vender quadrinhos. Tentou, tentou, sem resultado.

Aizen não queria conversa. Machado pediu, então, a Décio que cuidasse da missão. O cunhado conseguiu romper a resistência do editor do *Suplemento Juvenil* com preços atraentes, mais vantajosos em relação aos outros fornecedores – detalhe importante para quem vivia mergulhado em dívidas. Aizen, no entanto, exigiu que o contrato com a Record determinasse que Décio sempre fosse o seu interlocutor, isto é, não queria contato algum com o ex-empregado.

SALVE-SE QUEM PUDER

Não longe da sede do Grande Consórcio, Roberto Marinho ia bem, obrigado. Caminhava para se tornar o principal editor de quadrinhos do Brasil – o que aconteceria ao longo de toda a década de 1940. Consolidou suas revistas com os heróis que tomou de Aizen e conseguiu driblar o racionamento de papel para lançar novos títulos – em novembro de 1940, saiu a revista *O Globo Juvenil Mensal*. Também abriu espaço para os autores brasileiros – uma das poucas iniciativas de Aizen que, por questão de redução de custos, ele não copiou de imediato, exceto pela pequena produção com as adaptações literárias feitas por Nelson Rodrigues e Alceu Penna.

Em 1941, Antonio Callado trocou a direção dos quadrinhos d'*O Globo* pelo setor de jornalismo em português da Rádio BBC e foi morar em Londres. Para seu lugar, indicou Nelson Rodrigues. Apesar de ter estreado como autor de teatro dois anos antes, com *A Mulher Sem Pecado*, Nelson ainda estava distante do posto de dramaturgo polêmico que o consagraria e, para sobreviver, ocupava-se pelo quarto ano da edição das revistas em quadrinhos de Marinho. Enquanto fermentava na cabeça sua nova peça, *Vestido de Noiva*, Nelson roteirizou o quinto clássico com Alceu, *A Guerra dos Mundos*, de H. G. Wells.

 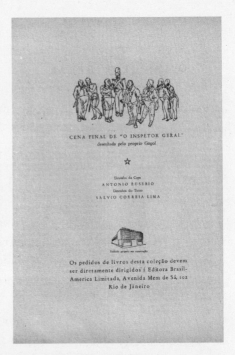

O império editorial de Alfredo Machado começou quando ele se tornou distribuidor de quadrinhos. Ao lado, expediente da primeira revista da nova editora de Aizen. AG

A aprovação pela crítica de *Vestido de Noiva*, que estreou em dezembro de 1943, na histórica montagem de Ziembinski, pôs o Nelson Rodrigues dramaturgo no centro das atenções. Mas ele continuou a ganhar mal como editor informal de histórias em quadrinhos. Não sabia, no entanto, que esse trabalho vinha sendo observado pela concorrência.

No começo de fevereiro do mesmo ano, Freddy Chateaubriand, sobrinho de Chatô, convidou ele a assumir a direção do recém-criado núcleo de revistas juvenis das Edições O Cruzeiro. Se topasse, receberia um respeitável salário de cinco contos de réis. A quantia representava mais de sete vezes o que ele ganhava n'*O Globo* – setecentos mil-réis.

Nelson topou, mas, na prática, nunca exerceria o cargo de diretor das duas revistas. O comando ficaria com Freddy, que não quis abrir mão de selecionar e comprar as histórias e de coordenar a tradução, tanto dos quadrinhos de *O Guri* como dos contos policiais de *Detective*.

As funções de Nelson se limitavam a dar títulos às histórias, resumi-las no sumário e criar as chamadas de capa. Nada que lhe tomasse mais que algumas horas por mês. Ao fim de dois anos, Freddy o dispensou de suas obrigações em *Detective*, que passaram para as mãos de Lúcio Cardoso.

As coisas tinham mudado bastante desde que o Brasil entrou na Segunda Guerra Mundial, em 1942, com Vargas acuado de todos os lados, após bombardeios de navios na costa brasileira. A pressão americana para que o ditador brasileiro aderisse aos aliados contra Hitler arrefeceu a máquina de propaganda fascista do DIP e Aizen parou de produzir grandes tiragens de revistas nacionalistas para vender ao Ministério da Educação.

Com o prolongamento da guerra e o racionamento de papel, Aizen se esforçou para salvar sua editora e pareceu ter chegado a um passo do desespero. Como a maioria dos sócios havia saído do Grande Consórcio, ele se tornou uma espécie de faz-tudo para economizar recursos: preparava as revistas, escrevia boa parte dos textos e até diagramava, como contou depois. Até mesmo a limpeza da redação ficava por sua conta.

Sem condições de dar continuidade ao negócio, começou a pensar em uma solução radical para o problema: fechar a empresa. Estava decidido quando foi comunicar ao sócio João Alberto a sua decisão. Aizen tinha um trunfo, porém: gozava de enorme simpatia do alto escalão do Estado Novo, graças à campanha nacionalista e cívica que promoveu em suas revistas.

É verdade que a legislação que obrigaria todos os editores de quadrinhos a publicar só histórias de temática brasileira havia perdido força (por dois motivos: a crescente presença americana no Brasil, pela política de boa vizinhança; e a entrada do Brasil na guerra, justamente para lutar na Itália, dentro de seu território). Mas Aizen tinha créditos acumulados pelos seus esforços. Tanto que o Coronel João Alberto veio salvá-lo mais uma vez, em uma jogada que colocaria o nome do editor, mais uma vez, sob suspeita de se beneficiar da ditadura fascista de Vargas.

Para entender como isso aconteceu, é preciso contextualizar o momento. Os tempos continuavam difíceis para a imprensa, de modo geral. Nos primeiros anos da década de 1940, a censura à imprensa e às artes promovida pelo DIP ganhou contornos insuportáveis para certos jornais e revistas que confrontavam a ditadura Vargas. Desse modo, o órgão praticamente esmagou o que havia de oposição no país – para não falar do controle político do papel de imprensa, que comprometia a periodicidade das publicações.

Não foi esse tipo de problema que levou Aizen à falência, claro, uma vez que ele tinha boas relações com o governo. Porém, como os demais editores, ainda enfrentou problemas, porque a falta de papel o impedia de aumentar as tiragens das revistas ou fazer novos lançamentos. Mas o fundamental para a crise em sua editora estava sobretudo ligado aos elevados gastos acumulados pela impressão dos suplementos que mandava para todo o país e o calote que levou de vários jornais.

Por ironia, o que salvou seu negócio foi uma das medidas da ditadura para manter a imprensa sob controle com um artifício eficiente: a curiosa política de "estatização" dos meios de comunicação. O DIP fazia valer a autoridade repressora do Estado para confiscar as empresas que tinham dívidas vencidas em bancos estatais. Nesses casos, Lourival Fontes, claro, dedicava especial atenção contra quem fazia algum tipo de barulho para se opor ao governo. Desse modo, acreditava que reduziria as forças contrárias ao regime e, ao mesmo tempo, ganharia mais espaço para difundir as campanhas de Vargas.

A Rádio Nacional, por exemplo, fundada em 1936 e pertencente ao jornal *A Noite*, passou para o comando do governo em 1940 por meio dessa medida, assim como o jornal e todas as empresas do grupo. Teve igual destino o jornal *A Manhã*, em 1941. A incorporação de *A Noite* seria vital para o futuro de Aizen. O diário era o mesmo jornal que Irineu Marinho fundara em 1911, com Geraldo Rocha, e que perdera para o sócio no começo de 1925. Sobrevivera nos últimos dez anos ao duro castigo de ter apoiado o grupo derrotado pelo golpismo de 1930.

Na ocasião, sua redação foi saqueada e incendiada, e Geraldo Rocha refugiou-se em Minas Gerais, na esperança de que a ira dos vitoriosos fosse aplacada e ele pudesse retomar a empresa. Não foi o que aconteceu. O jornal voltou a circular, mas de outro modo, sob outro comando. O general Tasso Fragoso, chefe da Junta Militar que assumiu o governo federal, nomeou o deputado federal Augusto de Lima para reabrir o diário.

Em 1940, pressionado, Rocha reconheceu em cartório que tinha uma dívida elevada com a Companhia São Paulo-Rio Grande, da multinacional Brazil Railway, e, como não conseguiu quitá-la no prazo, abriu mão de todos os seus bens, inclusive *A Noite* e a Rádio Nacional.

Os dois veículos, então, tornaram-se órgãos a serviço de Vargas e radicalizaram seu oficialismo com a decretação do Estado Novo, quando assumiu a mesma postura nazifascista do ditador brasileiro. Em seguida, o governo incorporou as demais empresas do grupo, que incluía a Rio Editora. Como forma de centralizar os órgãos de imprensa estatizados ou fundados pelo

Estado Novo, o DIP criou o conglomerado Empresas Incorporadas ao Patrimônio Nacional. Lourival Fontes pôs no comando um de seus homens de confiança, o coronel Luiz da Costa Neto, que ficou encarregado de gerenciar os recursos e a estatização das empresas.

Com todo esse aparato de comunicação, o diretor do DIP se sentiu à vontade para desenvolver projetos de propaganda da ditadura no mínimo curiosos. Um deles foi a criação de mecanismos para difundir e popularizar os escritores simpatizantes do regime, exaltando-os como grandes talentos literários nas páginas dos jornais do governo. Isso tornou-se possível quando as Empresas Incorporadas criaram publicações especializadas (ou "adaptaram" outras, confiscadas ou compradas) e abriram suas páginas para os amigos do governo.

Uma dessas vitrines foi o jornal *A Manhã*, agora sob a direção do poeta, escritor e interventor Cassiano Ricardo. Em 1941, o diário lançou o suplemento *Autores e Livros*, editado por Múcio Leão. Em São Paulo, o DIP fundou a revista *Planalto*, editada pelo escritor Orígenes Lessa. No Rio, apareceu nas bancas *Cultura Política*, sob os cuidados editoriais de Almir Andrade. Essas publicações estavam subordinadas aos burocratas onipresentes do DIP, que faziam uma leitura prévia do conteúdo ideológico de todos os artigos.

Na verdade, os bem remunerados senhores da censura tinham pouco trabalho, uma vez que os colaboradores já sabiam das exigências dos censores e parte deles era escolhida pela simpatia ao regime. Todas essas operações eram acompanhadas com atenção pelos donos de jornais, revistas e emissoras de rádio – alguns, com muita apreensão; outros, com interesse de tirar algum proveito financeiro, como financiamentos e generosos empréstimos para expandir seus negócios... como aconteceu com Adolfo Aizen.

Em 1941, mesmo com as cartilhas cívicas e as biografias bajulatórias de Vargas que lançou, suas dificuldades financeiras se tornaram irremediáveis. Não havia dinheiro para pagar o restante das parcelas das máquinas que adquirira nos Estados Unidos quatro anos antes, e os atrasos nos salários de seus funcionários e colaboradores ocorriam com frequência cada vez maior. Mesmo assim, o Grande Consórcio conseguiu chegar ao ano seguinte, quando o editor finalmente concluiu que a única saída seria vender a editora para o governo.

Naquele período, *A Noite*, antes deficitária, tornara-se a mais poderosa empresa jornalística do país e uma potencial compradora do Grande Consórcio. Pelo menos assim imaginou o editor. Para realizar o negócio,

Após a venda de sua empresa para o governo, Aizen teve de recomeçar do zero, enquanto Roberto Marinho se consolidava como editor, graças aos seus "gibis" populares. AA

buscou, mais uma vez, o apoio do amigo João Alberto, que ainda estava na sociedade. A venda saiu logo e melhor do que ele esperava. A transferência do Grande Consórcio para o governo foi concluída entre Aizen, seu principal acionista, e o coronel Costa Neto. Ficou acertado que o governo assumiria todas as dívidas e ainda daria uma compensação financeira a seus sócios. Em contrapartida, o Estado ficava com a propriedade de todas as suas publicações. *A Noite* ainda absorveu todos os empregados, tornando-os funcionários públicos.

Costa Neto pediu a Aizen que continuasse na direção da empresa, como coordenador das revistas em quadrinhos. Graças à influência política de João Alberto, o editor jogou, assim, uma cartada decisiva para recuperar seus negócios. O acordo lhe trazia mais uma vantagem: ele podia ficar com a máquina rotativa, uma vez que as revistas seriam rodadas na gráfica do jornal.

Livre de todas as dívidas e encargos trabalhistas quase da noite para o dia, com uma folgada soma em dinheiro, ele passaria quase três anos editando as revistas em quadrinhos do Grande Consórcio para *A Noite*, tempo suficiente para adquirir fôlego e planejar a fundação de uma nova editora.

A transação não foi uma exceção aberta pela ditadura de Vargas. Em alguns casos, a incorporação de um veículo de comunicação ao patrimônio do governo tinha a única função de ajudar os "amigos" do regime a se livrar de um problema financeiro sem solução. Quase sempre o Estado assumia as dívidas e ainda compensava o proprietário do veículo, dando-lhe condições, em determinados casos, de abrir um novo negócio. Aizen ainda aproveitou a estrutura gráfica e a disponibilidade de papel d'*A Noite* para comemorar em grande estilo os dez anos de lançamento do *Suplemento Juvenil*, em 1944: produziu um álbum que contava, em quadrinhos, a história da fundação do tabloide. Intitulada *A Grande Aventura*, a história, encomendada por ele ao amigo e colaborador Antônio Euzébio, trazia uma versão romanceada de sua histórica viagem aos EUA, em agosto de 1933, que resultaria no lançamento do *Suplemento Infantil* em março do ano seguinte.

Nessa empreitada, Euzébio contou com a ajuda de três desenhistas revelados pelo tabloide: Fernando Dias da Silva, Celso Barroso e Sálvio Correia Lima. Com tiragem restrita a uns poucos felizardos, a edição se transformou em um dos itens mais valiosos para colecionadores de todo o país. Não por acaso, mereceu destaque na longa reportagem da revista *Vamos Ler!* de 16 de março de 1944, que ressaltava a transformação que o tabloide de Aizen promovera na imprensa nacional. O repórter Pedro Anísio o descreveu

 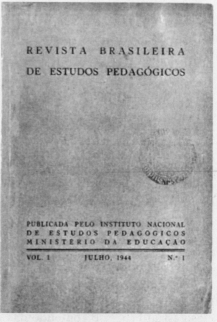

Mirim, *um panfleto para adoração a Vargas e o primeiro estudo contra os quadrinhos no Brasil, em 1944.* AA

como o jornal que "revolucionou a mentalidade juvenil brasileira – o menino de antes do *Suplemento Juvenil* e o menino de hoje – trouxe a juventude para dentro dos problemas universais".

Aizen foi lembrado como o renovador da imprensa infantil no Brasil e "o implantador" de métodos modernos nos jornais. A pretexto de fazer um "balanço" da verdadeira contribuição de Aizen, *Vamos Ler!* o citou como o "rapaz" que sonhava com grandes empreendimentos e acabou por dar início a "um plano original de imprensa no Brasil, quando passou a fazer suplementos ilustrados, de leitura atraente, a serem negociados com qualquer jornal da província".

A revista também não deixou de lembrar a crescente polêmica em relação aos gibis: "A história em quadrinhos tem sido discutida; técnicos apressados, salvadores nacionalistas de pouca orientação têm infiltrado argumentos contra. Contudo, os verdadeiros pedagogos e sociólogos têm oposto argumentos maiores a favor". O trabalho de editores como Aizen, portanto, deveria ser valorizado pelo estímulo que dava à leitura e para o aumento das tiragens de livros no Brasil.

A EBAL E OS EDUCADORES RIVAIS

A incorporação do Grande Consórcio de Suplementos Nacionais pelo Estado Novo mostrava que, acima de tudo, Aizen era um empresário que queria salvar seu negócio – mesmo que, para isso, precisasse recorrer a amizades influentes. Livrou-se, assim, de um empreendimento deficitário e, ao mesmo tempo, capitalizou-se para que, no futuro, pudesse dar continuidade à sua trajetória editorial. E pretendia fazer isso o mais rápido possível.

Enquanto coordenava editorialmente as revistas que criou para *A Noite*, ainda em 1944, Aizen começou a se articular com cinco amigos para montar uma nova editora. Só não sabia ainda se pretendia continuar com publicação de histórias em quadrinhos. Ele se dizia chateado com as crescentes críticas negativas que essas publicações recebiam no Brasil e estava disposto a mudar de ramo.

Sua decisão foi reforçada quando o Instituto Nacional de Estudos Pedagógicos (Inep), do Ministério da Educação e Saúde, publicou um minucioso estudo sobre o conteúdo das revistas em quadrinhos, elaborado por uma conceituada comissão de professores e orientadores educacionais. O

Tudo que se publicava de quadrinhos na década de 1940 tinha boas chances de fazer sucesso, como essa coleção de livros de bolso criada por Aizen. AA

relatório foi feito no decorrer de cinco anos, entre observação e análise, desde que o ministro Capanema pediu ao órgão para verificar se os quadrinhos realmente prejudicavam as crianças.

As conclusões foram publicadas a partir do nº 5, Volume II, de novembro daquele ano, da *Revista Brasileira de Estudos Pedagógicos*. A última parte saiu na nº 8, de fevereiro de 1945. A publicação funcionava como uma espécie de guia de orientação na área educacional e trouxe o estudo "Uma investigação sobre jornais e revistas infantis e juvenis". Era, na verdade, um estudo sobre os quadrinhos a partir da discussão protagonizada por Aizen sobre a nacionalização dos quadrinhos publicados no Brasil.

O levantamento começava com a justificativa da pesquisa: "Já há algum tempo, concluiu o Instituto Nacional de Estudos Pedagógicos ampla investigação sobre o valor educativo dos jornais e revistas infantis e juvenis editados no Rio de Janeiro. Tendo em vista o interesse geral do assunto e a atualidade das conclusões a que chegou esse órgão do Ministério da Educação, a *Revista Brasileira de Estudos Pedagógicos* passa a publicar, em resumo, o relatório final da investigação".

Desde 1939, dizia o texto, o instituto deu início ao que chamou de "ampla investigação sobre o valor educativo" dos quadrinhos. O Inep listou os objetivos para a medida, a pedido do próprio ministro Capanema: conhecer melhor as tão criticadas revistinhas, examinar a influência educativa que pudessem exercer, estudar a linguagem de que habitualmente se serviam, analisar a forma de apresentação e o conteúdo das ilustrações, verificar, com as próprias crianças e adolescentes, seus professores e pessoas de sua família, quais as influências mais sensíveis, boas ou más, da prática habitual da leitura dos periódicos em questão.

Com essas informações, seria feito um estudo de informação geral e de gabinete, para definir as providências que o órgão achasse necessárias tomar. Na primeira parte, foram estudados 96 exemplares completos de nove diferentes publicações, destinadas, por indicação expressa de seus títulos ou subtítulos, à leitura de crianças e adolescentes. De cada uma foi tomada uma coleção de número variável de exemplares (entre 7 e 12), em sequência.

Esse material somou 1.838 páginas de textos e ilustrações. Entre os temas explorados, os técnicos identificaram biografias de grandes vultos (3%); cinema: filmes, informações sobre artistas (1,5%); colaboração dos leitores (3%); concursos entre leitores (3%); contos ou histórias, com a subclassificação: aventuras, lendários ou históricos, de tipo policial, do folclore e diversos (43%) e crônicas ou comentários diversos (1%).

O conteúdo geral das publicações "é de caráter predominantemente recreativo, não instrutivo, no que nada haverá a estranhar: as publicações se apresentam justamente com o objetivo de oferecer distração a crianças e jovens", observou, inicialmente. Contos ou histórias e historietas são os gêneros mais representados, ocupando mais de 80% de algumas das publicações. A presença de produções de autores estrangeiros, mesmo em alta percentagem, não seria, em princípio, contraindicação de valor absoluto. Tudo estaria na escolha dos trabalhos, e na tradução dos textos.

Na fase final, o estudo ocupou por vários meses todo o pessoal da Seção de Psicologia Aplicada, do Inep, então chefiada pelo professor Manuel Marques de Carvalho, que logo seria promovido a chefe da Seção de Inquéritos e Pesquisas do mesmo órgão. Para a segunda parte, organizaram-se três tipos de questionários, destinados, respectivamente, aos leitores (crianças e adolescentes), aos seus próprios professores, e às mães ou, na falta destas, a pessoas da família da criança ou do jovem interrogado.

Pela aplicação que tiveram, os questionários serviam de controle às respostas obtidas, pois as declarações de determinada criança ou jovem passavam a ser cotejadas com as respostas dadas pelo próprio professor ou professora, e, ainda, por sua mãe, ou pessoa responsável. Foram distribuídos 2.070 questionários, por intermédio de dezessete escolas públicas e particulares, de nível primário e secundário. Desses, foram devolvidos, devidamente preenchidos, 1.401, os quais foram todos apurados.

De posse dos resultados, a Seção de Psicologia Aplicada do Inep constatou o que até então seus técnicos acreditavam ser um mal desconhecido das revistinhas: o prejuízo que provocavam no desempenho escolar das crianças. Além das teses da dominação cultural e do estímulo à violência promovido pelos quadrinhos, o Inep trouxe uma preocupação a mais aos pais: segundo aquela pesquisa, quem lia quadrinhos ficava com preguiça mental e avesso a livros. O instituto identificou nas revistinhas o que chamou de as "funções" deseducativas nos quadrinhos.

O primeiro tema a ser tratado foi o da violência. Os especialistas concluíram que era "alarmante" a porcentagem de cenas de crimes, acidentes ou desastres nas histórias. As ilustrações traziam "figuras de má conduta" ou de aspecto "repelente", representadas em cenas de crueldade ou cometendo crimes.

Em várias histórias, personagens femininas apareciam também de modo "inconveniente" em publicações destinadas a crianças e jovens. O Inep constatou ainda elevada taxa de "estrangeirismos" e de falhas "sensíveis" de redação imperfeita ou descuidada (erros gramaticais ou ortográficos), traduções incorretas e abuso da gíria, que atingiu 13% do total das revistas examinadas.

Na pesquisa que fez entre estudantes do ensino primário, o Inep considerou absurdo que seis personagens de quadrinhos figurassem entre as vinte personalidades relacionadas como as mais conhecidas da história brasileira. Heróis "inventados" como Flash Gordon, O Fantasma e Brucutu apareciam na frente de nomes reais como Oswaldo Cruz, barão do Rio Branco, Olavo Bilac, almirante Tamandaré e o pintor Pedro Américo. Ao mesmo grupo foi perguntado se esses personagens ou as histórias em quadrinhos em geral os impressionavam, a ponto de sonharem com eles. Cerca de 38% teriam respondido que sim.

Todas essas críticas do Inep atingiram até mesmo as histórias em quadrinhos mais ingênuas, publicadas pelas revistas *O Tico-Tico* e *Revista Infantil*. Depois, pelo tabloide *Mundo Infantil*, da Vecchi. Essas publicações, segundo a instituição, incutiam "hábitos estrangeiros" nas crianças.

Três fatos contribuíram para que a entidade ampliasse suas críticas nos últimos anos: a campanha de nacionalização dos quadrinhos – com a proibição dos heróis americanos – do Ministério da Educação, do DIP e do *Su-*

plemento Juvenil, liderada por Adolfo Aizen, entre 1939 e 1941, o alarmante relatório do Inep de 1944 e a decisão do *Diário de Notícias* de reproduzir com cada vez mais assiduidade artigos da imprensa americana sobre a suposta relação entre os *comics* e o crescimento da violência infantojuvenil nos EUA depois da guerra.

O alerta provocou uma reação imediata na imprensa e entre os professores. Os quadrinhos foram promovidos a uma das principais fontes de preocupação dos educadores de todo o país. Em reportagens publicadas em jornais e revistas nos meses seguintes, os pedagogos do instituto insistiam que os gibis eram um perigoso vilão que ameaçava os livros. Era necessário, portanto, um controle rigoroso sobre seu consumo e até sobre a produção de determinados títulos.

As conclusões mereceram considerações, por exemplo, do padre, orientador pedagógico e escritor carioca Álvaro Negromonte, na coluna que escrevia para vários jornais brasileiros, a partir do *Jornal do Brasil*. O estudo havia mostrado que a "literatura em imagem", como ele denominou os quadrinhos, trazia "graves prejuízos à formação moral dos moços, os quais repudiam o livro normal pelas historietas em quadrinhos". Negromonte acreditava que aquela forma de comunicação e de "compreensão mais rápida" tinha um conteúdo que deixava a desejar.

E a quem cabia a culpa por isso? Segundo o Inep, à "ganância desenfreada" dos editores pelo lucro fácil e rápido. O mercado brasileiro de jornais e revistas, no entanto, estava retraído naquele momento por causa do racionamento de papel provocado pela guerra, que dificultou o lançamento de novos títulos ou aumento das tiragens.

Não acontecia assim entre os americanos, que compravam papel do vizinho Canadá. O que se viu foi uma explosão do consumo dos gibis na primeira metade da década de 1940. O engajamento de várias editoras e *syndicates* na produção de histórias em quadrinhos como propaganda de guerra pró-aliados, com incentivo financeiro do governo americano, também ajudou a promover a popularização internacional dos quadrinhos.

Uma pesquisa realizada por grandes empresas editoriais americanas de jornais e revistas na primeira metade dos anos de 1940 revelou que, em cada cinco pessoas que consumiam jornais, pelo menos quatro eram leitoras assíduas das tiras de quadrinhos, publicadas todos os dias. O mesmo universo confessou ler também revistas em quadrinhos. Diante das críticas feitas aos *comics* como entretenimento infantojuvenil, a maioria admitiu que ainda mantinha o hábito de leitura "sem qualquer vergonha ou embaraço".

Os *syndicates* constituíam, então, poderosos fornecedores de *comics* para jornais e revistas de todo o mundo – em especial na América Latina, onde a guerra não atrapalhou o envio de material de imprensa. As agências diziam em seus folhetos promocionais que os leitores compravam jornal por duas razões: primeiro, para ler as notícias da primeira página; segundo, por causa dos quadrinhos. Um percentual significativo da renda total do império jornalístico de William Randolph Hearst vinha das histórias em quadrinhos produzidas e distribuídas pelo King Features Syndicate para milhares de jornais americanos e internacionais.

Tanto o KFS quanto o NEA Syndicate investiam mais dinheiro nos *comics* – com mão de obra, reprodução de matrizes e distribuição – que em *features* – fotos, artigos, ensaios, reportagens, palavras cruzadas e passatempos. Em artigo publicado na revista *Esquire*, em 1944, o jornalista Fred Rodell procurou tranquilizar os pais das crianças que liam quadrinhos. As críticas, ressaltou ele, eram extremadas e vinham de uma minoria entre os especialistas, embora esses profissionais fizessem barulho.

Em consequência disso, aumentavam a preocupação dos pais com a informação falsa que começava a se formar nos EUA – de que as histórias em quadrinhos seriam perniciosas. O tema passou a ser aprofundado no país, principalmente no meio científico, a partir de 1940, embora tivesse sido citado no final da década anterior. Os psicólogos estavam no centro das discussões. Se muitos deles atribuíam às revistinhas a crescente criminalidade juvenil, outros afirmavam que as historietas funcionariam como uma espécie de catarse para as crianças sadias, dando-lhes compensação pela falta de "aventuras" em sua vida e funcionando como um meio de escape da tirania dos adultos. O artigo de Rodell foi reproduzido nas edições da *Seleções do Reader's Digest* em todo o planeta, inclusive no Brasil.

Depois da venda do Grande Consórcio de Suplementos Nacionais para o governo Vargas, Aizen começou a preparar sua volta ao mercado como empresário. Até o final de 1944, dividiu seu tempo entre fazer contatos com sócios em potencial, buscar um local para instalar a editora e exercer a função de diretor de publicações infantojuvenis d'*A Noite*, onde era contratado como editor. Finalmente, em fevereiro de 1945, procurou o coronel Costa Neto para lhe dizer que deixaria a editora. Chegara a hora de fundar um novo negócio.

Aizen deixou um salário respeitável de 6 mil cruzeiros (desde novembro de 1942, o país tinha nova moeda) para fundar a Editora Brasil-América Ltda (Ebal). Aos 38 anos, o editor tinha pela frente o desafio de não repetir no novo negócio os erros do passado no Grande Consórcio. Antes de deixar o cargo em *A Noite*, recorreu a João Alberto para que o ajudasse a conseguir financiamento no Banco do Brasil. Ele reuniu, assim, capital de 2 milhões de cruzeiros para montar a editora.

O próprio João Alberto e seu filho, Cláudio Lins de Barros, entraram como sócios do novo empreendimento. O restante do dinheiro veio do banco e dos amigos Thiers Martins Moreira, Hermínio Nunes Ribeiro e Sérgio Rodrigues Viana. Alguns anos depois, essas pessoas se retirariam da sociedade e ele ficaria como único proprietário da Ebal. Da equipe que trabalhava diretamente com ele no Grande Consórcio e em *A Noite*, chamou Eronildes Orlando, Renato de Oliveira Lopes e Paulo Luquin Filho – os três trabalhariam na Ebal até os anos de 1970.

Orlando, pela sua baixa estatura, ficara conhecido pelo apelido de "Mirim". Lopes era um dos funcionários de confiança de Aizen, que o conhecia desde menino. Luquin Filho, que começou a trabalhar com ele desde os primeiros anos do *Suplemento Juvenil*, faria os contatos com as livrarias e papelarias do Rio para a distribuição dos livros e revistas que pretendia lançar. Nos tempos mais difíceis do Consórcio, ele também ajudara na tradução da revista *Contos Policiais* e *Suplemento Policial em Revista*.

A Ebal começou a existir oficialmente no dia 18 de maio de 1945, quando foi registrada na Junta Comercial do Rio de Janeiro. Sua primeira sede foi na avenida Mem de Sá, nº 102. O nome da empresa nasceu de um concurso realizado por Aizen entre os leitores que se comunicavam com ele por cartas. Ele gostou quando alguém sugeriu Brasil-América em homenagem à integração dos dois países e à vitória aliada na guerra – vale ressaltar que o armistício do conflito foi assinado dez dias antes da fundação da editora. A princípio o editor não gostou, mas não conseguiu pensar em algo melhor.

Não percebeu, porém, que poderia soar como uma provocação aos críticos aos quadrinhos que acusavam os editores de promover uma "desnacionalização das crianças", ou como uma traição sua ao Governo Vargas, uma vez que ele passou a maior parte do Estado Novo em campanha para obrigar as editoras a publicarem somente material com temas cívicos e patrióticos do Brasil. Era, sem dúvida, uma incoerência de sua parte. Mas pouco importava, Vargas seria deposto naquele ano e a vitória dos aliados colocaria o nome dos EUA como líder mundial dos países livres – começava, então, a guerra fria contra os comunistas da União Soviética, de Stálin.

A editora de Aizen funcionou inicialmente em uma pequena sala na rua 13 de Maio, no centro do Rio. Em seguida, mudou-se para o edifício São Borja, na avenida Rio Branco, nº 255. Faltava, então, lançar as primeiras publicações, uma vez que o maior dilema de Aizen persistiu por algum tempo: deveria continuar a publicar quadrinhos? Concluiu sem muita segurança que não. Primeiro, porque se tornaria concorrente das revistas que criou e vendera para *A Noite*. Depois, atormentava-o cada vez mais a pressão contra a leitura das revistinhas e ele temia que uma investigação contra os editores chegasse à verdade sobre sua nacionalidade.

Inseguro, partiu para o segmento de livros da forma mais barata possível: publicaria somente clássicos universais que estavam em domínio público. Lançou *O Retrato de Dorian Gray*, de Oscar Wilde, e *O Inspetor Geral*, de Nikolai Gógol, em tradução do poeta modernista Murilo Araújo. Ambos, porém, resultaram em poucas vendas. Aizen sabia que o mercado de livros era bem diferente do de revistas, e que não lhe daria o capital de giro imediato de que precisava. Não demorou a concluir que deveria voltar às bancas de revistas e jornais. O material que resultaria na primeira publicação em quadrinhos da Ebal surgiu ainda em 1945 e de um modo inusitado.

Em viagem a Buenos Aires para visitar os tios Nahum e Isaac e suas famílias, que haviam migrado para lá, Aizen conheceu o empresário italiano César Civita, proprietário da Editorial Abril, que funcionava na capital argentina – quatro anos depois, em dezembro de 1949, seu irmão Victor fundaria a Editora Abril, em São Paulo. Civita era representante de Disney na América Latina e percebeu que Aizen poderia ajudá-lo a publicar os personagens no Brasil.

Do contato entre os dois editores nasceu a parceria para lançar em português a revista *Seleções Coloridas*, em formato horizontal, com quadrinhos e passatempos Disney. Como Civita acabara de importar dos EUA uma impressora moderna, capaz de rodar o miolo de uma revista em cores com alta definição gráfica, resolveu que a usaria na associação com Aizen. Este também comprou os direitos da *Coleção Walt Disney*, com passatempos e textos ilustrados, que publicou junto de *Seleções Coloridas*.

Na mesma linha, lançou nos dois anos seguintes uma série de títulos em formato de minilivros, que repetiam a fórmula dos tijolinhos dos tempos do

Suplemento Juvenil: Coleção Big, Coleção Novíssima Biblioteca Mirim, Coleção Passatempo, Coleção Álbuns de Colorir e Coleção de Luxo, entre outras. No primeiro momento, para imprimir suas revistas, ele recorreu ao processo de rotogravura – de melhor resolução – da gráfica da Imprensa Nacional.

Essas experiências editoriais para crianças, no entanto, não alcançaram o sucesso que Aizen esperava – embora César Civita tenha continuado a imprimir coleções de livrinhos em português, que continuariam a ser vendidos no Brasil até 1948. De qualquer modo, o editor brasileiro manteve a certeza de que o caminho era mesmo o dos gibis – e não mais os verde-amarelos dos tempos do Estado Novo.

A primeira revista em quadrinhos produzida pela Ebal era uma volta às suas origens e que fazia jus ao nome da editora: *O Herói*. Sua estreia nas bancas se deu em junho de 1947. A capa foi impressa em sépia, também na gráfica da Imprensa Nacional e a revista inovou pela criatividade de Aizen que, em vez de reproduzir uma cena de uma das histórias ou usar uma ilustração, preferiu estampar na capa a primeira página da aventura "Patrulheiros do ar", que abria a edição – em preto e branco e com o logotipo em vermelho.

Feita com personagens americanos, no começo a revista trouxe os desconhecidos *A Amazona dos Cabelos de Fogo, Freddy e Nancy no Circo, John Danger e Glória Forbes*, entre outros. A grande surpresa para os leitores veio em novembro, com a chegada da revista *Superman*, que circularia sem interrupção com o selo da Ebal nas quatro décadas seguintes, em séries que terminavam sempre na centésima e recomeçavam da edição nº1 novamente. A edição trouxe uma série de heróis e super-heróis que tinham sido publicados no final dos anos de 1930 nas páginas d'*O Lobinho*.

Mas essa turma não tinha migrado para as publicações de Marinho? Sim, mas vários heróis tinham passado por desgaste durante a guerra e o concorrente de Aizen perdera o interesse por vários deles, em relação a novidades que surgiam o tempo todo. Além de *Superman*, o fundador da Ebal publicou *Batman, Joel Ciclone, O Falcão da Noite, Homem-Rádio, Johnny Trovoada, O Vigilante* e *Boy Comandos*.

Quase um ano depois de *O Herói* chegar às bancas, Aizen fez seu terceiro lançamento em quadrinhos: a *Coleção King*, com personagens do King Features Syndicate. O primeiro volume foi *O Fantasma*. Seguiram-se *Mandrake, Flash Gordon, Rádio Patrulha, Jim das Selvas, X-9, Brick Bradford* e outros.

Flagrantes da febre dos comics nos EUA entre as crianças, o que começava a preocupar os psiquiatras e os pais. RV

Depois do fim da guerra, os quadrinhos começaram a apresentar lutas mais realistas e histórias de crimes que logo renderiam críticas. AA

O editor sabia que para expandir seu negócio seria fundamental uma infraestrutura que incluísse impressoras próprias. Comprou, então, uma oficina gráfica que pertencia à Empresa Gráfica Santo Antônio, instalada na rua Mem de Sá, nº 102, na Lapa. Estava interessado apenas na aquisição das máquinas.

Em 1948, como precisava de mais espaço para a ampliação da empresa, prevista para o médio prazo, comprou um terreno na antiga rua Abílio (depois general Almério de Moura), bem em frente ao estádio de São Januário, do Clube de Regatas Vasco da Gama, em São Cristóvão.

Habitado principalmente por operários, o bairro desfrutava a fama de mais poluído da capital federal. Ali, o editor deu início à construção de um prédio projetado pelo arquiteto Samuel de Aratanha. A obra teria cerca de 8.000 m², distribuídos em seis andares na frente e quatro nos fundos. Completariam o conjunto um jardim com brinquedos para crianças e um auditório com capacidade para cem pessoas.

O primeiro edifício da Editora Brasil-América só ficou pronto dois anos depois, em 1950, e ocupou boa parte do quarteirão formado pelas ruas general Almério de Moura, Amazonas, Henrique Chaves e Ferreira de Araújo. Alguns anos depois, seria ampliado e, além da redação, do setor de fotografia e do parque gráfico, abrigaria, no segundo andar, um espaço planejado para encantar e atrair milhares de visitantes de todo o país: o Museu Permanente de Histórias em Quadrinhos, um velho sonho do editor. Ali, reuniu para consulta e pesquisa revistinhas de todo o mundo, livros de estudos sobre o assunto, edições raríssimas e coleções publicadas por ele e por outros editores brasileiros.

A IMPRENSA ATACA OS QUADRINHOS

Enquanto Aizen se esforçava para estruturar a Ebal, os protestos contra os quadrinhos no Brasil começaram a se tornar cada vez mais preocupantes para os editores. A imprensa teria papel importante no aumento das críticas aos gibis no país após a guerra. E um dos primeiros a atacá-los de forma sistemática nesse período foi o polêmico jornalista e político carioca Carlos Lacerda.

Durante a abertura do Primeiro Congresso Brasileiro de Escritores, em 1946, Lacerda bateu forte contra a proliferação dos novos meios de comunicação, como o cinema, o rádio e as histórias em quadrinhos, e advertiu que era preciso evitar a massificação desses veículos para que não trouxessem prejuízo às crianças, mais suscetíveis a manipulações.

Na sua opinião, apesar de os livros e as revistas divertirem e informarem, poderiam provocar problemas de ordem moral e ética. O jornalista definiu os gibis como "veneno" importado para as crianças e denunciou um perigo por trás de tudo aquilo: nos últimos dez anos, havia se multiplicado o número de escritores "comunistas" nos segmentos de livros infantis e de revistinhas. O preconceito de Lacerda não demorou a fazer eco.

Em 1947, os gibis se transformaram em prioridade a serem combatidos para a vereadora carioca Lia Correia Dutra. A parlamentar ocupou a tribuna da Câmara quase uma dezena de vezes durante o ano para apresentar e denunciar o que considerava "farta" documentação que provava o quanto era nociva "à mocidade" a "leitura de caráter juvenil".

Chamou a atenção também para o quanto eram perigosas as revistas vendidas "com fins lucrativos e para enriquecimento de seus proprietários, sem ter nenhuma finalidade educativa". A omissão do poder público em reprimir os editores de gibis, segundo ela, era a principal responsável pela tragédia que ameaçava o futuro das crianças.

Na verdade, toda a documentação da vereadora se baseava apenas no relatório do Inep de 1944 e em artigos, publicados a partir de 1941 pelo *Diário de Notícias*, contra os quadrinhos editados por Roberto Marinho – na maioria, eram artigos e reportagens traduzidos de publicações americanas.

Enquanto a vereadora pregava contra as revistinhas, a agência Vogue Publicidade, que tinha a conta d'*O Globo*, publicou um anúncio pago na revista *Publicidade & Negócios* com o objetivo de convencer as empresas a anunciarem nas revistas em quadrinhos de Roberto Marinho. "Vale a pena anunciar nas publicações infantis?", perguntava o comercial. O informe dizia que uma pesquisa recente, realizada nos EUA pela consultoria Stewart, Brown & Associados, constatara que a faixa de consumidores entre oito e vinte anos de idade conhecia as marcas dos produtos e tinha preferências de consumo tão bem definidas quanto os adultos.

Afirmou também que, entre os brasileiros, 75% dos jovens que sabiam ler consumiam revistas juvenis – em 1940, o país tinha quarenta milhões de habitantes, 42,5% até catorze anos e uma taxa de analfabetismo geral de 61%. "E nesse campo, *Gibi*, *Gibi Mensal*, *O Globo Juvenil* e *X-9* oferecem a maior tiragem em publicações para a juventude."

Com a Ebal bem encaminhada, Aizen decidiu se aproximar dos críticos para lhes mostrar o quanto havia de ideias preconcebidas sobre os quadrinhos – pelo menos em relação aos que ele editava. Na nova editora, partiu para a publicação de versões em quadrinhos de várias obras conhecidas da literatura universal.

As edições originais, produzidas nos Estados Unidos, vinham sendo insistentemente oferecidas a ele por Alfredo Machado e eram publicadas nas revistas *Classics Illustrated* e *Classic Comics* desde o começo da década. O primeiro lançamento nessa linha saiu em 1948, com a coleção *Edição Maravilhosa* – título que tinha usado em 1941 no álbum de capa dura com a adaptação em quadrinhos de *Miguel Strogoff*, de Júlio Verne. Nos primeiros números, a revista circulou em formato menor, próximo ao do livro de bolso. Depois, cresceu para o chamado *comic book* ou formato americano.

Por 23 números, *Edição Maravilhosa* trouxe apenas autores estrangeiros. A revista já havia completado seu primeiro aniversário quando, durante uma visita à editora, o escritor e sociólogo pernambucano Gilberto Freyre, então deputado federal, sugeriu a Aizen que adaptasse também obras brasileiras. O editor gostou da ideia e encomendou a primeira ao haitiano naturalizado brasileiro André Le Blanc. Na edição 24, saiu *O Guarani*, de José de Alencar. A versão do texto foi feita pela esposa do desenhista, Elvira Le Blanc.

E, assim, *Edição Maravilhosa* começou a se transformar na mais comentada revista da Ebal. Inicialmente, por questões econômicas, Aizen só trabalhou com obras brasileiras de domínio público. Mas logo cedeu aos autores contemporâneos. O escritor baiano Jorge Amado teve três de seus romances que retratavam a Bahia dos anos de 1920 e 1930 incluídos na coleção (*Terras do Sem Fim, São Jorge dos Ilhéus e Mar Morto*).

Outros escritores adaptados para os quadrinhos durante a década de 1950 foram José Lins do Rego (*Menino de Engenho, Doidinho, Banguê e Cangaceiros*), Graça Aranha (*Canaã*), Júlio Dinis (*A Morgadinha dos Canaviais*) e até a resistente Dinah Silveira de Queiroz (*A Muralha*), entre outros.

A ideia geraria polêmica entre os escritores, mas a decisão de alguns deles de autorizar que suas obras fossem quadrinizadas por Aizen foi importante para romper um pouco da resistência dos colegas em relação aos quadrinhos. Então comunista convicto, Jorge Amado contrariou até mesmo seu editor, José Olympio, que achou perigosas as adaptações porque desestimulariam a compra dos livros originais. Mas havia um apelo irresistível dos gibis sobre os escritores: as vendas elevadas.

Enquanto a tiragem de três mil exemplares de um livro poderia levar até três anos para se esgotar, a edição em quadrinhos quase sempre passava dos setenta mil em uma quinzena – embora os autores não tivessem direito a 10% das vendas, como acontecia com os livros, uma vez que Aizen apenas pagava um valor fixo. Mesmo assim, ajudava a promover o autor e a aumentar a procura por outros títulos. Amado percebeu isso e mais tarde reconheceria que os quadrinhos foram fundamentais para popularizar seus romances.

Os jornais brasileiros, no entanto, continuavam a trazer más notícias sobre a crescente polêmica relacionada aos gibis nos EUA.

A GUERRA QUE VEIO DA AMÉRICA

No começo da década de 1940, os quadrinhos se tornaram cada vez mais alvos de críticas nos EUA por sua suposta influência nociva sobre crianças e adolescentes. Sterling North, escritor de livros infantis, destacou-se como um dos primeiros a atacar os *comics*. Desde 1939, quando percebeu que as vendas de suas obras estavam caindo, responsabilizou os *comic books* pela redução no índice de leitura de títulos no formato de livro. Ele acusou os editores de quadrinhos de difundir "o sexo e o terror em série", de mos-

As adaptações de romances brasileiros para os quadrinhos foi uma medida de Aizen para atrair a simpatia dos professores e amenizar a imagem ruim dos quadrinhos entre eles.

A ideia de quadrinhizar romances causou enorme polêmica entre os escritores pelos jornais. Cecília Meireles e Dinah Silveira de Queiroz eram contra, mas acabaram convencidas a ceder suas obras.

Para Jorge Amado, depois que seus romances viraram quadrinhos, os romances originais passaram a vender mais e seu nome se tornou conhecido. AA

trar "pesadelos em forma de papel" e de agir sobre as crianças como "estimulantes da violência".

Ao adotar a tese de Georges Sadoul, North sintetizou os argumentos que sustentariam os ataques aos quadrinhos nas duas décadas seguintes em seu país. Em 1943, a campanha de moralização do escritor levou o Comitê do Livro Infantil – da Associação do Estudo da Criança dos EUA – a fazer uma moção de repúdio às chamadas "más revistas" em circulação. De acordo com o comitê, muitos *comics* traziam assuntos ligados à violência, graças à sua "forma cruel de veículo barato", que chamava a atenção das crianças e destruía "o gosto por boas leituras".

Com receio de que o governo fizesse restrições contra o mercado, em 1947 alguns editores passaram a adotar códigos de autocensura como forma de padronizar o conteúdo das revistas e conseguir alguma credibilidade junto aos pais e educadores. A DC Comics, por exemplo, estabeleceu que sua equipe cumprisse à risca cinco regras básicas durante a produção das histórias: evitar cenas em que os personagens usassem facas e armas de fogo, cenas de tortura, seringas hospitalares (que poderiam sugerir uso de drogas), esquartejamento e desmembramento dos corpos das vítimas e caixões mortuários.

No meio da crescente mobilização *anticomics* nos EUA, seria de esperar que os mais radicais críticos aos quadrinhos se destacassem na imprensa com discursos suficientemente exaltados para atrair a atenção do público. O psiquiatra alemão naturalizado americano, Fredric Wertham, se tornou o mais importante deles. Nascido na cidade de Nuremberg, em 1895, Wertham chegou aos EUA em 1922. Sua ascensão profissional no país foi meteórica. Dez anos depois de sua chegada, tornou-se psiquiatra-chefe do Hospital Belleview, de Nova York, considerado o posto de maior prestígio na área de psiquiatria daquele estado.

O cargo permitiu ao médico colaborar com assiduidade em várias revistas psiquiátricas e aprofundar uma tese que vinha desenvolvendo desde o começo da década de 1930: a de que os meios de comunicação eram causadores do crescimento da criminalidade nos EUA. O primeiro esboço de seu estudo foi reunido no livro *Dark Legend*, lançado em 1941. Para ilustrar seu raciocínio, Wertham contou a história de um garoto de dezessete anos que teria matado a própria mãe por causa da influência de filmes, revistas policiais etc.

A obra foi considerada instigante por parte da imprensa americana e pelas revistas especializadas em psiquiatria. Chegou a ser transformada em peça de teatro. A credibilidade alcançada pelo médico fez com que a Justiça de Nova York lhe encomendasse um estudo psiquiátrico sobre os detentos e condenados da cidade. Suas conclusões impressionaram a todos.

Havia, disse ele, um ponto em comum entre os criminosos menores de idade: o hábito de ler avidamente quadrinhos. Ou seja, os delinquentes se inspiravam nas revistinhas para cometer crimes. Seu consultório, na respeitada clínica Lafargue, no Harlem, transformara-se, segundo ele, em um local de peregrinação para pais de jovens delinquentes desviados pela leitura "doentia" de histórias em quadrinhos.

A primeira vitória de Wertham e dos demais críticos sobre os editores de *comics* aconteceu em junho de 1948, quando catorze das 31 maiores editoras americanas, responsáveis pela circulação mensal de catorze milhões de exemplares de revistas, anunciaram a criação de um código comum de autorregulamentação que acabaria com os "excessos" nos *comics* – uso de linguagem obscena nos textos, desenhos de apelo erótico, violência exagerada e textos que explicavam como os crimes eram praticados etc.

A medida recebeu das próprias editoras a denominação de "campanha de higienização" do mercado. Para colocá-la em prática, foi criada a Associação Americana das Editoras de Revistas de Quadrinhos (Association of Comics Magazine Publishers – ACMP). As editoras que adotaram o código passaram a ostentar na capa de suas revistas um selo de aprovação, com a estampa de uma foca e a expressão "Autorizado pela ACMP – De acordo com o 'Código de revistas'".

Para facilitar a identificação dos distribuidores, jornaleiros, pais e educadores, os editores publicaram nos principais jornais e revistas do país e nos próprios gibis um anúncio intitulado "Procure esta foca... em cada revista em quadrinhos que você comprar".

A atitude dos editores ao fundar a ACMP buscava a própria sobrevivência do mercado. No dia 12 de julho de 1948, a revista *Time* informou que, de acordo com os críticos dos *comics*, uma rigorosa aplicação do código da ACMP eliminaria de imediato pelos menos 270 títulos – cerca da metade das que circulavam naquele momento. Não foi o que aconteceu. Se o selo da ACMP pretendeu dar aos pais mecanismos confiáveis de controle da leitura de seus filhos, os críticos dos quadrinhos não demoraram a perceber que os resultados não alcançaram o efeito que se esperava.

Além da Edição Maravilhosa, o Álbum Gigante, ambos da Ebal, de Aizen, publicou adaptações de autores brasileiros.

Segundo o editor Naumim Aizen, essas versões davam trabalho e até podiam ser canceladas pela dificuldade dos roteiristas em fazer a transposição.

Boa parte dos roteiristas não tinha ideia de como levar para os quadrinhos textos de romances porque temia causar prejuízo de conteúdo e preferia reproduzir longos trechos pelas páginas. AA

Primeiro porque, na prática, somente um terço das editoras usaram o selo e, portanto, a maioria das revistas ignorou por completo a autoridade da ACMP. Depois, a falta de uma divulgação mais ampla e ostensiva da entidade fez com que pais não tivessem a noção exata do seu significado e até ignorassem sua existência.

Diversas entidades de defesa da moral e da educação infantojuvenis desconfiaram que a atuação da entidade soava como uma farsa montada pelos editores. Cinco meses depois da fundação da associação, em 20 de novembro, a *Time* descreveu como uma comunidade inteira se mobilizou para fazer uma das primeiras fogueiras públicas de revistinhas nos EUA, na cidade de Binghamton, estado de Nova York.

De acordo com a revista, a Câmara Municipal de Los Angeles votara havia pouco tempo uma lei que multava em cinco mil dólares ou seis meses de prisão qualquer indivíduo que vendesse revistas em quadrinhos de crime e terror para menores de dezoito anos.

Wertham tratou de botar mais lenha na fogueira com seu segundo livro, *The Show of Violence*. Mais uma vez, ele relacionou doença mental, criminalidade e mídia. Para isso, usou a descrição de uma série de casos protagonizados por criminosos adolescentes cujo tratamento teria sido feito por ele próprio. O psiquiatra, porém, que despontava como voraz crítico dos quadrinhos, não era uma voz isolada naquele final da década de 1940.

O livro de seu colega Gershon Legman, *Love and Death – A Study in Censorship*, de 1949, jogou gasolina sobre a fogueira já acesa dos gibis. Legman examinou a violência diária nos meios de comunicação e dedicou um capítulo especial às mazelas dos quadrinhos sobre a garotada. Classificou editores, editoras, artistas e roteiristas dos comics como "degenerados e dignos de ir para a prisão".

Na França, após o fim da guerra, os críticos franceses receberam a volta dos heróis americanos como uma "segunda invasão cultural" no país e os apontaram como causa principal da onda crescente de crimes juvenis. No dia 16 de julho de 1949, os deputados aprovaram a Lei nº 49.956, que regulamentava a circulação das publicações destinadas à juventude. Na prática, a lei sancionada pelo presidente Vincent Auriol parecia uma norma protecionista de mercado para os autores franceses, semelhante à criada por Mussolini pouco mais de dez anos antes e pregada por Aizen no começo daquela década.

A autocensura imposta levou os editores franceses a adotarem um "referendo" dos leitores para que cada história pudesse ser publicada. Ou seja, os artistas dependiam do voto de quem comprava o jornal ou a revista, que fazia uma avaliação posterior de seu trabalho sob o ponto de vista moral.

Notícias como essas recebiam, quase sempre, generosos destaques nas páginas dos grandes jornais brasileiros, principalmente o *Diário de Notícias*, de Orlando Dantas. E um perigoso monstro emergiu desse suposto mundo de exploração da criança que a transformava em criminosa: Roberto Marinho.

CAPÍTULO 6 – ORLANDO DANTAS × ROBERTO MARINHO

O PERIGO DA FALSA LITERATURA INFANTIL

Divertir-se com histórias em quadrinhos era um hábito consolidado entre as crianças brasileiras na segunda metade da década de 1940. O gosto da garotada, então, estava mais para as eletrizantes aventuras policiais, de faroeste e de super-heróis do que, por exemplo, para o consumo da revistinha infantil *Sesinho*, lançada em dezembro de 1947 pelo Serviço Social da Indústria (SESI).

A publicação foi criada de acordo com as recomendações "educativas" do relatório do Inep. *Sesinho* tinha o propósito de ser uma revista em quadrinhos sim, mas destinada a aproveitar essa linguagem como auxílio na formação escolar das crianças. Mesmo assim, cresceu aos poucos e ganhou um público cativo, a ponto de marcar a infância de um bom número de meninos e meninas na década de 1950 como sinônimo de leitura saudável e um modelo de publicações infantis recomendáveis.

A proposta "diferenciada" de *Sesinho* aparecia nos dois *slogans* criados por seu fundador, o escritor Vicente Guimarães, mais conhecido como Vovô Felício – o mesmo que narrava como personagem as histórias de uma série de livros infantis. Era "a revista da criança inteligente" e "a revista infantil escrita, desenhada e toda confeccionada no Brasil".

Na verdade, tratava-se de uma edição institucional que logo depois se tornou comercial, com venda em bancas. Parte dos cem mil exemplares mensais era distribuída gratuitamente nos postos do SESI em todo o Brasil; outra ia para as bancas e assinantes. Em suas páginas, misturavam-se histórias em quadrinhos, passatempos, orientações de comportamento, informações escolares e datas históricas cívicas – caminho que seria seguido por *Nosso Amiguinho*, da Casa Publicadora Brasileira, lançada em julho de 1953 e que circularia até os anos 2000.

Experiências isoladas como *Sesinho* e *Nosso Amiguinho*, no entanto, não conseguiram sensibilizar a crescente campanha contra os quadrinhos por parte de padres e educadores, com amplo destaque nas páginas de jornais de todo país como um assunto de polícia. Os críticos ganharam ao longo da década de 1940 uma importante aliada, a popularíssima *Seleções do Reader's Digest*, leitura obrigatória para pais, professores, padres, políticos e formadores de opinião.

Na condição de publicação anticomunista mais importante do mundo – o que se acentuou ainda mais durante o auge da Guerra Fria, em meados dos anos de 1960 –, as *Seleções* contavam com generosos subsídios da Fundação Rockefeller para combater o movimento internacional coordenado por Moscou.

A edição brasileira surgiu em agosto de 1942 e chegou a vender quinhentos mil exemplares por mês na década seguinte, em um país com cinquenta milhões de habitantes. Em suas páginas, saíram vários artigos e reportagens alertando os pais sobre quem seriam os principais responsáveis pelo crescimento da delinquência infantojuvenil nos EUA: as histórias em quadrinhos. Cada número da revista trazia pelo menos uma matéria a respeito dos "problemas da juventude" no mundo capitalista e cristão ocidental. Costumava também dar conselhos sobre a educação dos filhos. Daí a preocupação com os quadrinhos.

Depois da divulgação do relatório do Inep, de 1944, a primeira grande mobilização escandalosa de combate aos gibis no Brasil ocorreu entre janeiro de 1948 e novembro de 1949. Nesse período, saíram nada menos que 28 reportagens com destaque na primeira página que ampliaram a resistência contra os quadrinhos por parte dos setores organizados da sociedade civil, que incluíam também religiosos, educadores, políticos, juízes e instituições de recuperação de menores infratores.

O estrago na reputação das revistinhas partiu da intensa campanha desenvolvida pelo *Diário de Notícias*, principalmente no segundo semestre, com o acirramento da longa briga entre seu proprietário, Orlando Dantas, e Roberto Marinho, d'*O Globo*, pela liderança do mercado de jornais. O confronto público e declarado dos dois empresários tornou-se um divisor de águas na história da censura aos quadrinhos no Brasil.

Ao mesmo tempo que atacou aos gibis para atingir Marinho diretamente e surrupiar-lhe os leitores, Dantas ajudou a difundir uma série de preconceitos ideológicos e morais contra as revistinhas que ganhariam dimensões inimagináveis nas décadas seguintes. Sua campanha traria resultados a curto, médio e longo prazo, e marcaria a reputação dos gibis – e, em especial, a de Roberto Marinho – ao longo dos anos de 1950 e 1960. O efeito disso seria devastador para o futuro do mercado de quadrinhos no país.

Então com 53 anos, Dantas era um empresário consolidado e bastante influente politicamente na imprensa do Rio. Dezesseis anos antes, deixara a direção do *Diário de S. Paulo*, de Assis Chateaubriand, para fundar seu próprio jornal no Rio, o *Diário de Notícias*, desde o começo o primeiro a publicar todos os dias tiras em quadrinhos no Brasil, a partir de 1932 – principalmente do marinheiro Popeye, do King Features Syndicate.

O editor conhecia como poucos o funcionamento da imprensa carioca e até da internacional, pois havia morado nos EUA no final da década de 1910. Com a experiência que adquiriu nos Diários Associados com Chateaubriand nos anos 1920, descobriu que, para ter sucesso ou sair de uma crise financeira, um jornal precisava fazer barulho de alguma forma, de preferência comprando briga com concorrentes de peso, já consolidados no mercado.

Mas não foi apenas por uma questão de estratégia comercial que Dantas escolheu Roberto Marinho como alvo para atrair mais leitores. De sua parte, havia uma mágoa que o atormentava há muito tempo. Ele jamais perdoaria Marinho por ter sugerido que o DIP proibisse os jornais de realizar sorteios de prêmios em dinheiro, em 1941, quando fazia parte do Conselho Nacional de Imprensa. Para Dantas, Marinho se aproveitara de sua influência no órgão e de sua ligação com Vargas para tirar a principal fonte de renda de seu diário.

Sabia que a briga com o proprietário d'*O Globo* seria difícil, pois esse tinha fama de levar seus confrontos às últimas consequências – e de vencê-

-los. Só que ele tinha temperamento parecido e não fugia das brigas. Dantas conhecia, por exemplo, a polêmica que o jornalista Mário Martins, diretor d'*A Noite*, criara com Roberto Marinho pouco antes e podia usar isso como munição contra seu inimigo.

Martins tinha publicado uma série de reportagens sobre os prejuízos ambientais e urbanos que poderiam resultar da expansão imobiliária do Parque Lage quando soube que Marinho tinha interesses na área. *O Globo* respondeu de imediato com uma denúncia bombástica: os postos de gasolina de Frederico Mello, diretor-geral do jornal *A Noite*, vendiam combustível adulterado. Se era verdade, isso nunca foi provado.

Logo depois da segunda matéria d'*O Globo* sobre o caso, Mello jogou a toalha e determinou que Martins cessasse os ataques ao concorrente. O diretor não aceitou o recuo e se demitiu do jornal. Dantas estava disposto a pagar um preço alto pelo confronto, mas, por enquanto, não retomaria essa história. Achou que o ponto mais vulnerável do adversário eram as revistas em quadrinhos.

Então intensificou as críticas aos gibis d'*O Globo*, algo que já fazia com alguma regularidade desde 1941. Dessa vez, porém, montou uma artilharia pesada. Dedicou ao tema cerca de três dezenas de reportagens no decorrer de 1948, todas com chamada de destaque na primeira página e ilustradas com fotos de pequenos delinquentes e cenas de quadrinhos com seminudez e violência.

PROFESSORES COMO ALIADOS

As manchetes apontavam Marinho como um empresário ganancioso que levava à ruína as crianças de todo o Brasil. Tudo não passava, quase sempre, de interpretações dirigidas contra as revistas. Em 30 de janeiro de 1948, por exemplo, o jornal trouxe a manchete "Revistas perniciosas que pululam à cata de cruzeiros", para anunciar o apoio do Grêmio Literário do Colégio São José à sua campanha contra a má literatura infantil, anunciada em uma longa carta enviada pelo presidente do espaço, Benedito Maia.

Para o educador, "a pátria" não precisava de valentões, mas de homens esclarecidos e ponderados. Ele escreveu que o colégio gostaria de expressar sua "ampla solidariedade à brilhante campanha iniciada por este grande matutino contra as revistas em quadrinhos, imorais prejudiciais ao desenvolvimento intelectual dos homens do amanhã". Maia escreveu também uma série de estímulos para que o jornal seguisse em frente em sua cruzada, até pôr "um freio" naquelas publicações.

Na mesma edição, foi publicada a carta do professor Agnelo Bittencourt, morador do Jardim Botânico e com meio século de magistério. Ele tomou a iniciativa porque estava preocupado com a praga das famigeradas revistinhas. "A campanha que vindes realizando contra as leituras perniciosas na formação moral da infância ou da juventude só pode merecer aplausos de quem deseja um Brasil espiritualmente forte e bem equilibrado", afirmou.

Ninguém, disse ele, ignorava "que a nobreza de um povo reside na retidão de sua conduta e na dignidade que vai buscar a confiança que nos devem merecer os nossos concidadãos até nos seus menores atos". Na sociedade moderna, a seu ver, três fatores concorriam "desastrosamente" para rebaixar os costumes e "afrouxar a disciplina e ordem no entrosamento da fraternidade humana".

Em primeiro lugar, vinha o que chamou de "mau" cinema, "que põe aos olhos de gente nova crimes sensacionais, intimidades despudoradas, tragédias em que dá ganho de causa à violência, ao suborno e às paixões desenfreadas". Depois, nas "degenerações de atitudes", aparecia a "extrema liberalidade" dos pais e dos responsáveis pelos menores, que resultava em lares desestruturados e até desfeitos, de acordo com o professor.

Por último, "no triste quadro de degenerescência dos costumes", mais ainda do que no mau cinema, apareciam "as leituras deturpantes, sobretudo nas revistas que por aí pululam à cata de cruzeiros, que a meninada ingênua, mas ávida de sensacionalismo, sempre obtém dos papais, dos irmãos mais velhos e dos padrinhos". Estava provado, escreveu ele, que chefes de família não controlavam esse tipo de leitura. "Ora, a alma das crianças vive aberta a todas as percepções, sem saber distinguir entre o bem e o mal", acrescentou.

A oportunidade que Dantas queria para ampliar a investida surgiu quando seu jornal fez uma parceria informal com a Associação Brasileira de Educação (ABE) para promover uma série de discussões sobre o mercado de revistas juvenis. Famosa por agregar educadores tidos como conservadores, a ABE tinha uma birra dos quadrinhos desde 1928, de acordo com registros da própria entidade.

As reuniões da ABE sobre os gibis mereceram ampla cobertura do jornal de Dantas. As reportagens repetiam exaustivamente a já conhecida série de argumentos contra os gibis: eram "pouco edificantes", imorais, pornográficos, levavam à violência, eram produzidos sob intensa pressão comercial, desestimulavam a leitura e o interesse por temas nacionais etc. Os educadores pediam que o então Ministério da Educação e Saúde criasse prêmios anuais para os "melhores" livros e revistas destinados às crianças e adolescentes como forma de estimular os editores a aprimorarem o conteúdo de suas publicações. Sugeriam também que os "bons" livros para o público infantojuvenil fossem vendidos a preços reduzidos, ou mesmo distribuídos de graça a bibliotecas de todo o país. Desenhistas cariocas de histórias em quadrinhos também foram convidados pela ABE a participar das discussões. Uma palestra foi a oportunidade para que os artistas divulgassem a recém-criada Associação Brasileira de Desenho (ABD), com sede na avenida Graça Aranha, no Rio de Janeiro.

A entidade, presidida pelo combativo José Geraldo Barreto, reunia chargistas, caricaturistas, ilustradores, roteiristas e desenhistas de histórias em quadrinhos. Eles reivindicavam o que defendia a campanha do *Suplemento Juvenil* até sete anos antes: reserva de mercado para os brasileiros, sob o argumento de que os quadrinhos de temática nacional seriam o melhor remédio para combater a nocividade do material estrangeiro consumido no país.

Não estava claro o percentual que defendiam ou a totalidade, como pregava a campanha de Aizen e do Ministério da Educação do Estado Novo. Carlos Arthur Thiré, membro da associação, fez coro às críticas contra os quadrinhos americanos. Eram, segundo ele, tão malévolos quanto os contos de fadas, porque ambos "deformavam a realidade" das crianças brasileiras. A principal preocupação do desenhista, no entanto, era a concorrência "desvantajosa" dos *comics* americanos, vendidos a baixo preço pelos *syndicates*.

Thiré tinha sido colaborador do *Suplemento Juvenil* nos primeiros anos da publicação, a partir de 1934, e depois se tornaria um dos grandes capistas de livros do país. Transformou-se em um dos mais importantes nomes dos quadrinhos brasileiros entre 1936 e 1942. Casado com a atriz Tônia Carrero, é pai de Cecil Thiré, que faria carreira como ator e diretor.

Eduardo de Moura Barbosa, um dos fundadores da associação – e que décadas depois alegaria ser a identidade por trás do desenhista pornográfico Carlos Zéfiro –, contou aos educadores na reunião da ABE que tentava sobreviver de quadrinhos com temas nacionais, sem êxito. Um de seus personagens, o indiozinho Buri, que defendia a floresta amazônica contra a exploração dos brancos, teria sido recusado por várias editoras brasileiras, mais interessadas nos heróis americanos, mas foi aceito por uma revista argentina. Por isso, afirmou ele, a associação de desenhistas reivindicou uma lei de reserva de mercado que obrigasse jornais e revistas a dedicar espaço às histórias nacionais.

Na edição de 20 de julho, o *Diário de Notícias* estampou a manchete: "Certas publicações infantis, pior do que imorais, são criminosas". A longa reportagem trouxe críticas dos professores Edgar Sussekind de Mendonça e Paschoal Leme, dois ferozes combatentes dos quadrinhos – curiosamente, sempre mostrados pelo jornal como contrários apenas aos *comics* editados por Marinho.

No decorrer das reportagens seguintes, os dois foram transformados em paladinos da moral pelo diário de Dantas. Mendonça defendeu uma tese curiosa que, na sua opinião, tinha a ver com os quadrinhos: o governo deveria proporcionar "meios materiais" para que se "descongestionassem" as salas superlotadas dos colégios. Explicou que muitos estudantes em um espaço pequeno sofriam "grave prejuízo" da sua serenidade, uma vez que o ambiente seria pouco propício à assimilação das matérias oferecidas em sala de aula.

Essa era a razão central pela qual os alunos se entregavam às revistas em quadrinhos "sem maiores cautelas". Pior, procuravam naquela leitura "um corretivo" para a rotina e para o atraso no ensino básico. Ao mesmo tempo que relacionava os gibis ao aumento da criminalidade, Dantas passou a atacar Marinho de modo ainda mais direto. Os dois começaram a lavar roupa suja em público quando o diretor d'*O Globo* publicou um editorial na primeira página para "revelar" os "reais" motivos que levavam o *Diário de Notícias* a atacar suas revistinhas.

O texto saiu no dia 23 de julho de 1948, com o título "Como se mistifica a opinião pública – origens e razões da campanha do *Diário de Notícias* contra as revistas juvenis". O jornal reproduziu o *fac-símile* de uma página do jornal de Dantas de julho de 1941, com duas tiras em quadrinhos e uma recomendação para que os leitores lessem *O Globo Juvenil* e o *Gibi*. Marinho explicou que a chamada aparecera todos os dias nas páginas daquele jornal durante anos, até o momento em que Dantas tivera seus interesses "materiais" feridos com a proibição dos concursos com prêmios em dinheiro nos jornais.

Marinho afirmou também que o *Diário de Notícias* se contradissera no seu esforço para atacá-lo. Isso porque, enquanto fazia críticas aos desenhistas estrangeiros, o jornal publicava tiras de quadrinhos americanas – duas delas publicadas também pela revista *O Globo Juvenil*, de seu inimigo.

Em seguida, bem ao seu estilo, disparou pesado contra o concorrente, numa tentativa de desmoralizá-lo perante seus funcionários: "Todos sabem que o sr. Orlando Dantas é analfabeto. Mas ele tem no corpo redacional do *Diário de Notícias* homens cultos e equilibrados que talvez ainda possam aconselhá-lo a evitar que seu jornal role por todos os declives da desmoralização pública".

Em artigo publicado no dia seguinte, 24 de julho, Dantas contou que, sete anos antes, outro episódio, mais grave que a proibição dos prêmios em jornais, o levara ao rompimento com Roberto Marinho. Em 19 de novembro de 1941, *O Globo* tinha publicado um artigo, no alto da primeira página, com o título "Sabotadores do regime", no qual Marinho fazia uma defesa da administração Vargas. No mesmo texto, denunciava que ele, Dantas, seria um dos sabotadores do Estado Novo.

A afirmação, que "tanto surpreendeu" o editor, levara-o na época a duas atitudes extremas como resposta: cortar relações com Marinho e renunciar, irrevogavelmente, a seu posto de membro da Associação Brasileira de Imprensa (ABI). Além disso, suspendera os anúncios das revistinhas de Marinho que saíam junto das tiras no seu jornal. Dantas explicou ainda que, ao contrário do que afirmara o concorrente, a suspensão da distribuição de prêmios pelo decreto de Vargas não chegara a prejudicar o *Diário de Notícias*, porque ele gastava cerca de quarenta contos de réis por mês para fazer a promoção e o retorno em número de leitores sempre fora pequeno e lento.

Não foi bem assim. O destaque que o jornal conseguiu com a distribuição de prêmios mostrou que essa estratégia de fato manteve sua tiragem elevada por muito tempo, com resultados significativos na publicidade e na venda de assinaturas. Na mesma resposta, ele disse que seu jornal jamais promovera uma campanha sistemática e direta contra as revistas de Marinho, mas apenas em relação aos editores em geral de revistas em quadrinhos – ele, aliás, tinha uma longa amizade com Adolfo Aizen. Fazia isso para atender ao apelo da Associação Brasileira de Educação (ABE) contra as revistinhas, "sem, entretanto, trazer aquela preocupação odiosa, vingativa, que lhe é falsamente atribuída. E assim continuará a fazê-lo, sem hesitações".

Desde o final da década de 1940, as histórias em quadrinhos policiais passaram a ser vistas como cartilhas para se cometer crimes. AA

Na prática, porém, o que se via mesmo era Marinho na mira de Dantas. Tanto que, na mesma edição de 24 de julho, o *Diário* trouxe a repercussão das reportagens contra os gibis na Câmara de Vereadores do Distrito Federal. Segundo o jornal, suas denúncias haviam se tornado tema de seguidos discursos feitos na tribuna pelo vereador João Machado, do Partido Social Democrático (PSD). O parlamentar comentou o artigo em que o professor Paschoal Leme, da ABE, criticava a proposta do deputado Pedro Vergara de criar um dispositivo constitucional para censurar previamente o conteúdo das revistinhas. Leme dissera que o problema não era censurar os gibis, mas alertar pais e crianças sobre seus males. Caberia a eles, portanto, policiar o que liam os filhos. Machado o contestou, afirmando que não era possível admitir que exemplos de heróis exóticos de outros países pudessem servir de estímulo às crianças brasileiras.

O polêmico vereador Ary Barroso, compositor de *Aquarela do Brasil*, eleito pela União Democrática Nacional (UDN), em 1946, não se conteve durante o discurso de João Machado e pediu um aparte para manifestar seu apoio às críticas aos gibis. Enigmático, observou que quem quisesse "saber as origens da disseminação pelo Brasil afora dessas figurinhas, desses contos guerreiros e desses contos de crime que instruem nossa juventude e nossa infância, vá procurar no DIP e encontrará".

Em seu discurso confuso e pouco objetivo, Barroso apresentou uma curiosa explicação para justificar o "excesso" de violência que ele enxergava nos gibis. Isso acontecia porque os EUA eram um país "sem tendências" guerreiras, e fazia parte "do seu plano de educação bélica levantar o espírito popular para enfrentar os percalços, as surpresas e as agruras do regime de combate".

Daí a disseminação dos gibis relacionados à guerra: "É preciso que se encare o assunto dos quadrinhos com certa objetividade". Os EUA eram um país invadido por gângsteres, disse ele, e a polícia adotou a educação psicológica da juventude americana, preparando-a contra a proliferação e os ataques dos gângsteres.

No dia 25 de julho, nova manchete do *Diário de Notícias* anunciava: "Monstros, fantasmas, crimes e cenas picantes para 'divertir' as crianças". Mais uma vez, ainda com base nos debates na ABE, o jornal ressaltou os aspectos negativos de determinadas histórias em quadrinhos, que constituiriam a essência das publicações tipo gibi – em especial, o erotismo, bastante ingênuo até mesmo para a época.

Dantas aproveitou para se defender da afirmação de Marinho de que seu jornal, ao mesmo tempo que criticava os quadrinhos, publicava tiras de historietas: "Acontece, porém, que o *Diário de Notícias*, mesmo não sendo uma revista infantil, agiu com o maior escrúpulo quando escolheu as historietas que publica".

Marinho voltou ao combate no dia seguinte. E o fez com a reprodução de um artigo do professor Maurício de Medeiros, publicado dois dias antes em sua coluna do *Diário Carioca*. Para o educador, a discussão sobre as histórias em quadrinhos na imprensa era uma das mais importantes da psicologia educacional naquele momento. "É ela [a história em quadrinhos], de um modo geral, nociva à formação da juventude?", perguntava.

Medeiros considerava "antipático" o modo como a questão aparecia na imprensa, porque generalizava e ignorava os esforços de algumas editoras para orientar os leitores no sentido "cultural e útil", de acordo com o conteúdo que publicavam. O educador referiu-se, por exemplo, a revistas como *Vida Infantil* e *Sesinho*, lançadas no ano anterior.

A CARTA DE MARINHO

Durante essa briga quase diária que travou com Orlando Dantas por dois anos, Roberto Marinho se preocupava com o desgaste de sua imagem. Tanto que decidiu responder de modo mais pessoal aos ataques, como forma de intimidar seu inimigo. Publicou, então, a íntegra da longa carta que escreveu em defesa dos quadrinhos e enviou à direção da ABE.

O texto se tornou um documento histórico fundamental para entender como funcionava a cabeça do editor na condição de empresário de revistas em quadrinhos – e também para a própria história dos quadrinhos no Brasil, por ter sido a mais extensa manifestação pública de Marinho contra as críticas que sofria.

O texto ocupou o espaço nobre do jornal, a página 3 inteira – onde normalmente saía o noticiário político, da edição de 27 de julho de 1948. Com o título "Debate sobre a literatura juvenil", o empresário demonstrou, em primeiro lugar, sua preocupação com a repercussão de um texto publicado pelo *Diário de Notícias*, segundo o qual a ABE teria condenado uma série de revistinhas editadas por ele.

Marinho contou que decidiu "verificar pessoalmente" e constatou que a informação fora "deturpada pelo concorrente", uma vez que a entidade teria apenas discutido "literatura infantil" de modo genérico e não chegara a citar qualquer revista em quadrinhos em específico.

O empresário observou que os noticiários contra seus gibis, que vinham sendo reproduzidos na íntegra por outros jornais de vários estados – até mesmo de São Paulo, onde se concentrava boa parte da circulação de suas revistas – eram uma demonstração de como se procurava formar a opinião contrária às revistas em questão, com evidente intuito de prejudicá-las:

> Quero deixar bem claro que não me anima a defesa dos interesses materiais das nossas revistas. A campanha que vem sendo movida, sendo injusta, tem dado efeito justamente contrário aos propósitos que a inspiram.
> Inquieta-me, porém, o dano moral porventura resultante de atribuir aos dirigentes das publicações aludidas propósitos impatrióticos ou deletérios. Nesse sentido, seguindo norma estabelecida de não fugir aos debates que se travam, peço à vossa excelência que submeta aos ilustres membros do conselho da ABE esta minha carta.

O empresário afirmou que, graças à sua "experiência" como editor, classificava os opositores das revistinhas no Brasil em pelo menos quatro categorias. A primeira seria formada por pessoas bem-intencionadas, mas que desconheciam o conteúdo das revistinhas e, por isso, as criticavam. Depois, vinham aqueles que, embora conhecessem a matéria, não a examinavam com critérios objetivos. Em terceiro, apareciam os que atacavam as revistas para defender ideologias políticas combatidas por *O Globo* – ou seja, os comunistas. E, por fim, os que agiam movidos por ressentimentos pessoais ou de ódio contra ele. Claro que Dantas estava no último grupo.

Marinho acreditava que somente as pessoas incluídas nos dois primeiros casos mereciam consideração e era a elas que ele se dirigia naquele momento. Sua mensagem mais parecia uma nova tese sobre os gibis. Para o editor, discutir os quadrinhos exigia separar os conceitos de livro infantil e revistas em quadrinhos. Nas revistinhas, por se tratar de publicações destinadas à juventude, não se aplicavam os mesmos padrões editoriais e morais dos livros para crianças. E acrescentou:

> Nossas revistas pretendem dirigir-se aos jovens enquadrados no período que vai da puberdade ao limiar da idade adulta. O nível mental e o grau de conhecimento destes são, como é evidente, muito diversos dos que se encontram nas crianças de idades que vão desde o início da aprendizagem escolar até a puberdade.
> Uma das bases essenciais de orientação que minha editora segue, portanto, é justamente essa distinção. Por isso, reputo fundamental evitar-se neste particular qualquer confusão de conceitos, de premissas ou de conclusões.

Marinho ressaltou que, em vez do que pregavam aqueles que atacavam seus gibis, julgava que os quadrinhos não tinham nem deveriam ter caráter pedagógico, como acontecia com os livros. Ele era, portanto, contrário à ideia corrente de que tanto os livros como as revistinhas deveriam servir como extensão do aprendizado formal:

> Convém pensar nos efeitos desastrosos, do ponto de vista da higiene mental, que teria essa onipresença da instrução em todos os momentos da vida escolar. Nesse sentido, a revista juvenil nunca poderia competir com a escola nem lhe usurpar o papel especializado de centro de aprendizagem das complicadas técnicas e princípios da civilização moderna.

O aspecto instrutivo teria de aparecer nessas revistas, mas indiretamente, como na correção de linguagem, e nunca de forma essencial, como integrante do texto. Os quadrinhos, afirmou o editor, desempenhavam um papel importante para os adolescentes porque os preparavam para a luta pela vida, graças ao "conhecimento vivo das dificuldades" que iriam encontrar na idade adulta.

Assim, não era possível educar os jovens em uma "beata ignorância de um ambiente artificial e asséptico, que os deixará, decerto, singularmente, desarmados quando chegar o momento de enfrentar o mundo com todos os seus obstáculos". Portanto, era em nome da falsa segurança desses "compartimentos estanques" que muita gente condenava as histórias em quadrinhos.

O diretor d'*O Globo* observou que todos os grandes jornais do mundo publicavam histórias em quadrinhos e que seria pueril impedir uma "evolução consagrada" de comunicação e entretenimento como aquela. Tal fenômeno se repetia no Brasil – "um país de instrução precária" – por causa da força de narração pela imagem. O editor destacou, porém, que por mais críticas que se fizessem aos gibis, não se podia generalizá-los de modo tão negativo.

Se havia o mau jornal e o mau rádio, havia também o bom jornal e o bom rádio. Assim deviam ser tratadas as revistas em quadrinhos. O que se poderia fazer, na sua opinião, seria selecionar as melhores produções do ponto de vista moral e religioso, como garantiu que fazia com bastante atenção na sua editora.

Havia tempos, afirmou o empresário, seus editores e redatores não mediam esforços para selecionar textos e desenhos dos quadrinhos que importavam. "Nesse espaço de tempo, eliminamos várias histórias que nos pareceram menos úteis para a juventude, conservando ou lançando outras melhores, para substituir aquelas".

Dantas, na opinião de Marinho, fazia uma "manipulação" do conteúdo das suas revistas – por meio de leitura condicionada – para forjar argumentos e jogar a opinião pública contra ele:

> Apresentam como prova do que afirmam um único quadrinho, cuidadosamente escolhido entre milhares e que escapou à censura que neles se exercem. Mostram a cena isolada, sem dizer que ela é apenas um elo entre milhares na cadeia de narração cuja continuação e intenção não procuram investigar.

Polêmico artigo de Roberto Marinho contra os ataques do Diário de Notícias a seus gibis. BN

Por outro lado, essas mesmas pessoas se esquivam de apresentar as cenas de fundo moral ou educativo que as revistas trazem. Não creio que seja assim a forma mais correta de se abordar um assunto tão complexo e estou certo de que concordarão comigo todas as pessoas bem-intencionadas.

Dois outros argumentos frequentemente usados pelos críticos dos quadrinhos foram contestados por Marinho: o de que os gibis traziam influências "desnacionalizantes", principalmente por ressaltar a cultura americana, e o do desprezo dos editores pelos artistas brasileiros.

Depois de garantir que sempre empregara autores nacionais, o editor afirmou que, embora os quadrinhos fossem produzidos nos EUA, isso nada tinha a ver com a predominância de aspectos americanos nas histórias. Os heróis, teorizou ele, caracterizavam-se pelo sentido "puramente universal" e eram homens que poderiam existir em qualquer país e "em todas as latitudes e céus".

O empresário lembrou que pesquisas estimavam em cem milhões o número de leitores de quadrinhos nos EUA – mais da metade da população do país. Essas pessoas, observou, não poderiam estar erradas em relação àquilo de que gostavam. Para Marinho, o principal argumento a favor dos quadrinhos era psicológico. Sua explicação era curiosa: os gibis desenvolveriam a virilidade dos meninos ao encorajá-los com aventuras heroicas. Em seguida, acrescentou:

> Que programas de vida queremos dar aos nossos filhos? Queremos que eles cultivem objetivos de maricas, atitudes desfibradas? O nosso filho pode não ter músculos capazes de fazer os cem metros rasos em dez segundos cravados, nem jogar numa equipe de futebol americano.
> Mas, se assim não for, maior será a razão para que ele cultive em linhas construtivas a sua vontade de poder, dentro dos limites das suas capacidades naturais. O desejo de ser superforte é sadio, vital, imperativo e dinâmico. Portanto, quanto mais histórias em quadrinhos como as do Super-Homem criarem esse impulso íntimo em virtude do anseio da criança, melhor será a probabilidade desta avançar no mundo por si mesma.

Apesar da diplomacia com que se dirigiu à diretoria da ABE e do apelo que fez aos professores para que se engajassem na campanha contra o analfabetismo promovida pelo Governo Dutra com apoio d'*O Globo*, Marinho acusou o professor Paschoal Leme – o mesmo que vinha criticando suas revistas nas páginas do *Diário de Notícias* – de estar "infiltrado" na associação dos educadores com o propósito de atacá-lo.

Ao lado da publicação da carta que enviou ao diretor da instituição, *O Globo* estampou a manchete "Gibis, Globos Juvenis & Cia.", com a reprodução do texto de Leme publicado na *Tribuna Popular* alguns dias antes. O editor denunciou o professor por usar os quadrinhos para responder aos artigos de seu jornal contra o Partido Comunista: "Agora, privado das colunas do órgão oficial de Moscou, o sr. Paschoal Leme vale-se da tribuna que encontrou na Associação Brasileira de Educação para servir à causa stalinista".

E a guerra de Dantas e Marinho prosseguiu sem trégua. No dia 28 de julho, Dantas fez uma grave acusação. Afirmou que Marinho estava recorrendo a expedientes como "chantagem" e "intimidação" para impedir que o Congresso Nacional aprovasse a lei de censura aos quadrinhos.

Para isso, "o vespertino catedrático de infâmias" – como se referia a O Globo – acusava os professores Edgar Sussekind de Mendonça e Paschoal Leme de estar a serviço de Moscou: "Isto, de qualquer maneira, não disfarça o pânico levado à boca do cofre do doutor Roberto Marinho, o verdadeiro Moleque Gibi, cujas aventuras começam a ser conhecidas do público".

TEORIA IMPORTADA DOS EUA

A manchete de 4 de agosto de 1948 escandalizava: "Nefasta a influência de certas histórias em quadrinhos sobre a população escolar". A abordagem tinha a ver com a teoria do psiquiatra Fredric Wertham, que começava a sair em artigos e reportagens no Brasil: a prática de crimes motivada pela imitação dos heróis e super-heróis. O jornal informou que, na sessão do dia anterior na Assembleia Fluminense, o deputado Paulo Lobo fez discurso "inflamado" sobre a influência perniciosa de certas revistas na prática de delitos por crianças e adolescentes.

Lobo usou como base uma matéria publicada na revista *The Saturday Review of Literature* centrada nos estudos de Wertham sobre os perigos dos *comic books*, baseados em um inquérito feito com menores que tinham praticado crimes. Em todos os casos que estudou, o psiquiatra teria encontrado um traço em comum: "a leitura das historietas em quadros".

Disse que, "embora fossem sempre da mesma natureza, em todos os casos estudados eram diferentes as condições sociais, de raça e de religião de cada um dos menores autores de uma façanha violenta". Só as emoções e os efeitos proporcionados pela "verdadeira devoração" de *comic books* era que continuavam e ratificavam sua idêntica maneira de agir. "Todos eles imitaram os maus heróis dos quadrinhos".

Entre 1948 e 1949, o empresário e editor Orlando Dantas, dono do Diário de Notícias, publicou dezenas de artigos e reportagens contra os quadrinhos.

Seu alvo era Roberto Marinho que, durante o Estado Novo, tinha conseguido que o governo proibisse o sorteio de prêmios pelos jornais, uma das fontes de renda de Dantas.

Para atacar seu desafeto, Dantas descobriu que nos EUA psiquiatras acusavam pela imprensa os quadrinhos de induzir as crianças ao crime e à prostituição. AA

Quatro dias depois, em 8 de agosto, o jornal ocupou toda a capa do segundo caderno e a página 7 com uma reportagem especial e duas matérias. Mais uma vez, reforçava o estardalhaço que Wertham e seus seguidores faziam para culpar as revistinhas pela criminalidade infantojuvenil. O título dizia: "Também nos EUA se combate a má literatura infantil". A reportagem começava assim: "'Uma onda de ressentimento público e agitação contra as influências imorais e criminosas de algumas historietas para a juventude', escreve a autorizada revista *Editor & Publisher*, que também informa que em várias cidades essas publicações já foram banidas das bancas de jornais".

No Brasil, porém, tudo ainda continuava no mesmo, "isto é, os editores ainda não se resolveram a estabelecer a necessária censura em suas revistas infantojuvenis". Para demonstrar que as chamadas revistas infantis continuavam a comprometer a formação "mental e moral" da infância e da adolescência brasileira, "com suas historietas girando sempre em torno de histórias de crimes, demos, domingo passado, um resumo da matéria contida em três dessas publicações em circulação – *Gibi Mensal, O Lobinho* e *Superman*".

Parecia faltar assunto, pois o jornal escreveu: "fornecemos aqui algumas cenas que ilustram estas historietas, colhidas com facilidade, ao acaso, pois as páginas das revistas estão lotadas de coisas semelhantes". Ainda, segundo o diário, não havia, da parte dos editores, qualquer "critério seletivo, qualquer censura, qualquer noção de responsabilidade" em relação ao que publicavam. As providências "saneadoras" que deveriam ser adotadas, afirmou, tinham que ocorrer inicialmente por ação dos pais e dos educadores, para desviar de seus filhos e discípulos a influência nociva "dessa educação para o crime", visto que de parte das editoras haveria apenas o interesse pelo lucro fácil, qualquer que seja o mal que venham a causar.

Na mesma edição, foram reproduzidos dois artigos sobre o tema. O primeiro se chamava "Real perigo de certas historietas em quadrinhos" e trazia o resumo de uma matéria publicada na revista *Science Digest*, de abril, sobre o médico que era o inimigo número 1 em todo o mundo dos quadrinhos:

> O dr. Fredric Wertham, psiquiatra do Departamento Municipal de Hospital de Nova York, adverte que algumas revistas de histórias em quadrinhos podem ser nocivas por desenvolverem nas crianças atitudes errôneas relativas à violência e ao sexo. Parece mais razoável e indicada do que qualquer outra a crítica do dr. Wertham sobre

algumas revistas ilustradas que têm inundado as bancas de jornais nestes últimos 15 anos. Ela expõe o problema honestamente. De certo, deve-se recordar que muitos desses comics são historietas humorísticas de fadas e animais. A estas e outras historietas humorísticas de outros tipos, compostas com mais sensatez, não se aplica a crítica.

Os *comics* – diz o dr. Wertham – são definidamente nocivos para as pessoas impressionáveis. Interferem no desenvolvimento sexual normal, tornam a violência atraente e desfazem a dignidade das mulheres, fazendo-as parecer necessariamente sedutoras, como objeto a ser conquistado pelo vilão e pelo herói.

Esse humorismo apresenta a glorificação de atitudes sexuais sadomasoquistas. Em quase todas as revistas de historietas, a moça que figura no enredo é amarrada, amordaçada, a ponto de ser torturada, vendida como escrava, acorrentada, sufocada ou atirada às feras.

Essas atitudes são desenvolvidas página após página, mostrando mocinhas com as suas proeminentes características sexuais apresentadas meio desnudas. No último momento, a heroína é salva, mas somente depois que o leitor tenha visto o sugestivo e formoso objeto amoroso, ludibriado de qualquer maneira.

A alegação muitas vezes ouvida de que essas historietas oferecem uma saída agressiva às tendências naturais das crianças e tem valor catártico – e de que as características sexuais da criança se formam antes mesmo que ela saiba ler – é Freud mal aplicado ou mal-entendido.

Percebo que esse humorismo tenta, deliberadamente, despertar fantasias semissadísticas [sic] nas crianças. De certo não podemos proibir elas de lerem revistas de historietas. Mas é elementar higiene infantil evitar que elas se apossem do espírito das crianças, como se tem permitido.

O outro artigo era também uma tradução, só que da revista *Publish & Editor*, do dia 10 de julho, e trazia uma novidade como primeira consequência efetiva da pressão contra os quadrinhos nos EUA: a criação do primeiro código de autocensura dos editores. E deixou Marinho e Aizen preocupados com o caminho que a perseguição aos *comics* tomou no país onde mais se lia revistinhas no mundo. Algo parecido poderia chegar, sim, ao Brasil:

Devido à onda de ressentimento público e agitação contra as influências imorais e criminosas de algumas revistas de historietas para a juventude, catorze dos 34 editores dos 270 títulos que aparecem mensalmente as bancas adotaram um código de moral. Pretende-se sanear essa literatura nem sempre tão juvenil de suas más características.

> Pode-se dizer que essas editoras estão precisamente retirando o cavalo da cocheira antes que ele se queime. As revistas de historietas foram condenadas por muitos como uma ameaça à juventude americana. Em várias cidades foram banidas das bancas de jornal. Esses catorze editores deviam receber congratulações por estarem reconhecendo a sua responsabilidade para com a comunidade americana. Sua atitude é igualmente um ato de defesa própria. Se não fizerem tal esforço em comum para policiarem as suas próprias fileiras, o público indignado providenciará por ele para que o faça. Infelizmente, há vinte outros editores de revistas de historietas que não podem ver a escrita na parede e não se uniram à campanha de limpeza. Podem inutilizar as boas intenções dos outros.

Quatro dias depois, em 12 de agosto, o *Diário de Notícias* saiu com a manchete "Como atuam sobre a infância e a juventude as publicações do tipo *Gibi*". O jornal apresentou um estudo da Comissão do Controle da Literatura Infantil, da ABE, que identificou nas principais revistinhas vendidas no Rio "um clima de belicosidade, de crimes e de preguiça mental".

Os professores Zoia de Laet, Chilra Menezes, Carmem Alonso e Maria Manhães explicaram ao jornal que as edições de *Gibi Mensal* (de Roberto Marinho), *O Lobinho* (de *A Noite*) e *Superman* (de Adolfo Aizen) que circularam no mês anterior haviam sido examinadas com o objetivo de verificar se a campanha da ABE e do *Diário de Notícias* levara os editores de quadrinhos a "amenizar" o conteúdo (pernicioso) de suas revistas.

Constataram que não. Roberto Marinho, disse o jornal, havia se comprometido pessoalmente, por meio da carta à direção da ABE, a "exercer severa censura e seleção" das histórias em suas publicações, mas não cumprira o prometido. As nove histórias de sua revista foram analisadas e os educadores avaliaram que quase todas exploravam temas de crimes, exceto a do personagem *O Reizinho*, de Otto Soglow, considerada "inofensiva". A mesma impressão foi tirada d'*O Lobinho*, que ainda circulava como propriedade do jornal *A Noite*.

ALIADOS DA "SUBLITERATURA INFANTIL"

Essa polêmica crescente não passou despercebida pela concorrência de Dantas e Marinho. As denúncias da ABE levaram o tradicional *Correio da*

Manhã e o semanário *Diretrizes* a se interessar pelo assunto. Na edição de 5 de agosto, *Diretrizes* entrevistou o escritor Aníbal Machado, o jornalista e vereador Osório Borba e o professor Mourão Filho, todos contrários ao projeto do deputado Pedro Vergara, que pretendia mudar um dos artigos da Constituição de 1946, que proibia "taxativamente" qualquer tipo de censura prévia a livros, jornais e revistas.

Em vez de restrição à liberdade de expressão, Vergara defendia uma ação policial radical para coibir os editores do que chamou de "subliteratura infantil", referindo-se às revistas em quadrinhos. *Diretrizes* concluiu que a literatura infantil de autores como os irmãos Grimm, Andersen, Monteiro Lobato ou Lewis Carroll corria perigo, porque poderia ser atingida pela proposta de Vergara. Essa observação não significava que tanto a revista como seus entrevistados fossem simpáticos aos gibis.

Machado considerou mais eficiente, em vez da censura, um esforço constante de educadores, institutos e associações ligados ao ensino para alertar os estudantes sobre os riscos oferecidos pelo conteúdo de parte dos livros e revistas em quadrinhos que circulavam no país. O escritor disse que o problema era que aquele tipo de leitura, que deveria ser o mais feérico e repousante possível, fora adulterado e se tornara uma "verdadeira fábrica de meninos sonâmbulos e agitados". E acrescentou: "Enquanto ensinarmos crueldade e guerra às crianças, nós, os adultos, as estamos traindo".

Ainda na primeira semana de agosto, Roberto Marinho reproduziu n'*O Globo*, com destaque, uma reportagem assinada pelo jornalista americano William Flannery, distribuída pela agência de notícias International News Service. O texto falava de um professor da cidade de Pittsburgh que defendia a leitura de histórias em quadrinhos por crianças e adolescentes. Para o professor, os *comics* não passavam de uma forma de entretenimento sem qualquer risco para a saúde mental de seus leitores.

O *Diário de Notícias* rebateu a matéria do concorrente e destacou que os artigos e reportagens positivos sobre quadrinhos publicados pelo jornal de seu adversário não podiam ser levados a sério, porque a agência era uma das maiores distribuidoras de quadrinhos do mundo, até com escritório no Brasil.

Uma nova investida de Dantas veio em 8 de agosto. Ele trouxe um balanço sobre a série de desenhos considerados violentos pela ABE. O tom da matéria seguia a tendência de sensacionalismo com que os quadrinhos vinham sendo tratados na imprensa: "Fornecemos aqui hoje algumas das cenas que ilustram essas historietas, colhidas com facilidade, quase ao acaso, pois as páginas das revistas estão repletas de coisas semelhantes".

Na mesma edição, o jornal publicou uma reportagem da revista americana *Editor & Publisher* sobre o banimento dos *comics* de várias cidades dos Estados Unidos, numa "onda de ressentimento público e agitação contra as influências imorais e criminosas de algumas historietas para a juventude". Uma nova manchete do *Diário* no dia 12 de agosto anunciou um "Impressionante depoimento sobre o perigo das más histórias em quadrinhos".

O jornal informou que recebera o aval do curador de menores de Belo Horizonte, Jarbas Vidal, à sua cruzada antigibi. O juiz enviou uma longa carta à redação na qual aplaudiu o *Diário* pela "patriótica e saneadora campanha contra as chamadas revistas infantis, responsáveis pela maioria das infrações praticadas por menores".

Vidal contou que, nos treze anos em que ocupara o cargo de curador, por diversas vezes ouvira de crianças e adolescentes que haviam aprendido a praticar crimes como furto com a leitura de revistas como *Gibi*. Para o juiz, se o governo realmente estivesse disposto a criar mecanismos para proteger as crianças contra a criminalidade, deveria começar pela proibição das "perniciosas" revistas em quadrinhos.

Ciência em quadrinhos *saiu em 1953. A intenção de Aizen era, mais uma vez, mostrar a ferramenta dos quadrinhos como linguagem na educação.* AA

Pressionada por Dantas e Marinho, em 17 de agosto a direção da ABE finalmente divulgou seu inflamado parecer sobre o conteúdo das histórias em quadrinhos. O documento foi intitulado "Apelo aos editores, aos escritores e aos artistas patrícios, às autoridades e às associações". Depois de ressaltar os aspectos fundamentais da literatura infantil – os conhecimentos que veiculava, os hábitos e costumes que difundia e seu caráter recreativo –, o conselho da entidade recomendou aos editores sérios que obedecessem a um código de ética que ela mesma acabara de criar.

Tratava-se de uma lista de sete itens "censuráveis" e cinco pontos "aconselháveis" para serem adotados nas revistas em quadrinhos. As histórias não deveriam, por exemplo, em hipótese alguma, conter erros ou vícios que prejudicassem a correção e a clareza ensinadas na escola. E mais: não poderiam tratar de "temas imorais, impatrióticos, sectários, dissolventes, desanimadores, capazes de criar ou estimular a descrença, a indolência, a luxúria, a devassidão, o preconceito de raças, o crime, a responsabilidade e a passividade".

A ABE pregou ainda a difusão nas revistas de histórias com temas ligados ao Brasil. A entidade clamou pela obediência das editoras àquele código de ética. Para isso, sugeriu aos pais, professores, associações de cultura e autoridades que cobrassem dos empresários sua aplicação.

Para mostrar que Marinho não seguia nenhuma das regras propostas, o jornal de Orlando Dantas fez uma rigorosa análise das oito histórias que formavam a edição daquele mês de agosto d'*O Globo Juvenil* e afirmou que sete delas traziam "conteúdo pernicioso". Citou mais uma vez como exceção *O Reizinho*, "apesar das brincadeiras sobre prisioneiros de índios". As demais foram condenadas porque traziam "elementos" ligados a roubos, assassinatos e "assombrações" – entre as quais estavam duas histórias da *Família Marvel* e do *Capitão Marvel Jr.*

O advogado e jurista Adauto Lúcio Cardoso, presidente da Câmara dos Deputados e futuro ministro do Supremo Tribunal Federal, entrou na discussão no *Diário* com o artigo "O mundo dos supermen", em 27 de agosto. Seguro do que dizia, Cardoso falou que os quadrinhos tinham deturpado completamente a mente de todos os que faziam parte da nova geração de criminosos no Brasil.

Seu argumento mostrava o quanto as ideias de Wertham foram tão rapidamente assimiladas como verdades inquestionáveis por todo país, enquanto nos EUA o psiquiatra era bastante questionado pelo modo exagerado e tendencioso que usava para tratar o tema. O jurista não considerou outras

Em artigo publicado no jornal A Gazeta, *em dezembro de 1947, o professor José Brito Viana considerava as histórias importadas dos* EUA *um eficiente meio de "alienação cultural" e defendeu a criação de um código de ética.* AA

variantes possíveis para o que faziam os menores delinquentes – sociais e econômicas – para justificar o que os levava a cometer crimes.

Continuou ele: "Cada um de nós tem lido sobre as experiências dessa estranha juventude que é o abuso que certas histórias de quadrinhos vêm criando pouco a pouco. São os grandes e belos monstros iletrados, nutridos na infância com o leite da violência, que acabam no pugilismo profissional e nas polícias de choque do Rio e dos estados, depois de um turbulento estágio na vida dos grandes centros".

Uma rápida tomada de contato com qualquer um desses menores infratores, prosseguiu Cardoso, duas ou três perguntas banais e se poderia, com segurança, identificar "pelas respostas gaguejadas, pela pobreza da linguagem, pela timidez de crianças agigantadas, um membro da geração de super-homens, educados no culto da 'via imediata'". E se multiplicavam, segundo ele, "criando novas condições de vida, embaraçando os caminhos e os hábitos da gente normal suscitando problemas inéditos".

O jurista via uma violência desenfreada em todos os cantos por causa das revistinhas. Observou que pouca gente sabia por que a boate luxuosa de Copacabana ou da Praia Vermelha não deixava nas mesas as garrafas de bebidas. "E é simples: para evitar que sirvam de armas mortais nos conflitos que os super-homens fazem estalar, devastadores como ciclones, por causa de uma simples olhadela do vizinho da mesa".

Nas festas populares ou aristocráticas, afirmou Cardoso, "já é hoje indispensável a presença de um ou mais pugilistas profissionais, incumbidos de manter a ordem, com eficácia e discrição: um 'uppercut' rápido, silencioso, a perda de sentidos e o façanhado herói sai carregado como nos filmes de gângsteres e nas histórias em quadrinhos".

Às vezes, porém, só uma esquadra policial dava remédio, como no baile que o conhecido deputado do PSD ofereceu na sua bela casa das Laranjeiras, para celebrar o aniversário da filha e que foi invadida por assaltantes às duas horas da madrugada. Foi preciso um "choque" da Policia Especial para libertar as senhoras que se trancaram apavoradas em um dos aposentos mais seguros.

E a culpa era dos gibis. "O mais curioso, porém, é vê-los conversar na meia língua virgulada de grunhidos e gestos que a leitura exclusiva de histórias animadas lhes deixam. Os que se preocupam com a instituição de vocabulário essencial, simplificado até o sabugo, deviam promover 'mesas redondas' desses belos deuses do nosso tempo", só então se teria uma ideia bem nítida do que Cardoso chamou "de desastre que representava para o desenvolvimento normal da linguagem, da moralidade elementar e do próprio senso comum, o abuso das histórias em quadrinhos".

O pânico difundido contra os quadrinhos pelo *Diário de Notícias* entre pais, professores, padres e políticos não demorou a chegar a São Paulo. Ainda em agosto, o Serviço de Divulgação da Secretaria de Segurança Pública do Estado anunciou que daria início, nas semanas seguintes, a uma campanha nas escolas da capital, com o propósito de levar ensinamentos da "política preventiva" aos jovens em idade escolar, instruindo-os sobre como evitar a má literatura infantil, principalmente as histórias em quadrinhos, publicadas nas revistinhas.

A medida mais drástica, porém, veio em 11 de outubro, quando o governador Adhemar de Barros transformou em lei (n° 171/48) o projeto do deputado Gabriel Migliori, criando a Comissão Orientadora de Literatura Infanto-Juvenil da Secretaria dos Negócios do Governo da Educação, presidida pelo escritor Cassiano Ricardo. A comissão tinha como objetivo investigar, colher dados e apresentar conclusões opinativas ao secretário de Educação sobre a literatura "considerada nociva à mentalidade infantojuvenil".

Cassiano Ricardo deveria encaminhar as "denúncias" contra os editores de quadrinhos às autoridades competentes. O governador estabeleceu uma verba de trezentos mil cruzeiros para custear as investigações e conclamou os cidadãos paulistanos a fazer pessoalmente suas reclamações ao secretário. Uma semana depois, o assunto se transformou em prioridade na Câmara dos Deputados.

A Comissão de Educação e Cultura anunciou que nos próximos dias enviaria para votação no plenário um projeto de emenda à Constituição que estabeleceria a censura prévia às revistas em quadrinhos e de contos policiais. Essa decisão não contou com o consenso dos parlamentares. O escritor e deputado pernambucano Gilberto Freyre deu seu voto em separado, manifestando-se "absolutamente contrário" à proposta.

Freyre justificou que, mesmo que os temores de pais e professores tivessem procedência, acreditava que o remédio sugerido para suprimir o "mal" dos quadrinhos fosse mais perigoso que a própria doença. O escritor propôs que os pais fossem orientados para "resguardar" seus filhos, informando-os tanto quanto possível sobre possíveis perigos em suas leituras. Na opinião dele, seria imprescindível o apoio moral e intelectual da escola, da Igreja e da imprensa para combater os editores que viviam "de explorar, no público, as paixões ou as curiosidades vis".

Debates na Câmara dos Deputados. Comissão de investigação em São Paulo. No Rio, discussões na ABE. Campanha sistemática do *Diário de Notícias* e contra-ataques de Roberto Marinho. Reprodução de artigos de psiquiatras americanos em jornais de todo o país. Tudo isso caracterizava a cruzada antigibis, que ganhou dimensão de problema nacional naquele final de década.

A REPRESSÃO SE ESPALHA PELO PAÍS

Ainda em 1948, os editores brasileiros de histórias em quadrinhos viviam sua primeira fase de repressão ampla. Enquanto isso, Roberto Marinho continuava sozinho na trincheira para convencer, sozinho, que os heróis e super-heróis não deformavam os pequenos leitores, uma vez que Adolfo Aizen parecia mais concentrado em estruturar sua editora.

O diretor d'*O Globo* deu mostras de que percebera que precisava ser um estrategista mais polido para enfrentar o problema, embora continuasse explosivo em suas reações. Foi assim que, no começo de setembro, ele virou o

Anúncio de O Globo Juvenil *que reafirma a importância dos quadrinhos.* AA

jogo a seu favor na ABE. A entidade retomou os debates sobre o assunto naquele mês, só que agora, para surpresa dos críticos de gibis, com ampla cobertura d'*O Globo*, e não do *Diário de Notícias*, como ocorrera semanas antes.

No primeiro encontro da ABE do mês, foi lida mais uma carta de Marinho, na qual ele elogiou a seriedade da instituição e fez, mais uma vez, uma série de "esclarecimentos" a respeito da pressão que sofria por causa de suas revistinhas.

O empresário pediu apoio da ABE para convocar educadores de todo o país "a aproveitar a grande circulação" das revistas que ele editava para colaborar no esforço de melhorar a educação dos jovens. O editor anunciou que cederia algumas páginas de seus gibis para divulgar orientações dos professores com o propósito de despertar o interesse por livros nos leitores.

A brusca mudança de posição da ABE aconteceu por causa de uma articulação de bastidores do diretor d'*O Globo* que resultou na conquista de um importante aliado: o vice-presidente da associação, professor Celso Kelly. Para espanto de alguns críticos presentes à reunião, depois de ler a carta do empresário, Kelly rasgou elogios às revistinhas de Roberto Marinho.

O professor Edgar Sussekind de Mendonça fez um recuo ainda mais surpreendente. Após criticar o governo por nada fazer em benefício das crianças e banir as revistinhas, alegou que não queria discutir literatura infantojuvenil porque simplesmente desconhecia o assunto. E confessou nunca ter lido uma única revista em quadrinhos em toda a sua vida. Admitiu, entretanto, que estava preocupado com os "lucros auferidos" pelas grandes editoras que publicavam revistas juvenis.

O principal avalista dos gibis de Marinho, no entanto, seria o professor e escritor Mello e Souza, membro da diretoria da ABE. Ao comentar a carta do editor durante a reunião, citou exemplos de que, ao contrário do que dizia o *Diário de Notícias*, muitas das revistas acusadas de serem prejudiciais às crianças traziam histórias educativas e promoviam constantemente "iniciativas de caráter cultural".

O escritor disse também que considerava absurda a forma preconceituosa como uma instituição respeitada como a ABE vinha questionando as histórias em quadrinhos. E foi mais longe, com uma ameaça: caso a associação continuasse a campanha contra os gibis, sairia de sua direção.

A mudança de postura da ABE deixou Orlando Dantas perplexo e furioso. Esbravejou, xingou o rival de uma infinidade de palavrões e voltou ao ataque em pelo menos mais três reportagens no decorrer de setembro. Com a manchete "As más leituras são o grande estímulo à delinquência infantil", publicada em 17 de setembro, o *Diário de Notícias* afirmou, mais uma vez, que "violências, crimes e espancamentos" eram praticados por menores motivados pela influência de determinadas revistas, "onde fica provada a responsabilidade de certas histórias em quadrinhos".

Uma novidade na abordagem foi que, segundo o jornal, "o mal" dos gibis datava dos tempos do DIP, no Estado Novo. Afinal, o autor do artigo era um velho conhecido de Aizen e Marinho, o insistente padre Arlindo Vieira. O texto, na verdade, tinha sido publicado em abril daquele ano, na revista católica *O Monitor*.

Vieira recorreu, como fazia o jornal, a informações dos jornais e revistas americanos para fundamentar suas críticas. "A imprensa americana tem se preocupado ultimamente com a onda sempre crescente de crimes perpetrados por menores de nove a dezessete anos de idade", começou ele. "A delinquência infantil faz seus estragos não só em Nova York e nos grandes centros urbanos. Mais ainda nos pequenos lugares no interior do país".

Para o religioso, eram crimes urdidos friamente por meninos e meninas, que pareciam não fazer outra coisa senão executar planos cuidadosamente elaborados. Vieira disse que sabia qual era a causa de tanto mal. Mas, antes, listou uma série de casos grotescos de assassinatos ocorridos supostamente nos EUA, praticados por menores.

Para ele, não eram "crianças taradas como têm demonstrado os testes, mas seres indefesos que apresentam a imaginação exacerbada por desenhos coloridos cuja legenda tem por tema assassinatos, roubos, espionagens, assaltos, crueldades e mal encoberta sexualidade. [...] Dizem os entendidos que, embora essas aventuras terminem sempre com a vitória dos mocinhos sobre o bandido, é este último que conquista a imaginação dos leitores inexperientes", observou.

E fragilizados também, por causa do maniqueísmo dos quadrinhos, acreditava ele. O padre brasileiro recorreu ao levantamento feito pela revista *The Saturday Review of Literature* (já citado pelo mesmo *Diário de Notícias*), cuja principal fonte era Wertham e a sua certeza de que os gibis eram o elemento comum de todos os crimes praticados por crianças e adolescentes – uma corrente apontava como uma das causas a orfandade trazida pela guerra. Até que passou a relembrar as ameaças que sofreu de agentes do DIP para parar de criticar as revistas em quadrinhos em 1939.

Cinco dias depois, em 22 de setembro, o *Diário de Notícias* anunciou que tinham sido tomadas, finalmente, "medidas oficiais de defesa do menor contra as más publicações infantis". Referia-se à Circular nº 7, da 1ª Região Escolar do Estado do Rio, que orientava as escolas de quatro municípios fluminenses abrangidos pela unidade – Angra dos Reis, Paraty, Maracangalha e Itaverá (Rio Claro) a blindarem "a infância das influências das revistas perigosas".

Com isso, disse o jornal, o Estado do Rio se colocava à frente de todo Brasil na "campanha de preservação da mocidade escolar brasileira". A circular foi elaborada por José Augusto da Câmara Torres, técnico em educação. O texto era curto:

Sra. Professora:
Recomenda-vos, com um carinho todo especial, vosso esforço no sentido de ser iniciada rigorosa e persistente campanha contra revistas infantis do tipo *Gibi*, *O Globo Juvenil* e *Biriba* etc. – as quais contém histórias e gravuras profundamente prejudiciais à mentalidade infantil ou adolescente.
Tais histórias e tais gravuras em quadrinhos, além de, muitas vezes, conterem matéria obscena, relatam crimes e atos de violência e de terror que constituem um perigo para a mocidade.

A guerra aos gibis recebia destaque no Diário de Notícias *pela sua suposta gravidade na educação das crianças.* BN

Depois de uma longa explicação sobre como o assunto estava alarmando os EUA e diversos psiquiatras, principalmente Wertham, tinham concluído que a causa do aumento dos crimes entre menores eram os *comics*, o professor Torres continuou:

> É em benefício dos próprios princípios cristãos que devemos combater essas revistas imorais e perturbadoras da vida infantil. Não deveis deixá-las entrar nas vossas escolas, nas mesas dos vossos alunos, dos vossos amigos.
> Deveis explicar os males que causam essas leituras, com histórias nada engraçadas de bandidos, assassinos, contrabandistas etc.
> Há muitas coisas boas para as crianças lerem, até mesmo revistas recomendáveis, como O *Tico-Tico*, *Era uma Vez* etc.
> A mente juvenil não pode ser perturbada pela ganância de lucros e pela falta de escrúpulos dos envenenadores de almas.
> Acredito, portanto, que levareis em conta o assunto, saneando as leituras dos vossos alunos.

No dia 7 de outubro, seu jornal denunciou que, durante o Primeiro Congresso Gremial de Estudantes, no Rio, um de seus repórteres teria sido hostilizado pela direção do evento por causa das denúncias que o jornal fazia contra as revistas em quadrinhos, embora três dos cinco palestrantes convidados tivessem acusado os gibis de má influência sobre os estudantes.

Segundo o *Diário de Notícias*, os organizadores do congresso, favoráveis aos quadrinhos, tentaram impedir que seu repórter tivesse acesso à íntegra dos discursos dos palestrantes – o que provocou uma grande confusão no final dos debates. Ainda pela versão do jornal, um estudante que fora eleito "embaixador da juventude" no concurso d'*O Globo Juvenil* sugeriu à mesa que, antes de entregar os textos à imprensa, os submetesse a um parecer da organização.

O jornalista, que já estava com cópias em seu poder, concordou em devolvê-las, sob a promessa de que as receberia de volta dois dias depois. Como a promessa não foi cumprida, o *Diário de Notícias* acusou Roberto Marinho de manipular o congresso para defender seus interesses como editor de quadrinhos.

Sem as teses, o jornal de Dantas se limitou a destacar as propostas do estudante Djeta Medeiros, um dos mais eufóricos palestrantes que falaram contra os quadrinhos. Medeiros sugeriu que, no número seguinte do jornal dos estudantes secundaristas, fosse recomendada a todas as escolas uma campanha "enérgica" e "permanente" contra gibis como *Suplemento Juvenil, Gibi, Biriba, Globo Juvenil, Gibi Mensal* e *O Guri*, para que os estudantes fizessem um "boicote àquelas revistas".

Marinho não demorou a dar novas estocadas no rival. Na edição de 25 de outubro, *O Globo* acusou o cronista Rubem Braga, crítico de seus gibis, de escrever um texto hermético, que desrespeitava a Igreja Católica – uma crônica publicada dois dias antes no jornal de Dantas. De acordo com o diário, durante a reunião da Congregação Mariana, no Liceu Literário Português, o jornalista Cristóvão Breiner conclamou os brasileiros a enviarem telegramas de repúdio contra o *Diário de Notícias* por causa do texto de Braga.

Não por acaso, ao saber antecipadamente que Breiner atacaria o cronista do concorrente, Marinho determinou que o evento tivesse transmissão ao vivo pela Rádio Globo. No dia seguinte, o jornal de Dantas destacou numa de suas manchetes: "Em desespero de causa, *O Globo* tenta intrigar-nos com os católicos". Logo abaixo, Dantas escreveu:

> Ocorreu, agora, ao sr. Roberto Marinho, em desespero de causa, um outro recurso, inspirado, ao mesmo tempo, pelo seu ódio a este jornal e pela preocupação em que está de melhorar a posição do seu vespertino e das suas revistas perante as autoridades eclesiásticas, comprometida gravemente pela sua insistência na publicação das revistas *Gibi*, *Biriba*, *O Globo Juvenil* e outras semelhantes, todas elas combatidas e condenadas por aquelas autoridades e pelas famílias brasileiras.

Segundo Dantas, Marinho teria orientado seu jornal a explorar ao máximo os sentimentos "anticatólicos" de Braga com o propósito de transferi-los "a toda força" para *O Diário de Notícias*, que teria descoberto que o concorrente tentara obter declarações de personalidades do clero e dos meios católicos condenando a crônica de Braga, mas não tivera sucesso.

De acordo com o jornal, o interesse repentino de Marinho pela congregação tinha apenas o objetivo de usá-la para rebater as denúncias do *Diário de Notícias* contra suas revistas infantojuvenis: "Diante da destemerosa atitude que assumimos contra suas chamadas 'revistas infantis', tudo fará aquele vespertino para alcançar o que é impossível: o silêncio do nosso jornal em face daquelas perigosas publicações".

Um dia depois, o *Diário de Notícias* afirmou, mais uma vez com destaque na primeira página, que o garoto Eugênio dos Santos, que havia assassinado um homem durante um assalto, estaria influenciado por uma revista editada por Roberto Marinho. E reproduziu uma curiosa crônica da jornalista Sarah Marques na sua coluna "Carioca, Alerta", publicada pelo vespertino *O Mundo*, com o título "O crime". O texto, em forma de carta, dirigido ao menor delinquente, era, na verdade, destinado a Roberto Marinho em pessoa:

> É isso, Eugênio. Você se precipitou um pouco. Só porque aprendeu no *Gibi* a dar tiros, pensou que pudesse ser um herói do crime. Que ilusão, menino! Agora está na cadeia, ficará na cadeia anos sem fim; e o pior é que não conseguiu sufocar a voz da consciência e está roído de remorsos, arrependido do que fez, desesperado diante da inutilidade desse arrependimento.
>
> Você se precipitou. Era um aprendiz mal iniciado na técnica do crime. Um bisonho aprendiz que só viu o gesto material de puxar o gatilho sem ter apreendido o espírito da tenebrosa aventura. Você matou consciente de que estava fazendo mal, de que mereceria todos os castigos do mundo.

A polêmica causada pelo Diário de Notícias *levou o tradicional* Correio da Manhã *a também noticiar a pressão para censurar as revistinhas.* AA

Você confessou, Eugênio, logo no primeiro interrogatório; e se a polícia não o tivesse apanhado, você teria ido procurá-la espontaneamente para tirar da consciência o peso da culpa. Você ainda não estava preparado para os crimes rendosos. Agora, está vendo o exemplo, está aprendendo tardiamente como se faz.

Roberto Marinho está aí, diante dos seus olhos espantados, como agem os bandidos de classe, os aristocratas do crime. Nada de sangue que salpica o peitilho da camisa. Nada de força que desmancha a serenidade bem-composta da fisionomia e amassa os vincos das calças.

O grande crime, o que compensa, usa a máscara da virtude, que é a indústria mais rendosa deste país. Você não leu em *O Globo* a tristeza de Bebeto [Roberto Marinho] pela dissolução moral da sociedade?

Não se sentiu ainda mais humilhado, ainda mais compungido, ainda mais culpado, pela mágoa que o seu crime de aprendiz causou ao nobre e puro coração do dono de *O Globo*? Pois, Eugênio, aquele choro todo era para esconder um crime de calúnia, um frio crime de gente civilizada e amiga da polícia.

Você se precipitou. Se tivesse treinado longos anos, se tivesse absorvido o espírito dos heróis de *Gibi*, aprenderia os grandes golpes que dão prestígio e glória aos crimino-

215

sos. Está vendo? Não conseguiu, com tanto esforço e tanto sofrimento, uma simples carrocinha de frutas.
Bebeto tem muitos automóveis e cavalos de raça. E ainda é campeão da civilização cristã e da democracia.

Indignado com a crônica, Marinho se queixou aos colegas de redação. Disse que Dantas pegara pesado ao tentar ligar seu nome ao crime de Eugênio dos Santos. Magoou-o mais ainda a crônica de Sarah Marques. Em seu jornal, acusou o *Diário de Notícias* de tentar induzir o menor infrator a confessar que praticara o crime inspirado na sua revista.

Para provar a autenticidade de sua notícia, Dantas publicou o que seria uma declaração da 17ª Delegacia de Polícia com a confirmação de que a confissão do menor fora espontânea. *O Globo* não perdeu tempo para colocar o documento sob suspeita. A certidão, afirmou o jornal, limitava-se a atestar que Eugênio dissera que se recordava de estar levando "um gibi" (como sinônimo de revista em quadrinhos) qualquer – sem identificar qual título – e que começou a lê-lo quando entrou no carro da vítima.

Ao se defender da acusação de falsificar informação, Dantas protestou: "O jornal do sr. Roberto Marinho, não obstante a declaração cristalina, irrefutável, que lhe temos imposto, voltou às escandalosas manchetes, às suas mentiras e aos seus insultos".

A ira de Orlando Dantas o levou a incluir na mira de sua metralhadora até seu amigo Adolfo Aizen, citado pelo próprio jornal alguns meses antes como uma das vítimas da "ganância" de Roberto Marinho – na ocasião, lembrou como o diretor d'*O Globo* tomara os heróis de Aizen em 1939. O jornal denunciou que *O Herói*, da Ebal, estava sob suspeita de ajudar no aumento da delinquência juvenil.

E, o mais grave, a revista vinha sendo impressa havia mais de um ano na gráfica da Imprensa Nacional, com benefícios custeados pelo dinheiro público. Mais adiante, o jornal ironizou:

> E dizem que, enquanto a Imprensa Nacional não pode pôr em dia, por excesso de serviço, trabalhos oficiais de suma importância, inclusive boletins educativos do Departamento Nacional da Criança, enquanto que [sic] *O Herói*, que é impressa em suas oficinas, sai religiosamente em datas certas. Será que o professor Paula Aquiles, sempre zeloso do trabalho da organização que dirige, estará a par deste fato?

Dantas parecia ter fôlego para levar a contenda com Roberto Marinho às últimas consequências. Em novembro, o *Diário* iniciou uma nova investida, com mais reportagens contra seu maior inimigo e suas revistinhas. A partir do dia 3, o jornal passou a transcrever quase diariamente reportagens de jornais de diversos estados para mostrar que a mobilização contra os gibis estava em todo o país.

As fontes eram as mais diversas: do conceituado *Jornal do Commercio*, do Recife, a boletins católicos de Minas Gerais (*A Verdade*, de Alfenas) e de São Paulo (*O Ascensor*, de Jaboticabal), e mesmo *A Fama*, órgão dos funcionários da Aeronáutica.

O ano de 1948 se aproximava do fim sem qualquer indício de que Dantas diminuiria os ataques, mesmo com a repetição sistemática dos argumentos e quase nenhuma novidade. No jornal de 7 de novembro, no centro da página inteira dirigida a denunciar os quadrinhos mais uma vez, um quadro em destaque fazia um apelo: "Se você é pai, antes de dar a seu filho uma 'revista infantil', passe os olhos pelas historietas por ela publicadas".

O destaque na manchete era a adesão do conhecido professor Luiz Melo Campos – presidente do Sindicato dos Estabelecimentos de Ensino Primário e Secundário do Rio de Janeiro – à cruzada do jornal: "Como cidadão e como educador ofereço toda a minha solidariedade à campanha do *Diário de Notícias*".

Graças à pressão da entidade e de Campos, que se envolveu diretamente na mobilização, apenas dezoito dos 128 colégios do Distrito Federal tinham permitido a realização, entre seus alunos, do Concurso de Embaixador da Juventude, "patrocinado por três revistas perniciosas" de Roberto Marinho.

Era uma notícia requentada. O professor tinha criticado os quadrinhos em um evento realizado em São Paulo dez meses antes, durante o III Congresso Nacional de Estabelecimentos Particulares de Ensino. Ele apresentou "pela primeira vez no Brasil a tese contrária à disseminação da má literatura impropriamente chamada infantojuvenil". O evento aprovou o argumento contra os gibis e incluiu o texto em suas conclusões, como alerta para que todos passassem a combatê-los.

Campos levou o tema para a palestra que fez na Associação Brasileira de Educação, onde era diretor. Sua fala provocou um "parecer dessa entidade com as sugestões do educador, já publicadas por este jornal". Entre outras medidas, Campos defendeu a criação de um órgão consultivo integrado por "educadores alheios à economia das empresas, que se incumbiria de aprovar as publicações destinadas à infância e à adolescência".

Não ficava claro se essa censura seria feita apenas para orientar as escolas ou por um ministério, órgão do governo ou polícia. Quer dizer, os professores passariam para alunos e pais uma lista do que poderiam ler? Outra sugestão era a criação do maior número possível de publicações comprovadamente infantis. E melhor discriminação das revistas com indicação das idades de leitura – o que deveria aparecer na capa.

A mesma edição do *Diário de Notícias* trazia matéria sobre o pedido de criação de um órgão supervisor do conteúdo das revistas em quadrinhos. A proposta foi apresentada pelo estudante Sidney Sebastião Rebelo de Souza, durante o II Congresso Metropolitano de Curso Secundário, realizado pela AMES e com apoio da União Nacional dos Estudantes (UNE).

O "problema" da má literatura propagada pelos quadrinhos foi principal tema de uma das noites de debates do Congresso. "Além das teses sobre o assunto, congressistas de várias bancadas apresentaram indicações sobre o assunto, [...] como mais um atestado da repulsa de que acha possuída a classe estudantil contra o que se publica nas revistas falsamente intituladas 'para a infância e a juventude'".

De 14 de novembro até a semana antes do Natal, o *Diário de Notícias* publicou mais oito longas reportagens contra as revistas em quadrinhos. A maioria trazia a série de conclusões do Inep "provando a malignidade de certas publicações infantojuvenis". Segundo o jornal, era a primeira vez que aquelas informações vinham a público, embora, como foi visto, o próprio instituto as tenha publicado em sua revista entre 1944 e 1945, com a afirmação de que os gibis prejudicavam o desenvolvimento escolar e causavam "preguiça mental" nas crianças.

A guerra de Dantas contra Marinho não perdeu força no decorrer de 1949. Em todos os meses do ano o *Diário de Notícias* atacou os quadrinhos do rival. E boa parte da imprensa conservadora fez coro. O que acontecera até então soaria como um aperitivo antes do banquete.

O SEGUNDO *ROUND* DE DANTAS

Mudou o ano, mas a obsessão de Orlando Dantas contra Roberto Marinho a partir de ataques a seus gibis continuou na mesma intensidade – raramente com novidades, repetindo os mesmos argumentos na maioria das vezes. No dia 21 de janeiro de 1949, por exemplo, em vez de reproduzir crimes ocorridos nos EUA, o jornal foi encontrar um suposto caso de criminosos mirins ligado aos quadrinhos na cidade de Botucatu, interior paulista.

"Na idade dos folguedos de infância e já na senda do crime", dizia o título. Na chamada, o diário explicava: "Relato do *Correio de Botucatu* sobre a prisão de uma quadrilha naquela cidade – avoluma-se o clamor público contra os péssimos ensinamentos das publicações impróprias – novos protestos de solidariedade a este jornal, a propósito da campanha em defesa do menor nacional". Esses eram os temas das matérias separadas na mesma página.

A essa altura, por citar tanto a campanha nos EUA contra os quadrinhos, o *Diário de Notícias* popularizou o termo em inglês "*comics*", quadrinhos em inglês, porque os primeiros personagens surgiram para fazer o leitor rir. A matéria começava com a mesma afirmação de sempre, de forma contundente e impositiva: "A nefasta influência das más histórias em quadrinhos atuando sobre temperamentos infantis, os mais diferenciados, é, contudo, em seus efeitos deletérios".

Prosseguiu o jornal carioca: "Em qualquer país onde o problema da subliteratura dos 'comics' se manifeste, aí iremos encontrar, sem maiores dificuldades, os mesmos sintomas de intoxicação da infância e da juventude pelos 'quadrinhos' e os mesmos protestos de milhares de pais e educadores, da imprensa e de cientistas, denunciando os excessos cometidos por essas publicações".

Todos eles reclamavam medidas de defesa contra as facilidades – "diríamos, quase impunidade" – com que circulavam aquelas revistas "que vão, cada vez mais, ampliando o seu círculo de influência e, consequentemente, de vítimas". Nessa estratégia de atacar sem trégua havia um ano, o estrago de Dantas parecia irremediável na imagem dos quadrinhos no Brasil para sempre, com consequências graves de campanhas de censura – como se verá a seguir – e contaminação de outros importantes veículos de imprensa.

A reportagem do *Correio de Botucatu* foi publicada no dia 9 de janeiro, "na qual é relatada objetivamente a triste e horripilante história de um grupo de meninos que, vítimas inertes dos maus ensinamentos contidos em certas 'revistas infantis' enveredaram pelo caminho do crime, tornando-se

Fotos que chocavam pais e educadores nos EUA. Felizmente, nem todos achavam que os quadrinhos eram tão nocivos. AA

delinquentes em uma idade que as crianças de sã formação intelectual e moral ainda se dedicam aos folguedos ingênuos próprios dessa etapa da vida".

O jornal contou que havia tempos registrava em estabelecimentos escolares da cidade misteriosos furtos de objetos e até somas em dinheiro das caixas escolares, sem que os "larápios" deixassem uma pista sequer para encaminhamento das diligências que se faziam necessárias, "tendo em vista que os furtos se sucediam com estranha continuidade".

Dois dias antes da reportagem, porém, o diretor do Grupo Escolar Cardoso de Almeida (cujo nome não foi citado), um dos estabelecimentos que vinham sendo visitados pelos misteriosos personagens, como disse a reportagem, flagrou os moleques em ação. Ao entrar no prédio, surpreendeu três garotos que desmontavam um relógio de parede para facilitar o transporte. Ele saiu atrás dos meninos, que correram em disparada pela rua.

Mesmo assim, os três teriam sido pegos, e qual não foi a surpresa quando a polícia descobriu que eram filhos de famílias conhecidas e respeitadas da cidade? "Em conversa com um dos pais dos meninos, fomos informados que as malfadadas historietas em quadrinhos de certo influíram grandemente para que se atirassem nessa aventura. Ele adiantou ainda que por várias vezes tivera ocasião de repreender seu filho quando este se encontrava absorvido nessas perniciosas leituras, ordenando mesmo que as revistas fossem jogadas ao fogo".

Os ataques contra os gibis prosseguiram nos meses seguintes. Em 7 de maio, o jornal destacou o que seria mais uma vitória sua, a adesão do tradicional *Correio Paulistano* ao combate às revistas em quadrinhos. Seis dias antes, no editorial "Leitura perigosa", o jornal se dirigiu aos pais e professores para que reagissem contra os quadrinhos. A motivação para isso foi a orientação dada pelo novo diretor do Departamento Municipal de Cultura de São Paulo aos bibliotecários para que eles "expurgassem" obras pouco recomendáveis para leitores de pouca idade. Para o *Correio*, a medida deveria ser seguida por todas as bibliotecas do estado.

Criatividade não faltava ao jornal de Dantas para insistir na guerra aos quadrinhos. A partir de 27 de maio, a publicação incluiu a vinheta em um quadrinho à parte: "Se o senhor é pai, não deixe de ler este artigo". Em seguida, vinha a tradução do editorial da *Magazine Digest* sobre "o aumento progressivo da delinquência juvenil", como dizia o título. Logo abaixo, antes de falar de um menino de catorze anos que teria envenenado uma idosa, destacou: "Formal condenação das histórias em quadrinhos, nas quais o bem não triunfa estritamente contra o mal".

Os meses passaram e uma medida de censura aos quadrinhos começou a ganhar forma. Em 25 de agosto, ainda em 1949, no artigo "Publicações maléficas", o *Diário* informou que a Câmara dos Deputados aprovara, no dia anterior, o texto do protocolo de emenda da convenção para repressão à "circulação e ao tráfico de publicações obscenas", assinado pelo Brasil em março em Lake Success, no estado de Nova York.

Dessa maneira, os legisladores brasileiros não fariam oposição à necessidade de medidas para impedir que as publicações tivessem livre trânsito em seu propósito de destruição "das forças morais da sociedade". Ao fazer isso, juntamente com representantes de outros países, o legislativo praticamente assumia o compromisso de aderir a medidas drásticas de censura aos quadrinhos.

A luta "contra as divulgações imorais", assim, conquistava uma vitória no Brasil, "onde a penetração de edições escabrosas se faz sentir de modo impressionante nos últimos anos". As bancas de jornais se converteram, segundo o jornal, em entrepostos onde as revistas licenciosas ocupavam lugar de destaque. Isso "não deveria acontecer porque o efeito que as divulgações fesceninas obtêm sobre a mente da adolescência é conquistado às custas de notórios prejuízos à formação espirituais de gerações".

O problema era grave, pregava Dantas. "Se por um lado as histórias de heróis e heroínas em quadrinhos, onde o crime, a maldade e a má fé predominam, constituem sério abalo no preparo da juventude, criando autêntico problema social, por outro as narrativas livres enriquecem a ação de pais e professores. De certa maneira, os jovens aprendem a exaltar o crime, a violência e a traição. De outro, iniciam-se no despudor que conduz à dissolução de costumes".

A maior das reportagens sobre o tema saiu em 15 de novembro, dividida em duas páginas. O destaque foi a discussão levada sobre os maus quadrinhos no Congresso Nacional de Jornalistas, realizado em Salvador quatro dias antes, no qual foi "aprovado por aclamação um voto do relator da Comissão de Ética, elogiando duas teses nas quais se fazem severas críticas à má literatura infantil", dizia o destaque da reportagem. A intenção era desmentir *O Globo* de que o evento defendeu a publicação de quadrinhos.

O *Diário* afirmou que foram apresentados os estudos dos educadores Fernando Fortarel Barbosa, da delegação de São Paulo, e Eustórgio Vanderley, do Distrito Federal. Os dois faziam "sérias críticas" às "grosseiras falsificações e perniciosas publicações que infestam e infectam todo o país com o falso rótulo de literatura infantil". Em seguida, transcreveu o longo texto em que Isaac Accelrud, relator da comissão de ética, justificava sua condenação aos quadrinhos com vários argumentos já conhecidos.

O ano de 1949 chegou ao fim, mas não o intenso tiroteio entre Marinho e Dantas. O diretor d'*O Globo* demoraria a perceber também que continuar respondendo às acusações do concorrente apenas no nível das ofensas pessoais em nada ajudava a minimizar o desgaste que as revistas sofriam de forma irremediável junto de seus editores. Mais que isso, o próprio Marinho sairia bastante arranhado, como se fosse um gângster que produzia criminosos em série.

O empresário, no entanto, não imaginou o que estava por vir contra seu nome e sua honra.

CAPÍTULO 7 – GIBIS, UM PROBLEMA CONSTITUCIONAL

A DEFESA DE GILBERTO FREYRE

O escritor e sociólogo pernambucano Gilberto Freyre conhecia como poucos os rigores da censura moral no Brasil quando saiu em defesa da liberdade de expressão para os editores de histórias em quadrinhos, em 1948. Seu livro mais famoso, *Casa-Grande e Senzala*, de 1933, foi alvo, desde o lançamento, de violentos ataques por causa da abordagem "erótica" que o autor teria feito da construção de seu estudo da sociedade brasileira.

Pelo menos era o que pensavam alguns de seus críticos, principalmente a respeito dos trechos em que Freyre falava sobre a presença do negro na estrutura familiar patriarcal no período colonial e sua contribuição à formação cultural do país. Toda a polêmica da obra estava em duas partes do livro – a quarta e a quinta –, que abordam a presença do escravo na vida sexual e familiar dos seus proprietários. Algumas passagens por pouco não levaram o autor à prisão.

Seu principal crítico surgiu em meados da década de 1930, no Recife, onde vivia o escritor. O padre Serafim Leite desencadeou uma campanha pela imprensa que rendeu a Freyre o apelido de "o pornógrafo do Recife". Leite mostrou sua veia de inquisidor implacável ao pedir, em discursos nas emissoras de rádio e em artigos nos jornais da cidade, a pena máxima para o escritor. Queria a punição extrema de um auto de fé dos tempos da Inquisição: que fossem queimados livro e autor. E disse, enfático:

— Nem ao menos queimado em efígie ou em retrato a óleo, ele deve ser queimado com absoluto realismo.

Freyre reagiu aos ataques do padre Leite a seu livro — que nas décadas seguintes viraria um estudo fundamental para a compreensão sociológica do Brasil. Procurou jornais e rádios e explicou o propósito científico de sua obra. E assim conseguiu esfriar o discurso do religioso. Outra faceta do escritor, até hoje pouco conhecida, também estava relacionada à liberdade de expressão: nos anos 1940, ele se empenhou como deputado federal em evitar que fosse criada uma lei de censura às revistas em quadrinhos.

Durante seu mandato pela UDN, a partir de 1946, Freyre se tornaria referência frequente na imprensa nacional como a primeira voz entre os intelectuais e políticos de projeção a defender de forma sistemática os gibis contra a censura, como meio de comunicação de massa e como um recurso a ser explorado como auxílio na educação escolar, uma vez que encantava as crianças pela forma narrativa e o recurso das imagens. Tanto que subiu à tribuna para convencer o Congresso Nacional a lançar uma versão em quadrinhos da Constituição, promulgada naquele ano. Argumentou que, assim, o texto da lei seria mais bem compreendido e assimilado pela população, uma vez que viria na linguagem simples e atraente dos gibis. A ideia, no entanto, não teve apoio suficiente e acabou esquecida.

O escritor voltou a se manifestar sobre os quadrinhos dois anos depois, após a criação da Comissão de Educação e Cultura da Câmara para investigar as denúncias que o Inep continuava a fazer sobre os efeitos das revistinhas na educação das crianças. A proposta partiu do deputado Armando Leite, conhecido revolucionário paulistano de 1932. Leite só não esperava encontrar em Freyre, relator da comissão, um defensor incondicional dos gibis.

No parecer, o sociólogo propôs que, em vez de censurar as editoras, fosse feita a "imediata reabilitação daquele gênero novo de histórias para meninos e mesmo para gente grande". Durante discurso no plenário da Câmara, disse que os supostos perigos das revistinhas poderiam ser superados "extrapolicialmente", sem necessidade de instituir a censura:

— A história em quadrinhos, em si, não é nem boa nem má; depende do uso que se faz dela. E bem pode ser empregada em sentido favorável e não

Imagens assim eram fisgadas das revistas para fundamentar que os quadrinhos inspiravam assassinatos e suicídios. AA

contrário à formação moderna do adolescente, do menino ou simplesmente do brasileiro, ávido de leitura rápida, em torno de heróis e aventuras ajustadas à sua idade mental.

Na opinião do parlamentar, as revistinhas serviam como "ponte para a leitura" de livros, ao contrário do que diziam os educadores do Inep. Freyre discordou de modo enfático das acusações de que os quadrinhos não passavam de "americanismo da pior espécie": tudo não passava de um engano "contra um modernismo" que surgia e se expandia naquele momento. E aconselhou os pais a pararem de defender a censura e a demonstrarem interesse pelo que liam seus filhos.

O deputado afirmou que o problema não estava no tipo de leitura que constituíam os quadrinhos, mas em algumas revistas desaconselháveis para certas faixas etárias: os pais poderiam escolher histórias nas quais os temas das narrativas fossem "elevados" – e, além disso, nas quais nem todos os vilões fossem estrangeiros.

As histórias de violência e aventura não eram, segundo o escritor, um "privilégio" dos quadrinhos e existiam tanto na Bíblia como nas peças de Shakespeare e nos romances de Walter Scott ou Robert Louis Stevenson: "Existem em não menor grau nas histórias em quadrinhos americanas e nas histórias vitorianas de demônios e vampiros, o que é fácil, facílimo de verificar".

Freyre reforçou que o uso de símbolos utilizados nos gibis ajudava até mesmo os adultos a ajustarem sua personalidade às duras provas do mundo contemporâneo. Por fim, mandou um recado aos editores: "O que é preciso é que não se abandone um modernismo das possibilidades da história em quadrinhos aos maus exploradores desse e de outros meios novos".

As conclusões do relator foram reunidas no parecer final, por escrito, apresentado no começo de 1949. A comissão acatou os argumentos de Freyre de que os gibis constituíam "elementos de ajuda na alfabetização" e auxiliavam "no ajuste da personalidade às lutas da agitada época por que passa o mundo". Ao votar pela aprovação dos textos, os deputados admitiram ainda que a leitura de quadrinhos preenchia "a necessidade que tem a mente infantil de histórias de ação e de aventuras, concentradas em torno da figura do herói".

Armando Leite não se deu por vencido. O tempo mostraria que ele tinha perdido a batalha, mas não a guerra.

OS QUATRO CAVALEIROS DO APOCALIPSE: AIZEN, MARINHO, CIVITA E CHATEAUBRIAND

E por onde andava Adolfo Aizen nesse momento? Após lançar, em 1948, a série *Edição Maravilhosa* e a romântica *O Idílio*, com quadrinhos românticos para meninas adolescentes, que tiveram aceitação dos leitores masculinos acima do esperado, ele acreditou que havia encontrado o caminho certo para se tornar um editor de revistas bem-sucedido.

A campanha de nacionalização para obrigar os editores a publicarem quadrinhos cívicos e patrióticos havia sido enterrada para sempre, sem conseguir apoio e à mercê dos acontecimentos políticos que levaram o Brasil à guerra e derrubaram a ditadura do Estado Novo. Os tropeços com o Grande Consórcio de Suplementos Nacionais, sua venda para o governo e a adesão à política educacional voltada para o fascismo tinham virado lições importantes de um passado distante.

Aizen concluiu também que precisaria mudar de estratégia e usar o máximo de diplomacia para se manter no mercado e contornar as críticas aos gibis. Ainda mais porque seu nome começou a aparecer no noticiário ao lado do de Marinho como destruidor da alma da criança brasileira. Havia se exposto demais durante a ditadura de Vargas e concluiu que era melhor mudar de tática dessa vez.

Ele sentia-se estimulado principalmente quando recebia cartas entusiasmadas de seus leitores mirins, como a do adolescente Ziraldo Alves Pinto, da cidade mineira de Caratinga. Ziraldo, que se tornaria depois um dos maiores artistas gráficos do país e autor de *best-sellers* infantis, era leitor fiel de *O Herói* e mandou uma carta para Aizen com uma foto 3 × 4 e a resposta à pergunta que o editor sempre fazia a seus leitores: "O que você quer ser quando crescer?". Ele escreveu, seguro: "desenhista de histórias em quadrinhos". A resposta e a foto de Ziraldo foram imortalizadas numa das contracapas de *O Herói*.

Em 1949, Aizen lançou três novas revistas: *Mindinho* (fevereiro), *Álbum Gigante* (maio) e *Aí, Mocinho* (novembro). A segunda trazia adaptações de episódios da história do Brasil e universal, mas sem os exageros dos tempos da campanha nacionalista. Era mais uma tentativa de mostrar aos críticos seu propósito de explorar os quadrinhos também como complemento educacional.

Mas impressionar os críticos não era fácil. Em janeiro daquele ano, a Secretaria Municipal de Educação de Belo Horizonte, por exemplo, convidou a escritora Cecília Meireles para fazer uma série de três palestras sobre literatura infantil voltada a professores durante o curso de férias de aperfeiçoamento profissional. Ela era responsável pela seção de estudos do folclore infantil no jornal carioca *A Manhã* e falou para uma plateia atenta sobre os inúmeros problemas que afligiam a literatura para crianças, com ênfase para os perigos das histórias em quadrinhos.

A mobilização do *Diário de Notícias* contra os gibis teve desdobramentos importantes em diversos estados brasileiros. Em Porto Alegre, o assunto mereceu manchete do *Diário Popular* em 17 de março de 1949. O jornal publicou um artigo de José Luiz Rohnelt com o título "A semente do crime!", no qual afirmava que crescia "em vulto no país a campanha desfechada contra a má literatura infantil, contra as imbecis historietas em quadrinhos, soltas por esses brasis afora, destruindo ou deformando a mentalidade da juventude nacional". A eloquência de Rohnelt e a repercussão entre os leitores levaram o *Diário Popular* a realizar uma série de reportagens sobre o assunto a partir do dia 19 daquele mês.

Jornais de todo país agora reproduziam também ataques contra os *comics* nos EUA – que cresciam na mesma intensidade que os ocorridos no Brasil –, nos quais os críticos se alimentavam, em parte, dos argumentos que vinham de lá. Um desses textos foi traduzido da revista americana *Magazine Digest* que tentava explicar as razões que levaram um garoto de quinze anos a assassinar a tiros sua irmã de treze. A causa, segundo a *Digest*, estava nas páginas dos quadrinhos, "que glorificam extravagante ritual de crime e violência, o sexualismo e o sadismo".

A revista, no entanto, admitiu que não havia prova concreta de que *Superman*, *Batman*, *Black Terror* e outras setecentas revistas em quadrinhos em circulação no país fossem as responsáveis pela violência infantojuvenil. Um pequeno detalhe no editorial da *Magazine Digest* chamou especialmente a atenção de Aizen: a pressão pela produção de quadrinhos educativos nos EUA.

Os editores americanos de *comics* de alguns estados vinham sendo cobrados pelos governos regionais para editar gibis "educacionais", também chamados de "biográficos", "históricos" ou "clássicos" – como compensação pelos gibis "perniciosos" que publicavam. Segundo a *Digest*, os responsáveis pelos *comics* resistiam a esses apelos. Pior, insistiam em dar motivos para críticas ao trazer temas violentos em suas aventuras. "Até a Bíblia sofre", observou a revista. O editor se referiu a uma versão quadrinizada do livro sagrado – não informou onde saiu – em que uma flagelação "realista" de Jesus Cristo no calvário ocupava oito páginas. A *Digest* criticou as adaptações de romances clássicos em quadrinhos por tirarem o interesse do público em ler a obra literária original.

Manter-se informado sobre a disseminação das campanhas contra os quadrinhos por todo o país tornou-se prioridade para Adolfo Aizen. Desde o segundo semestre de 1948, ele começara a montar um arquivo pessoal sobre o assunto que acabaria por ocupar as três extensas gavetas da ampla mesa de seu escritório. Em uma das primeiras pastas, improvisada com cartolina azul-claro, datilografou o título "Combate às histórias em quadrinhos – recortes, cartas e sugestões de plano de ação".

Até 1955, classificadores iguais a essa seriam cuidadosamente montados, com dezenas de cartas a favor e contra os gibis e recortes de jornais de vários estados brasileiros e até americanos – que os distribuidores de quadrinhos lhe mandavam, sobretudo Alfredo Machado, por meio de seu cunhado Décio de Abreu. Ao mesmo tempo, contou com uma verdadeira rede de leitores informantes em todo o país, que enviavam recortes de reportagens e artigos ligados aos quadrinhos – a maioria, de forma negativa.

Três lançamentos marcaram o fim da década de 1940 para a Ebal. Em 1950, saíram *Quem Foi?* (abril), *Super X* (julho) e *Rosalinda* (setembro) – a terceira era dirigida ao público feminino. Em 1951, Aizen criou sete novas publicações, uma delas sobre cinema, a antológica *Cinemin* (setembro), a revista de maior longevidade da editora, que chegaria aos anos de 1990, depois de várias séries e formatos diferentes. As outras, todas de quadrinhos, foram *Capitão Z* (julho) e *Seleções do Idílio* (julho). No ano seguinte, vieram *Gene Autry* (abril), *Papai Noel* (abril), *Roy Rogers* (abril), *e Epopéia* (agosto).

Enquanto buscava o aprimoramento da qualidade gráfica, o editor investiu para tornar sua linha editorial diferente da concorrência pelo rigor na escolha do conteúdo, como forma de evitar ataques diretos de seus críticos. Histórias de crimes, nem pensar. Apenas de detetives, como *Quem Foi?*. A série *Epopéia* seguia o mesmo caminho de *Edição Maravilhosa*, mas com formato "gigante", semelhante ao da revista *O Cruzeiro*, e trazia temas históricos estrangeiros e brasileiros em quadrinhos, como a vinda da família real portuguesa para o Brasil, em 1808.

A solidez da Ebal nessa época, inclusive, foi comprovada diante de um grave incêndio, ocorrido no fim da manhã de 31 de outubro de 1952 e que destruiu quase toda a editora. O fogo começou no depósito de revistas pouco antes do almoço, às 11h40, e destruiu parcialmente o prédio – atingiu as máquinas impressoras, a sala de desenhos, a de grampeamento das revistas e a linotipia.

Aizen perdeu toda a tiragem das edições que seriam distribuídas ao longo do mês seguinte e parte importante do estoque de originais de quadrinhos, inéditos ou não. Por duas horas, o incêndio mobilizou bombeiros de três quartéis da cidade – central, de Benfica e de Vila Isabel. O prejuízo estimado chegou a três milhões de cruzeiros, o triplo do valor segurado pelo editor. A perícia concluiu que o fogo fora provocado por um curto-circuito na rede elétrica. Porém, a tragédia não interrompeu a circulação das revistas, pois Aizen montou uma operação de guerra para imprimi-las em gráficas de terceiros. E já no ano seguinte, o que havia sido destruído pelo fogo começou a ser reerguido, e o crescimento foi retomado daí em diante.

As dificuldades financeiras do empresário e editor desde o início da década anterior e a pausa que fez após a venda do Grande Consórcio de Suplementos Nacionais permitiram a Marinho entrar com folga na nova década como o principal editor de gibis do país – Aizen só retomaria a liderança do mercado na segunda metade dos anos 1950. Quanto às vendas, ambos não tinham do que reclamar. Nunca se consumiu tanta revista em quadrinhos no Brasil quanto naquela virada da metade do século.

Mesmo seduzida por novas tecnologias como o cinema e o rádio – a televisão ainda era desconhecida pela maior parte da população, o primeiro canal, a Tupi, só foi inaugurada em São Paulo no dia 18 de setembro de 1950 –, a garotada dividia cada vez mais seus momentos de lazer entre ouvir seriados radiofônicos, assistir sessões das matinês e cultuar os heróis dos gibis.

A maioria das publicações de Marinho, Aizen e Chateaubriand atingiu tiragens que no século XXI seriam consideradas espetaculares pelo mercado editorial, quase sempre acima dos cem mil exemplares por edição. É necessário lembrar que o número de habitantes do país não passava de cinquenta milhões. Ajudou nesse fenômeno a melhora na distribuição das revistas pelo interior e nas capitais, graças à construção de novas estradas e à evolução dos transportes de carga.

A revista Shazam! *foi a primeira de Roberto Marinho a ter um personagem como título. Dois anos antes, Aizen tinha lançado* Superman. AA

Roberto Marinho fechara os anos 1940 com um megassucesso lançado em janeiro de 1949, *Shazam!*, um gibi de 68 páginas que trazia como protagonista o Capitão Marvel, um super-herói tão forte quanto o Super-Homem. A nova revista foi sugerida a Marinho por Alfredo Machado, que se encantara com as aventuras da Família Marvel, um dos quadrinhos da Fawcett Publications que a Record distribuía no Brasil. Em vez de usar o nome "Marvel" no título, Machado propôs a palavra mágica "Shazam!", com mais apelo comercial. E acertou mais uma vez. O termo passou a funcionar como a senha para levar o público a um universo mágico de aventuras e era repetido pelas crianças nas brincadeiras.

O ano de 1950 havia começado para Marinho com uma rigorosa reformulação na sua linha de quadrinhos. Nesse ano, ele completou seu 13º aniversário como editor de gibis. Apesar da popularidade, os dois primeiros títulos do grupo O Globo já não tinham o mesmo fôlego de antes, perderam espaço para as revistas solo de heróis e super-heróis que Aizen tinha criado, uma novidade contra o formato das coletâneas de diversos personagens.

Em vez de cancelar ambas, ele tentou reformulá-las sem tirar sua essência. Em 2 de março de 1950, saiu o último número (1986) d'*O Globo Juvenil*. A partir do nº 1987, passou a se chamar *Novo O Globo Juvenil*. Do nº 2052 em diante, a revista passou a ser publicada pela RGE, editora que Marinho fundaria em abril de 1952, como veremos adiante.

No dia seguinte à reformulação de *O Globo Juvenil*, após onze anos, foi a vez do *Gibi* despedir-se do público, na edição nº 1739. A partir do nº 1740, mudou o título para *Novo Gibi*. Do nº 1798 em diante foi publicada pela RGE.

Até então, O Globo mantivera duas importantes revistas mensais com histórias completas, *Gibi Mensal* e *O Globo Juvenil Mensal*, editadas sem interrupções havia dez anos. Depois da guerra, mesmo quando o racionamento de papel deixou de existir, ambas tiveram o número de páginas reduzido de cem para 68, como forma de ficar mais competitiva e atraente aos compradores com preço mais baixo.

Em julho de 1950, Marinho experimentou um novo formato de revista semanal que trazia apenas uma tira de três quadrinhos por página e tinha o apropriado nome de *Júnior*, ou seja, a "menorzinha". A publicação copiava o modelo trazido da Itália cinco meses antes pela Vecchi, com o *Pequeno Xerife*, que lembrava um talão de cheques. Nos primeiros 27 números, *Júnior* publicou uma série de histórias de heróis em aventuras pela África e pela

Ásia, mas de pouca expressividade. A partir do nº 28, de fevereiro de 1951, lançou no Brasil as aventuras de faroeste de um certo *Texas Kid*, cujo título original era *Tex Willer*, criado três anos antes pelos italianos Gian Luigi Bonelli e Aurelio Galleppini.

O título se tornaria um clássico do gênero em vários países. O sucesso do mocinho na Itália se repetiu no Brasil com *Júnior*. *Tex* brilhou por sete anos, até a edição número 265, de julho de 1957. Ele seria relançado em abril de 1971 pela Editora Vecchi, teria continuidade na Globo, de Marinho, e continuaria a circular pela Mythos e Panini até o presente, em 2023. Na primeira semana de novembro de 1950, a Vecchi criou outra revista semanal no mesmo formato de *Pequeno Xerife* e *Júnior*. Chamou-a *Xuxá, o garoto invencível*.

Seu lançamento, no entanto, desagradou o presidente de Sindicato dos Estabelecimentos de Ensino Comercial do Rio de Janeiro, Álvaro Mandarino, porque os cartazes para promover a revista, espalhados pelas ruas do Rio, mostravam duas crianças com armas na mão. No dia 7, Mandarino enviou um telegrama ao presidente Getúlio Vargas em tom dramático, no qual pedia a suspensão da revista: "Apelamos em última instância a Vossa Excelência, pois é impossível educar nossas crianças com exemplos tão perniciosos". Apesar de o telegrama ter merecido nota em alguns jornais cariocas, o governo não atendeu ao apelo. Vargas parecia ter coisas mais importantes para fazer. A simpática revistinha se tornaria uma das publicações mais populares da década.

A partir de abril de 1952, Marinho adotou enfim um selo específico para suas revistas ao fundar uma editora. Queria chamá-la de Editora Globo, mas a marca pertencia desde o século passado a uma editora de Porto Alegre, conhecida em todo o país pela excelência de seu catálogo de livros (mais tarde, em 1987, a editora gaúcha foi comprada por Marinho, que passou a usar o nome dela). O empresário criou, então, a Rio Gráfica e Editora (RGE), com sede na rua Itapiru, nº 1209, bairro do Rio Comprido. O moderno prédio abrigava um parque gráfico exclusivo para impressão de revistas, redações, depósito e restaurante para todos os empregados.

E ele passou a criar novas revistas, no molde da Ebal. No ano seguinte, em março, *O Fantasma*, de Lee Falk, ganhou sua revista própria, com circulação bimestral, em preto e branco – a partir do nº 98, tornou-se colorida. Desde o começo, *O Fantasma* se transformou em um fenômeno de vendas. Do mesmo criador, surgiu no mês seguinte, o mágico *Mandrake*, que se tornaria um dos títulos de maior longevidade do personagem em todo o mundo. No primeiro momento, o título circulou com periodicidade bimestral, e tornou-se mensal a partir de 1961.

A década que terminava, porém, acabaria por ser mais leve do que a que ainda ia começar, pois se intensificaria o debate preconceituoso sobre os propalados perigos das histórias em quadrinhos. Além do *Diário de Notícias*, três outros jornais cariocas entraram na polêmica: o tradicional *Correio da Manhã*, de Edmundo Bittencourt; a barulhenta *Tribuna da Imprensa*, de Carlos Lacerda, que seguiu os mesmos passos do jornal de Orlando Dantas (com a diferença de focar sua artilharia também contra Adolfo Aizen); e *Última Hora*, de Samuel Wainer.

A jornalista Ivone Jean, do *Correio*, na sua coluna "Presença de Mulher", de 30 de agosto de 1950, pediu reconhecimento público por um gesto seu que considerou heroico: roubar do consultório de um pediatra um exemplar da revista *O Herói*, editada por Aizen. Com isso, acreditava ter impedido que mais uma cópia das "nefastas" revistas em quadrinhos chegasse às mãos de uma criança. Ela fez questão, porém, de resguardar a reputação do médico que atendeu seu filho. "Roubei a revista, provavelmente esquecida por um dos pequenos clientes do pediatra. Este número, pelo menos, não passará de mão em mão", insistiu.

Seu texto era um exemplo do grau de intolerância vigente em relação aos gibis naquele momento:

> Não se trata de moral ofendida, nem falta de interesse para esse tipo de aventura. [...] Não sei ler histórias em quadrinhos! Aprendi a ler da esquerda para a direita e linha após a outra. As legendas atrapalhadas que ilustram os desenhos são impressas em caracteres estranhos e dançam em todos os sentidos.
> Em breve, a vista começou a me doer e fui obrigada a interromper a tentativa. Era como se tivesse hieróglifos à minha frente. [...] A ginástica ocular que a revista requer não é nada salutar para a vista.
> Estou admirada que os adversários das histórias de gângsteres em quadrinhos ainda não tenham invocado este argumento de peso!

Na edição de 19 de novembro, o mesmo *Correio* publicou a reportagem "Vítimas, também, das histórias em quadrinhos". O autor, o jornalista Homero Homem, defendeu aquele que seria um dos principais pontos de discussão relacionados aos quadrinhos no Brasil na década: a reserva de

O professor Aristeu Achilies, em 1951, publicou este artigo na revista Panfleto, de Belo Horizonte, em que defende mudança no texto constitucional para censurar as revistas em quadrinhos. AA

mercado para os desenhistas brasileiros como forma de melhorar a qualidade das histórias e aproximá-las da realidade do leitor.

O autor responsabilizou nominalmente o *Suplemento Juvenil*, fundado por Aizen, como o marco da invasão cultural americana no Brasil. Lembrou que, até então, as publicações nacionais mantinham com regularidade histórias curtas com temas de folclore, ilustrações sobre a fauna, a flora e a história do Brasil. Depois do *Suplemento Juvenil*, observou, não restou para os desenhistas brasileiros outro caminho senão "recolher pincéis e tintas e abandonar o campo ao vencedor", isto é, aos *syndicates* americanos.

Após conversar com veteranos do cartum e da caricatura, o repórter concluiu que se deveria adotar a proposta da Associação Brasileira de Desenho (ABD), considerada a saída menos violenta do que a decretação de censura oficial a todos os personagens estrangeiros: nacionalizar o mercado de quadrinhos com uma lei que obrigasse os editores a publicar revistas específicas ou destinar parte das páginas das que circulam para trabalhos feitos por artistas brasileiros.

Enquanto isso, em São Paulo, um vereador paulistano chamado Jânio Quadros conseguia a primeira vitória na sua campanha para promulgação de uma lei que autorizava a fiscalização do comércio de livros e revistas para crianças na capital paulista. Na sessão da Câmara Municipal de 28 de dezembro de 1949, Jânio, um professor de português barulhento e moralista, obteve aprovação para a redação final de seu Projeto de Lei nº 90/48, que buscava "impedir que as leituras atentatórias aos bons costumes" continuassem a ser expostas nas livrarias e bancas de jornais. A lei previa multa entre dois mil e cinco mil cruzeiros às editoras cujas publicações fossem classificadas à luz do Código Penal como atentatórias ao pudor. No caso de reincidência, a multa seria dobrada e o alvará de circulação seria cassado.

A década de 1950, aliás, traria outra novidade para o mercado de quadrinhos: o surgimento das primeiras editoras paulistas de gibis. O estado, então, vivia um período de desenvolvimento industrial intenso, que impulsionava toda a economia brasileira. Mas a capital que acolheu imigrantes de todo o mundo e era só prosperidade desde as primeiras décadas do século possuía um mercado editorial ainda modesto. Era no Rio de Janeiro que ficavam os principais jornais, revistas e editoras de livros, como RGE, Ebal e O Cruzeiro.

Em São Paulo, encontravam-se jornais com alguma expressividade nacional – *O Estado de S. Paulo, Correio Paulistano, A Gazeta, Folha da Manhã/Folha da Noite* (que em 1960 se tornaria a *Folha de S. Paulo*) – e editoras de livros, principalmente didáticos – Brasiliense, Saraiva, Melhoramentos e Companhia Editora Nacional. Como compreender que tanto progresso ainda não houvesse provocado o florescimento de um polo editorial como o do Rio?

Essa pergunta foi feita a si mesmo pelo imigrante ítalo-americano Victor Civita, quando desembarcou no Brasil, na primeira semana de dezembro de 1949, aos 42 anos. Ele chegou para montar uma editora em sociedade com o irmão, César Civita, que vivia na Argentina – onde era proprietário da Editorial Abril e era o mesmo que tinha feito parceria com Aizen para lançar títulos Disney no Brasil.

Victor Civita se impôs o desafio de construir uma grande editora de revistas na capital paulista. Curiosamente, resolveu iniciar seu projeto com um gênero malvisto pelos formadores de opinião, as histórias em quadrinhos, já que seu irmão era distribuidor de vários personagens na América Latina, principalmente de Walt Disney. Lançou, então, em maio de 1950, *Raio Vermelho,* um gibi em formato horizontal (21,5 × 28,5 cm), com circulação quinzenal, que misturava quadrinhos de faroeste e ficção científica de origem italiana com fotoaventuras (fotonovelas para o público masculino) de bangue-bangue.

Raio Vermelho trazia no expediente a informação de que era publicada pela Editora Primavera. Dois meses depois, em 12 de julho, Civita lançou, agora por sua Editora Abril, o primeiro número de *O Pato Donald*, que o editor passou a considerar como sua primeira publicação brasileira. Dois anos depois, saiu *Mickey*.

Assim como Aizen, Victor Civita tinha impedimentos legais para ser proprietário de uma empresa de comunicação, uma vez que a legislação só dava esse direito a brasileiros natos. Para suprir a exigência, associou-se ao mineiro Giordano Rossi, filho de italianos. Os dois se conheceram em um banco, onde Rossi trabalhava, na Avenida São Paulo, região central de São Paulo. A origem comum estabeleceu um vínculo de confiança entre os dois e, depois de um período como consultor, Civita deu a Rossi uma pequena cota de ações. Hábil contador e administrador, ele se tornaria importante para organizar a parte administrativa da empresa. Cabia ao contador também aparecer no expediente das revistas como único editor responsável. Assim, durante muito tempo, até a primeira metade da década de 1960, apenas o meio gráfico e editorial paulistano sabia da existência de Civita, uma vez que seu nome nunca aparecia nas revistas da Abril.

Mesmo com sua atuação restrita aos bastidores da editora, Civita se tornaria nas duas décadas seguintes o principal expoente do ramo, por estabelecer um importante mercado editorial de revistas e livros em São Paulo. A prioridade do editor, desde o começo, foi investir na construção de um centro gráfico, operado inicialmente por apenas nove profissionais. Três meses depois, o galpão de Santana foi transformado na Sociedade Anônima Impressora Brasileira (SAIB), embrião do futuro parque gráfico da Abril.

Antes de a rotativa entrar em funcionamento, o escritório da empresa já funcionava em novo endereço, na rua João Adolfo, no centro de São Paulo. Em 1952, uma nova máquina impressora de duas cores já produzia as capas da revista de fotonovelas *Capricho*, lançada naquele ano e pioneira em fotonovelas para garotas, que se juntava a *Mickey* e *O Pato Donald*.

Com o surgimento da Abril, o mercado brasileiro de histórias em quadrinhos ganhou mais um editor que faria a história da imprensa no país a partir dos gibis. Assis Chateaubriand seguira em outra direção, com mais ambição de montar um império de comunicação, mas consolidou, com *O Guri*, um número expressivo de títulos do gênero nas décadas de 1950 e 1960. Assim, de forma curiosa, o caminho dos quatro maiores empresários brasileiros de comunicação se cruzava naquela já distante segunda metade do século xx.

E juntos seriam alvo da mais intensa campanha lançada contra qualquer forma de comunicação no Brasil em toda a sua história. Afirmação exagerada? Certamente não.

CAPÍTULO 8 – A OPOSIÇÃO SE ALASTRA PELO PAÍS

UM NEGÓCIO DE 150 MILHÕES DE EXEMPLARES

Se os gibis tiravam cada vez mais o sono de educadores, padres, juízes de menores, pais e políticos desde a segunda metade dos anos 1940, no começo da década seguinte a impressão era de que tudo aquilo tinha sido apenas um aperitivo diante do que viria a acontecer.

Isso ocorria por uma razão simples: até o surgimento do *Suplemento Juvenil*, em 1934, a garotada pouco havia lido histórias em quadrinhos – a não ser nas páginas d'*O Tico-Tico* e em algumas breves experiências na virada para a década de 1930 – *Mundo Infantil* e *A Gazetinha*.

Seus pais, no entanto, não tiveram contato com esse tipo de leitura na infância, o que os ajudou a se tornarem, muitas vezes, intolerantes com as revistinhas. Agora, a meninada consumia esse tipo de leitura – e diversão – em quantidades cada vez maiores.

Uma dimensão desse mercado crescente apareceu em um dos raros estudos econômicos feitos sobre o tema na época. Na edição de maio de 1951, a revista *Conjuntura Econômica*, editada pela Fundação Getúlio Vargas, anunciou projeções dos editores que indicavam, para os quatro anos seguintes, a triplicação das tiragens de revistinhas no país. Alcançariam, assim, cerca de 150 milhões de exemplares vendidos por ano – 12,5 milhões por mês ou quinhentos mil exemplares por dia útil. O faturamento ficaria em torno de 120 milhões de cruzeiros anuais.

Em um país de cinquenta milhões de habitantes, o universo aproximado de compradores regulares era de dois milhões de leitores – 75 exemplares por leitor ao ano, seis por mês. A *Conjuntura* atribuiu o fenômeno ao crescimento do número de títulos, ao surgimento de novas editoras e à melhora na distribuição de revistas por vários estados brasileiros, principalmente em cidades do interior. A revista concluiu que os dados permitiam compreender a importância extraordinária das revistas em quadrinhos nos últimos tempos, procurados pela "juventude", "cada uma delas mais ilustrada e atraente que a maior parte dos livros infantis".

Talvez o crescimento fosse bem maior se os editores ainda não enfrentassem problemas como limitações no abastecimento de papel de imprensa, que não terminaram com o fim da guerra, por causa da dependência do mercado editorial à importação da matéria-prima. Nesse sentido, uma série de mudanças negativas e consideráveis ocorreu no mercado por causa da lenta retomada da produção e o aumento da impressão de revistas e jornais nos EUA. Abastecia-se lá, faltava aqui.

No Brasil, outro inimigo do setor foi a inflação. Os preços de custo de produção e o valor final aumentaram de modo significativo para o consumidor. Isso também se refletia pelo desaparecimento das revistas bissemanais e trissemanais. Ainda de acordo com *Conjuntura Econômica*, nos cinco anos seguintes à guerra, 70% dos gibis brasileiros haviam adotado a circulação mensal e apenas 15% eram quinzenais.

No que se refere ao texto, 96% das revistas eram "mistas" (com textos, artigos, quadrinhos e curiosidades) e só 4% tinham apenas quadrinhos e traziam histórias completas, ao contrário dos primeiros anos, na década de 1930, quando se copiava a tradição americana das histórias seriadas.

A presença de autores brasileiros nos gibis era de 17% – apareciam em oito títulos, seis deles de quadrinhos, de acordo com o mesmo levantamento. A revista apresentou ainda uma análise sobre o conteúdo dos gibis. Criticou as traduções, caracterizadas por vocabulário pobre e que, não raro, traziam erros gramaticais, gírias e jargões.

Em 68% das 132 histórias avaliadas, os nomes dos personagens eram estrangeiros. Segundo os técnicos da FGV, predominavam temas de destruição, vingança ou de mundos "irreais", com cenas apelativas de terror e sobrenatural. Embora admitissem que objetivamente o fim das histórias se encaminhava para justificar que o crime não compensa, os analistas afirmaram que essa intenção moralizante talvez fosse prejudicada pela quantidade "infinita" de sugestões para transgredir a lei.

Se a parte dos negócios ia bem para os editores de quadrinhos, a situação não era tão boa em relação às críticas às suas publicações. Ainda em 1951, as revistinhas se tornaram tema frequente para a série de artigos da revista ultraconservadora *Maquis*, editada pelo jornalista Amaral Neto – o mesmo que ficaria famoso na década de 70 por fazer programas de TV com louvações à ditadura e por se tornar talvez o maior defensor brasileiro da pena de morte.

Ele criticou principalmente a importação de histórias em quadrinhos dos EUA, reproduzidas no Brasil por "publicações licenciosas", como ele apelidou as revistas em quadrinhos. O assunto também continuava na pauta de discussões na Câmara, dos Deputados, onde o parlamentar Armando Leite retomou a ideia de censurar as revistas infantojuvenis, como fizera três anos antes, ocasião na qual foi derrotado por Gilberto Freyre.

Mais uma vez, ele apresentou à Comissão de Educação e Cultura um projeto de emenda à Constituição Federal para criar um mecanismo legal de combate aos excessos das editoras de quadrinhos. Dessa vez, sua proposta pregava a reformulação do inciso 52 do artigo 141 da Constituição, que estabelecia a "livre manifestação de pensamento e de imprensa, salvo

Na edição de 9 de fevereiro de 1950, Tribuna da Imprensa destacou na primeira página o assassinato de um pai pelo filho supostamente influenciado pelos quadrinhos. AA

A escritora de livros infantis Lúcia Machado de Almeida disse achar *"francamente prejudicial"* os quadrinhos importados, em entrevista à Tribuna da Imprensa, 16 de março de 1950. BN

quanto a espetáculos e diversões públicas". Era nessa exceção que pretendia estender aos quadrinhos o poder de restrição – o que, na prática, funcionaria como a instituição da censura. Com a mudança, o trecho final ficaria assim: "salvo quanto a espetáculos e diversões públicas e quando destinados à infância e à juventude, radiodifusão e impressos".

Se em 1948 o deputado encontrara no relator da Comissão de Educação e Cultura, o colega Gilberto Freyre, mais que um opositor, dessa vez o caminho parecia mais livre, pois o escritor pernambucano não se reelegera. Leite justificou que propunha a medida "em face do clamor levantado no país contra os malefícios da chamada literatura infantojuvenil". Observou que não era preciso ser pedagogo ou psicólogo para concluir que os gibis só podiam trazer distúrbios à vida "psíquica" de seus leitores.

Para ele, a capacidade das revistas de provocar mudanças de comportamento levava as crianças a sofrerem "deformações em sua mente e más tendências no seu caráter". Por isso, disse o deputado, não representava apenas a voz de uma parcela da sociedade brasileira, mas de uma "multidão" de pais e educadores preocupados com a formação moral e intelectual das crianças e dos adolescentes.

Seu entusiasmo acabou por convencer vários colegas a apoiar o projeto. A nova comissão que estudaria o assunto foi formada por Daniel de Carvalho (presidente), Jarbas Maranhão (relator), Leoberto Leal, Rui Ramos, Ponciano dos Santos, João Agripino e Chagas Rodrigues. O relator Maranhão elaborou um minucioso parecer sobre o tema, que depois seria publicado em livro. Começou por admitir sua antipatia pelos quadrinhos. Concordou com Leite quanto à necessidade de tomar alguma providência contra a circulação de pelo menos parte dos gibis que considerava nocivos às crianças.

No texto intitulado "A liberdade de pensamento e a formação da juventude", o deputado observou, porém, que proibir a circulação de uma revista com o uso do poder de polícia implicava instituir a censura no país, medida à qual ele era contrário – o país tinha se livrado da mordaça do Estado Novo havia apenas cinco anos, com a Constituição de 1946. Pela delicadeza do assunto, alertou sobre a necessidade de considerar o lado "moral" dos quadrinhos e, ao mesmo tempo, atentar para o risco de se cometer um ato inconstitucional.

Maranhão recomendou o arquivamento da proposta de Leite, mas lembrou que, embora a Constituição assegurasse a livre manifestação do pensamento, esse dispositivo não impedia que a Justiça enquadrasse alguns editores, se achasse necessário, no artigo 234 do Código Penal, aprovado em 1942 – mas sem regulamentação até aquela data. O artigo punia quem, "para fins de comércio, distribuição ou exposição pública, faça, importe, exporte, adquira ou tenha sob sua guarda escritos, desenhos, pinturas, estampas ou quaisquer outros objetos obscenos".

O colega acreditava que esse dispositivo satisfaria os anseios de Armando Leite. Ou seja, os maus quadrinhos poderiam muito bem ser classificados como "obscenos". Restava a ele lutar pela regulamentação do artigo. No final do parecer, o parlamentar ressaltou sua preocupação com a expansão "desmedida" do mercado brasileiro de quadrinhos:

Tenho acompanhado a discussão e a polêmica entre os que consideram determinadas publicações nocivas à formação moral e mental da infância e os que, por interesses ou motivos outros, advogam absoluta liberdade para editá-las e distribuí-las. Comportam-se estes últimos como se fossem adeptos do silogismo pedagógico, como se a vida fosse um valor em si mesma; ou como se, partidários do caráter inato, negassem a possibilidade da educação. E, no entanto, não é preciso lembrar que há um crescimento anormal e perverso dessas revistas.

A Comissão de Educação e Cultura da Câmara aprovou o parecer de Jarbas Maranhão no dia 22 de junho de 1951; na sessão de 27 de agosto, o plenário da Câmara dos Deputados fez o mesmo.

OS ATAQUES DE CARLOS LACERDA

Toda a discussão sobre a censura aos quadrinhos era acompanhada com interesse ostensivo pelo jornalista Carlos Lacerda, na época outro inimigo declarado de Roberto Marinho. Duas semanas antes da votação do texto de Maranhão, na edição do domingo 9 de junho, ele iniciou a série de reportagens "O que leem as crianças no Brasil". Ele estampou na primeira página da *Tribuna da Imprensa*, logo acima do título do diário, a manchete "A indústria da deformação da infância".

A pretexto de lançar *Bamba*, suplemento infantil de seu jornal, o editor apelou "para quem tivesse uma criança a educar" que prestasse atenção a mais um estudo sobre histórias em quadrinhos divulgado naquele mês pela *Conjuntura Econômica*. Para Lacerda, a análise da revista sobre o mercado de gibis era "admirável e, quase diria, vingadora", porque exprimia, em números e em conclusões objetivas, o que chamou de "revolta dos pais" e "repugnância" dos cidadãos por aquele "comércio ignóbil que desgraça a inteligência das novas gerações no Brasil".

O jornalista criticou principalmente as histórias que vinham de fora:

> Reduzido número das cadeias de produção [de *comics*], nos EUA, espalhadas pelo mundo, vendem a esses traficantes [os editores], a preço vil, matrizes de papelão de histórias já inúmeras vezes publicadas nos EUA – onde hoje se levanta, em nome da própria civilização americana, uma onda de repulsa a esse processo de bestificação de um povo inteiro.

No mesmo texto, Lacerda se dirigiu, por fim, ao principal alvo de seu editorial, o diretor d'*O Globo*:

> Essa circunstância, a preço vil, não somente deixa nas mãos dos traficantes o maior dos quais é, no Brasil, o sr. Roberto Marinho, de *O Globo* – um lucro fabuloso, como torna praticamente impossível competir, em preços, produzindo ao mesmo tempo leitura infantil mais digna, mais útil, mais bela e mais saudável.

Na edição de 25 de junho, Lacerda voltou ao ataque contra Marinho. Dessa vez, referiu-se também de forma nada lisonjeira ao principal concorrente do diretor d'*O Globo*, Adolfo Aizen, que era amigo de Lacerda. Os dois foram acusados pelo jornalista de ensinar as crianças a "matar". "Mr. Marinho" e "Mr. Aizen", como os chamou, seriam responsáveis pela maioria das trinta revistas em quadrinhos que circulavam no Rio de Janeiro, "cujas tiragens aumentam progressivamente e provocam o crescimento da criminalidade na mesma proporção".

De acordo com o editor, "felizmente" vários outros jornais cariocas editavam suplementos em quadrinhos para a "sadia diversão" de seus leitores. Lacerda aproveitou para comentar a troca de farpas que vinha sendo feita entre Marinho e Samuel Wainer, da *Última Hora* – e apoiador do presidente Vargas –, em artigos publicados em seus jornais:

> O sr. Roberto Marinho pode derrotar o sr. Wainer facilmente nesse setor. Há muito que é proprietário de revistas de histórias em quadrinhos e tem contrato exclusivo com o King Features Syndicate. Ele e o sr. Adolfo Aizen foram os divulgadores dos *comics* americanos entre nós.

O dono da *Tribuna da Imprensa* também recordou o embate empresarial e pessoal entre Marinho e Aizen no mercado de quadrinhos ocorrido mais de uma década antes. Depois de relembrar a falta de ética do primeiro ao "tomar" os personagens do outro, observou que, de 1945 até aquele momento, os dois sozinhos mandavam para as bancas dois milhões de exemplares de revistas para crianças todos os meses: "Eles se encarregaram de provar praticamente que o crime compensa".

A decisão da Comissão de Educação e Cultura da Câmara de arquivar o projeto de Armando Leite também mereceu um editorial de Lacerda no seu jornal, em 26 de junho. O editor concordou que não era necessário modificar a Constituição para censurar os gibis. Ao contrário, bastaria que a respeitassem. Segundo ele, o que faltava para combater os abusos dos editores de gibis era "caráter" e "disposição para fazer valer a lei".

O jornalista também insinuou uma interferência política de Roberto Marinho para pressionar os deputados a votar contra a censura a suas revistas:

> Há uma displicência generalizada, um acovardamento confinado aos que temem afrontar os poderes dos exploradores da infância, dublês de proprietários de jornais e emissoras. Daí esse encolhimento, esse adiamento constante de uma providência que não pode mais tardar – se não quisermos fazer das próximas gerações brasileiras sucessivas fornadas de cretinos.

Embora fosse contrário à reforma na Constituição, Lacerda sugeriu, de modo contraditório, que se copiasse o modelo francês de censura aos quadrinhos de 1949. E fez uma ressalva contundente:

> Cumpre aqui, desde logo, desfazer um equívoco tão do agrado dos que falam muito em liberdade mas não sabem o uso que lhe devem dar. [...] Falar em liberdade de pensamento quando se trata do *dumping* das matrizes de papelão com as histórias em quadrinhos que fazem a apologia do crime para uso das crianças, é como falar da liberdade individual para que qualquer um tenha o direito de assassinar as pessoas a fim de tomar o dinheiro do cadáver.

Para que houvesse liberdade de pensamento, disse o jornalista, era preciso que "existisse" pensamento. E questionou qual seria o "pensamento" difundido pelos quadrinhos. O próprio editor respondeu, dirigindo-se diretamente ao diretor d'*O Globo*:

> A intenção dessas revistas é que o crime seja uma condição normal de vida. Há a ideia de que a vida passa num plano superior a todas as contingências humanas e, ao mesmo tempo, ignorante de todas as onipotências divinas – pois Deus só pode ser compreendido pelo homem no plano estritamente humano.
> Deus não admite super-homens, supermacacos nem super-Robertos Marinhos. Portanto, não se supera o plano do humano para atingir o divino. É claro que esses super-homens, esses supercamundongos, esses superbandidos, essas supermulheres

de coxas superlativas, essa mitologia truncada e monstruosa das histórias em quadrinhos vendem milhões neste país.

É claro também que não se fica no plano estritamente humano em que as histórias para crianças se desenvolvem e contribuem para seu próprio desenvolvimento.

Na mesma edição de 26 de junho, Lacerda acusou o que considerava "apelos sexuais" colocados de propósito pelos editores de quadrinhos para seduzir os leitores. A reportagem trazia uma colagem com cenas da heroína *Sheena, a Rainha das Selvas*, em ação com seu conhecido biquíni de pele de leopardo. O título no alto da página era "O *sex appeal* nas histórias em quadrinhos".

A legenda dos desenhos afirmava que, com frequência, as heroínas andavam seminuas e eram mostradas nas histórias como "fortes e felinamente sensuais". O jornalista se referiu à tese de que os quadrinhos teriam surgido quando os maiores jornais americanos descobriram que a grande massa estava mais interessada em ver figuras do que em consumir texto.

Desse modo, partidário da ideia, tentou explicar por que os autores e editores de quadrinhos recorriam cada vez mais ao sexo para vender revistas: a partir da crise de 1929, os desenhistas teriam sido forçados a buscar novos atrativos para suas histórias, substituindo os *comics* de humor por temas como "crime, terror, exotismo e principalmente *sex appeal*".

A liderança de Marinho e Aizen no mercado de histórias em quadrinhos voltou a ser assunto da primeira página da *Tribuna da Imprensa* de

Em 24 de agosto de 1950, o jornal de Carlos Lacerda destacou no alto da primeira página que em 24 horas um grupo de meninos assaltou motoristas do mesmo modo que viam nos quadrinhos. BN

27 de junho, em mais um capítulo de "O que leem as crianças no Brasil". O jornal reproduziu uma sequência de diálogos de uma das edições de *Superman*, da Ebal, e observou que se tratava de uma "publicação dirigida pelo sr. Aizen, o grande rival do sr. Roberto Marinho na campanha pela imbecilização da criança brasileira".

No dia seguinte, em editorial, Lacerda responsabilizou até o presidente Vargas pela proliferação das "nocivas" revistinhas. A manchete do jornal afirmava: "Lista de crimes numa revista do governo". Referiu-se a uma análise que o jornal fizera de um dos números d'*O Lobinho*, publicada pela Editora A Noite – a mesma revista que fora comprada de Aizen pelo governo quase uma década antes.

As investidas de Lacerda na série "O que leem as crianças no Brasil" voltaram no dia 29. "Escritores juvenis condenam as histórias dos crimes", dizia o título. O jornal deu ênfase a uma história onde, supostamente, um criminoso "era dono de quase toda a história" – ou seja, o vilão, de fato protagonizava a aventura, embora perdesse no final. "Seus sucessos são tratados como vitórias e seus métodos são demonstrados, estudados minuciosamente".

Para a *Tribuna*, em tramas assim "os criminosos sempre tinham maior imaginação e astúcia do que os personagens comuns e, muitas vezes até, do que os super-heróis". E mais visibilidade. Os heróis venciam no final graças à sua força bruta ou a um acidente qualquer. Geralmente, a polícia era impotente para combater o crime organizado e as autoridades e a lei se mostravam ridicularizadas. Só um super-herói era capaz de resolver tudo. E quando ele era um policial, tirava o uniforme e colocava uma máscara para só então entrar em ação.

O jornal foi ouvir escritores que organizavam o congresso. Eram leitores de quadrinhos, claro. Escolheu aqueles para entrevistar que tinham ressalvas contra os gibis. Como Álvaro Valle, que destacou a presença constante de garotas sensuais e seminuas nas histórias. "Muitas vezes, essas figuras contrastam com monstros ou figuras de terror, o que torna as histórias em quadrinhos mórbidas, além de imorais", acrescentou.

Valle sugeriu que todos fossem para o congresso com "espírito" de combate contra os gibis. "Antes de tudo, tratamos de reunir os argumentos dos defensores dessas histórias criminosas. Dizem eles que no fim, os criminosos são sempre derrotados, o que representa a vitória do bem contra o mal".

 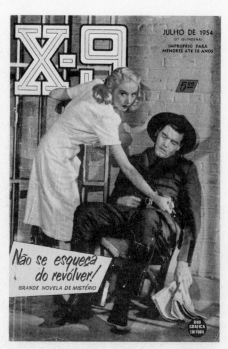

A presença de mulheres sensuais nas capas de X-9 também provocava críticas contra Roberto Marinho. AA

O mês de julho foi marcado por uma série de ataques ao concorrente, com destaque na primeira página em todos. No dia 3, o jornal estampou duas cenas de garotas brigando, com socos e puxões de cabelo e o título: "Mexicano leproso e a mocinha americana", e a explicação de que os quadrinhos americanos tratavam todos os habitantes do país vizinho como criminosos. O exemplo citado era de *O Pequeno Xerife*, publicada pela Editora Vecchi. A mesma história trazia o desespero da mocinha Judite, que apertou a mão de um leproso. Somente na semana seguinte o leitor saberia se ela pegou a doença.

No dia seguinte, 4 de julho, o jornal fez a contagem e concluiu que no "*Texas Kid* do Sr. Marinho" nº 13, criminosos tinham sido mortos pelo herói. No decorrer de nove páginas ele aparecia apenas "dando tiros". Aquele era o exemplo que o editor dava: instigar as crianças a assassinar pessoas, segundo Lacerda.

Dois dias depois, os quadrinhos voltaram ao jornal com mais críticas, no dia 11 de julho, com a manchete "Aprendendo a linguagem de Tarzan". Dessa vez, Lacerda partiu para cima de Aizen, com o uso de expressões próprias das histórias que poderiam ser traduzidas assim: "Só batendo com um pau na cabeça do sr. Adolfo Aizen para ver se ele para com sua campanha de envenenamento da infância brasileira".

O tratamento dado ao editor foi implacável, embora fossem amigos, aparentemente: "O sr. Aizen acaba de lançar mais uma revista de histórias em quadrinhos para crianças, ou melhor, contra as crianças". Com isso, supostamente provava que o negócio dos quadrinhos era bastante rendoso. O editor "não só está prosperando a passos largos com suas revistas como também tem o seu crédito à introdução das histórias em quadrinhos no Brasil."

"Agora, lança a revista *Aventuras inéditas e completas de Tarzan* e programa o lançamento de várias outras com os nomes de 'Mindinho supercolorido', com Pernalonga, Gaguinho e Trocaletras, além de uma *Seleções de Idílio* para mocinhas".

Não que *Tarzan* fosse comparável a *O Terror Negro*, da La Selva, escreveu o diário de Lacerda. "Há várias categorias para idiotices. O que ela faz é fomentar o retardamento mental entre os seus leitores. Tarzan, o herói, tem a personalidade dissociada de uma criança de 4 anos de idade. Em uma demonstração clara do seu infantilismo, ele é incapaz de compreender a existência dos pronomes". Por isso, falava sempre na terceira pessoa quando se referia a si mesmo.

O restante do texto era um ensaio sobre a criação de Edgar Rice Burroughs e suas adaptações para o cinema e os quadrinhos. Com impressionante conhecimento sobre o personagem, Lacerda afirmou que o Tarzan que Aizen começava a publicar era apenas uma sombra do que aparecia no cinema. "É um brutamontes infantil que raciocina como um macaco mediano. Todos os já velhos recursos das histórias em quadrinhos são utilizados nas suas aventuras", de modo a perverter as crianças. E acrescentou: "A heroína é um poço de *sex appeal*, os bandidos são uns monstrengos deformados e atrás de cada coqueiro há um monstro escondido".

ESTRATÉGIAS DE DEFESA

A entrada de Carlos Lacerda na guerra pela liderança do mercado de jornais a partir de ataques aos gibis de Roberto Marinho em 1951 não demorou a provocar mais reações contra os quadrinhos em outros estados brasi-

Enquanto a imprensa enfatizava os perigos dos gibis, folhetos como este eram distribuídos aos pais nas paróquias de todo país. AA

leiros. Em 11 de outubro, o *Diário de Minas*, de Belo Horizonte, publicou uma longa reportagem sobre um assalto feito por três adolescentes a uma agência do Banco Financial da Produção, na cidade de São Gotardo, interior do estado.

O jornal apurou que os garotos decidiram roubar o banco depois de ler uma história policial em quadrinhos. No dia seguinte, o mesmo diário trouxe um editorial no qual condenou a circulação de gibis com temas violentos. No dia 13, alertou os leitores cujos filhos consumiam quadrinhos sobre mais um crime que teria sido inspirado pelas revistinhas: o assalto à empresa aérea Panair do Brasil, também realizado por três adolescentes. Eles levaram mais de 14 kg de ouro.

As críticas aos gibis em Minas Gerais prosseguiram no ano seguinte. No dia 30 de março de 1952, por exemplo, Salvador Carmo, da cidade de Três Corações, encaminhou a Adolfo Aizen um panfleto-manifesto contra as revistas em quadrinhos, que tinha sido distribuído na porta da igreja matriz da cidade. O folheto trazia a assinatura do Departamento Nacional de Defesa da Fé e da Moral e uma relação de jornais e revistas – quase todas em quadrinhos – que "nenhum católico pode ler sem comprometer a própria fé".

Leitor dedicado de gibis, Carmo pediu ao editor que "tomasse alguma providência" para responder à campanha dos católicos mineiros contra as revistinhas, que ele achou injusta. O listão enviado pelo leitor trazia sete classificações diferentes para as publicações: "indecentes", "desaconselhadas para crianças", "de orientação anticlerical", "mundanas e desaconselháveis", "infantis inofensivas", "esportivas" e "assuntos gerais".

Entre as indecentes, aparecia a romântica *O Idílio*, de Aizen, que vinha ao lado de *Sorriso, Polícia, Clube dos Amores, Cinderela* e *O Riso*, além de outras. No grupo das "infantis desaconselhadas" estavam as principais revistas de Aizen e Marinho: *Superman, Shazam!, Quem Foi?* e até os clássicos de *Edição Maravilhosa*. *Raio Vermelho*, da Editora Abril, também foi citada como "fomentadora do crime, do roubo, perturbadora da fantasia" etc. O restante da lista de publicações infantis praticamente só tinha revistas de Marinho – *O Globo Juvenil, Júnior, X-9* e *Gibi Mensal*.

Entre responder às críticas com o que chamava de quadrinhos "educativos" que publicava e adotar outra atitude em defesa de seu negócio, Aizen optou por fazer as duas coisas. O que não significava, porém, partir para o confronto, como fazia Marinho nas páginas d'*O Globo*. A partir de 1952, ele iniciou uma campanha em todas as suas revistas para combater o precon-

Embora publicasse contos policiais na maioria das páginas, revista de Marinho trazia também quadrinhos. Circulou até a década de 1970. AA

ceito contra os quadrinhos. Nelas, reproduziu na segunda e terceira capas artigos como "As histórias em quadrinhos são um assunto sério", assinado pelo deputado Aluísio Alves, publicado na *Revista da Semana*.

Alves escreveu que era preciso fazer um estudo profundo do que considerava "o mais sério" problema da imprensa naquele momento – os quadrinhos –, para acabar de uma vez por todas com as contradições que cercavam as discussões sobre o assunto. O deputado tinha um bom exemplo do preconceito com que os jornais lidavam com aquela forma relativamente nova de comunicação e entretenimento.

Contou que, havia pouco tempo, tentara-se fazer no Rio de Janeiro uma eleição para escolher o "personagem do ano na imprensa", após o lançamento de determinado jornal. O resultado nunca foi divulgado porque o escolhido fora um personagem de gibi – censura que ele considerou uma bobagem.

Na verdade, seu artigo pretendia apresentar aos leitores da *Revista da Semana* as aventuras em quadrinhos de *Mr. Abernathy*, da dupla Ridgeway e Jones, que começou a ser veiculada naquele número. Depois de uma pequena cronologia da história dos quadrinhos, Alves se dirigiu aos leitores para lhes dizer o que considerava "conclusões evidentes" sobre o sucesso das revistinhas: "As pessoas as leem porque se encontram e se veem refletidas nelas; e porque os heróis são um ideal de vida, puros e bons, vencendo sempre, pois estão com a causa justa".

E como Roberto Marinho enfrentava na intimidade o bombardeio cada vez mais crescente dos seus concorrentes contra os quadrinhos que editava? Com preocupação, apesar das respostas contundentes que dava n'*O Globo*, sempre imediatas e implacáveis contra seus detratores. Ele percebeu que, com os ataques incessantes de seus adversários, piorava a impressão do público sobre sua anunciada falta de escrúpulos para editar os gibis, que arrastavam crianças e adolescentes para o mundo do crime e da perversão.

O editor temia que isso fugisse de seu controle e chegou a ser aconselhado por funcionários e amigos a buscar alternativas de amenizar as respostas que dava a seus inimigos. Não bastava o estilo incisivo de conduzir seus negócios, de responder aos adversários e de manter boas relações com governantes e parlamentares. Havia uma força maior que tudo isso: seu temperamento explosivo.

Em agosto de 1952, ele contratou o publicitário Walter Ramos Poyares, a quem pediu que ajudasse a melhorar sua imagem e a de suas empresas.

Aos 36 anos, Poyares era visto como um menino-prodígio da mídia, pioneiro da comunicação no Brasil. Entre suas qualidades conhecidas estava a de estrategista de marketing. Fluente em inglês, espanhol e francês, chamara a atenção de Marinho pelas ideias de marketing e relações públicas que trouxera para o Brasil na década de 1940, numa época em que esses assuntos eram quase desconhecidos no país.

Poyares cuidaria da apresentação pública de Marinho e da promoção d'*O Globo* junto aos leitores. Pouco a pouco, fez com que o jornal começasse a se destacar cada vez mais dos concorrentes diretos, como *Correio da Manhã, Diário de Notícias* e *O Jornal*, graças a uma série de inovações que se baseava na ideia de que servir ao leitor era não apenas informá-lo, mas também "integrá-lo socialmente".

Ao assumir a área comercial do jornal, o comunicador criou promoções que fariam sucesso durante as décadas seguintes e que também seriam incorporadas pela Rede Globo a partir dos anos de 1970, como a eleição do Operário Padrão e do Motorista Padrão. Atuou ainda nas áreas de saúde e educação. Poyares, porém, teve como desafio maior tornar Marinho mais simpático junto à opinião pública, que o via com maus olhos por causa dos quadrinhos. Decidiu que tentaria fazer dele um símbolo de luta pelo progresso do país, pela instauração da democracia plena e pela liberdade de expressão. Sabia que o trabalho seria árduo e demandaria tempo.

Enquanto isso, o cerco aos editores de histórias em quadrinhos se fechou ao longo de 1952. Logo no começo do ano, uma novidade buscou integrar os governos brasileiro e americano no combate às revistinhas. A Repartição de Línguas Estrangeiras da Secretaria de Estado dos EUA, em Washington, patrocinou a tradução para o português de uma série de livros que tinha o propósito de orientar os pais na educação de seus filhos. Um dos volumes, *A criança dos seis aos doze anos*, escrito por vários educadores, deixava clara a preocupação dos educadores americanos com a proliferação das revistinhas.

Já na capa do livro, quatro garotos folheavam com atenção um gibi. Os *comics* apareciam no capítulo "Ocupações e passatempos". Os autores admitiam que as revistinhas tinham lá suas virtudes, pois atendiam à necessidade de aventura e enriqueciam o vocabulário. Mas alertavam sobre os perigos dos *comics* "grosseiros", que podiam causar males "ao nascente sentimento de beleza da criança". O risco vinha dos atos de violência, crimes e vícios representados nas histórias. A cartilha dizia que alguns dos mais abalizados

Por pouco um homem que adorava gibis de Batman e se fantasiou do herói não foi linchado perto da Central do Brasil, no Rio, por assustar as crianças. Tribuna da Imprensa, 25 de agosto de 1950. BN

psiquiatras se mostravam alarmados com o reflexo dos quadrinhos na aprendizagem e com a exposição diária dos leitores à "crueldade e à vulgaridade".

Os gibis semeavam ainda, de acordo com o livro, o preconceito em relação a nacionalidades e profissões. A família retratada nos *comics* deveria ser vista com preocupação pelos educadores, pois alguns de seus membros costumavam aparecer de maneira "estereotipada, grosseira", como era o caso das sogras.

Os autores de *A criança dos seis aos doze anos* não chegaram a pregar uma intervenção do Estado para aplicar a censura contra o que definiam como "literatura de segunda ordem". Diziam, porém, que os pais deveriam se unir para diversificar os passatempos e controlar as leituras dos filhos.

No Rio de Janeiro, um dos porta-vozes da mobilização contra os gibis era o padre Álvaro Negromonte, colunista do *Jornal do Brasil*, onde escrevia sobre "homens ilustres", "coisas da vida brasileira" e "problemas que afligem a

> **Menores transviados**
>
> O juiz de Menores, sr. Alberto Mourão Russel, em recente entrevista que nos concedeu, teve oportunidade de se externar sôbre o problema crucial da infância abandonada. Nessa ocasião, além de outras causas, foram apontadas, também, as histórias de quadrinhos, como um dos fatores principais que contribuem para a perdição da infância brasileira. A palavra do juiz de Menores, autorizada e experiente, merece ser ouvida e meditada, principalmente pelos pais, a quem cabe grande culpa pela degradação dos filhos menores: "Existem pais sem a menor noção de responsabilidade e que, por desleixo, comodidade ou complacência, não estão em condições morais de exercer o pátrio poder".
>
> Evidentemente não apenas as histórias de quadrinhos estão contribuindo para êsse lamentável estado em que se vai enterrando a infância brasileira, sem assistência necessária do Govêrno e, inclusive, dos pais, como aponta o juiz de Menores, que deixam criminosamente seus filhos e filhas menores escorregarem pelo tenebroso caminho da perdição. Não há que negar, entretanto, que essas histórias de "Super-Homens", "Tarzans", "X-9" e "Flash-Gordon" enchem o espírito dos pequenos de um incontido desejo de aventuras mirabolantes, sendo mesmo o ponto de partida, muitas vezes, para uma vida de crimes e de corrupção. Aos pais, pois, cabe a maior responsabilidade pela salvaguarda da integridade moral de seus filhos.

Em editorial de 20 de outubro de 1950, Tribuna da Imprensa destacou a preocupação de um juiz com a relação entre menores infratores e histórias em quadrinhos. BN

juventude". O religioso possuía alguma reputação como autor de livros sobre educação sexual, escritos com o rigor moral do catolicismo e editados pela Livraria José Olympio. Ele frequentava também a lista dos autores mais vendidos das livrarias religiosas com uma versão bastante popular do catecismo.

Mas foi em entrevista ao *Última Hora*, de 12 de junho de 1952, que um Negromonte mais flexível fez elogios a dois lançamentos de Adolfo Aizen. Na posição de diretor do Departamento Arquidiocesano de Ensino Religioso do Rio de Janeiro, deu seu aval entusiasta às *Histórias da Bíblia Sagrada* e à *Bíblia em Quadrinhos*, que a Ebal acabava de pôr nas bancas. Os títulos foram recebidos pelo padre como um projeto "dentro de uma concepção que alia o encantamento à preocupação instrutiva e educacional".

Segundo a reportagem, a tiragem do número de estreia das *Histórias da Bíblia Sagrada*, sobre a Virgem Maria, havia se esgotado em quinze dias. Ao examinar a edição da *Bíblia em Quadrinhos*, Negromonte disse que as duas iniciativas do editor estavam alicerçadas "no mais sadio propósito de renovação" e constituíam "um emocionante exemplo de atividade lucrativa e moral". Ele listou para o jornal alguns pontos que destacava na publicação sobre a mãe de Cristo: "iniciativa excelente", "apresentação gráfica superior", "linguagem correta, sendo de desejar que fosse mais acessível às crianças".

Como retribuição aos elogios, Aizen chamou o religioso para conhecer as instalações da Ebal e participar de um almoço com a diretoria. O convidado ficou impressionado com a "seriedade" da produção de suas publicações e até se ofereceu para editar uma série de revistas em quadrinhos com temática religiosa.

Para Aizen, a ideia do padre resolveria o dilema pessoal que o incomodava desde que pensou em fazer *Histórias da Bíblia Sagrada*: ele era um judeu e editava revistas sobre religião que tratavam do cristianismo. Desse modo, transferiria a tarefa para o padre católico. Prometeu a Negromonte que pensaria no assunto.

A LA SELVA E O TERROR PAULISTA

Se o mercado brasileiro de quadrinhos passava por seu grande momento editorial no começo dos anos de 1950, a reação contra a popularidade dos gibis parecia se propagar na mesma proporção das tiragens das revistas. Como já vimos, por exemplo, a lei que estabeleceu a censura aos quadrinhos na França, aprovada em 1949, não demorou a ter repercussão no Brasil.

Em artigo publicado no *Diário de Notícias* em janeiro de 1950, o professor Brito Viana alertou os pais e as autoridades brasileiras para a necessidade de estudar uma medida "drástica" contra a proliferação dos quadrinhos, do mesmo modo que fizeram os deputados franceses seis meses antes. Viana considerava as histórias importadas dos EUA um eficiente meio de "alienação cultural".

A partir desse momento, a tese defendida por Fredric Wertham, Gershon Legman e outros psiquiatras americanos, segundo a qual os gibis eram responsáveis pelo crescimento da violência entre crianças e adolescentes, reapareceu com mais força nos jornais brasileiros.

O professor paulista Sólon Borges dos Reis foi um dos que mais ressaltaram a relação dos gibis com a criminalidade. Em um de seus artigos, publicado no *Correio Paulistano*, ele aconselhou editores de gibis que produzissem "algo mais condizente com o espírito juvenil do brasileiro". Reis via no sucesso comercial dos gibis a motivação para "os males de um gênero de atividade literária" porque os editores das revistinhas não tinham preocupações de ordem educacional e, salvo raras exceções, faziam apologia à violência: "Esse tipo de revista é contraproducente, sob todos os aspectos, e justifica a revolta dos educadores e de quantos se interessem pelas causas dos desvios do homem".

Outro professor, Hélio Arruda, amigo de Reis, compartilhava da mesma ideia sobre os gibis. No artigo "A influência da má literatura infantil", publicado na revista *Serviço Social* nº 57, de 1950, afirmou que os quadrinhos não procuravam esclarecer o público sobre os acontecimentos do cotidiano, nem a instruí-lo ou informá-lo, mas impressioná-lo, dramatizar a realidade e escandalizá-la. Para Arruda, os quadrinhos traziam um "sensacionalismo verdadeiramente degradante, deprimente e nocivo à sociedade, notadamente à juventude".

Ainda em 1950, durante a Semana de Estudo do Problema de Menores, em São Paulo, organizada pelo governo estadual para avaliar, entre outros temas, a ligação entre a violência infantojuvenil e os meios de comunicação, Lenira Fraccaroli, diretora-geral das bibliotecas infantis da capital paulista, defendeu com rigor que se fizesse uma faxina no mercado editorial brasileiro para expurgar uma série de gibis: "Nada de revistas com monstros, assassinos, gângsteres, raptos, explosões, incêndios e sangue. Nada de super-homens, de vingadores ou coisas parecidas. Essas publicações não só deturpam o espírito da criança como a despersonalizam".

Os críticos ganhariam novos argumentos para atacar os gibis com a chegada ao Brasil das revistas de terror. À frente do novo filão estava a pequena editora paulista La Selva. A história da editora, porém, começa em 1904, quando a família de imigrantes italianos La Selva desembarcou no porto de Santos, em busca de trabalho. Entre eles, estava Vito Antônio, um garoto de quatro anos.

Na capital paulista, Vito, já adolescente, vendia jornais e revistas nas ruas do centro para ajudar no sustento da casa. Aos dezesseis anos, convenceu os pais a deixá-lo prestar serviço militar na Itália. Ficou por lá oito anos. Voltou com disposição para trabalhar e algum dinheiro no bolso. Os negócios prosperaram, e, em 1933, tornou-se proprietário de uma banca na praça da Sé, um dos pontos mais movimentados da cidade.

Dois anos depois, Vito montou uma pequena agência para distribuição de jornais e revistas na região metropolitana de São Paulo. Já casado, pai de quatro meninos – Jácomo, Antônio, Paschoal e Estevão, que depois se tornariam seus sócios –, o jovem jornaleiro se associou na década de 1930 a outro imigrante italiano, que mais tarde seria lembrado apenas como Pelegrini, e ampliou seu leque de distribuição de revistas.

Para isso, fez contratos com várias pequenas editoras do Rio. No começo dos anos 1940, Vito viu no contato com os distribuidores menores o combustível para montar o embrião da Distribuidora de Revistas La Selva. Naquele

No dia 6 de julho de 1951, a Tribuna da Imprensa *denunciou a Editora La Selva, de São Paulo, por causa de seus gibis de terror.* BN

início de década, trabalhavam com a empresa cerca de cem desses empresários, encarregados de levar revistas aos mais distantes pontos do país.

As vendas razoáveis de pequenos títulos como *Bom Humor*, de 1946, despertaram a curiosidade de Vito La Selva para a edição de revistas. Se ele já tinha a estrutura de distribuição e venda, por que não fazia também o produto? E partiu para editar sua primeira publicação. Discretamente, lançou *Seleções de Modinhas*, que só se diferenciava das dezenas de publicações similares, editadas no Rio de Janeiro, pela boa qualidade na diagramação e nas fotos usadas nas capas.

Enquanto as concorrentes eram malcuidadas, com logotipos de mau gosto, *Seleções de Modinhas* trazia, a cada número, a foto de um artista de sucesso, sempre colorida e bem paginada, com letramento de bom gosto. Com os filhos adolescentes ajudando-o na distribuidora, Vito começou a

265

coeditar *Bom Humor* e *Aventuras*. A segunda, em quadrinhos, era a edição brasileira de uma homônima argentina, editada e produzida pelo desenhista Horácio Gutiérrez. A revista trazia em cada edição a versão em quadrinhos de uma radionovela ou algum filme de sucesso, produzida por ótimos quadrinhistas argentinos.

Em seguida, outro êxito do mesmo grupo argentino que passou a ser coeditado pela La Selva foi *Fantômas*, revista de contos policiais cujo destaque eram as ilustrações dos brasileiros Ítalo Cencini, Darcy Penteado e Guilherme Sigismundo Walpeteris (autor da bela e apavorante capa do primeiro número).

Em 1947, Vito rompeu a sociedade com Pelegrini e a distribuidora La Selva partiu para alçar seu próprio voo editorial nas mãos de seu fundador. O novo desafio de Vito e filhos era estruturar e fazer funcionar a Editora La Selva, uma das primeiras de uma série de pequenas empresas editoriais paulistas de quadrinhos que nasceriam entre 1940 e 1970. Para isso, comprou *O Cômico Colegial*, revista em quadrinhos editada por Auro Teixeira, que enfrentava sérias dificuldades financeiras para mantê-la em circulação.

Vito La Selva mostrou interesse em adquiri-la porque acreditava na força do nome junto à garotada. Constatara isso nas boas vendas, pois, afinal, a distribuía. Achava que, se promovesse uma melhora gráfica, poderia transformá-la em um sucesso editorial de fato. Outro lançamento da editora, *O Crime Não Compensa*, não passava de uma cópia da revista de reportagens de crimes *Polícia*, editada desde 1947 pelas Revistas Unidas.

Como a *Cômico Colegial* inicialmente não trazia sua marca na capa, a La Selva começou a existir com o selo de editora a partir do começo de 1950, quando lançou sua bem-sucedida *Seleções de Rir Ilustrada*, que se tornou uma das mais famosas do país na linha de humor com fotos de garotas seminuas – mais conhecidas como "revistas de salão de barbeiro". Circularia até o início dos anos 1960.

Parte desse sucesso se devia aos desenhos bem elaborados e à paginação feita com cuidado pelo imigrante português Jayme Cortez, a quem também cabia fazer as fotos das vedetes que posavam para a revista da La Selva em camarins ou em hotéis, boates e bordéis.

Cortez chegara ao Brasil quatro anos antes com o sonho de ser desenhista de histórias em quadrinhos. Ao desembarcar em Santos, não demorou a descobrir que o mercado de histórias em quadrinhos praticamente inexistia em São Paulo. E que no Rio, onde estavam as grandes editoras, 80% do material era importado dos Estados Unidos. Para sobreviver, fez bicos em gráficas e pequenas editoras até conhecer um fotógrafo um pouco mais velho que ele, viciado em quadrinhos e metido a desenhista. Seu nome: Miguel Penteado.

Os dois se aproximaram quando o desenhista soube que Penteado era um dos poucos colecionadores na cidade a ter a coleção completa do *Suplemento Juvenil*. Procurou-o no Foto Labor, onde o brasileiro trabalhava, para tentar convencê-lo a lhe vender parte das revistas, pois queria completar sua coleção, iniciada em Portugal. A conversa foi tão animadora que Cortez empolgou Penteado com a possibilidade de ensiná-lo a se tornar um desenhista de gibis profissional.

Com os conselhos do novo amigo – a quem generosamente presenteou com sua coleção do *Suplemento Juvenil* –, quatro meses depois Penteado já fazia suas primeiras histórias em quadrinhos. Sem muita segurança, decidiu começar com desenhos de belas mulheres para revistas de humor. Cortez sugeriu que usasse modelos-vivos. Penteado pegou suas economias e contratou algumas prostitutas para que posassem.

Primeiro, fotografou-as seminuas. Em seguida, reproduziu as poses em desenho e montou um calendário. Ele, que ganhava pouco mais 1.200 cruzeiros por mês, vendeu o projeto da folhinha por trinta mil cruzeiros. Assim, o fotógrafo virou desenhista nas horas vagas. Começou a ilustrar livros para a Editora do Brasil, de Carlos Costa, que lhe fora apresentado por Cortez.

As encomendas de ilustrações nessa editora eram feitas pelo secretário Manoel Neto, que dava preferência ao preço mais baixo e não à qualidade dos desenhos. Ao mesmo tempo, os quadrinhos passaram a ser uma prioridade para Penteado, que queria viver do desenho. Alguns meses depois de sua aproximação com Cortez, ele soube pelo amigo das atividades e dos projetos de expansão da Editora La Selva na área de quadrinhos e se ofereceu para colaborar.

Nos primeiros meses de 1950, a La Selva estava instalada no nº 231 da rua Pedro de Toledo, na Vila Clementino. Recuado da rua e com fachada de pedras vermelhas e um pequeno jardim na frente, o sobrado tinha uma entrada para carros que ia até os fundos, onde havia uma ampla garagem, transformada em redação. Sobre ela, no primeiro andar, ficavam os quartos onde parte da família dormia. Assim, ocupavam o mesmo endereço distribuidora de revistas e jornais, editora e moradia dos La Selva.

Ainda no primeiro semestre de 1950, a La Selva teve a oportunidade de inovar no mercado de histórias em quadrinhos ao lançar *O Terror Negro*, que se tornaria a primeira revista brasileira de quadrinhos de terror. Tudo aconteceu por mero acaso. Enquanto Adolfo Aizen, Roberto Marinho e Assis Chateaubriand publicavam o filé mignon dos quadrinhos das grandes distribuidoras americanas, as editoras menores quase sempre ficavam com as sobras ou com algumas novidades que não haviam ainda despertado o interesse dos grandes editores brasileiros.

Vários desses personagens e séries descartados por eles eram oferecidos por um preço mais baixo aos editores de pequeno porte. Desse modo, Reinaldo de Oliveira e Jácomo La Selva compraram sem maiores pretensões um esquisito e desconhecido herói chamado *Black Terror* (O Terror Negro), cujas histórias eram assinadas por Mort Meskin (texto) e Jerry Robinson (desenhos).

O material lhes fora oferecido pela Distribuidora Record. O argumento de Alfredo Machado para convencer os La Selva a fazer o experimento foi o de que se tratava de um personagem de ação com elementos de terror, novo gênero que começava a fazer sucesso nos EUA. Ninguém imaginou na empresa que aquela figura estranha e pouco expressiva mudaria a história da editora. Só que de outra forma.

A La Selva foi, assim, a primeira editora a publicar no Brasil uma revista dedicada ao terror, gênero que predominaria em toda a produção nacional entre as décadas de 1960 e 1980. *O Terror Negro* chegou às bancas em julho de 1950. No começo, não trouxe nas histórias múmias, vampiros e mortos-vivos como os que apareciam no cinema (e, claro, como o nome sugeria). Em vez disso, as primeiras histórias continham os obscuros heróis Águia Americana, Homem-Maravilha, Pirata Estrela, Detetive Fantasma, Doc Strange e outros que flertavam com elementos do sobrenatural. O primeiro número saiu como suplemento extra da revista *O Cômico Colegial*, porém vendido separadamente. Só a partir do nº 9, de março de 1951, os editores retiraram da capa a referência a *O Cômico Colegial*.

A capa de estreia reproduzia um desenho tosco do herói que dava nome à revista, feito pelo jovem paulistano José Lanzellotti. A capa do segundo número foi ilustrada por Jayme Cortez e mostrava a Morte com seu tradicional capuz negro e cara de caveira, uma vela acesa na mão, enquanto acordava sua vítima, um rapaz assustado. A cena sugeria que o jovem deveria acompanhá-la ao mundo das trevas, pois sua hora havia chegado. Causou tanto impacto que a edição praticamente se esgotou.

Aconteceu, então, um problema inesperado: o herói que dava título à publicação teve seu fim decretado pelo editor nos Estados Unidos por causa das baixas vendas. Com isso, a La Selva ficou sem histórias para suprir a revista. Oliveira e Jácomo decidiram manter o título, mas com outras histórias, uma vez que *O Terror Negro* havia demonstrado forte apelo de vendas e servia bem para abrigar as histórias da editora americana Beyond vendidas pela Record.

Para não criar confusão nos leitores, a numeração também foi alterada, e a revista recomeçou do nº 1. Mesmo sem o personagem principal, a publicação não só manteve o ritmo de vendas como passou de trinta mil para quarenta mil exemplares mensais no ano seguinte.

Contudo, o sucesso do "novo" *O Terror Negro* no primeiro ano de circulação não chegou a convencer os cautelosos editores da La Selva a lançar

O imigrante italiano Vito La Selva chegou ao Brasil em 1902, foi jornaleiro e dono de distribuidora de revistas até criar sua própria editora de quadrinhos em 1950. LS

novas revistas de terror. Apenas em 1953 Vito se sentiu seguro com o lento, mas contínuo, crescimento das vendas – que bateram cinquenta mil de tiragem e venda de 95% – e transformou o título em uma publicação quinzenal. No ano seguinte, lançou duas revistas do gênero: *Sobrenatural*, em janeiro, e *Contos de Terror*, em fevereiro. Um ano depois, saiu *Frankenstein*.

Enquanto isso, outras pequenas editoras de histórias em quadrinhos surgiram em São Paulo, algumas delas fundadas por ex-colaboradores da La Selva. Em outubro de 1954, a Orbis Publicações lançou os gibis *Sexta-feira 13* e *Casa Misteriosa*, que sobreviveram apenas por alguns números. No ano seguinte, a Companhia Gráfica e Editora Novo Mundo estreou de uma só vez quatro revistas do gênero: *Gato Preto*, *Medo*, *Mundo de Sombras* e *Noites de Terror*. Todas circularam durante quatro anos.

Em 1953, a La Selva reforçou seu time de colaboradores com a chegada de Cláudio de Souza, um jovem advogado que tinha virado jornalista e roteirista. Ele começou a dividir seu tempo entre a editora e as revistas em quadrinhos Disney da Editora Abril, de Victor Civita. Como *freelancer*, Souza ficou responsável pelo material para duas revistas policiais, *Emoção* e *Contos de Mistério*, e por escrever roteiros de quadrinhos para *Arrelia e Pimentinha*, *Fuzarca e Torresmo*, *Oscarito e Grande Otelo*, *Fred e Carequinha* e *Mazzaropi*.

Apaixonado por literatura policial, Souza trabalhava com prazer, apesar de ganhar pouco. O pagamento, de certo modo, era regularmente complementado com uma lauta macarronada no almoço ou no jantar de todo sábado, oferecida pelos La Selva a seus funcionários e colaboradores – que podiam até levar a família. "Fica difícil descrever a fartura na mesa nesse dia, todo mundo se empanturrava e ainda sobrava macarrão", recordou ele.

A La Selva já desfrutava uma posição confortável como editora em 1953, graças à rapidez com que ganhava cada vez mais espaço no emergente mercado de revistas de São Paulo. Com o crescimento das tiragens e do número de títulos, Vito La Selva recorreu a Victor Civita para imprimir o miolo da maioria de suas revistas. A parceria foi mais um gesto de camaradagem de Civita, uma vez que os dois haviam se aproximado por serem filhos de italianos (Civita nasceu nos EUA) e se entendiam bem.

Desde o começo, as revistas da La Selva eram impressas em gráficas de terceiros. Jácomo e Paschoal tinham o cuidado de contratar aquelas que, além da capacidade, oferecessem bom acabamento e, claro, melhor preço. Como a Gráfica Bentivegna, de Salvador Bentivegna, na rua Silveira Martins, e Brusco e Cia. e Gráfica Sangirardi, ambas na rua Luiz Gama. Também usavam a Novo Mundo, de Victor Chiodi, na Visconde de Parnaíba, no Brás.

A produção das revistas era lenta e penosa porque nenhuma das gráficas havia entrado na era da impressão em ofsete. Não era fácil para os funcionários transportar até as máquinas as chapas de zinco das 32 páginas de cada revista, mais as da capa, em quatro cores. Veio daí a ideia de recorrer aos serviços da Abril, que tinha máquinas mais modernas.

Em meados de 1953, a capa das revistas da La Selva passaria a ser impressa em ofsete pela Arte Gráfica do Brasil, na rua Rodolfo Miranda, no Bom Retiro. Vito decidiu concentrar a impressão do miolo na Abril. O editor fechou sua distribuidora – que já não representava mais parte significativa dos negócios dos La Selva – e acertou uma parceria com a Fernando Chinaglia Distribuidora, do Rio. No ano seguinte, a La Selva já era a maior editora de São Paulo em número de títulos.

As clássicas capas do artista português Jayme Cortez influenciaram o gosto pelo terror de Zé do Caixão. AA

Em outubro de 1953, chegavam às bancas nada menos que dezoito revistas com o selo La Selva. Atendiam a diferentes públicos. Desde os fãs de revistas de contos policiais (*Emoção, Contos de Mistério*) e de terror (*O Terror Negro, Contos de Terror, Frankenstein* e *O Sobrenatural*) até o público feminino (*Gilda* e *Seleções das Moças*) e fãs de cinema (*Cine-Fan*). A editora publicava também uma série de revistas infantis (*Capitão Radar, Bill Kid, Supermouse, O Coelho Valente, O Pato Dizzy, Rei da Selva, Seleções Juvenis* e *Aventuras Heroicas*), de humor (*Seleções de Rir Ilustrada*) e de música (*Seleções de Modinhas*).

Os gibis de terror da La Selva, feitos com material importado da EC Comics e da Fawcett, no entanto, não demoraram a provocar apreensão naqueles que não viam os quadrinhos com bons olhos. Por isso, a editora se tornou presença constante nos artigos contra as revistinhas na grande imprensa. Se os gibis de Marinho, Aizen e Chateaubriand provocavam indignação por causa da violência e do conteúdo americanizante, os da La Selva se tornaram um escândalo pelas cenas de monstros sanguinários e corpos em decomposição que traziam em seus gibis.

A primeira investida aconteceu em 6 de julho de 1951, quando a editora ainda engatinhava no mercado de quadrinhos. *O Terror Negro* despertou a ira da *Tribuna da Imprensa*, de Carlos Lacerda. O jornal incluiu a pequena editora na sua série "O que leem as crianças no Brasil?". No subtítulo, em tom de denúncia, alertou: "Os La Selva espalham o terror pelo Brasil".

Na montagem com cenas de monstros que ilustrou o texto, Lacerda mostrou seu repúdio aos quadrinhos importados pela La Selva. Em letras garrafais, afirmou no título: "Mais uma revista para intoxicar as crianças – os monstros das histórias competem com os editores". A legenda completava: "Concorrência a Marinho e Aizen, os horrores além-túmulo – espiritismo, lobisomens e mortos-vivos".

A matéria começava com um breve histórico da editora. Em seguida, acrescentava: "Para provar que são capazes de explorar inteligentemente todos os setores da baixa literatura e do jornalismo de escândalo, eles [os La Selva] editam várias outras publicações, como *Gilda* e *Seleções Românticas*, revistas de xaropadas na linha para moças de *Grande Hotel* [Vecchi])". A *Tribuna* citou também a revista "humorística-licenciosa *Seleções de Rir Ilustrada*". "E, finalmente, os La Selva editam também a revista policial-pornográfica *O Crime Não Compensa*". A essas, disse o jornal de Lacerda, veio se

 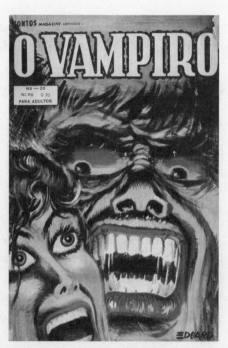

Os adolescentes e jovens adoravam quadrinhos de assombração e vampiros e eram bem-servidos no Brasil. AA

juntar *O Terror Negro* – que na verdade, tinha sido lançada antes de todas as outras. "Se o título já dá uma ideia do que é a revista, a capa não deixa mais dúvidas. Nela, um repórter e uma moça, aterrorizados, abrem uma caixa que contém cabeças humanas decepadas. A cena se passava em um subterrâneo e, por uma escada, vêm descendo alguns homens verdes, descarnados e disformes".

A *Tribuna* esmiuçou uma das edições. "A primeira história tem o seguinte título: 'O Lobisomem Ataca!'. Conta o caso de um infeliz e barbado professor Dregor que, nas noites de Lua Cheia se transforma em um lobisomem orelhudo e assassina transeuntes descuidados". Durante toda a história, continuou o diário, ele tentou descobrir um soro que o livrasse "do exercício de tão desagradável profissão. Não consegue e um policial o mata no fim, quando ele tentava estrangular uma moça".

A segunda história tratava apenas de "zumbis", os mortos-vivos do Haiti. No primeiro quadrinho, a introdução: "Que é a vida? Que é a morte? Talvez somente os fantasmas que ficam entre este e o outro mundo possam saber a resposta". A terceira tratava de espiritismo e fantasmas. Dizia o primeiro quadrinho: "Aqui nesta sala de sombras que se movem rapidamente, eles [os heróis], se atreveram a abrir os véus que cobrem o mais negro dos mistérios, levantando a cortina que separa as vidas dos mortais do mundo dos espíritos". Comentário do jornal: "Melhor seria se tivessem deixado essas criaturas em paz, pois os olhos humanos não foram feitos para ver os horrores indescritíveis do além-túmulo".

O jornal denunciou um suposto plágio na última história da revista, "O marionete fantasma". Na trama, um boneco de pau que adquiria personalidade, aterrorizava o ventríloquo e assassinava meia dúzia de pessoas... nos lugares onde Jack, o estripador, havia cometido seus crimes em Londres, no final do século XIX. "Em todas essas histórias, os desenhos são feitos, como diz a propaganda, com o 'maior realismo'. Todos os monstros são requintadamente disformes. Todas as mulheres são extremamente sensuais. Os autores já descobriram há muito tempo que o horror e o sensualismo, juntos, despertam um interesse mórbido por parte dos leitores". – Em especial, escreveu a *Tribuna*, quando esses consumidores eram crianças.

O autor do texto parecia conhecer bastante o gênero terror, inclusive no cinema. "Nenhuma dessas histórias, como se não bastasse, apresenta alguma coisa de original. Coisas como lobisomens em noites de lua cheia e 'zumbis' no Haiti já foram exploradas no cinema, nas histórias policiais e nas próprias histórias em quadrinhos". O caso do homem que via seu próprio túmulo vinha desde o encantador *Conto de Natal*, de Charles Dickens. A história do boneco que se tornava vivo e pensante teria sido "plagiada" de um famoso conto de mistério adaptado à tela para o filme *Dead of Night*, feito na Inglaterra por quatro diretores, incluindo o brasileiro Alberto Cavalcanti.

Nem mesmo os anúncios nas revistas eram poupados das críticas. "Nos espaços vagos de suas revistas, os La Selva fazem reclame das suas outras publicações. O anúncio de *Seleções de Rir Ilustrada* ocupa toda uma página. Mostra um homem gordo e baixo rindo ao lado de uma mulher decotada e de fartos seios e de um cachorro que urina na parede. Essa revista apresenta, segundo diz o anúncio, um desfile sensacional de garotas superanatômicas". Outra página era ocupada com o anúncio da revista *O Crime Não Compensa*, feita só "com histórias de crimes e acontecimentos policiais que realmente. se deram". O anúncio mostrava a fotografia de um homem que foi morto a tiros em São Paulo. com a seguinte legenda: "Quem matou este homem?

Leia o enigma da bala perdida e você acompanhará esta tragédia real. Preço da revista: 3 cruzeiros".

Por fim, o jornal alertou: *"O Terror Negro* está sendo lida por crianças do Rio e São Paulo. Os La Selva, como Roberto Marinho e Adolfo Aizen, estão empreendendo uma campanha verdadeiramente selvagem no sentido de transformar as novas gerações em um celeiro de anormais, tarados e mentecaptos. Reclamamos do governo uma legislação que proteja a criança brasileira contra cada espécie de ação criminosa".

Pouco mais de uma década e meia tinha se passado desde que Aizen trouxera os modernos heróis americanos para o Brasil e, em São Paulo, teve início um esforço por parte dos artistas pelo reconhecimento dos quadrinhos como arte – e não mera forma de entretenimento para crianças e adolescentes (inclusive porque adultos também liam). Nesse sentido, o país acabou por se tornar pioneiro ao abrir, no dia 18 de junho de 1951, em São Paulo, a Primeira Exposição Didática Internacional de Histórias em Quadrinhos.

O nome trazia o termo "Internacional", o que lhe dava uma dimensão maior em relação à realizada por Aizen dez anos antes, em março de 1941, para expor os quadrinhos cívicos de apoio à ditadura do Estado Novo. No segundo caso, o evento foi organizado pela chamada "Turma da La Selva", formada por Jayme Cortez, Miguel Penteado, Reinaldo de Oliveira, Maurício Kus, Silas Roberg e Álvaro de Moya – os dois últimos, na verdade, tomaram a frente da empreitada.

Sem maiores pretensões no primeiro momento, a mostra servia como "introdução" didática ao universo dos quadrinhos, como dizia o título. Mas se tornou um grande acontecimento e motivo de polêmica. O desafio inicial foi convencer a imprensa paulistana a cobrir uma exposição sobre quadrinhos e lhes dar tratamento de algo com valor "artístico". Para isso, os artistas montaram uma operação de guerra nas emissoras de rádio e nas redações de jornais e revistas de informação.

Ajudou no esforço o fato de eles terem amigos jornalistas, principalmente Moya. Mas os críticos de artes plásticas simplesmente se recusaram a levar a sério aquela ideia "maluca" de querer promover os quadrinhos à condição de arte. Parte dos artistas plásticos paulistanos também ignorou a proposta anunciada pelos expositores. A discussão, porém, venceu a resistência do casal Pietro e Lina Bardi, que havia se recusado a abrigar a exposição no Museu de Arte de São Paulo (MASP).

Os gibis de terror da La Selva reproduziam com tradução as histórias produzidas nos EUA e condenadas por psicólogos e psiquiatras. AA

Quando souberam do interesse dos dois em visitar a exposição, os organizadores a prorrogaram por mais um dia. Lina arrastou o marido até o Centro Israelita, no bairro do Bom Retiro, onde estava sendo realizado o evento. Acompanhado dos desenhistas, o diretor do museu garantiu ter mudado de ideia tão logo ficou diante dos deslumbrantes desenhos, expostos em formato original.

Ao final da mostra, os quadrinhistas puderam comemorar duas conquistas: conseguiram atrair a atenção da imprensa e dos críticos dos gibis e estimularam os desenhistas paulistas a profissionalizar seus roteiros e desenhos, a partir do contato com os originais dos artistas americanos.

O impacto positivo da exposição de São Paulo junto à opinião pública estimulou os artistas cariocas. Na segunda quinzena de setembro do mesmo ano, foi aberta no Rio a Primeira Exposição de Originais de Histórias em Quadrinhos e Originais. O evento foi organizado pela Associação Brasileira de Desenho (ABD), com apoio da Associação Cristã de Moços (ACM), que emprestou os salões de sua sede no segundo andar da avenida Graça Aranha, nº 19. Participaram os associados da entidade e até mesmo artistas amadores que se inscreveram dessa forma.

Como consequência da exposição paulista, começou a surgir um movimento sindical embrionário que resultou, no ano seguinte, na fundação da Associação de Desenhistas de São Paulo (ADESP). Na associação, os desenhistas começaram a discutir timidamente duas questões que consideravam fundamentais e imediatas: a reserva de mercado para o artista brasileiro e a regulamentação trabalhista da relação entre as editoras e os quadrinhistas, que sofriam com os baixos valores recebidos e com a inexistência de vínculos empregatícios.

Uma das queixas do grupo recaía sobre a hegemonia dos quadrinhos estrangeiros nas grandes editoras, graças a um esquema de venda e distribuição montado pelos *syndicates* americanos que, na prática, inviabilizava o mercado para o artista nacional, pois os preços cobrados pelas tiras e histórias eram quase irrisórios.

A proposta dos paulistas era semelhante à do movimento surgido quatro anos antes no Rio de Janeiro, com a fundação da Associação Brasileira do Desenho (ABD). As duas entidades, então, começaram a articular ações conjuntas para pressionar o presidente Getúlio Vargas a criar uma lei de nacionalização dos quadrinhos que obrigasse as editoras a destinar uma cota para os artistas brasileiros – parecida com a de Aizen criada durante o Estado Novo.

Por meio de intensa correspondência e alguns contatos pessoais entre as diretorias das duas associações, formulou-se uma proposta única a ser entregue pessoalmente, ainda naquele ano, ao presidente da República. O discurso da entidade paulista era marcado por um forte nacionalismo e pela cobrança da reserva de mercado. De modo contraditório, porém, a ADESP pegou carona na campanha de censura aos quadrinhos surgida a partir das ações de Orlando Dantas, no *Diário de Notícias*, para promover seus artistas como uma alternativa que viabilizasse a produção de quadrinhos "saudáveis".

A associação acusava o "truste estrangeiro" de afogar qualquer pretensão do desenhista nacional, pois, ao dominar o mercado, fazia com que os "patrióticos editores" relegassem a planos secundários a prata da casa. Para os desenhistas, enquanto o presidente não interferisse no mercado, nada mudaria.

Na última semana de outubro de 1952, a ADESP convocou a imprensa para anunciar a elaboração do projeto da Lei de Amparo aos Desenhistas, que seria encaminhado aos colegas do Rio e, em seguida, após incorporar sugestões, entregue a Vargas. O texto defendia o aumento da proporção de obrigatoriedade de espaço para os brasileiros, que antes era de dois terços, para 75% – a de Aizen tinha sido ainda mais radical, de 100%.

Numa enquete feita pelo jornal *A Época*, de São Paulo, os donos das editoras se declararam contrários à ideia, pois consideravam caros os originais dos desenhistas brasileiros. Segundo eles, nenhuma editora poderia pagar pelas histórias nacionais. Além disso, os leitores estavam acostumados e queriam ler heróis e super-heróis americanos. Reinaldo de Oliveira, um dos diretores da ADESP, rebateu:

— Isso é uma inverdade, na Argentina a historieta já foi nacionalizada e nenhuma revista morreu. Muito pelo contrário.

Vargas se suicidaria em agosto de 1954 sem ter transformado em lei o projeto dos quadrinhistas sobre reserva de mercado. Para eles, porém, a luta havia apenas começado, em meio a tiroteios vindos de todos os lados contra os editores brasileiros de quadrinhos.

CAPÍTULO 9 – SAMUEL WAINER X ROBERTO MARINHO

RECEITA PARA ENVENENAR A ALMA DA CRIANÇA

Em 1953, Aizen consolidava cada vez mais sua editora de quadrinhos. Em maio, já circulavam todo mês 23 revistas da Ebal. A editora gastava 1,2 milhão de cruzeiros mensais e entre oitenta e cem toneladas de papel para a impressão de suas revistas. Em entrevista à revista *Publicidade & Negócios*, em 20 de maio, Aizen informou que, até o final do ano, seriam lançados oito novos títulos mensais e iniciadas as obras para reconstrução dos quatro andares que haviam sido destruídos pelo incêndio no ano anterior. Nesse espaço, seria reinstalada a gráfica da Ebal. Para traduzir, editar e "adaptar" as revistas, ele mantinha uma redação com vinte profissionais.

Contudo, os editores de gibis se lembrariam de 1953 como um ano especialmente longo e tortuoso de campanhas contra seu negócio, que cresciam na mesma proporção das críticas – e o ano seguinte seria ainda pior.

Até aquela data, Marinho, Aizen e Chateaubriand haviam sobrevivido a quatro tentativas de implantar uma lei federal de censura: em 1940, 1944, 1948 e 1950. Contraditoriamente, como foi visto, a primeira delas, que só permitiria a publicação de quadrinhos patrióticos no Brasil, tinha sido proposta pelo próprio Aizen durante a Ditadura Vargas.

Agora, mais que nunca, os gibis faziam parte de discussões acaloradas entre políticos, sempre com destaque na imprensa. Na Câmara dos Deputados, o líder do PTB, o deputado Aarão Steinbruch, buscou apoio para seu projeto de lei que proibia o registro e a publicação de algumas das revistinhas.

Ao mesmo tempo, os editores de gibis foram alvo de pelo menos duas campanhas intensas na imprensa. Em Porto Alegre, isso envolveu todos os jornais importantes da cidade e do interior do estado. No Rio e em São Paulo, a mobilização foi promovida pelo jornal *Última Hora*, de Samuel Wainer.

Antes disso, em entrevista ao jornal *A Gazeta*, de São Paulo, no começo de janeiro, Negrão de Lima – ex-ministro da Justiça interino de Vargas e futuro governador da Guanabara – anunciou que pretendia encaminhar ao presidente Vargas um estudo sobre o mercado brasileiro de quadrinhos e revistas de contos policiais, no qual sugeria a formação de uma comissão de educadores para examinar "o problema em todos os seus aspectos – jurídico, educacional, social e técnico".

Poucos dias depois, o deputado federal Aureliano Leite, conhecido político e intelectual de São Paulo, concedeu entrevista para o mesmo diário, mas com um enfoque curioso: pela primeira vez, alguém chamava a atenção para o fato de que criticar os quadrinhos se tornara, na verdade, uma forma de alimentar indiretamente a rivalidade entre o dono d'*O Globo* e seus concorrentes, que queriam a todo custo encontrar uma forma de atingi-lo publicamente.

Segundo Leite, a concorrência via na hegemonia de Roberto Marinho no mercado de revistinhas um motivo para atacá-lo. Por isso, incentivava a discussão sobre os males dos gibis nas crianças e, numa "consequência desastrosa", reforçava o preconceito. O deputado observou que o debate adquirira "dimensões alarmantes", principalmente por causa de uma mera disputa empresarial entre Orlando Dantas e Marinho. Dantas teria explorado com destaque em seu jornal as críticas feitas aos *comics* nos EUA apenas para combater Marinho. Leite ressaltou que "jamais pensei que tão necessária providência [as acusações de Dantas] levantassem tão grande celeuma na imprensa do Rio de Janeiro".

Aquela conclusão lógica, no entanto, não encontrava ressonância entre os críticos dos gibis. A ala mais conservadora da Igreja católica também procurou, sempre que possível, reforçar sua posição contrária ao hábito de ler quadrinhos por parte das crianças. Numa de suas edições do primeiro semestre de 1953, a revista *Ecos Marianos* publicou o artigo "Máquinas de corrupção da infância", escrito, mais uma vez, por Álvaro Negromonte.

Como alerta para os pais, ele acabou por sintetizar todos os preconceitos contra os gibis em um único raciocínio: as revistinhas funcionariam como "máquinas de corrupção" bem montadas e organizadas, que entravam nos melhores lares, apanhavam milhões de crianças e jovens, deformavam os seus sentimentos, atiçavam-nas à violência e as empurravam para o crime. Disse ainda:

> Essas revistas embrutecem a inteligência, tiram o gosto para os estudos, degradam a língua, recheiam de grosserias o vocabulário de crianças e jovens, valorizam as gírias, incapacitam seus leitores para a simples narração de um fato. [...] Muitos pasmarão ao saber que as famigeradas revistas em quadrinhos, os chamados gibis, são essas máquinas de corromper. Talvez nunca as leram [sic]. Por isso é que as entregam aos filhos.

A MOBILIZAÇÃO GAÚCHA

A campanha contra os gibis no decorrer de 1953 mobilizou para a discussão todos os principais jornais do Rio Grande do Sul, além de deputados, vereadores de várias cidades, grêmios estudantis, professores e psiquiatras, em uma iniciativa demolidora para a então recente história dos quadrinhos. Os gibis seriam transformados pelos críticos gaúchos em questão de calamidade pública, a partir da mobilização iniciada pelo jornal *Correio do Povo*.

Na série de extensas reportagens publicadas ao longo daquele ano e do seguinte, o diário acusou os editores cariocas de levarem crianças e adolescentes a imitar gestos e cenas e, em casos extremos, a cometer crimes. O comportamento foi descrito pelo jornal como "espírito de imitação" cultivado pelas revistinhas em seus leitores.

O repórter e vereador Alberto André enfatizou: "Não há pais, nem professores, nem pessoas com responsabilidade na família ou na vida pública que não compreendam a extensão do mal e o enorme risco que está correndo a nossa adolescência com a substituição do livro pelas histórias em quadrinhos". Para André, chegara a hora de o povo gaúcho pôr um freio em tal "desajuste", uma vez que o governo Vargas não tomara nenhuma providência diante do clamor da sociedade. Tanto a imprensa gaúcha como a carioca insinuavam que o presidente vinha sendo pressionado por Roberto Marinho e Assis Chateaubriand para não censurar as revistas.

Na terceira reportagem contra o que chamou de "conspiração contra o futuro do Brasil", Alberto André festejou "os primeiros frutos" de sua campanha: a pedido do vereador Alfredo Hofmeister, as duas reportagens anteriores do *Correio do Povo* sobre os quadrinhos haviam sido transcritas nos anais da Câmara Municipal de Porto Alegre pelo seu relevante interesse público.

Em editorial, o *Jornal do Dia* reconheceu a importância das denúncias sobre os gibis feitas pelo concorrente, mas observou que deveria ser creditado a si o pioneirismo da luta contra os quadrinhos em Porto Alegre, desde alguns anos antes, quando levantara a discussão sobre o tema. Para alimentar a cruzada antigibi, o *Correio do Povo* organizou um debate que contou com a participação do reitor Alberto Etgen, da PUC de Porto Alegre, e do juiz de menores José Danton de Oliveira.

A discussão apenas repetiu os argumentos das reportagens anteriores e chegou a conclusões semelhantes: o poder público precisava agir contra a publicação das revistinhas. Durante a abertura do evento, a direção do jornal agradeceu o apoio dado ao movimento por organizações conservadoras influentes em suas cidades, como o Triângulo Maçônico Rui Barbosa, de Novo Hamburgo, liderado pelo vereador Manuel Braga Gastal, e o Centro Cultural Eduardo Prado. Em seguida, foi lida a carta enviada pela União dos Escoteiros do Brasil, seção regional rio-grandense. Na circular 03/53, de 21 de junho, os escoteiros divulgaram um manifesto no qual afirmaram:

> O escotismo, como entidade orientadora da juventude, não pode ficar alheio à onda avassaladora de folhetos e pequenas revistas inapropriadamente chamadas de "leitura infantil", especialmente as tão propaladas historietas em quadrinhos, que, sob o pretexto de combater o crime, apresentam os mais horrorosos quadros de degeneração humana, dando ensejo a que a mentalidade juvenil vá, aos poucos, sendo absorvida pelos maus ensinamentos que ministram com a apresentação das artimanhas e vilanias de criminosos imaginários. Recomendamos a todos os dirigentes escoteiros uma grande campanha de combate a tão perniciosos veículos de perversão.

O fechamento de editoras de livros registrado nos anos anteriores em todo o país, segundo o *Correio*, não tinha relação com o custo final dos livros, e muito menos com a inflação, mas se dava exclusivamente em função do interesse "descontrolado" das crianças pelos quadrinhos. Os números apresentados para provar a queda na venda dos livros, no entanto, eram conflitantes e pouco conclusivos. De acordo com o censo comercial de 1950, no intervalo de dez anos, desde 1940, o total de negócios operados pelas casas de comércio do país aumentara cinco vezes, enquanto a venda de livros havia crescido "apenas" 2,7 vezes.

A reportagem admitiu que parte desse fraco desempenho se devia mesmo à crise econômica brasileira depois da guerra. Ressaltou, porém, que havia outro motivo, mais grave: as revistinhas. E perguntou: qual a pessoa que, desde a infância, acostumada à leitura fácil e mais visual das historietas, "principalmente quando monstruosas e absurdas, explorando o crime e o sexo", teria coragem de ler um livro clássico?

Uma semana depois, o *Jornal do Dia* aderiu à campanha do concorrente. Em 17 de julho, a coordenadora do movimento no jornal, Antonieta Taiani, publicou o artigo "Mensagem a quem amar a uma criança", no qual fazia uma série de críticas ao que considerou finalidades das histórias em quadrinhos: a diversão (imediata) e informação/formação (mediata). Ao contrário do radical Alberto André, Antonieta Taiani reconheceu que havia revistas em quadrinhos que constituíam exceções aos gibis que espalhavam pelo mundo "essa quantidade de imoralidade e de sugestão para a leviandade e para o crime". Eram revistinhas que tinham o interesse de educar, "de ajudar para o bem". Para ela, outras também mereciam o mesmo "perdão", uma vez que, embora fossem publicadas sem intenção pedagógica, não continham erros gramaticais e ortográficos e poderiam servir como auxiliares à educação.

As conclusões da jornalista se basearam no estudo do Departamento Gaúcho de Defesa da Fé e da Moral, coordenado pelo arcebispo Dom Vicente Scherer, que criara na entidade uma seção de estudo e crítica de revistas infantis e juvenis. O departamento estabelecera quatro classificações para as revistas infantojuvenis que circulavam no Brasil, com o objetivo de ajudar os pais a controlar a leitura dos filhos. A primeira era a das "recomendáveis", consideradas positivas nos itens "orientação", "moral" e "formação geral". As "aceitáveis" incluíam aquelas que, "sem maiores inconvenientes, apresentam um lado moral são e educativo, embora, na sua origem, não ofereçam todas as garantias desejadas". As "condenáveis" traziam conteúdo prejudicial por apresentar temas de amor, crimes e roubos e estimulavam para o mal. Por fim, havia as publicações que deveriam ficar "ao critério de pais e educadores" porque em suas histórias o crime não compensava, mas não faltavam bandidos, mortes, violência etc.

Os críticos católicos afirmaram que não desconheciam o perigo representado pelo último bloco de revistas. Mas, em função do temperamento e da reação de cada criança, elas poderiam ser lidas talvez sem maiores inconvenientes como substitutas das classificadas como "francamente más". Aos pais, portanto, caberia decidir que atitude tomar. Mesmo assim, recomendou-se aos responsáveis tirar esses gibis do alcance de crianças "impressionáveis" ou daquelas que "felizmente" ainda não estivessem "contaminadas pelas histórias onde a força e a coragem aparecem como sinônimos de violência".

Em dois artigos, publicados em 22 e 29 de julho, Antonieta Taiani deu continuidade ao tema com argumentos semelhantes. A adesão de entidades da sociedade civil à campanha contra os quadrinhos patrocinada pelo *Correio do Povo* não demorou a acontecer. Na edição de 23 de agosto, o jornal relacionou alguns desses apoios. Em parceria com o Rotary Club de Porto Alegre, o diário realizou uma série de palestras sobre "os maus" quadrinhos e, para ampliar a discussão, tratou das revistas com "historietas para moças" (fotonovelas).

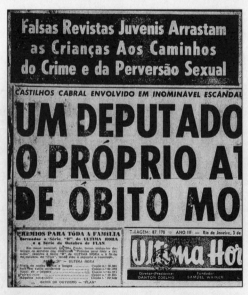

Tribuna da Imprensa, *de Carlos Lacerda, também mirou nos quadrinhos para atacar Marinho.* BN

A participação do Rotary na cruzada contra os gibis foi fundamental para levar a campanha até as cidades do interior gaúcho, uma vez que havia representantes da instituição em todo o estado. O secretário de Educação, Theobaldo Neumann, prometeu mobilizar os sete mil professores do ensino primário público e outros oito mil da rede particular.

Neumann, porém, recuou ao ser questionado sobre a sugestão de criar uma comissão de censura às revistas para crianças e adolescentes. Alegou que não tinha poder para fazê-lo em razão da falta de amparo legal. A questão, justificou, envolvia uma discussão mais complexa sobre a liberdade de imprensa.

Ele sugeriu que as famílias gaúchas e instituições comprometidas com a educação das crianças se empenhassem em pressionar o Congresso Nacional a criar uma lei federal sobre os quadrinhos, pelo menos semelhante à que regulava a produção cinematográfica, "que muito deixa a desejar" quanto à contenção de "excessos" de caráter moral nos filmes.

Ele anunciou que poria em prática uma série de sugestões feitas pela polícia estadual de costumes para interditar peças teatrais e radionovelas consideradas obscenas. A medida seria estendida a algumas das revistas em quadrinhos que circulavam no Rio Grande do Sul. Antes, porém, seria formada uma comissão para montar um plano de ação "eficiente".

Naquele momento, em Curitiba, o congresso estadual de jornalistas aprovou em sua ata final uma moção de louvor ao jornal gaúcho *Correio do Povo* e a Alberto André pela campanha contra os quadrinhos no estado. Na capital gaúcha, André ganhava cada vez mais espaço na mídia. No dia 21 de agosto, em pronunciamento no Rotary Club, acusou mais uma vez o poder público de não ter "se comovido" o suficiente com o debate sobre as revistas em quadrinhos.

No editorial de 27 de agosto, "Sobre literatura infantil", o jornal *Estado do Rio Grande*, ligado ao Partido Libertador, de Alberto André, aplaudiu o "lúcido" vereador por seu esforço para "expurgar" a literatura infantil "das mazelas que largamente a corrompem, degradam e aviltam, tornando-a perniciosa e condenável".

A mensal *Revista do Globo*, de Porto Alegre, entrou na discussão a partir de 3 de outubro, pela coluna "Voz do Povo". A publicação ouviu seis pessoas que responderam a uma enquete sobre o melhor meio de combater as más revistas infantis. As respostas faziam coro aos argumentos de sempre contra os quadrinhos e defendiam "a imediata substituição das publicações em quadrinhos por outras, de 'nível mais elevado'".

Enquanto tramitava na Assembleia Legislativa gaúcha o projeto de lei para aumentar a taxação das revistinhas no estado, o vereador Manoel Osório da Rosa, no dia 30 de setembro, apresentou uma proposta de lei que daria poderes ao município para coibir o comércio de "publicações impróprias" e a exibição de "filmes imorais".

Rosa defendeu que o município cassasse a licença de funcionamento das bancas de jornal e pontos de venda que expusessem ou comercializassem revistas "reconhecidamente imorais" e estabelecesse licença especial por meio do pagamento adiantado de dois mil cruzeiros mensais para quem vendesse revistas impróprias para crianças e adolescentes.

Para colocar em prática a lei, o prefeito Ildo Meneghetti, do PSD, deveria organizar uma comissão formada por cidadãos de vida "ilibada", que ficaria encarregada de classificar as publicações e definir as medidas cabíveis a cada caso examinado de reclamação. No dia 4 de novembro, o secretário Theobaldo Neumann reuniu em seu gabinete representantes dos principais jornais da capital gaúcha e expôs seu plano para uma ação conjunta de combate com "eficiência" à má literatura infantojuvenil no estado.

A ofensiva estava programada para começar no dia 21 daquele mês, quando seria inaugurada a Primeira Semana Rio-Grandense Pró Boa Leitura. O evento seria coordenado pelo secretário em pessoa. No encerramento, seria enviada "uma avalanche" de cartas e telegramas ao ministro da Justiça, Tancredo Neves, e ao Congresso Nacional, com o pedido de "pronta elaboração de uma legislação que permita às autoridades reprimir eficientemente a má literatura".

No encontro que definiu a programação do evento, o secretário anunciou para um futuro próximo o lançamento de uma revista infantojuvenil custeada pelo Estado e destinada a "substituir a perniciosa literatura atualmente veiculada". No dia seguinte, o *Jornal do Dia* dedicou um editorial para aplaudir a iniciativa de Neumann. Disse que, daquele modo, o poder público se mostrava sensível à conclamação que lhe fora feita para solucionar "tão grave problema".

O jornal lembrou que nos parlamentos, na imprensa, no rádio, na cátedra, vozes autorizadas vinham apontando o perigo daquela "falsa literatura" e "os seus reflexos no espírito das novas gerações". Observou ainda que o movimento contra os quadrinhos no estado trouxera a lição de que o povo não deveria esperar tudo do governo, mas sim colaborar ao manter-se "vigilante" na defesa dos "mais caros patrimônios morais".

No final de 1953, foi a vez de Samuel Wainer, do jornal Última Hora, *atacar os quadrinhos de Roberto Marinho.* BN

Os jornais iniciaram em seguida uma intensa propaganda institucional para convocar a família gaúcha a participar da Semana Pró Boa Leitura. Alguns dias depois, o diretor do Departamento de Prefeituras Municipais, José de Oliveira Preiss, enviou pedido a todos os prefeitos do estado para que apoiassem a iniciativa.

Na capital do país, para decepção dos que defendiam a censura aos gibis, o presidente Vargas sancionou no dia 12 de novembro a Lei nº 2.083, que regulamentou a liberdade de imprensa no país. O texto nada dizia sobre o tema quadrinhos. A nova legislação ratificou a não participação de estrangeiros na constituição acionária das empresas editoriais e jornalísticas e estabeleceu penalidades contra os abusos da imprensa.

Por ser russo e manter uma falsa certidão de que teria nascido em Juazeiro, no interior da Bahia, essas determinações da nova lei deixaram Adolfo Aizen ainda mais apreensivo. À medida que ele caminhava para se transformar no maior editor de histórias em quadrinhos do Brasil, na segunda metade da década de 1950, aumentavam as críticas aos gibis e, consequentemente, o pavor de ver sua vida arrasada e seu temido segredo descoberto.

Em Porto Alegre, o secretário Neumann não se deixou abalar pelo "descaso" do presidente Vargas em relação ao combate aos gibis e manteve o ritmo de divulgação da campanha. Em 14 de novembro, visitou os jornais e emissoras de rádio de Porto Alegre e convocou todos a participar da campanha Pró Boa Leitura.

A Secretaria de Educação determinou que fossem dadas instruções a todas as unidades escolares, particulares e públicas, para que elas realizassem todos os dias, durante a semana do evento, palestras alusivas ao tema, "de preferência por pessoas estranhas ao magistério", convidadas pela direção das unidades: juízes, promotores públicos, párocos, vereadores, profissionais liberais e cidadãos de "reconhecida capacidade e idoneidade".

Ao mesmo tempo, em cada sala, o professor deveria interromper as aulas por cinco minutos para fazer alertas aos alunos sobre o perigo dos gibis. No mesmo dia, o *Correio do Povo* publicou uma nota de apoio à campanha, na qual afirmou que a repercussão da iniciativa era uma demonstração de que as elites gaúchas não se encontravam em estado de indiferença em relação ao problema das revistinhas:

> Em vez de simples medidas proibitivas, difíceis de serem executadas legalmente (pois a liberdade de publicação não estabelece limites nem conveniências), o que se pretende fazer para preservar as crianças das más leituras consiste fundamentalmente numa obra de esclarecimento.

O *Correio* ressaltou (em raro instante de moderação) que a campanha pretendia mostrar que, em meio à enxurrada de publicações infantojuvenis que inundavam o mercado, existiam algumas que se enquadravam "perfeitamente nos melhores propósitos".

Em 19 de novembro, o vereador Josué Guimarães apresentou à Câmara Municipal de Porto Alegre mais um projeto de lei para aumentar a incidência de imposto sobre bancas e pontos de venda que vendessem revistas infantojuvenis consideradas perniciosas. Guimarães recebeu apoio tanto da situação como da oposição.

Dois dias depois, teve início o movimento que foi por fim chamado de Primeira Semana Pró Boa Leitura Infanto-Juvenil. Nos discursos de abertura, Neumann e o secretário do Interior, José Mariano Beck, lembraram, mais uma vez, que a sociedade deveria pressionar o Congresso Nacional para "o rápido andamento da legislação que permita coibir os abusos" da má literatura infantojuvenil.

O incendiário Alberto André escreveu mais um artigo sobre quadrinhos para o *Jornal do Dia*, em 26 de novembro. No texto, fazia uma avaliação da campanha. No calor da histeria antigibi, o gaúcho *Diário de Notícias*, de Assis Chateaubriand, também declarou seu apoio à iniciativa. Mas chamou a atenção para o risco de "demasias e violências" contra a liberdade de expressão.

Em seu editorial de 10 de dezembro, "Puritanismo e fiscalismo", o jornal de Chatô ressaltou que, mesmo sob a inspiração de "sadios e dignos propósitos", havia o perigo de que a iniciativa descambasse para o terreno do puritanismo, da intolerância e do cerceamento das liberdades individuais, "tão pernicioso, nefasto e condenável quanto a própria imoralidade e obscenidade que se visa combater".

Antes de terminar o ano de 1953, houve ainda uma última investida gaúcha contra os editores de gibis. Em 17 de dezembro, a Assembleia Legislativa aprovou o projeto de lei do deputado Cândido Norberto, que elevou de 3% para 80% os impostos sobre as "más" publicações em quadrinhos dirigidas a crianças e adolescentes, além de brinquedos "que imitam guerra" e fogos de artifício.

A medida – que ainda dependeria da sanção do governador Ernesto Dornelles, do PSD – foi recebida como um duro golpe pelos editores e distribuidores de tiras de quadrinhos do Rio e de São Paulo. Na sede da Ebal, em São Cristóvão, Aizen acompanhou a pressão dos gaúchos de perto, pois mantinha contato permanente, por telefone e por carta, com seu distribuidor no estado, Arno da Fontoura Pupe, da Casa Distribuidora de Publicações Nacionais e Estrangeiras Difusão Cultural.

Enquanto isso, no âmbito nacional, no dia 30 de outubro, o *Última Hora*, de Samuel Wainer, publicou uma entrevista feita pelo repórter Edmar Morel com o deputado Aarão Steinbruch sobre seu projeto de lei contra os quadrinhos, que estava próximo de entrar em votação na Câmara. Dez dias depois, o *Diário de Notícias* reproduziu a íntegra da proposta de Steinbruch, apresentada na Câmara dos Deputados.

Wainer percebeu que, ao abrir espaço em seu jornal para responsabilizar os editores por supostos distúrbios nas crianças, tinha nas mãos um bom pretexto para atacar Roberto Marinho, seu adversário de longa data. Chamou Edmar Morel para cuidar do serviço. E ele o faria com competência, dentro dos critérios éticos e morais que predominavam na imprensa daquela época.

BRIGA DE CACHORRO GRANDE

No início de dezembro de 1953, uma semana antes da aprovação da lei gaúcha de taxação dos quadrinhos pela Assembleia Legislativa, Adolfo Aizen recebeu de Alfredo Machado um relatório em caráter de emergência. O distribuidor sugeriu que ele encontrasse meios para fazer um *lobby* o mais rápido possível junto ao ministro Tancredo Neves e ao Congresso Nacional – Câmara e Senado – para evitar que fosse aprovada a lei de censura aos quadrinhos do deputado Aarão Steinbruch, que estava para ser apresentada no plenário.

O distribuidor também fez sugestões estratégicas para responder aos ataques dos críticos:

Chegou o momento de aproveitarmos aquela coletânea de artigos [favoráveis aos *comics*, publicados nos jornais americanos] que mandamos traduzir. É necessário darmos início a uma série sistematizada de reportagens, artigos e crônicas nos grandes jornais com esclarecimentos sobre a verdadeira natureza e as condições atuais das histórias em quadrinhos.

Devemos acentuar que, como em todo gênero de publicações, há boas e más histórias em quadrinhos. Precisamos ressaltar que há bons e maus livros, que há bons e maus jornais, também. E que "o justo não deve pagar pelo pecador".

Com irritação, Machado citou outras comparações que poderiam ser feitas para desviar os gibis do centro das críticas:

É preciso comparar as histórias das boas revistas em quadrinhos com quase todas as histórias de fadas, de bruxas, de monstros e de tantas coisas mais, que são tanto ou mais perniciosas que as piores histórias em quadrinhos.

E o cinema? E o rádio, com as suas novelas escritas por verdadeiros psicopatas? E o teatro? É necessário separar o joio do trigo, as boas revistas de histórias em quadrinhos resultam numa leitura suave, divertida e instrutiva.

Aizen seguiu as orientações do distribuidor, mas de outra forma. Contatou alguns deputados e senadores e os convidou para almoçar na editora. Enviou quinhentos exemplares da revista *Ciência em Quadrinhos* para o secretário de Educação do Rio Grande do Sul e lhe pediu que as distribuísse entre os professores da rede pública de ensino.

Ao mesmo tempo, escreveu uma carta a Cândido Norberto na qual apresentou algumas ponderações em nome dos editores de gibis. Ressaltou que ser uma revista em quadrinhos não deveria constituir um crime sujeito à repressão por parte do governo. Em seguida, afirmou:

> As publicações de natureza subversiva ou ofensivas à moral, sejam de quadrinhos ou não, é que devem ser proibidas. Proibidas sim, mas nunca taxadas com impostos, porque o governo não pode se beneficiar direta ou indiretamente do que esteja causando ou possa causar qualquer mal à Nação.

Para ganhar a guerra contra a frente gaúcha, o editor também buscou apoio da Associação Brasileira de Imprensa (ABI). Conseguiu que seu presidente, Irineu Joffly, enviasse uma carta de ponderação a Cândido Norberto. Depois de elogiar o deputado pelos serviços que vinha prestando na defesa dos "sadios princípios em que se alicerça a própria nacionalidade brasileira", a ABI apelou para que ele fizesse uma revisão em seu projeto de lei, uma vez que a proposta pretendia atingir "indiscriminadamente" os quadrinhos. Ao defender os gibis, Joffly disse ainda:

> Acontece, senhor deputado, que as revistas de histórias em quadrinhos não devem ser consideradas senão como um novo e importantíssimo gênero de jornalismo, espelho da época de dinamismo e de fecundas realizações que atravessa a humanidade. Personalidades ilustres, figuras representativas de todas as elevadas esferas sociais leem, no mundo inteiro, revistas em quadrinhos.
> Uma nova era se descortina para a civilização, e horizontes mais amplos se abrem nos inumeráveis setores de atividades científicas, artísticas e culturais, o que implica também outros e diferentes veículos de difusão do pensamento criador.

O alvo dos ataques aos quadrinhos naquele final de 1953 na imprensa carioca, mais uma vez, seria Roberto Marinho. Agora, porém, seu inimigo passou a ser outro, bem mais terrível que Orlando Dantas e Carlos Lacerda: Samuel Wainer. Seu jornal, *Última Hora*, da quarta-feira 4 de novembro, trazia uma declaração de guerra em forma de manchete policial: Roberto Marinho era acusado pelo jornal de transformar sua editora, a RGE, numa "fábrica" de criminosos mirins com os "verdadeiros manuais de crime" que eram suas revistas policiais e de quadrinhos.

Aquele era, sem dúvida, o mais violento ataque pessoal sofrido pelo editor nos últimos dez anos: abaixo da escandalosa chamada, aparecia a foto de Marinho carimbada com a palavra "RESPONSÁVEL" em letras azuis sobre sua testa. Uma extensa legenda o identificava: "O sr. Roberto Marinho, principal editor no Brasil das nefastas histórias de crimes e perversões que, vendidas a peso de ouro, envenenam a alma da criança brasileira. Apesar de ter constituído grande fortuna pessoal na base da exploração dos Gibis e Mandrakes, o sr. Roberto Marinho deve sessenta milhões de cruzeiros ao Banco do Brasil e quase quarenta milhões à Caixa Econômica Federal".

Com circulação de cem mil exemplares diários no Rio de Janeiro, o *Última Hora* alardeou que, a partir do dia seguinte, iniciaria uma série especial de reportagens para desmascarar "um grupo de nefastos tubarões da subliteratura juvenil" que dominava as bancas de jornais de todo o país, publicando revistas nocivas a menores: "Leiam, pois, a partir de amanhã: falsas revistas arrastam a criança brasileira aos caminhos do crime e da perversão sexual". O subtítulo dizia que se tratava de "notável contribuição" do repórter Edmar Morel para a libertação da criança brasileira.

A edição paulistana do jornal, com tiragem de setenta mil exemplares, reproduziu a mesma chamada. Não se falou em outra coisa nos círculos políticos e editoriais naquele dia que não na manchete do jornal de Wainer com a acusação contra as revistas em quadrinhos. Por mais que Marinho estivesse sob fogo cruzado dos concorrentes Dantas e Lacerda nos últimos cinco anos, Wainer mostrou, de saída, que bateria pesado. Primeiro, cuidou de dar tratamento de novidade à reportagem.

Na apresentação da série, disse que "o mundo civilizado" começava a reagir contra as "pretensas e monstruosas historietas infantis, causadoras de espantosa deformação no comportamento juvenil e provocadoras da crescente delinquência no país". Ressaltou que, nos EUA, "matriz dessa incrível

Para Samuel Wainer, um dos crimes de Marinho era publicar gibis com dinheiro público. AA

indústria do crime e da perversão sexual", a onda de reação vinha crescendo com força contra os editores de *comics*.

Apesar de prometer que denunciaria um grupo de "tubarões" do mercado de quadrinhos, Wainer tinha um único alvo: seu concorrente e inimigo Roberto Marinho. Tanto que, ainda na primeira página do dia 4, sob a reprodução da capa de uma edição da revista *X-9*, da RGE, a legenda destacou: "Nesta revista, ensinam-se à criança os primeiros passos do crime e da perversão sexual". Publicações como aquela, acrescentou Wainer, proliferavam nas bancas de jornais e eram vendidas a milhares de crianças em um "criminoso comércio de depravação e envenenamento de nossa infância".

Na mesma edição, o editor justificou o motivo imediato de tanto barulho por parte de seu jornal. Disse que, "felizmente", no Brasil, a reação contra os quadrinhos estava próxima "de encontrar solução para o problema". A Câmara dos Deputados, afirmou, por meio de um "feliz e oportuno" projeto de lei de Aarão Steinbruch, preparava-se para agir legalmente contra "essa perigosa subliteratura, um gênero de jornalismo que rende consideráveis lucros a seus editores, mas que rouba da nação o que de melhor ela possui: a alma da criança".

O jornalista explicou que as reportagens pretendiam cooperar para a aprovação do projeto. Daí seu empenho para a produção da "sensacional série" de Edmar Morel, "fartamente documentada e acompanhada por impressionante coleção de exemplares vivos" de vítimas dos gibis.

Steinbruch era conhecido, então, por seu recente projeto que instituíra o salário-mínimo. Esperava-se que sua proposta contra os gibis fosse discutida em plenário e até votada antes do recesso parlamentar daquele ano – ou seja, em um mês, no máximo. Durante a discussão, o deputado incluiu um complemento para atender a um pedido da Associação Brasileira de Desenho (ABD), por meio de seu amigo, José Geraldo Barreto, presidente da entidade. Barreto convenceu o parlamentar a incluir um dispositivo que obrigasse os editores a publicar um percentual de artistas brasileiros.

A ABD achava que falar mal dos quadrinhos importados publicados no Brasil e defender a censura deles ajudaria a aprovar a lei. Não por acaso, entre os críticos entrevistados por Morel estavam quatro desenhistas de histórias em quadrinhos. Além de Barreto, ele ouviu Renato Silva, Joselito e Jorge Brandão. A argumentação que seria usada pelo deputado na justificativa do projeto pouco se diferenciava da que o seu colega parlamentar Armando Leite tentara usar duas vezes para censurar os quadrinhos, em 1948 e 1951. Além de deturpar a formação do caráter da criança, disse o parlamentar, os editores faziam concorrência desleal "aos escritores e artistas nacionais".

Steinbruch afirmou que várias publicações "saudáveis", recomendadas para menores, como a quase cinquentenária *O Tico-Tico*, tinham desaparecido ou estavam próximas disso por causa de revistas como *X-9*, *Gibi*, *O Globo Juvenil*, *O Guri* etc. A partir desse discurso, Morel recorreu àquela que seria a sua principal fonte de denúncias contra as revistas em quadrinhos: o respeitado colégio Anglo-Brasileiro Bennett. Famoso por sua linha conservadora, de acordo com princípios do anglicanismo, o colégio era dirigido por educadores americanos.

A instituição educacional supriu o repórter de *Última Hora* com farto material trazido dos EUA, com supostas comprovações científicas sobre o perigo dos *comics* como leitura para menores. Na verdade, eram recortes de jornais e revistas com artigos dos psiquiatras Fredric Wertham, Gershon Legman e Taylor G. Buch. Morel procurou o colégio ao saber que a direção havia proibido a entrada de gibis nas suas dependências, como faziam naquele momento instituições de ensino na América. Qualquer exemplar apreendido entre seus alunos seria destruído, e seu dono, suspenso ou até expulso. O repórter disse que o gesto merecia elogios, "ainda mais sabendo-se das ligações de Bennett com o governo norte-americano":

> Tudo isto, infelizmente, não representa nada diante do perigo dos quadrinhos. Urge mobilizar a opinião pública para destruir a escola do crime que funciona

impunemente no Brasil, com entrada livre em nossos lares, através das histórias em quadrinhos.

Ao ter acesso aos artigos de estudiosos americanos, Morel percebeu que havia conseguido a munição pesada que Wainer tanto queria para atacar Marinho, e tratou de convocar pais e professores para que se unissem ao movimento que poderia levar à aprovação do projeto de Steinbruch para proteção das crianças:

> Os fabricantes das histórias que ensinam crimes aos jovens do mundo inteiro estão sendo combatidos nos seus próprios países. O México, sem dúvida, é o país que mais sofre a influência das histórias em quadrinhos. Em particular, pelo alto índice de analfabetismo e por ser o país preferido para as cenas de ridículos heróis fantasmas. Pela ordem, depois do México, vem o Brasil como grande consumidor de gibis.

Morel trouxe de volta ao noticiário um velho conhecido de Aizen e Marinho: o padre Arlindo Vieira, o mesmo que quase quinze anos antes fora pressionado pelo DIP por fazer críticas aos quadrinhos. Também falaram ao jornal os escritores Afonso Louzada e Sérgio de Macedo; o advogado Hélio Tornaghi; a Associação de Ajuda ao Menor; e a direção de instituições particulares de ensino, como o colégio Bennett, claro.

Com o título "Gângsteres, lobisomens e mulheres seminuas vendidos como heróis a peso de ouro" em letras maiúsculas, o *Última Hora* destacou na primeira página da edição de 5 de novembro o que seria o começo do "desmascaramento dos nefastos tubarões da subliteratura". Acima da manchete, o subtítulo completou o alerta de Wainer: "Falsas revistas juvenis arrastam a criança brasileira para o crime e a perversão sexual". Logo abaixo, uma seta com a frase "O crime campeia" apontou para uma foto na qual garotos de um centro de recuperação de "delinquentes" apareciam sentados e folheando uma revista em quadrinhos. Na imagem, forjada pelo jornal, os meninos mostravam expressão de interesse no gibi que supostamente liam.

Morel repetiu uma informação que vinha sendo divulgada com insistência havia quase dez anos, a partir das conclusões das pesquisas realizadas pelo Inep sobre o prejuízo que a leitura das revistas infantis e juvenis provocava nas crianças em idade escolar (perda de interesse pelos estudos e preguiça mental). Citou também o levantamento no qual a maioria dos jo-

Manchetes de primeira página: os quadrinhos eram mesmo uma ameaça pública e a inspiração vinha da campanha nos EUA contra os comics. BN

vens entrevistados teria citado os personagens Brucutu e Mandrake (editados por Marinho) entre as dez maiores e mais importantes personalidades da história brasileira, ao lado de nomes como Oswaldo Cruz, barão do Rio Branco, Olavo Bilac, almirante Tamandaré etc.

Morel recordou que Napoleão Teixeira, médico das Forças Armadas e catedrático em medicina legal da Universidade do Paraná, afirmara algumas semanas antes, em palestra durante o II Congresso Brasileiro de Proteção à Infância, em Curitiba, que havia naquele momento uma "literatura pouco recomendável que intoxica e empeçonha a mente e a alma de nossas crianças". Disse ainda que aconteciam "fatos da mais alta gravidade relacionados à leitura de histórias em quadrinhos, que estão a exigir um pronunciamento por parte do Congresso Nacional".

Ao destacar a teoria do psiquiatra Fredric Wertham e de outros colegas americanos sobre a relação entre quadrinhos e criminalidade, o *Última Hora* pretendeu atribuir a Marinho um dos assassinatos mais comentados do Rio de Janeiro naquele ano. O episódio ocorrera no bairro de Santa Teresa e teria sido protagonizado pelo advogado Walter Sayão, com a ajuda de um "menor egresso do reformatório" e que seria conhecido por todos como leitor de quadrinhos "especializados" em crimes. Morel afirmou com convicção que houve outros casos com características semelhantes – isto é, alguns criminosos menores teriam se inspirado nos quadrinhos para matar e roubar.

Napoleão Teixeira contou a história de um grupo de rapazes que todas as noites caçava gatos e cães para jogá-los dentro de uma fogueira e queimá-los vivos, apenas pelo prazer de assistir ao desespero dos animais. Eles teriam confessado à polícia que a ideia "fora inspirada numa leitura infantil de quadrinhos".

O professor e juiz Queiroz Filho, da Faculdade de Direito da Universidade de São Paulo, relatou também uma série de crimes praticados por um jovem da elite paulistana cujo nome não foi revelado. A polícia teria encontrado, debaixo do seu colchão, dezenas de exemplares de uma publicação infantil ("*Guri* ou *Gibi*, salvo engano"), nos quais eram narrados, com desenhos sugestivos, crimes executados "pelos heróis da fantasia".

Para o juiz, o tipo de revista lido pelo menor era aquele em que o crime acabava impune e que se ajustava "à linha de corrupção de nossa época". E acrescentou: "Por isso, os mercadores de lama não hesitam em levar a sujeira às próprias fontes de renovação da vida humana, ao coração das crianças, às almas indefesas".

A segunda investida do *Última Hora* contra Marinho veio em 6 de novembro. Morel encontrou no Reformatório de Menores Saul de Gusmão o que ele garantiu serem as "provas documentais" da má influência dos quadrinhos na formação de crianças e adolescentes. Na primeira página do jornal, no alto, à direita, ao lado da manchete principal, a chamada anunciou com estardalhaço e letras maiúsculas: "Quarenta criminosos precoces reclamam histórias em quadrinhos". O subtítulo acrescentava: "Lilico, no reformatório, pede *Gibi*, *O Guri* e *X-9*".

O repórter lembrou que, não por acaso, o reformatório fora apelidado pelo ministro da Justiça Nelson Hungria de "Universidade do Crime". Na capital federal, o local era visto como um perigoso centro de acolhimento de menores delinquentes, "autores de crimes monstruosos".

Os meninos eram mantidos ali sob rigorosa vigilância. O diretor, César da Cunha, contou que o centro acabara de ser palco de uma violenta rebelião de internos, só controlada depois de uma operação "enérgica" da Polícia Especial (a tropa de choque federal), que precisara recorrer a gás lacrimogêneo e fazer disparos de armas de fogo.

O *Última Hora* chegou ao sanatório por sugestão do padre Arlindo Vieira, que apontou o local como exemplo do grau de influência dos quadri-

Com fotos forjadas em que menores delinquentes simulavam ler revistas em quadrinhos, Última Hora deu um passo além no embate de Wainer contra Roberto Marinho para provar que as revistinhas estavam por trás dos crimes cometidos por menores nas grandes cidades e deveriam ser proibidas. AA

nhos no aprimoramento das práticas de crimes dos menores. Entre os casos mais graves registrados no local havia o de um adolescente negro conhecido apenas como Lilico, com dezessete anos incompletos, apelidado de "o terror dos subúrbios" cariocas.

Por azar, admitiu Morel, o "criminoso precoce" não foi encontrado lendo revistas em quadrinhos, mas jogando futebol. César da Cunha, no entanto, garantiu que quando Lilico entrou no reformatório, a direção lhe ofereceu toda a coleção de livros infantis do escritor Monteiro Lobato. A sua repulsa teria sido imediata: "Isto é coisa para fedelho. Eu quero *Gibi, O Guri* e *X-9*. Quero histórias com tiros e facadas!".

Cunha contou que Lilico não mostrava aptidão para desenho, mas o seu quarto estava cheio de rabiscos que representam revólveres e punhais. Até pouco antes de entrar para a criminalidade, afirmou o diretor, tivera comportamento exemplar, vivia bem com os pais e os oito irmãos. Seu histórico criminal informava que ele sempre fora um menino tímido e bem-comportado, a ponto de levar surras das irmãs quando ia fazer compras e demorava no caminho.

Certo dia, porém, teria contado o próprio Lilico a Morel, achou que podia imitar o Super-Homem num assalto: "Não tive sorte. Fui preso. Depois li outras histórias em quadrinhos e aprendi muitas coisas. Sempre gostei de ver o meu retrato no jornal". Um detalhe passou desapercebido: Super-Homem não cometia assaltos, ele os impedia.

Lilico era acusado de quatro assassinatos. Durante o longo interrogatório que prestou à polícia, teria declarado que cometera o último de seus crimes obedecendo rigorosamente a uma sequência que vira numa história em quadrinhos publicada na revista *X-9* (que só trazia contos policiais). De acordo com o diretor, Lilico não era o único caso grave do reformatório que teria sido influenciado pelos quadrinhos:

> Pode-se contar centenas de casos de menores delinquentes que agem sob a influência das historietas, cheias de lances audaciosos e sempre com mocinhos atrevidos. O preço barato faz com que os jovens de todas as classes sociais as adquiram. Tenho convicção de que a criminalidade infantil aumentou nos últimos anos em consequência das revistas baratas, ao alcance de todos.

A terceira reportagem de Edmar Morel, publicada no dia 7, destacou o lucro que rendia o mercado de quadrinhos no Brasil. Dizia a manchete:

"Ganham rios de dinheiro para fornecer veneno às crianças". Logo abaixo, uma nota chamava a atenção para o trabalho que o governo italiano continuava a fazer para controlar o conteúdo dos quadrinhos naquele país:

> Enquanto as autoridades brasileiras continuam inertes ante a proliferação dos quadrinhos e magníficas lições de crimes são dadas à mocidade brasileira, o governo da Itália, seguindo o exemplo do presidente Vincent Auriol, da França, toma posição em defesa dos jovens italianos, livrando-os daquele nocivo gênero de literatura infantil.

Antes de atacar os editores, Morel mencionou o trabalho de pesquisa sobre a influência dos quadrinhos desenvolvido pela Seção de Psicologia Aplicada e supervisionado pela Seção de Inquéritos e Pesquisas, ambos do Inep, do Ministério de Educação. Ao opinar sobre as histórias "de ficção" e seus efeitos, a comissão insistiu em defender a tese sobre a preguiça mental que os gibis causariam nas crianças e adolescente e questionou por que seus autores, mesmo brasileiros, insistiam em desprezar temas do "riquíssimo" folclore nacional e episódios da história brasileira.

A trégua de Wainer a Marinho limitou-se ao domingo, dia 8, apenas porque o jornal não circulava nesse dia. Na segunda-feira, continuou a bater nos prejuízos "morais" e "psiquiátricos" que os quadrinhos provocavam em seus leitores. Entre as instituições preocupadas em "preservar" as crianças contra os gibis citados pelo jornal, destacava-se a Fundação Romão de Matos Duarte, antiga Casa dos Expostos, no Rio de Janeiro. O local teria atendido cerca de setenta mil menores carentes ao longo de décadas. Segundo Morel, por nunca terem tido acesso às revistinhas em quadrinhos, nenhuma das crianças que por lá passaram havia se tornado um profissional do crime.

A questão sexual nos quadrinhos era outra preocupação do repórter. Especialistas ouvidos por ele disseram que havia uma nociva instigação erótica nos quadrinhos, por meio de apelos sexuais subliminares. O perigo estava, em especial, nos temas das histórias de procedência americana, nas quais não aparecia uma só figura feminina cujos detalhes anatômicos não estivessem demasiadamente acentuados, "onde não há mulher que não tenha *sex appeal* e onde se endeusa a violência, a brutalidade e até mesmo o ódio entre os povos".

A repercussão entre os leitores das reportagens de Edmar Morel foi um dos assuntos da edição de terça-feira, 10 de novembro, na quinta repor-

As revistinhas no banco dos réus: longas reportagens a favor de sua proibição no Brasil. BN

tagem da série. "Pais e professores aplaudem, sem restrição, a campanha de *Última Hora* em defesa da infância brasileira, cuja formação moral está sendo destruída pelas historietas em quadrinhos", destacou o jornal na primeira página.

Dessa vez, a autoridade escolhida para testemunhar foi o curador Carlos Sussekind de Mendonça, que trabalhava "com os chamados menores delinquentes e transviados" havia mais de três anos. Carlos, irmão de Edgar Sussekind de Mendonça – que polemizara sobre os gibis com Marinho nas páginas do *Diário de Notícias* cinco anos antes –, dirigia a Primeira Curadoria do Juizado de Menores do Rio de Janeiro e acumulava quase trinta anos de serviço no poder Judiciário – dez deles no Conselho Penitenciário.

Mendonça também destacou a ambição dos editores de gibis: "Não me iludo quanto à prioridade absoluta dos fatores econômicos na gênese do crime, e, se o trato com os criminosos adultos já me convencera disso, o convívio com a infância e adolescência transviada mais robustecem essa convicção".

Meio século depois, seu filho, o escritor e tradutor Carlos Sussekind, conta que em casa o comportamento do pai em relação aos quadrinhos era diferente. "Pela manhã, ele levantava às seis e meia, saía para comprar pão e sempre passava no jornaleiro, comprava um gibi e enfiava por debaixo da porta para me fazer surpresa quando acordasse. Sempre adorei quadrinhos, ele respeitava isso e nunca me criticou." Na sua opinião, as ressalvas que o curador fazia aos quadrinhos provavelmente tinham mais a ver com seu antiamericanismo; achava-os mais nocivos nesse aspecto. "Meu tio Edgar, não, ele combatia os quadrinhos e tivemos várias discussões sobre isso nas reuniões familiares."

A campanha de Wainer entrou na terceira semana consecutiva na segunda-feira, 16 de novembro. O jornal trouxe mais uma denúncia bombástica na capa: "As forças armadas sofrem a influência das histórias em quadrinhos". Morel apurou que os militares, "em particular os soldados de nível intelectual inferior", estariam sob "os efeitos da nocividade dos quadrinhos".

O tom sensacionalista do texto informava: "Milhares de jovens convocados para as fileiras do Exército e voluntários da Polícia Militar e da Aeronáutica, quando prestam o solene compromisso à bandeira, já estão envenenados por aquele gênero de literatura infantil".

O repórter supostamente constatou que esses futuros militares "desde a tenra idade" eram leitores assíduos de gibis, "publicações que proliferam como cogumelos em todo o país, principalmente no Rio e em São Paulo".

A denúncia do jornal partiu de um caso que teria acontecido dois anos antes, em 1951, com repercussão na imprensa. Um jovem soldado do Forte de Copacabana, em acesso de delírio, atirou no avião comercial que sobrevoava o local, atingindo-o numa das asas. "Os jornais da época noticiaram que o rapaz lia histórias em quadrinhos", disse o jornalista. Depois de responder a um inquérito policial militar, o soldado acabou expulso do Exército:

> É preciso ressaltar que o aparelho viajava com 21 passageiros e só por um milagre não foi atingido em um dos seus tanques, quando o acidente poderia ter tido consequências funestas. Recorde-se, ainda, que inúmeras historietas publicam aviões abatidos em pleno voo.

Ao encerrar a primeira série de reportagens contra os quadrinhos no dia 17, Morel fez questão de relacionar as mais importantes autoridades engajadas no combate cívico aos gibis. Além dos nomes citados nos textos, acrescentou outras personalidades que o subsidiaram ou foram citadas por suas fontes. Por fim, fez um apelo carregado de toda a histeria que caracterizava o combate aos gibis no Brasil:

> Durante os últimos quinze anos, as histórias em quadrinhos contribuíram para a desgraça de milhares de famílias e prestam desedificantes serviços à nação. A ponto do Seminário de Menores, recentemente reunido, ter solicitado ao Ministério Público a punição dos responsáveis pela literatura nociva ao menor.
> Termino a minha série de reportagens sobre a nocividade das historietas em quadrinhos confiando no patriotismo dos parlamentares, que saberão defender o patrimônio moral da nossa mocidade, evitando que os "corvos" destruam os sentimentos natos dos jovens brasileiros. A Câmara dos Deputados, certamente, saberá cumprir o seu dever, aprovando o salutar projeto de lei do sr. Aarão Steinbruch, que regulamenta a matéria.

No mesmo dia em que saiu a última reportagem, a redação paulista do jornal foi procurada pela Associação de Desenhistas de São Paulo. A direção da ADESP se mostrou preocupada com o prejuízo a médio e longo prazo que o tiroteio do *Última Hora* contra os gibis poderia provocar e decidiu "esclarecer" o que considerou "alguns equívocos" que Morel levantou. Álvaro de Moya, primeiro-secretário da entidade, ironizou, disse que não sabia por que ainda não tinham acusado as histórias em quadrinhos de provocar a seca no Nordeste.

No dia seguinte, o *Última Hora* paulista trouxe a manchete "Historietas nacionais para o povo brasileiro". Abaixo, publicou uma foto de desenhistas em volta de uma prancheta. Apareciam Moya, Jayme Cortez, Reinaldo de Oliveira e Miguel Penteado. Como vinha fazendo, a ADESP insistiu na censura aos quadrinhos americanos como forma de defender espaço para os brasileiros nas editoras, posição que trazia o radicalismo extremista do momento.

Os editores perguntavam por que não propor, por exemplo, que, em vez de censurar os *comics* americanos, se criassem mecanismos de proteção, como subsidiar as revistas com quadrinhos nacionais? Entre os desenhistas, havia quem defendesse a taxação do material importado para elevar seu preço e forçar as editoras a produzir material brasileiro. Nenhuma dessas possibilidades chegou a ser levada a sério.

Mas, deixando essa discussão de lado, o que teria levado Samuel Wainer a tentar constranger publicamente Roberto Marinho como editor de

Valia até mesmo contar quantos quadrinhos tinha numa revista para enfatizar que os leitores estavam sendo manipulados para cometer crimes. AA

quadrinhos? Razões políticas, e não morais ou educacionais. As reportagens do *Última Hora* sobre os gibis eram apenas mais um capítulo de uma das mais violentas guerras travadas na história da imprensa brasileira, que já se arrastava havia três anos. No tiroteio estavam, de um lado, o isolado Wainer. Do outro, Carlos Lacerda, Assis Chateaubriand e Roberto Marinho. No meio do tiroteio, o presidente Vargas. Mas, como foi visto, Lacerda e Marinho também entraram em colisão e sobrou para Aizen.

Na época, Wainer enfrentava uma avalanche de denúncias. Os concorrentes denunciaram que, para montar seu diário dois anos antes, ele obtivera empréstimos bancários vantajosos com a interferência direta de Vargas e retribuiu apoiando seu governo.

Quando começou a atacar Marinho, Wainer era investigado por uma Comissão Parlamentar de Inquérito (CPI) da Câmara dos Deputados que apurava acusações feitas pela *Tribuna da Imprensa*, de Carlos Lacerda, pelos Diários Associados, de Assis Chateaubriand, e por *O Globo*, de Roberto Marinho. Esse último irritou Wainer quando ofereceu os microfones da rádio Globo a seu inimigo, Lacerda, para acusá-lo de corrupção.

Chateaubriand não fez por menos e cedeu o horário nobre da TV Tupi para que seu então arqui-inimigo Lacerda atirasse contra Vargas e Wainer. O fundador do *Última Hora* se defendia como era possível. Ele, que trabalhara para Chateaubriand e fora responsável pela reportagem que anunciara a volta de Vargas à política em 1949, dizia-se vítima de uma campanha difamatória orquestrada pelos três grandes concorrentes "por pura inveja" do êxito que o diário vinha alcançando no mercado.

Segundo o editor, seus adversários começaram a suspeitar de que os cofres federais, "que sempre foram generosos para com eles", poderiam se restringir a beneficiar exclusivamente o *Última Hora*. O sucesso do jornal de Wainer estava relacionado à renovação que promoveu na imprensa brasileira na época. Para fazê-lo, o editor importou o que havia de mais moderno no jornalismo estrangeiro. As novidades gráficas foram resultado do trabalho de meses de uma equipe de especialistas liderada pelo artista gráfico e caricaturista paraguaio Andrés Guevara, trazido da Argentina.

Com ele vieram alguns diagramadores responsáveis pela modernização visual dos jornais de Buenos Aires. No novo diário carioca, Guevara valorizava a caricatura e a charge, que tinham perdido espaço para a fotografia na última década. As caricaturas e vinhetas voltaram para tornar a edição mais ágil, com humor político e social. Nem por isso deixou de dar importância à fotografia. Pelo contrário, valorizou-a tanto quanto o texto.

Com certa vocação "ecumênica", o *Última Hora* identificou-se com a intelectualidade do Rio – grandes nomes da literatura escreviam em suas páginas – e com a alta sociedade, consumidora voraz de suas colunas sociais. Ao mesmo tempo, correu atrás do leitor "popular", com fórmulas cujo pioneirismo desconcertava os concorrentes. Uma delas veio de um dos poucos amigos com quem Wainer mantinha estreita amizade no mercado editorial carioca: Adolfo Aizen.

Por sugestão de Aizen, Wainer lançou a promoção "Prêmio para toda a família". Para participar, o leitor recortava um cupom que vinha impresso no jornal, preenchia e o remetia à redação. A inscrição lhe dava direito a concorrer a prêmios como bicicletas, bolas de futebol e brinquedos. O sucesso da ideia fez com que o fundador do *Última Hora* também se empolgasse com outra indicação "extremamente feliz" do amigo: publicar no segundo caderno um encarte com histórias em quadrinhos.

Wainer optou por quadrinhos produzidos por artistas brasileiros, para que os leitores se identificassem mais com os personagens. As primeiras histórias mostravam passagens biográficas de grandes vultos brasileiros, como o poeta baiano Castro Alves. Logo em seguida, o jornal adotou temas mais populares, como a biografia de craques de futebol ou histórias de amor.

Algo de aparente irrelevância, mas que também teria irritado os concorrentes de Wainer, foi a solução encontrada por ele para resolver o problema crônico do suprimento de papel, que se arrastava desde os tempos da guerra. A medida, aliás, aproximou ainda mais Wainer de Aizen, dois empresários da imprensa que tinham em comum também a origem judaica.

A produção brasileira de papel, que sempre fora insignificante, fazia com que a maioria dos jornais e revistas se abastecesse da matéria-prima importada, como foi visto aqui. Com a guerra, o Brasil deixou de receber o produto de seus fornecedores habituais da Escandinávia. A saída encontrada pelo DIP tinha sido recorrer aos produtores do Canadá. A normalização da produção de papel com o fim do conflito, no entanto, não resolveu o problema.

No final dos anos de 1940, uma medida dos donos de jornais e revistas brasileiros resultou em uma enrascada e prejuízos. Eles haviam descoberto que a Escandinávia havia aumentado a produção de papel e poderia voltar a supri-los com preços mais em conta, e romperam os acordos de compra com os canadenses. Esses, indignados, protestaram. Primeiro, transferiram as cotas brasileiras para compradores americanos; depois, puseram o Brasil na lista dos maus compradores. Ao saberem disso, os escandinavos deram um golpe mortal nos brasileiros: aumentaram consideravelmente os preços e deixaram seus compradores em situação complicada, sem alternativa para procurar outros fornecedores no curto prazo.

Nos primeiros meses de circulação do *Última Hora*, o mercado editorial nacional vivia o auge dessa crise. Mas Wainer comprava papel no mercado paralelo, uma vez que a cota de importação a que tinha direito não havia sido ainda oficializada pela burocracia do governo.

A salvação veio de um amigo próximo, o coronel João Alberto Lins de Barros, padrinho de Aizen, que continuava a ser um dos homens de confiança de Vargas e exercia, naquela época, os cargos de embaixador do Brasil no Canadá e de ministro plenipotenciário para as mais delicadas tarefas diplomáticas. Na prática, era o responsável pelos interesses comerciais do Brasil no Canadá. Ou seja, a pessoa ideal para tentar quebrar a resistência dos canadenses na questão do papel e, também, "quebrar o galho" de alguns editores brasileiros amigos seus. Mas ele nem precisou fazer isso. Embora os canadenses tivessem oficializado um boicote para não vender papel ao Brasil, João Alberto contou a Wainer e a Aizen que havia sido procurado por representantes de um grupo de empresários judeus do Canadá com uma proposta interessante, que poderia resolver o problema de fornecimento de papel para ambos. Esses canadenses haviam comprado uma fábrica de papel e estavam dispostos a vender parte da produção para os brasileiros, uma vez que não tinham assumido compromisso de retaliação ao Brasil com os demais produtores de seu país.

Os dois editores aceitaram a sugestão, que, além de resolver sua demanda, ainda lhes permitiu comprar papel bem mais barato. Ambos deveriam, porém, assinar um termo de compromisso de compra durante pelo menos cinco anos. No caso de Wainer, a compra antecipada seria, em valores da época, de cinco milhões de dólares, que deveriam ser pagos em parcelas anuais de um milhão. Outras duas exigências dos canadenses foram o aval e a garantia cambial do Banco do Brasil – o pagamento seria depositado em cruzeiros, o banco faria a conversão para dólares e repassaria o dinheiro aos fornecedores. Ou seja, queriam que o governo brasileiro garantisse diretamente a transação, como avalista do negócio e do câmbio.

E assim foi feito, na calada da noite. A jogada de Wainer, claro, não demorou a chegar ao conhecimento dos concorrentes. A participação do banco estatal no negócio serviu de pretexto para que os adversários acusassem Wainer de se beneficiar de vantagens, mais uma vez, com a ajuda de Vargas.

Era verdade que, além da amizade de Wainer com João Alberto, houve interferência do presidente da República para que a compra fosse formalizada com rapidez. Pela versão de Wainer, Vargas apenas lhe fizera um favor, após ter sido convencido de que o contrato com os canadenses forçaria os escandinavos a recuar no aumento dos preços. Desse modo, beneficiaria todo o mercado editorial brasileiro.

Ninguém acreditou nessa justificativa. Na linha de frente das denúncias, além de Lacerda, destacava-se também Assis Chateaubriand. Os dois não pouparam nem mesmo a vida particular do fundador do *Última Hora*, que foi devassada, à procura de informações que comprometessem sua reputação. E foi assim que surgiu o grande escândalo contra Samuel Wainer, que por pouco não respingou em Adolfo Aizen.

Lacerda descobriu que Wainer não nascera no Brasil, e sim no Leste Europeu. Portanto, não poderia ser proprietário de uma empresa de comunicação no Brasil. Ainda mais de um jornal que tinha abocanhado boa parcela dos leitores dos concorrentes. Uma situação irregular, parecida com a de Aizen e a de Victor Civita, da Abril.

A *Tribuna da Imprensa* denunciou que o dono do *Última Hora* nascera, na verdade, na Bessarábia, na Transilvânia – região da Romênia onde era ambientada a história do conde Drácula, que inspirou o romance do escritor Bram Stoker. A prova era um documento datado de 1927, obtido nos arquivos do colégio Pedro II, no Rio, onde o jornalista estudara. Entre as anotações de sua ficha estava a informação dada por seu irmão, Artur, de que Samuel chegara ao Brasil com dois anos de idade.

Wainer jurou que não era verdade. A seu favor, Artur dizia que fizera a afirmação porque ele e o irmão vinham de famílias de imigrantes, traumatizadas pelos horrores da Primeira Guerra Mundial, da qual haviam sido testemunhas, e que temiam que seus filhos fossem convocados pelo exército do país onde tentavam refazer a vida. Seus inimigos, previsivelmente, não deram crédito à versão de Artur. Afinal, era a palavra do irmão de alguém que se encontrava na posição de réu. Lacerda e Chateaubriand, auxiliados por Armando Falcão e David Nasser, haviam vasculhado os arquivos do Ministério da Educação e assim obtiveram o documento.

A denúncia virou escândalo nacional. Os jornais de Lacerda, Chatô e Marinho escancaravam a revelação em manchetes. As consequências da revelação feita pelo diário de Chateaubriand foram um lento processo criminal por falsidade ideológica contra Wainer. Para Aizen, mostraram o risco real que ele corria se um dia descobrissem sua verdadeira nacionalidade.

Com a avalanche de denúncias contra seu fundador durante todo o ano de 1953, o *Última Hora* começou a perder leitores. Por isso, havia chegado o momento da luta de morte, como anunciou Wainer. E foi assim que, para responder aos ataques de Marinho, destacou Edmar Morel – famoso por suas reportagens de impacto e, às vezes, sensacionalistas nas páginas d'*O Cruzeiro* – para investir pesado contra os quadrinhos.

Para enfatizar que era possível publicar quadrinhos "saudáveis", Última Hora lançou um suplemento, assessorado por Adolfo Aizen, com histórias românticas "saudáveis". AA

Sua campanha sistemática de três semanas, apesar da motivação política, acabaria por trazer consequências catastróficas para os editores de revistas em quadrinhos brasileiros nos dez anos seguintes. O estrago apareceria sob a forma da crescente intolerância contra os editores, quase sempre mostrada com base no argumento que Morel ajudou a consolidar: os gibis levavam os meninos a praticar crimes.

Desse modo, aquele tipo de revista entrava em definitivo na linha de fogo de uma sociedade que, por causa da Guerra Fria e do radicalismo cada vez mais conservador em relação aos valores cristãos (supostamente ameaçados pela expansão do comunismo), não mediria esforços para proteger seus filhos indefesos de qualquer tipo de ameaça.

Se Orlando Dantas pregou as teses de que os gibis provocavam preguiça mental, atrapalhavam na educação escolar das crianças e levavam ao crime, as críticas de Morel se concentraram nessa última ideia e ajudaram a cristalizá-la – não só expondo o proprietário d'*O Globo* como também trazendo prejuízos irreparáveis para a imagem das editoras.

Ao atacar as revistas da RGE, Wainer também aumentou ainda mais o pânico entre os críticos de gibis. Padres e professores, em especial, redobraram seus discursos para que estudantes e pais dessem fim nas revistinhas que estivessem ao seu alcance. Para reforçar seu objetivo, o *Última Hora* soube usar bem um recurso explorado pelo jornalismo da época e que seria herdado por revistas e jornais até o final do século XX: a publicação de fotos produzidas, muitas vezes forjadas, para ilustrar e até "provar" a veracidade das informações.

Em todas as reportagens de Morel apareciam fotografias de menores em situações de denúncia, montadas pelo fotógrafo não identificado do *Última Hora*. Todas as crianças e adolescentes apareciam sorridentes, em poses forjadas onde exibiam, invariavelmente em destaque, as duas revistas mais vendidas de Roberto Marinho: *X-9* e *Gibi*.

Três dias depois da publicação da última reportagem de Morel, o *Diário do Congresso Nacional* dedicou nove páginas em letras quase microscópicas para reproduzir a íntegra da sessão em que foi apresentado o requerimento feito pelo líder do PTB, deputado Vieira Lins, à presidência da Câmara. O pedido dizia respeito ao projeto de lei de Aarão Steinbruch, que pretendia regular a circulação de revistas em quadrinhos no Brasil e obrigar as editoras a publicar 50% de material brasileiro.

O texto final do projeto ganhou um adendo: estabelecer a censura aos quadrinhos com histórias de crime. Para isso, determinou a proibição do registro e publicação de textos e desenhos de histórias em quadrinhos que versassem sobre assuntos que não fossem científicos, culturais, religiosos, históricos ou humorísticos, "não podendo, em nenhuma hipótese, encerrar qualquer sugestão referente a crime, violência ou má conduta".

Apesar do caloroso debate que marcou o discurso de Steinbruch na Câmara, como o ano estava chegando ao fim, não houve tempo para votar a proposta. O parlamentar teria de esperar até o próximo exercício legislativo, no ano seguinte. Mas, uma semana depois do seu discurso, o ministro da Justiça, Tancredo Neves, enfim, pronunciou-se sobre o assunto. Em entrevista coletiva, anunciou sua intenção de convocar figuras representativas do jornalismo brasileiro para estudar providências que defendessem a boa imprensa contra os que desejavam transformá-la em veículo de corrupção, até mesmo por meio das revistas em quadrinhos.

O SEGUNDO *ROUND* DE WAINER × MARINHO

O tortuoso ano de 1953 chegou ao fim para Aizen e Marinho. Mas a ira de Wainer contra o diretor-presidente d'*O Globo* continuava. Ela se prolongaria ao longo do ano seguinte. A briga entre eles teria um momento crítico. No decorrer dos meses de setembro e outubro de 1954, o embate aconteceu de forma ainda mais ofensiva do que no final do ano anterior, pois os ataques de Wainer atingiam o empresário com bastante dureza, sem subterfúgios.

A primeira reviravolta do ano ocorreu com a morte do presidente (e suposto aliado de Wainer) Getúlio Vargas, que se mataria em 24 de agosto, depois de sofrer pressões para que renunciasse por causa das investigações sobre o atentado contra Carlos Lacerda, na rua Tonelero, em Copacabana, semanas antes. A tentativa de assassinato, que resultara na morte do major Rubem Vaz, guarda-costas de Lacerda, tinha a mão de Gregório Fortunato, que trabalhava na guarda do Palácio do Catete e era segurança pessoal do presidente.

Pouco mais de um mês depois do suicídio de Vargas, ainda com o país sob a comoção da tragédia e com mágoa de Wainer por ser associado à

No vale tudo contra os gibis, até as Forças Armadas foram envolvidas na polêmica pelo Última Hora. Segundo o jornal, o problema existia e estava sob investigação pelo promotor militar. AA crise que resultara na morte do presidente, Marinho produziu e publicou com estardalhaço o *Livro negro da corrupção*, obra que pretendia sepultar em definitivo o cadáver ainda morno do ilustre suicida, ao trazer um relatório sobre as irregularidades que teriam marcado os últimos dias de seu governo.

A longa reportagem em forma de livro era uma retrospectiva de todas as acusações contra Vargas nos últimos três anos, com ênfase no episódio da criação do jornal *Última Hora*. O destaque dado pela obra ao papel de Wainer na crise fez o editor explodir de raiva e voltar ao ataque contra *O Globo*. Na edição bombástica de 27 de setembro, ele escreveu na manchete: "Faltou um capítulo no 'livro negro' de Roberto Marinho: a verdadeira história de *O Globo* – símbolo da venalidade e da traição nacional". Logo abaixo, Wainer recorreu mais uma vez às histórias em quadrinhos para fazer acusações contra seu concorrente. Só que, dessa vez, com graves denúncias de benefícios do dinheiro público.

Acompanhando uma foto de Marinho, o texto afirmava: "O Banco do Brasil entregou mais de um milhão de dólares à viúva de Irineu Marinho e filhos para envenenar a alma da criança brasileira com os gibis". Segundo o *Última Hora*, o livro publicado por Marinho tinha como único propósito "enlamear" a memória de Getúlio Vargas. O jornal fez uma observação que o tempo revelaria profética dez anos depois, com o golpe militar de 1964:

> A obra pretende criar um clima ainda mais propício para um golpe final contra as nossas instituições democráticas, com o consequente estabelecimento de uma ditadura militar, única forma com que Marinho e seus comparsas da UDN se julgam capazes de anular a esmagadora derrota que o povo lhes infligirá nas urnas, não só nas eleições deste ano como nas de outubro de 1955.

Em seguida, Wainer explicou por que a manchete de seu jornal dizia que faltava um capítulo no livro:

> Este capítulo transformará em história em quadrinhos a farsa que *O Globo* pretende impingir ao povo brasileiro, quando se esforça em atribuir a Gregório Fortunato, Roberto Alves e Arquimedes Manhães [envolvidos no atentado contra Carlos Lacerda na rua Tonelero três semanas antes do suicídio do presidente] uma importância que jamais tiveram no governo do sr. Vargas.

Este capítulo mostrará uma vez mais como foram friamente urdidas as mentiras e calúnias que pretenderam transformar em escândalo nacional as legítimas operações bancárias do *Última Hora* e outras empresas do Grupo Wainer.

A tal parte que não constava no livro seria revelada nas páginas internas daquela edição. De acordo com o *Última Hora*, o país desconhecia "a cortina de falsa honestidade e respeitabilidade que encobre a história de *O Globo*". Assim, os leitores precisavam saber que o grupo da família de Roberto Marinho constituía, na realidade, "a mais corrompida fortaleza de venalidade e traição nacional que a imprensa nacional já conheceu".

A reportagem em destaque na página 3 começava com o título "O fundo falso de um 'campeão da moralidade'" e acrescentava logo abaixo:

> Ninguém ignora o papel que o sr. Roberto Marinho e seu grupo se pretendem atribuir na chamada "campanha pelo saneamento da imprensa brasileira", sob o pretexto de que era preciso acabar com essa imprensa que "vivia de favores oficiais e empréstimos do Banco do Brasil". Vejamos, agora, a que ponto chegou o cinismo, a hipocrisia e duplicidade desse falso campeão da moralidade pública.

Wainer contou que, em pouco mais de dois anos, entre o apagar das luzes do governo do general Eurico Gaspar Dutra e o início do novo mandato de Getúlio Vargas, Marinho teria conseguido empréstimos para seus jornais e revistas no total de 1.021.801 dólares. O empresário teria dado como garantia as máquinas que ainda seriam importadas com o mesmo dinheiro que estava sendo emprestado.

O Banco do Brasil também teria aceitado como penhor de um dos empréstimos uma velha rotativa Goss, usada para impressão do jornal havia vinte anos e que valia um quinto do dinheiro cedido pelo banco. Wainer acrescentou que, embora o grupo dos Marinho possuísse outros bens para garantia real, o Banco do Brasil jamais havia feito essa exigência, "como sempre impôs a outros credores". E acrescentou: "Durante meses, o grupo, confessando-se devedor relapso, deixou de pagar os juros e prestações de seus empréstimos, sem que, por isso, sofresse qualquer pressão por parte do banco".

Pelo regulamento do Banco do Brasil, Marinho deveria oferecer pelo menos noventa milhões de cruzeiros em garantias reais para consolidar suas dívidas por dez anos:

Onde foi o sr. Roberto Marinho buscar essas quantias e que tipo de avaliação lhes deu o banco? Essas são perguntas que o Banco do Brasil não pode deixar de responder, sob pena de poder, muito justamente, ser considerado cúmplice e, portanto, corréu dos crimes de favoritismo, irresponsabilidade e riscos que cercaram todas as operações com ele realizadas pelo Grupo Roberto Marinho.

O jornal de Wainer reproduziu seis recibos para provar os empréstimos que *O Globo* recebeu também da Caixa Econômica Federal, entre 1951 e 1953. Segundo ele, o objetivo do dinheiro era um só: "o envenenamento da alma da criança brasileira", uma vez que o editor pretendia lançar novas revistas em quadrinhos – seriam elas *O Fantasma, Flecha Ligeira, Cavaleiro Negro* e *Mandrake*, todas publicadas a partir de 1953.

Entre os documentos divulgados, um confirmou Marinho e sua esposa, Stella Goulart, como proprietários da Empresa Jornalística Brasileira. A editora teria sido criada para servir de fachada e permitir que o presidente d'*O Globo* conseguisse novos empréstimos bancários, uma vez que seu jornal estaria sobrecarregado de dívidas e sem crédito na praça. Um dos empréstimos contraídos pelo editor, em 17 de outubro de 1950, de 31.770 dólares em valores da época, teria sido usado para comprar uma impressora ofsete modelo Roland-Ultra Ru V, de fabricação alemã, com o propósito de, "pelo seu tipo, imprimir revistas de historietas de horror no gênero gibi".

A empresa teria sido também beneficiada com condições "suaves" de pagamento dos empréstimos. Os Marinho entrariam com 20% em cruzeiros sobre o empréstimo em dólares e o amortizariam em três anos com prestações mensais de "apenas" vinte mil cruzeiros. O "escandaloso" contrato que transformou os dois bancos estatais em "financiadores dos gibis" da RGE estava registrado no cartório do 15º Ofício de Notas, de propriedade de Hugo Ramos.

Menos de um mês depois, dizia o *Última Hora*, a empresa de Marinho conseguiu novos recursos: mais 31.770 dólares. Dessa vez para a compra de uma máquina de grampear revistas, "complemento indispensável ao conjunto de impressão dos gibis". Wainer observou que, ao listar os empréstimos, queria dizer que "a fome de dólares da família Marinho estava apenas começando". O empresário teria conseguido o maior empréstimo em agosto de 1952. Na ocasião, a soma chegara a exatos 708.600 dólares para a compra de uma rotativa Hoe.

Um aspecto curioso da longa reportagem de Wainer foi a reconstituição que ele fez da biografia empresarial e pessoal de Roberto Marinho. O *Última Hora* procurou dar ênfase principalmente à sua estreita relação com Vargas durante o Estado Novo e à perseguição promovida pelo empresário contra os concorrentes a partir da máquina de repressão da ditadura.

Com a volta de Vargas ao poder em 1952 e a crise de seu governo, Marinho passou a lhe fazer oposição. O título de uma das matérias dava uma ideia do que viria a seguir: "A triste biografia de um jornalista que se transformou em símbolo de venalidade e covardia". De acordo com o jornal, o empresário recebera *O Globo* como herança de seu pai e, "semianalfabeto, mal sabendo redigir um texto-legenda, tinha, entretanto, uma vocação irresistível para o jornalismo mercantil".

Marinho teria sido submetido à humilhação de dirigir um jornal de "segunda categoria", até começar a usar suas estreitas relações com o DIP e Vargas para tirar de seu caminho os concorrentes e fazer seu jornal crescer. A primeira vítima teria sido o jornal *A Noite*, o mesmo que fora "tomado" de seu pai pelo sócio Geraldo Rocha, em 1924, em operação nunca esclarecida, e depois incorporado ao patrimônio do Estado durante o primeiro governo de Vargas.

Wainer não apresentou detalhes sobre a investida do empresário contra esse jornal. Disse apenas que, por influência de Marinho sobre o DIP, *A Noite* começou a declinar até naufragar em dívidas e ser encampado pelo governo. "Era a grande oportunidade de Marinho: mais leitores, mais anúncios, mais dinheiro". "Encastelado" no Conselho Nacional de Imprensa, criado pelo DIP para permitir que as vítimas da censura recorressem aos cortes dos homens da tesoura, Marinho teria agarrado "com unhas e dentes a posição que lhe caiu do céu e passou a não admitir que nenhum outro jornal se projetasse na vida da cidade".

Assim teria acontecido também com Orlando Dantas e o *Diário de Notícias* em 1941 – no célebre episódio que deflagrou uma campanha sistemática por todo o Brasil contra os quadrinhos editados por *O Globo* em 1948 e 1949: "Destituído de qualquer sentimento de ética profissional, Roberto Marinho transformou *O Globo* em uma caixa registradora e num instrumento de suas mesquinhas vinganças pessoais". Por oportunismo, prosseguiu o jornal, o empresário teria tentado se aproximar dos comunistas em 1945, depois da vitória da União Soviética sobre os alemães.

O deputado Aarão Steinbruch parece ter dedicado seu mandato federal para aprovar uma lei contra os quadrinhos. E ficou conhecido em todo país por causa disso. AA

Wainer recordou que, na época, ele era correspondente d'*O Globo* nos EUA e, em abril daquele ano, seguira para cobrir no México a Conferência de Chapultepec – Conferência Interamericana sobre a Guerra e a Paz, realizada de 21 de fevereiro a 8 de março de 1945. Recebera, então, um telegrama de Marinho pedindo uma reportagem com a filha do líder comunista brasileiro Luís Carlos Prestes, Leocádia, que morava naquele país.

Prestes, da cadeia, apoiava abertamente a permanência de Vargas no poder – o mesmo ditador que entregara aos nazistas sua mulher, Olga Benário, que seria executada por eles em um campo de concentração. O motivo da conversa com a filha de Prestes, disse Wainer, era apenas abrir espaço para defender Vargas nas páginas d'*O Globo*.

O jornalista também relembrou a briga pessoal de Marinho com Benjamin Vargas, a partir de 1947. O diretor d'*O Globo* teria atacado de forma sistemática o irmão do presidente só para tentar apagar de sua biografia as relações estreitas que mantivera com o Estado Novo até 1945. Wainer contou que, por causa disso, Benjamim Vargas espancara Marinho no Hotel Quitandinha com "sonoras bofetadas". A falta de reação do diretor d'*O Globo* teria deixado estarrecidas as dezenas de pessoas que assistiram à cena.

Wainer lembrou que o *Correio da Manhã* descrevera o "símbolo da venalidade" em que se transformara *O Globo* ao afirmar que se poderiam encontrar em suas páginas todas as tendências nacionais e internacionais. Bastava apenas saber quem pagava mais. Marinho também foi acusado de trair, em 1949, o então candidato à presidência da República, general Canrobert Pereira da Costa. Enquanto "fingia" apoiá-lo, o empresário teria assinado um contrato de publicidade com o adversário do general, o governador de São Paulo, Adhemar de Barros. O concorrente, disse ainda Wainer, articulou nos bastidores e financiou a campanha movida por Assis Chateaubriand e Carlos Lacerda contra seu jornal em 1953. Por fim, citou uma definição do rival feita por Lacerda que, segundo ele, melhor definia a personalidade do dono d'*O Globo* – mais uma vez, os quadrinhos serviram de pretexto para atacar o empresário: "Marinho é uma espécie de rei da estupidez infantil, ele compra sua entrada em uma sociedade que o despreza com o dinheiro que ganha no gibi, esse veneno que deforma a alma de milhões de crianças brasileiras".

Nos dias seguintes às denúncias de Wainer, Roberto Marinho tentou justificar os empréstimos como operações legais, apesar das provas reproduzidas pelo *Última Hora*. Ao seu estilo, como sempre, tentou reduzir a importância das afirmações do adversário ao desespero de um empresário envolvido com corrupção no governo Vargas. Até que o ano de 1954 chegou ao fim como o mais difícil ano da história dos quadrinhos – não apenas no Brasil mas, principalmente, nos EUA, no momento em que o país vivia um dos períodos mais terríveis de sua história.

CAPÍTULO 10 – AS TENTAÇÕES DO DR. WERTHAM

A PARANOIA QUE VEM DA AMÉRICA

Informado por Aizen sobre o que acontecia no Rio Grande do Sul e em outros estados, Roberto Marinho reagiu de uma forma diferente, orientado por seu assessor Walter Poyares. Em vez de mandar seus repórteres à caça de escândalos pessoais que comprometessem seus críticos, adotou a estratégia de Aizen: tentar atrair a simpatia dos críticos. Em 1954, a RGE lançou, então, a coleção bimestral *Romance em Quadrinhos*, um similar sem-cerimonioso de *Edição Maravilhosa*, da Ebal.

Com circulação bimestral, o número de estreia trouxe a versão em quadrinhos do romance *Pedras Altas*, do escritor Emi Bulhões Carvalho da Fonseca. Para promover a revista, *O Globo* deu ampla cobertura ao evento, que reuniu uma série de opiniões favoráveis à publicação, dadas por várias personalidades dos meios cultural e educacional brasileiro.

Poucas semanas depois, Marinho mandou para as bancas *Enciclopédia em Quadrinhos*, sem dúvida uma ideia eficiente para dividir os críticos, pois reuniu colaboradores importantes – autoridades educacionais e até militares de reconhecida projeção nas Forças Armadas. Na cobertura do lançamento da enciclopédia, seu jornal informou a presença de "destacadas figuras do magistério e dos meios educacionais do Rio de Janeiro", além de estudantes.

Um dos convidados foi o professor Taciel Cileno, diretor da Federação dos Estabelecimentos de Ensino e membro da Comissão Diretora da Associação dos Pais de Família. Entusiasmado, ele comentou com Marinho: "Esta é a revista que os pais e os educadores queriam. Brasileira, feita por brasileiros, é tudo de que a juventude precisava". A iniciativa de Marinho, no entanto, estava longe de arrefecer as críticas que pipocavam em vários estados brasileiros.

Se sua situação e a de Aizen não estava fácil, nos EUA a pressão contra os *comics* atingia seu pior momento em sua história e logo traria consequências no Brasil. E tudo teve um desfecho um tanto quanto inesperado.

Os editores americanos de revistas em quadrinhos não podiam estar mais radiantes nos primeiros dias de 1954. Festejavam os ótimos resultados obtidos no ano anterior com as vendas cada vez mais crescentes dos títulos de terror, o gênero que se tornara febre entre os adolescentes nos quatro anos anteriores.

Os números revelaram uma surpreendente recuperação do mercado de revistinhas, depois da retração registrada nos primeiros anos do pós-guerra. Esperavam um ano novo bem melhor. Ninguém poderia imaginar, porém, que nos doze meses seguintes ocorreria algo tão devastador.

Quando o ano começou, a Editora Rinehart & Company concentrava seus esforços para lançar em algumas semanas um livro no qual apostava: *The Seduction of the Innocent*, uma espécie de cartada final do psiquiatra Fredric Wertham contra as histórias em quadrinhos, que se tornaria uma das obras mais polêmicas do século XX sobre esse assunto.

Wertham publicou um tratado implacável contra os *comics* com base em conclusões que teria tirado dos tratamentos feitos em sua clínica em crianças e adolescentes com distúrbios graves de comportamento, segundo ele. A obra denunciava, de modo contundente, que terríveis crimes praticados por crianças nos últimos anos foram estimulados pela leitura de *comics*.

A principal alegação era de "culpa por associação", isto é, menores acusados ou condenados liam quadrinhos. Os casos escabrosos de ocorrências infantojuvenis que passaram por seu consultório ou que foram "investigados" por ele ultrapassavam a barreira da ficção dos quadrinhos que ele tanto queria exterminar.

Em um deles, três meninos entre seis e oito anos pegaram à força um garoto de sete, amarraram suas mãos para trás, tiraram-lhe a roupa e o enforcaram em uma árvore. Em seguida, queimaram o corpo. As autoridades teriam apurado que os assassinos mirins reproduziram uma sequência lida numa revista em quadrinhos policial.

Outro caso era sobre um garoto de onze anos que matou uma mulher durante um assalto. Ao ser preso em casa, foi encontrado cercado de pilhas de revistas em quadrinhos. Em outro episódio, um adolescente de treze anos fora encontrado enforcado na garagem de sua casa. Aos seus pés, um gibi de terror aberto mostrava uma cena de enforcamento.

O médico também trouxe uma análise detalhada de cenas que considerou escandalosas porque "manipulavam" o inconsciente de crianças e adolescentes. Seu livro reunia todos os argumentos que havia desenvolvido desde a última década sobre quadrinhos e delinquência juvenil, que o havia transformado numa celebridade internacional, até mesmo no Brasil, onde seus textos foram traduzidos em diversos jornais.

Wertham contou que teria se debruçado por quase dez anos sobre várias revistas em quadrinhos, editadas a partir de 1941. Nesse período, reuniu o que seria um dos maiores arquivos críticos sobre os *comics* em todo o mundo. A tentativa de impressionar seus leitores e dar um basta à proliferação de más influências dos *comics* seria baseada ainda nos números oficiais do Federal Bureau of Investigation (FBI) sobre a delinquência nos EUA. O órgão, no entanto, jamais citara os *comics* como uma das causas. As conclusões do psiquiatra ignoravam quaisquer outros fatores, fossem psiquiátricos ou sociais.

O livro de Wertham chegou às livrarias no momento em que os EUA viviam, em pleno século XX, o macarthismo, um período de radicalização política e moral que lembrava os tempos da Inquisição no início da Era Moderna. A ameaça do comunismo internacional difundida pela Guerra Fria coincidiu com a explosão do rádio e do cinema, a chegada da televisão e a modernização da imprensa.

Todas essas novas formas de comunicação tiravam o sono de pais, educadores e padres, preocupados com a preservação dos valores morais cristãos. Logo, esses novos meios de comunicação tornaram-se suspeitos de ser campos férteis para a infiltração e a difusão de ideologias de esquerda – e a criança era vista como um alvo fácil para a cooptação vermelha na América.

Para os críticos, além de se incentivar o crime, tentava-se cativar ideologicamente a garotada por meio da manipulação do conteúdo das histórias. O aumento das vendas dos *comics* nos últimos anos só atraía cada vez mais a atenção dos radicais e moralistas. Tudo fazia parte do que seria, em todos os setores da vida cultural americana, um dos momentos mais difíceis e sombrios da sua história, com a ameaça constante de uma caça às bruxas para livrar o país dos comunistas.

O problema, aparentemente, era provar quem de fato militava pela causa. Para isso, no entanto, serviam os testemunhos, que não passavam de delações de pessoas acuadas e dispostas a dizerem qualquer coisa para não serem presas ou recuperarem seus empregos. Na indústria do cinema, a devassa se tornou mais evidente por causa do alcance desse setor tanto na economia como na vida americana.

Astros famosos das telas colaboraram com o governo ao delatar colegas que estariam envolvidos com o comunismo – ou pelo menos pareciam estar. Essa tragédia ganhou força no mercado de histórias em quadrinhos graças ao livro de Wertham, que de imediato se tornou o principal combustível para reforçar a reputação de focos de subversivos – ou seja, ao ligar os *comics* ao crime, o psiquiatra dava indícios da presença comunista por trás desse propósito de desestabilizar a conduta do povo americano.

The Seduction of the Innocent saiu ao mesmo tempo em que outro psiquiatra, Gershon Legman – já citado anteriormente e cuja dramaticidade dos discursos contra os quadrinhos nada deixava a desejar em relação a Wertham –, divulgou um levantamento que teria feito pessoalmente sobre a absorção dos *comics* por crianças e adolescentes.

O médico concluiu que um garoto americano lia, em média, de dez a doze revistas por mês e que uma cena de violência em cada página expusera cada um deles à média mensal de trezentas ilustrações de crimes – entre estrangulamentos, assaltos e assassinatos. Pela matemática delirante do médico, um leitor que, em 1938, tivesse seis anos de idade e já lesse gibis teria absorvido, nos 12 anos seguintes, até 1950, 43,2 mil quadrinhos de cenas de violência. Isso significava que ele estaria mais estimulado a considerar banal a prática de crimes.

Toda a atenção da mídia, no entanto, estava em Wertham. *The Seduction of the Innocent* foi recebido por parte da imprensa como uma bomba atômica. Em especial pelos grandes jornais de linha conservadora e declaradamente anticomunista. Naqueles dias em que o senador Joseph McCarthy era o grande inquisidor do país, a imprensa em geral acostumou-se a dar destaque para qualquer denúncia que ajudasse os americanos a se livrarem da ameaça que vinha de Moscou.

Assim, a obra foi anunciada como a comprovação científica e confiável feita por um médico respeitado sobre o grave perigo contra a infância e a adolescência. Para a maioria dos críticos que defenderam a importância do estudo, Wertham havia escrito "o livro mais impressionante do ano". Nas primeiras semanas após seu lançamento, a edição foi resenhada por várias publicações e recebeu atenção em diversas revistas de atualidades.

O psiquiatra, em algumas cidades, transformou-se em assunto de primeira página dos jornais. Pela diversidade cultural e extensão territorial do país, as críticas favoráveis ao livro eram mais exaltadas quanto maior fossem a tradição e a religiosidade de cada cidade ou estado. A revista *Reader's Digest*, por exemplo, ajudou a divulgá-lo em todo o mundo ao reproduzir em todas as suas 17 edições internacionais uma condensação do primeiro capítulo da obra. No Brasil, o texto saiu na edição de outubro de 1954, com o título apelativo traduzido literalmente: "Histórias em quadrinhos – roteiro para a delinquência'". O resumo ocupou seis páginas da publicação.

Por toda a década de 1950, em diversos estados brasileiros se tentou criar lei de censura aos gibis, principalmente em Porto Alegre. AA

Documento histórico: carta enviada em janeiro de 1955 ao distribuidor Alfredo Machado com o mesmo material distribuído à imprensa com a divulgação do código de censura dos comics nos EUA. AA

Apesar do questionamento da tese de *The Seduction of the Innocent* feito por alguns colegas renomados de Wertham, o efeito de seu estudo se revelou desastroso para o mercado americano de *comics* e, depois, para os quadrinhos em todo o mundo. Enquanto o autor dava entrevistas a jornais e programas de TV, sociedades e associações de donas de casa demonstraram uma impressionante capacidade de mobilização contra os *comics*. Em poucos dias, promoveram discussão públicas que tentaram elucidar as mensagens subliminares denunciadas pelo conceituado psiquiatra de Nova York. Com a pressão da mídia, organizaram boicotes a bancas, supermercados e lojas de conveniência que vendiam *comics*. Pais e mães escreveram milhares de cartas para pressionar políticos e autoridades a tomar alguma atitude contra os editores de *comics*.

Ao mesmo tempo, os pequenos diários, de alcance restrito e dirigidos à família americana, publicaram exaustivamente, durante todo o primeiro semestre, artigos sobre o problema. A cruzada, enfim, estabeleceu-se em praça pública. Os jornais americanos passaram a publicar fotos de manifestações de mães que transformaram em rotina a queima de milhões de revistas em quadrinhos em fogueiras pelas ruas, praças, pátios de escolas e fundos de quintal.

A destruição dos gibis pelo fogo quase sempre era assistida por uma plateia formada por crianças e adolescentes, obrigados pelos pais a verem o ritual como forma de aprender a "lição". Por fim, o Congresso americano decidiu adotar uma postura mais rígida sobre o assunto.

Na verdade, o livro de Wertham tinha reacendido uma discussão que havia feito algum barulho até o ano anterior. Desde 1950, os senadores estavam de olho nos editores de quadrinhos por causa dos artigos do psiquiatra. Chegaram a criar uma subcomissão para investigar o aumento da delinquência juvenil nos EUA, e falou-se em averiguar se o fenômeno teria a ver com o consumo de quadrinhos. Sem resultados práticos, a subcomissão foi deixada de lado até ser reativada em 1º de junho de 1953. Quando o livro saiu no ano seguinte, a averiguação avançara pouco. Com a pressão provocada pelas denúncias do psiquiatra, os senadores se viram obrigados a acelerar o processo, além de agir com mais rigor, e colocaram os *comics* à frente do problema.

O CÓDIGO DE ÉTICA AMERICANO

As investigações dos parlamentares logo se assemelharam aos rituais de apuração promovidos alguns anos antes pelo senador Joseph McCarthy em Hollywood, com o fim de identificar comunistas na indústria do cinema. Para eles, havia outro caminho claro a seguir: por trás da violência dos gibis policiais e de terror podia funcionar uma suposta infiltração comunista para destruir a família e os valores da América.

Abastecida principalmente com artigos publicados na imprensa, a subcomissão de 1954 fez um exame minucioso em várias revistas em quadrinhos que circularam entre os anos de 1945 e 1950. O senador Robert C. Hendrickson, presidente das investigações, antecipou-se às conclusões e observou que um processo criminal contra os editores poderia solucionar o problema.

Antes mesmo de iniciar a série de depoimentos que seriam tomados no tribunal de Manhattan, em Nova York, a subcomissão baixou uma portaria que tirou de circulação toda a série de revistas de terror da EC Comics, com exceção da humorística *Mad*, que tinha formato magazine, para adultos, até que os trabalhos fossem concluídos.

Os depoimentos aos senadores foram concentrados em dois dias, com interrupções apenas para o almoço. Entre os convocados para testemunhar, compareceram especialistas em delinquência juvenil, representantes das editoras Marvel, DC Comics, Dell e EC Comics e distribuidores.

Wertham se apresentou voluntariamente como testemunha colaboradora. Afirmou aos senadores que a brutalidade retratada nos gibis de crime e de terror estava levando a juventude a experimentar a "falta de clareza ética e moral", e isso era uma importante contribuição para a delinquência juvenil; bastava conferir os casos investigados que tinha reunido em seu livro.

Walt Kelly, Milton Caniff e Joe Musial compareceram como representantes da National Cartoonists Society – NCS, entidade que reunia artistas ligados à produção de desenhos animados, histórias em quadrinhos e cartuns para jornais e revistas. A convocação dos dirigentes foi justificada pelo interesse dos senadores em querer saber quais eram as "perspectivas da entidade sobre o ramo das histórias em quadrinhos nos EUA e sua opinião sobre a relação entre *comics* e crimes".

Caniff se mostrou mais nervoso que Kelly e caiu em várias armadilhas feitas pelos senadores, o que só reforçou as suspeitas sobre o conteúdo pernicioso das revistas. Kelly leu um manifesto da NCS, feito às pressas e claramente redigido sob pressão e medo. Havia, porém, uma posição oficial de ética e de independência da entidade sobre a polêmica:

> Acreditamos que produtos de má qualidade não têm bons resultados de vendas. Acreditamos que as pessoas, principalmente os jovens, não são fundamentalmente doentes. Acreditamos, como pais que somos e crianças que fomos, que a maioria dos jovens é instintivamente atraída pelo que é sadio. Nós não vamos nos submeter a rédeas, a muros ou a intimidação das palavras. Os Estados Unidos da América devem permanecer uma terra onde o governo segue o cidadão.

Bill Gaines, editor da EC Comics e principal alvo das críticas de Wertham, não foi chamado para depor, mas se apresentou voluntariamente para dar seu testemunho. O desenrolar de seu depoimento mostrou que os senadores pretendiam transformá-lo no bode expiatório do mercado editorial.

O senador Kefauver tentou induzir o editor a admitir que fazia quadrinhos em busca do lucro fácil. Hendrickson foi além e perguntou se ele era comunista. A pergunta fora provocada por um artigo escrito por Gaines, no qual ele dizia que os mais interessados em destruir os quadrinhos eram comunistas. O editor negou que quisesse dizer isso e enfatizou que sua editora estava longe de ser o monstro que tentavam fazer dela. Tanto que, no início, seu pai havia publicado a versão em quadrinhos da Bíblia Sagrada.

No dia seguinte à segunda etapa dos depoimentos, os jornais noticiaram a audiência e condenaram a defesa dos quadrinhos de terror feita por Gaines. Os deputados também se pronunciaram sobre a polêmica no Congresso e passaram a fazer coro aos críticos. Em declarações à imprensa, alguns senadores mais exaltados anunciavam a possibilidade de buscar mecanismos legais para acabar com o abuso dos editores.

Enquanto o Senado não apresentava suas conclusões, a cobertura da imprensa e a mobilização de interessados no veto aos quadrinhos por meio de censura – além dos boicotes sugeridos aos pais – fizeram que as vendas das revistas relacionadas na lista proibida distribuída por todo o país despencassem no decorrer de 1954.

Apesar do rigor com que os senadores conduziram os trabalhos, os editores de *comics* apostaram também no bom senso de Hendrickson, presidente da subcomissão, por ser considerado um defensor dos direitos constitucionais. Em entrevista à imprensa no dia 5 de junho de 1954, ele antecipou o parecer da subcomissão.

Como era de esperar, mostrou-se contrário aos editores de quadrinhos. Na sua opinião, os *comics* deveriam ser responsabilizados sim pelo crescimento da criminalidade infantojuvenil nos últimos dez anos. Em vez de propor uma lei de censura contra as revistas, porém, os senadores optariam por um caminho aparentemente mais brando: que fosse criada uma regulamentação do próprio mercado para conter os excessos. Assim, os editores ficariam com a responsabilidade de "moralizar" suas revistas em quadrinhos, a partir da criação, mais uma vez, de um código de ética para conter os excessos de seus artistas, como fizeram em 1948.

O relatório da subcomissão, divulgado alguns dias depois, oficializou a sugestão. Caberia às editoras fazer uma autocensura rigorosa das histórias antes que "alguém" o fizesse por elas. A intimidação teve resultado imediato. Se, à primeira vista, a "concessão" dos senadores significou uma derrota para Wertham, que defendia a censura oficial, o que veio a seguir se revelou sua glória profissional.

O prejuízo provocado pelos boicotes, com a devolução cada vez mais crescente de encalhes, foi importante para forçar uma solução imediata para a crise. Os editores concluíram que não havia outra saída senão censurar seus artistas. E assim foi feito. Em agosto de 1954, as principais editoras de quadrinhos dos EUA, incluindo as de histórias infantis, fundaram a Comics Magazine Association of America (Associação Americana das Revistas em Quadrinhos), ou CMAA.

A entidade teria como função estabelecer urgentemente um "padrão de moral" para assegurar aos pais e aos leitores de revistas em quadrinhos de "qualidade". Das seguidas reuniões da associação resultou a criação da Comics Code Authority (CCA), que elaborou uma tábua de autorregulamentação com regras que censuravam o conteúdo das histórias.

O regulamento foi apresentado em uma entrevista coletiva no dia 23 de outubro. Para editores e distribuidores, aquela fora a maneira encontrada de garantir aos pais que existia um controle confiável na elaboração das histórias que lhes permitiria distinguir a "boa" e a "má" publicação de quadrinhos.

Isso seria feito por meio de um selo semelhante aos usados pelos correios, até mesmo com a reprodução das filigranas, que seria impresso com destaque num dos cantos superiores da capa das revistas. No retângulo, uma mensagem dizia "Approved by the comics code authority" ("Aprovado pela CCA").

O Código de Ética da CMAA trazia 41 determinações. O regulamento foi dividido em dois blocos distintos: o primeiro trazia as determinações gerais. formadas por 32 artigos, com regras rígidas que restringiam a abordagem de temas como religião, costumes, casamento e sexo.

O outro bloco trazia nove artigos sobre o que deveria ser proibido na publicidade veiculada nas revistas em quadrinhos. As restrições se estendiam a todos os gêneros de gibis dirigidos ao público infantojuvenil. O desafio dos editores seria convencer os críticos de quadrinhos da eficácia do selo, uma vez que o código criado seis anos antes pelos editores fora desmoralizado por completo.

A ampla campanha de divulgação "do código de controle do conteúdo contra os maus quadrinhos" na mídia impressa, no rádio, na televisão e até nos cinemas foi bancada pelos editores. Os jornaleiros também foram orientados a informar os pais e a expor cartazes que traziam um enorme carimbo com a palavra "APROVADO" e, logo abaixo, a relação dos principais conceitos estabelecidos pelo código de ética.

Cartas explicativas foram enviadas às redações dos jornais, às associações de pais e aos deputados e aos senadores. O código dos editores foi acompanhado de uma nova lista das revistas que, a partir daquela data, estavam proscritas. As publicações relacionadas – quase todas da EC Comics, parte dos títulos da Marvel e algumas de outras editoras de quadrinhos de terror – deveriam ser imediatamente recusadas pelos distribuidores e jornaleiros e banidas das escolas por educadores.

Uma foto rara do momento em que foi promovida uma fogueira de gibis, noticiada pela edição paulista do Última Hora. AA

A partir do mês seguinte à criação do código, em novembro, o selo de aprovação da CMAA começou a aparecer em todas as revistas em quadrinhos – que, é claro, não sucumbiram de imediato às novas normas. Se fosse cumprido com rigor, o regulamento não seria exatamente um meio de autorregulamentar o mercado, mas sim um dos mais violentos códigos de censura à imprensa e às artes já impostos. Isso seria verificado ainda nos anos de 1950 e durante toda a década de 1960.

Ao criá-lo, os editores decidiram que um grupo de burocratas ficaria responsável pela leitura prévia e aplicação do regulamento. A coordenação da equipe foi entregue a Leonard Darvin, que ocuparia o cargo por dezesseis anos, até 1970, quando se aposentou.

Os problemas de censura para os roteiristas e desenhistas de *comics*, claro, apareceram de imediato, assim que o controle prévio começou a ser feito. Logo após sua saída do extenso e tortuoso interrogatório da subcomissão do Senado, Gaines havia tentado articular uma reação conjunta dos editores de *comics* contra a subcomissão.

Sua proposta era promover uma mobilização contra a cruzada *anticomics* e denunciar as arbitrariedades promovidas pelos senadores, que feriam

333

Mais detalhes sobre as queimas de quadrinhos organizadas por diretores de escolas que remetiam às cruzadas medievais. AA

a liberdade de expressão garantida pela Constituição americana. Chegou a fazer alguns contatos com aliados em potencial, mas não conseguiu mobilizar nenhum deles. Acabou sozinho, isolado, no limbo.

Seria ingenuidade achar que a Comics Code Authority teve como objetivo apenas satisfazer aqueles que culpavam os *comics* pelo aumento da criminalidade. O tempo mostrou que funcionou também como meio eficaz para as grandes editoras se livrarem da concorrência dos gibis policiais e de terror. O dono da EC Comics acreditava que essa ferramenta de censura, se não teve esse propósito, serviu convenientemente para os seus concorrentes.

A Marvel, uma das pioneiras nos *comics* de terror e que se destacou como a maior editora de revistas do gênero em número de títulos, por pouco não sucumbiu ao regulamento. O código havia liquidado com a linha sobrenatural da editora, publicada entre 1949 e 1955. A empresa havia lançado naquele período 18 revistas de terror.

O código castrou com rigor a criatividade dos *comics* americanos nas três décadas seguintes e os jogou em uma crise sem precedentes nos oito anos após a sua imposição. Com histórias tolas ou infantiloides, as vendas caíram de forma vertiginosa até o final da década de 1950. Alguns críticos chegaram a considerar os *comic books* como uma forma de imprensa decadente, condenada a desaparecer no médio prazo.

As editoras tentaram satisfazer o apetite dos antigos consumidores de quadrinhos de terror, reciclando suas antigas histórias, com profundas alterações nos desenhos e nos textos. Ao mesmo tempo, produziram novo material, que se baseava mais no suspense do que no terror. O resultado dessas poucas tentativas se mostrou risível e até ridículo, por causa da completa pasteurização do tema.

A maioria dessas publicações passou a usar a palavra "conto" nos títulos das capas, uma vez que "terror" e "horror" estavam proscritas. Mesmo assim, a EC Comics encontrou uma nova fórmula de fazer quadrinhos com criatividade, ao reformular a *Mad*, que circulava desde 1952. À frente da revista estava o editor Harvey Kurtzman, seu genial criador.

Ao fazer duas alterações fundamentais antes do código, Gaines descaracterizou *Mad* nos distribuidores como revista em quadrinhos: aumentou o formato, que antes era de *comic book* – que era o padrão para todas as revistas em quadrinhos para crianças e adolescentes nos EUA –, para o formato magazine, o mesmo tamanho da revista *Time*; ao mesmo tempo, tornou-a exclusivamente satírica, o que a livrou de ser submetida ao código de ética dos editores e distribuidores.

Desse modo, *Mad* virou um gibizão para ser consumido por adultos. Uma revisão histórica, iniciada a partir da década de 1970, por fim, levou especialistas em quadrinhos a afirmar que muitas das histórias de terror do começo dos anos de 1950 – como as da EC Comics – eram obras de arte autênticas, pela criatividade e pela diversidade com que exploravam o tema e pelo modo como revolucionaram as potencialidades da linguagem dos quadrinhos.

EXPORTAÇÃO DO CÓDIGO AMERICANO

Enquanto a imprensa americana ainda noticiava a eficácia do código dos editores americanos nos primeiros meses de censura, essa medida contra os quadrinhos começou a ser discutida e até aplicada em vários países do mundo. A Europa, mais uma vez, fechou o cerco em sua reação tipicamente nacionalista contra a proliferação de histórias em quadrinhos importadas dos EUA.

No dia 29 de novembro de 1954, na França, o Parlamento aprovou um adicional à lei de censura aos quadrinhos de 1949, que incluiu o veto

Fotos assim percorriam o mundo como parte das denúncias sobre o perigo que representavam as revistinhas para as crianças. RV

a qualquer revista que trouxesse histórias com tema que alimentasse o preconceito étnico.

A situação não era menos tensa no Brasil. A troca de correspondência entre Carroll Rheinstrom (da Macffaden Publications, editor da revista americana *Photoplay* e presidente da Associação dos Editores de Revistas em Quadrinhos), Alfredo Machado (da Record) e Adolfo Aizen (da Ebal), por exemplo, revelou que a pressão contra os *comics* nos EUA foi acompanhada com apreensão pelos dois empresários brasileiros.

Na carta de 14 de outubro de 1954, pouco mais de uma semana antes do lançamento oficial do código, Rheinstrom informou ao editor da Ebal que havia sido decidida a criação de um código de autorregulamentação do mercado de quadrinhos, e que isso seria anunciado em breve.

O colega também enviou aos dois brasileiros um questionário promocional, a favor dos *comics*, com respostas para 13 perguntas básicas sobre o assunto, informando por que havia uma campanha contra aquele gênero de revistas, garantindo que os quadrinhos não estimulavam a delinquência juvenil e mostrando quais as contribuições positivas que os *comics* traziam para seus leitores.

As perguntas foram formuladas pela consultoria Ruder & Finn Associates e enviadas à CMAA com data de 16 de setembro. Aizen também recebeu releases que estavam sendo distribuídos para a imprensa americana naquele momento, por intermédio de Alfredo Machado, que os recebera dos *syndicates*. O material vinha acompanhado da biografia do juiz Charles Murphy, que ficaria responsável pela aplicação do código.

Incluía ainda dois depoimentos dele sobre o assunto (que condenavam especificamente as revistas de terror e de histórias policiais) e um do presidente da CMAA, John Goldwater, da Archie Comics, que observou que a função da CMAA seria a de colaborar para ajudar Murphy em tudo o que ele necessitasse e teria "liberdade absoluta" para determinar o que deveria ou não ser publicado.

Outra correspondência de Rheinstrom, datada de 21 de fevereiro de 1955, trazia uma série de fotocópias de artigos publicados na imprensa que noticiavam a criação do código. Machado e Aizen receberam naquele mesmo mês um documento valioso e também ignorado pelos historiadores americanos de *comics*: um *fact kit* da CMAA, formado por oito livretos com textos e artigos sobre o código de ética dos quadrinhos.

O pacote incluiu ainda a reprodução em tamanho 12 x 15 centímetros do selo que deveria ser publicado na capa das revistas aprovadas pela comissão da CMAA. Cada um dos livrinhos trazia na capa a chamada: "Procure pela revista em quadrinhos que traz este selo".

MAIS UM ANO DE EMBATE PELA CENSURA

A guerra aos gibis no Brasil, enquanto isso, continuou tão intensa em 1954 quanto nos seis anos anteriores. A pressão sobre os editores aumentava consideravelmente para que fossem censurados ou obrigados a mudar a linha editorial de suas revistinhas. O lançamento do livro de Wertham, seguido da criação do código de ética dos editores americanos de quadrinhos, teve grande repercussão na imprensa brasileira.

A ABI, que um ano antes enviara carta ao deputado estadual gaúcho Cândido Norberto em protesto contra seu projeto de lei de taxação dos gibis, decidiu aprofundar a discussão sobre o assunto. No começo do ano, criou a Comissão de Defesa da Infância, sob a presidência do juiz Irineu Joffly, com a finalidade de debater "os diversos problemas relacionados com a formação moral da juventude brasileira". O principal deles, óbvio, era a popularidade das histórias em quadrinhos entre crianças e adolescentes.

Ao contrário dos críticos mais radicais, a comissão da ABI não pregou de forma direta a censura oficial aos gibis. Mas sugeriu uma "alternativa" no mínimo curiosa, influenciada sem dúvida pela associação dos desenhistas: que as publicações consideradas nocivas fossem "substituídas" por títulos produzidos no Brasil, para que se aproveitassem temas nacionais como as lendas indígenas, "nas quais a inteligência sempre vence a força bruta".

Em Porto Alegre, nesse momento, ocorreu um fato curioso. Como a guerra contra os quadrinhos não dava trégua, pela primeira vez em uma ação conjunta, as editoras cariocas Ebal, RGE e O Cruzeiro impetraram um mandado de segurança contra a lei de Cândido Norberto, aprovada pela Assembleia Legislativa gaúcha em dezembro do ano anterior e que estava prestes a ser regulamentada.

A ação de inconstitucionalidade foi requerida por Talaia D'Onell, advogado contratado pelo agente de Aizen no estado, Arno da Fontoura Pupe, dono da Distribuidora de Publicações Difusão Cultural. Os três empresários queriam marcar posição antes que medida semelhante fosse tomada em outros estados e seus negócios fossem inviabilizados por multas e boicotes dos pais.

O pedido dos editores, no entanto, foi indeferido por Homero Martins Batista, presidente do Tribunal de Justiça do Rio Grande do Sul. Batista alegou falta de clareza nas alegações do advogado dos editores sobre como a lei aprovada prejudicaria as editoras. D'Onell, então, reelaborou o documento e recorreu ao Tribunal Pleno, comandado também por Homero Martins Batista. Este repetiu a decisão contrária ao mandado de segurança, agora por se considerar incompetente para julgar o pedido.

Em sua argumentação, o desembargador observou que a inconstitucionalidade da lei, requerida pelos editores, concordou que só poderia ser questionada por meio de um mandado de segurança, como fizera D'Onell, mas isso ainda não podia ser atendido porque a lei de taxação dos quadrinhos não estava em vigor, já que não tinha sido ainda regulamentada.

Era preciso esperar, portanto. E o tempo se tornara algo escasso para os editores de gibis, atacados por várias frentes com propostas de censura. A guerra contra os gibis ganhava contornos cada vez mais dramáticos ano a ano.

CAPÍTULO 11 – DIPLOMACIA DE AIZEN E EVANGELIZAÇÃO DAS HQS

EDIÇÃO MARAVILHOSA - 98
Edição Maravilhosa
EXTRA
MEMÓRIAS DE UM
REVOLUCIONÁRIO
JOÃO ALBERTO Lins de Barros
N
O
E
S

UM PROBLEMA QUE SE TORNOU CONSTITUCIONAL

Em meados da década de 1950, os pais entendiam cada vez menos por que os filhos amontoavam tantos gibis em casa. E menos ainda por que gastavam suas mesadas naquelas publicações esquisitas e perdiam seu tempo com a leitura de histórias repletas de heróis fantasiados, com superpoderes, ou monstros do além. Até quando iam ao cinema levavam exemplares (para troca). Alguns garotos preocupavam mais ainda os adultos porque viviam na obsessão pela compra, venda e troca de números para completar suas coleções.

Por isso, os pais quase sempre se deixavam levar pelas críticas que as revistinhas recebiam. A lógica era: tudo em excesso prejudica. Não por acaso, os gibis voltaram a ser o tema de três das quatro colunas semanais que o escritor Gilberto Freyre publicou em *O Cruzeiro* durante o mês de maio de 1954. A revista era um fenômeno de venda, com tiragem de quinhentos mil exemplares a cada semana.

Mais uma vez, ele saiu em defesa dos quadrinhos, e citou uma nota publicada pela Ebal sobre a repercussão em jornais britânicos de um estudo especializado favorável aos *comics*:

> Chegaram às mesmas conclusões de alguns de nós, brasileiros, da Comissão de Educação e Cultura da Câmara, quando enfrentamos o mesmo problema em 1948. A primeira das conclusões era a de que os gibis ajudavam na alfabetização; outra, a de que contribuíam para o ajuste da personalidade às lutas da agitada época por que passa o mundo.

Freyre contou que a defesa dos quadrinhos feita por ele seis anos antes, quando era deputado federal, rendeu-lhe uma série de "cartas terríveis" de leitores e eleitores, e a reprovação de alguns colegas parlamentares que se mostraram indignados com sua postura. Em um dos artigos, o sociólogo fez considerações contra o preconceito crescente em relação ao tema.

Ao mesmo tempo que valorizou os quadrinhos como forma de expressão acessível às massas – e que, por isso, deveria ser explorada para fins educativos –, Freyre tomou partido dos desenhistas brasileiros e saiu em defesa da proposta de criação da lei de reserva de mercado.

Para o autor de *Casa-Grande e Senzala*, os quadrinhos eram um tipo de literatura ou de arte cuja forma não deveria ser confundida de modo leviano com o conteúdo. Ou seja, não se deveria condenar aquele tipo de narrativa apenas por achar que as histórias eram prejudiciais aos leitores. A forma, no caso, tanto poderia ser usada para fins educativos como para objetivos "deseducativos":

> Correspondendo a um gosto moderno de síntese, tanto da parte do público infantil como do adulto, deve ser aproveitada pelos educadores. Em vez de assim proceder, o que fazem alguns críticos dos quadrinhos? Atacam as revistinhas.

O escritor lembrou que os quadrinhos estavam sendo estigmatizados do mesmo modo como ocorrera com o aparecimento dos primeiros jornais, cinemas e emissoras de rádio. Em todos esses casos, a barreira do preconceito só começou a ser rompida quando os próprios críticos perceberam que, se fossem bem usados, esses veículos de comunicação poderiam atingir propósitos positivos – e o mesmo podia ser feito com os gibis.

Freyre defendeu também o uso das revistinhas como instrumento de divulgação de heróis nacionais de verdade, santos brasileiros, sábios, façanhas de vaqueiros do Nordeste e dos gaúchos do Rio Grande do Sul, "e não apenas de aventuras de gângsteres e de caubóis".

Desse modo, os quadrinhos podiam se tornar uma força de conservação das tradições nacionais, em vez da superação dessas tradições por mitos criados por povos "imperialistas". Isso poderia ser feito sem que "o justo zelo nacionalista" impedisse a publicação de histórias estrangeiras.

Embora apoiasse a campanha pela nacionalização da produção, o ponderado sociólogo temia que a "mística" de nacionalização levasse a exageros e fechasse o país, por meio das revistas e dos jornais, com histórias em quadrinhos que só falassem em "índio, cajueiro, vaqueiro do Nordeste, pitanga e duque de Caxias": "Não nos esqueçamos de que vivemos num mundo que é, cada dia mais, um mundo só, dentro do qual o Brasil deve ser o Brasil, sem deixar de ser fraternalmente humano e cordialmente americano".

O otimismo de Freyre o fazia acreditar que o preconceito contra os quadrinhos estava mudando na primeira metade da década de 1950:

> Homens de bom senso e de alguma imaginação principiam a ver na história em quadrinhos uma arma moderna – moderna, mas nada secreta: ao contrário, que tanto pode ser posta a serviço de Deus quanto do Diabo; que tanto poderia interessar o menino, o adolescente, o adulto, em aventuras de gângsteres, como nas aventuras de Santos Dumont, do Marechal Rondon, de Santo Inácio de Loyola ou de São Jorge.

Como a maioria dos críticos, no entanto, Freyre concordava que o mercado de quadrinhos se mostrava propício para a ação de editores inescrupulosos. Mesmo assim, condenou a proposta de censura generalizada aos gibis, alimentada na maioria das vezes pelo mero desconhecimento sobre o tema. Era necessário, antes de tudo, que certos "mediocrões enfáticos" se desprendessem da ideia de que a Igreja, o governo, a escola, os partidos políticos e os jornais, para serem respeitáveis, deveriam ser "cinzentamente convencionais, inimigos de toda espécie de pitoresco ou de novidade". Assim, o exemplo que deveria ser seguido era o dos jesuítas do século XVI, que, "no serviço de Deus, utilizaram-se das armas mais escandalosamente novas de publicidade – novas e pitorescas".

Enquanto Freyre se ocupava da defesa dos gibis, a Ebal já dividia a liderança do mercado com a RGE. As Edições O Cruzeiro corriam por fora: investiram na ampliação do número de títulos, sobretudo infantis, com títulos da Hanna-Barbera trazidos para o Brasil por Alfredo Machado –

Flintstones, Jetsons, Manda-Chuva e outros que faziam sucesso em desenhos animados criados para a TV e exportados mundo afora.

A Ebal havia conseguido acumular ao longo de três anos um invejável elenco de heróis infantojuvenis que a ajudaria a assumir a liderança em vendas e títulos na segunda metade da década. Dentro das duas primeiras décadas de publicação dos quadrinhos americanos modernos no Brasil, os anos de 1953 a 1955 foram os mais produtivos. Nesses três anos, os três maiores editores de gibis – Adolfo Aizen, Roberto Marinho e Assis Chateaubriand, nessa ordem – lançaram 68 novas revistas em quadrinhos: 38 em 1953, dezoito em 1954 e doze em 1955.

Entre os novos títulos, muitos se tornariam clássicos, por sua popularidade e longevidade. A Ebal havia emplacado uma série de sucessos já a partir de 1952, com *Epopéia, Gene Autry, Papai Noel* e *Roy Rogers*. E continuou a fazê-lo nos anos seguintes, quando alguns heróis famosos ganharam revista própria, como *Batman, Pequenina, Possante (Supermouse), Popeye, Pinduca, Reis do Faroeste* e *Zorro*.

Como gratidão, Aizen biografou seu amigo João Alberto, enquanto sua vida pessoal interessava aos colunistas sociais por ser um respeitado editor. AA

A RGE acertou a mão com *Flecha Ligeira, O Fantasma, Marvel, Mandrake, Rocky Lane, Nick Holmes, O Santo, Águia Negra, Buffalo Bill, Capitão Marvel* e *Don Chicote* – todas com heróis e mocinhos contra perigosos vilões. As Edições O Cruzeiro estrearam em 1955 o que seria seu grande sucesso editorial nos quinze anos seguintes: as aventuras infantis de *Luluzinha* e sua turma – depois, lançariam *Bolinha*.

No mesmo período, aconteceu outro fenômeno editorial: o aparecimento de pequenas editoras em São Paulo – a partir da La Selva e da Abril – e no Rio, que despertaram a atenção dos leitores pela ousadia no número de títulos publicados. A Empresa Jornalística Aliança, por exemplo, mandou para as bancas quatro títulos entre 1953 e 1954: *Mundo Juvenil, Aliança Juvenil, Agente Secreto* e *Os Pequenos Sabichões*. Todos, porém, tiveram curta duração.

A Editora Ciência Ilustrada também teve vida efêmera, mas marcou presença com *Nambi, Falcão Negro, O Filho de Jim West, Congo-King* e *Aventuras no Far-West* – nenhuma delas passou do primeiro ano de circulação, por problemas em manter a periodicidade, distribuição e competir com os quadrinhos de heróis, super-heróis e personagens infantis das grandes.

Entre as estreantes, a Orbis Publicações foi a que lançou mais revistas: *Justiceiros, Batuta, Cara Pálida, Cisco Kid, Pirulito, Polícia Montada, Pim Pim, Marru, Petiz, Frajola, Calunga* e *Disco Voador*.

MAIS CRÍTICAS NO BRASIL

A pressão contra os quadrinhos, enquanto isso, não havia amenizado nos EUA. E continuava a influenciar os críticos brasileiros. Uma reportagem distribuída no dia 29 de outubro de 1954 pela agência internacional Agence France Presse (AFP) sobre a criação do código de ética dos editores de *comics* dos EUA foi reproduzida por vários jornais brasileiros no dia seguinte.

Um deles, em especial, acreditava que tinha "bons" motivos para publicá-la na íntegra: o *Diário de Notícias*. O fato foi anunciado com euforia logo abaixo da manchete principal do dia 30. Para festejar, Orlando Dantas fez questão de atribuir a si parte daquela "conquista":

> Há tempos este jornal desenvolveu intensa campanha destinada a pôr um freio à licenciosidade das historietas em quadrinhos que tanto mal ocasionam à mocidade

brasileira. Entre as providências por que nos batíamos estava a que os 26 editores americanos acabam de adotar. Bom seria que o exemplo frutificasse entre nós, agora que no Ministério da Justiça e na chefia de polícia há cidadãos compreensivos e moralizadores.

Duas semanas depois, o mesmo jornal voltou a falar de histórias em quadrinhos. Dessa vez, porém, de forma positiva, para anunciar o lançamento do seu suplemento infantil, *Calunga*, que seria publicado às quintas-feiras, sob a coordenação de Maria Lúcia Amaral. Perguntada sobre o que achava das revistas em quadrinhos brasileiras, a jornalista pernambucana comparou os gibis a outro tema do momento:

> Como os discos voadores, as histórias em quadrinhos estão despertando no momento grandes debates e discussões. Têm sido objeto de mesas-redondas e congressos. Não sou extremista no combate a essa forma de publicação, condensada e sumária, e que reflete tão bem a nossa época.

O código de ética de quadrinhos americano encontrou surpreendente – e contraditória – receptividade entre os artistas brasileiros, mesmo se tratando de um regulamento de censura. Os desenhistas filiados à ADESP e à ABD festejaram a criação do código por acreditar que ajudaria a convencer os parlamentares a aprovar uma lei de reserva de mercado *para eles* – o que, na prática, significava censura ao material vindo do estrangeiro.

Imaginaram também que as novas normas certamente acabariam com a produção de quadrinhos de terror e policiais nos EUA. Assim, as editoras nacionais seriam obrigadas a fazê-los com roteiristas e desenhistas brasileiros. Foi o que aconteceu a partir de 1955, quando não restou outra alternativa para as editoras senão abrir cada vez mais espaço para dezenas de quadrinhistas nacionais, especializados sobretudo em histórias de terror.

A La Selva quase nunca aproveitava seus colaboradores para fazer histórias de terror, uma vez que os quadrinhos americanos tinham preços em conta. Só fazia aqui o que não podia comprar fora, em especial capas. Mesmo assim, brigava por cada centavo pedido pelos artistas. Quando o código americano acabou com a produção de terror de monstros, a editora paulistana, antes de recorrer à produção nacional, agiu rápido para garantir um estoque reforçado das últimas histórias americanas da fase anterior ao regulamento de censura. A La Selva comprou o direito de publicação das histórias lançadas antes de outubro de 1954 cujos direitos estavam disponíveis – e passaria anos reprisando esse material.

Nos primeiros cinco anos da década de 1950, quatro pequenas editoras paulistas lideravam a publicação de revistas de terror no Brasil. A maioria comprava material das distribuidoras APLA e Record. As capas e algumas histórias avulsas de poucas páginas, usadas como complemento das revistas, passaram a ser produzidas por brasileiros a partir de 1955. Além da La Selva, disputavam o mercado a Gráfica Novo Mundo, Júpiter e Orbis.

Pelo menos dez novas revistas de terror haviam sido lançadas por elas entre 1952 e 1954: *Contos de Terror* e *Sobrenatural*, pela La Selva; *Estranhas Aventuras*, *Mundo das Sombras*, *Gato Preto*, *Noites de Terror* e *Medo*, todas da Gráfica e Editora Novo Mundo; *Revista Júpiter*, da Júpiter; *Sexta-Feira 13*, da Orbis. Em 1953, a Editora Vida Doméstica também entrou no segmento, com *3-D* – para pegar carona na onda de filmes em terceira dimensão.

Os poucos quadrinhos feitos em São Paulo estavam limitados aos guetos do Brás e da Mooca, cuja produção pertencia principalmente ao gênero infantil. Nos dois anos seguintes à criação do código americano, muitas das editoras paulistanas que passaram a fazer suas próprias histórias para suprir a demanda – já que a produção americana estava sob censura e as histórias de terror tinham sido interrompidas – decidiram tomar uma medida para não afugentar os leitores: pediam aos roteiristas e desenhistas que adotassem pseudônimos de origem inglesa para dar a impressão de que eram histórias importadas. O roteirista Gedeone Malagola, por exemplo, virou Rick Starkey.

A prosperidade da La Selva na segunda metade dos anos de 1950 a transformou na maior editora de São Paulo da década em número de títulos. Circulava com seu selo nada menos que o expressivo número de 28 revistas, com tiragem total próxima de dois milhões de exemplares mensais, com média de setenta mil por título. Para crescer, a editora diversificou sua linha de revistas e investiu em outros gêneros, como faroeste, humor e infantil, com lançamentos de grande aceitação pelo público.

O êxito da editora veio de uma fórmula eficaz, comum no mercado editorial americano de *comics*: fazer versões de sucessos do cinema, do rádio e da TV para os quadrinhos. Essas mídias, sem dúvida, ajudariam a vender revistas. Publicou, entre outras, adaptações de *Abbott e Costello* e *Os Três Patetas*.

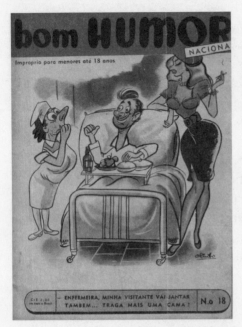 

A partir de revistas de humor, policiais e de terror a La Selva criou um polo de gibis em São Paulo. AA

Ao mesmo tempo, produziu versões de astros nacionais. Entre suas séries mais bem-sucedidas estavam as das duplas de palhaços de circo – e da TV – Fuzarca e Torresmo, Arrelia e Pimentinha e Fred e Carequinha e gibis de comediantes de cinema: Mazzaropi, Oscarito e Grande Otelo.

A linha de revistas infantis também marcou a trajetória da La Selva. Parte dessa produção ficou sob os cuidados de Sérgio Lima, um dos mais versáteis desenhistas brasileiros surgidos naquela década. Outro colaborador atuante foi o carioca Eduardo Barbosa, que montou uma equipe de seis pessoas, entre desenhistas e letristas, para dar conta das encomendas que recebia de São Paulo e do Rio. A equipe produziu também para a Ebal e a RGE.

CÓDIGO PARA MUTILAR HISTÓRIAS

A campanha contra os quadrinhos continuava a tirar o sono de Adolfo Aizen. O editor percebeu, como lembrou Freyre, que muitos eram contra apenas porque estava na moda condenar os quadrinhos, mesmo que nem conhecessem de fato os gibis. Temia mais que nunca que uma CPI proposta na Câmara para investigar os editores de quadrinhos fizesse uma devassa em sua vida e descobrisse que nascera na Rússia. Se isso acontecesse, seria difícil escapar à condenação pública, como ocorria naquele momento com Samuel Wainer, que, como foi visto, tivera sua falsa nacionalidade de brasileiro descoberta em 1953, o que poderia levá-lo à prisão.

No final de 1954, Aizen tomou uma medida eficiente para mostrar que sua editora estava preocupada em oferecer bons quadrinhos para as crianças. Poucas semanas depois da divulgação do código de ética americano, ele criou seu próprio regulamento, a ser cumprido por redatores, tradutores e artistas a partir daquele momento, tanto na produção nacional como nas adaptações das histórias estrangeiras.

As 23 determinações do código de Aizen receberam o título de "Os mandamentos das histórias em quadrinhos". O código permitia que as histórias importadas, por exemplo, fossem mutiladas ao serem adaptadas para o português: o texto e os cenários tinham de ser alterados para que o leitor identificasse elementos brasileiros.

O código estabelecia, ainda, o uso de nomes brasileiros para os personagens – Peter mudaria para Pedro, por exemplo – e o de expressões nacionais em lugar das ditas em outros países. Devia ser evitado o abuso da linguagem floreada, de palavras e expressões que levassem a interpretações equívocas; alusões a ideologias ou partidos políticos – nacionais ou não –, a religiões e outras doutrinas políticas, a questões sexuais etc. O mesmo valia para os desenhos.

Para elaborá-lo, Aizen foi assessorado pelos redatores José Pereira Batista e Cláudio Germano Hasslocher. Participaram com sugestões Hermínio Nunes Ribeiro, diretor de redação, e Aníbal Moreira, chefe das seções de arte e composição.

O código de ética americano foi uma referência importante para os mandamentos da Ebal. Aizen também decidiu estampar nas capas das revistas um alerta aos pais para que soubessem que o conteúdo de suas publicações era submetido a um código de ética. Em vez de usar um selo, como nos EUA, ele colocou no canto superior esquerdo da capa de seus gibis uma classificação em cinco faixas etárias: "Para crianças", "Para maiores de treze anos", "Para moças e rapazes", "Para adultos" e "Para todas as idades".

A revista *Edição Maravilhosa* recebeu a classificação de "Para adultos", embora trouxesse apenas clássicos da literatura universal e brasileira adaptados para os quadrinhos. A autocensura criada pela Ebal restringiu perceptivelmente a criatividade de seus colaboradores e interferiu até nos originais dos quadrinhos importados – mesmo as histórias que já vinham submetidas ao código americano passavam pelo crivo dos redatores que ajudaram Aizen a criar os "Mandamentos".

Qualquer material era traduzido e "adaptado" com o máximo rigor moral. Para fazer a revista de mistério *Quem Foi?*, por exemplo, a Ebal comprava material de qualidade e de origem inglesa como *Romeo Brown*, de Jim Roldway. Por causa do código, as histórias passaram por uma criteriosa seleção dos desenhos e textos. Os balões foram atenuados, e as mulheres sensuais, comuns nos quadrinhos ingleses, apareciam mais "vestidas". Não havia nada de excitante na maior parte do que foi modificado, mas a Ebal, em nome dos bons costumes, mesmo assim não deixava passar. Escondia-se tudo o que pudesse ser questionado.

Outro exemplo do rigor estabelecido por Aizen para aplicação do código na editora aconteceu com uma história que trazia no enredo uma garota de programa. Comprado em 1955, o trabalho ficou durante anos sob censura interna da editora, à espera de alguém que conseguisse aproveitar pelo menos parte das ilustrações, pois Aizen determinou que os desenhos deveriam ser alterados e todo o roteiro reescrito.

À medida que as críticas aos quadrinhos se intensificaram na segunda metade da década, o editor ficou cada vez mais temeroso e rigoroso. Muitas vezes, quando uma mulher parcialmente despida aparecia em uma história importada, um desenhista cuidava de cobrir-lhe o corpo com tinta. Noutros casos, toda a história era mudada ou amenizada a fim de se poder aproveitar o material que havia sido comprado.

Como parte de sua estratégia, sempre que tinha oportunidade, Aizen divulgava a medida em entrevistas para jornais, revistas e programas de rádio. Fazia questão de mostrar seus "Mandamentos" também aos visitantes da editora, principalmente políticos. Ao mesmo tempo, recebia e procurava acatar as reclamações do curador de menores do Rio de Janeiro e de uma associação formada por pais de família, deputados e educadores.

O curador tinha poder suficiente junto ao Juizado para fechar bancas de jornais que vendessem revistas consideradas impróprias para determinadas idades. Cerca de um ano antes da criação do regulamento, a revista *Epopéia* caíra na mira dos padres e dos leitores mais conservadores.

Uma das publicações mais lidas da Ebal, criada justamente para fazer parte da linha de gibis educativos da editora, *Epopéia* reunia episódios da história universal em quadrinhos e causou polêmica porque uma de suas edições estampava na contracapa o quadro *No Verão*, do artista plástico Eliseu Visconti. A imagem mostrava duas adolescentes nuas, deitadas de bruços em uma cama. Apenas a silhueta das nádegas aparecia com maior visibilidade, mas a simples sugestão de que o resto dos corpos estava despido causou indignação em parte dos leitores.

Em setembro de 1953, mês em que a edição circulou, o editor recebeu uma quantidade razoável de cartas de protesto, algumas enviadas por religiosos. Nem depois do código da Ebal de 1954 os moralistas de plantão deixaram Aizen em paz.

Em outro número da mesma revista, a reprodução do quadro *A Grande Odalisca*, de Montalbán, tirou do sério um padre carioca. A cena mostrava uma bela jovem de costas, despida, descansando na cama. O detalhe mais ousado era o de um seio visto em silhueta. Mal a edição chegou às bancas, um padre atento viu, não gostou, escreveu para a editora e discutiu o tema no sermão da missa do domingo seguinte, presenciado por um funcionário de Aizen, que lhe relatou o ocorrido. Em seu discurso, após condenar a proliferação da pornografia e das histórias em quadrinhos entre crianças e adolescentes, o padre apelou para que os pais presentes não deixassem os filhos lerem a edição de *Epopéia* que estava nas bancas, descrita por ele como "pornográfica".

Do lado de fora da fortaleza de concreto da Ebal, em São Cristóvão, a pressão contra os editores de gibis parecia ser norma de conduta entre parte dos intelectuais mais conhecidos. A escritora Cecília Meireles, que ficou conhecida como uma das mais ativas figuras de projeção cultural a se manifestar contra os quadrinhos, acabou se tornando uma das primeiras estrelas da literatura a ser cortejadas pela Ebal como parte de um plano para atrair figuras famosas para a defesa dos gibis.

Alguns anos depois do código da Ebal, em 1958, Naumim Aizen, o filho mais velho do fundador da editora, e Fernando Albagli, diretor industrial, foram à casa da escritora e lhe mostraram o que seriam os quadrinhos "sérios" que a Ebal estava publicando. Cecília recebeu Naumim e Albagli com simpatia. Ao saber que eram editores de quadrinhos, brincou: "Vocês cometem esse crime?".

Para a poeta, quadrinhos eram sinônimo de português errado e de histórias incompreensíveis que deformavam o aprendizado escolar das crianças. Ela disse aos visitantes, depois de folhear algumas revistas: "Ah, mas os quadrinhos de vocês são totalmente diferentes". A visita tinha como objetivo conseguir autorização para que um trecho de sua obra fosse adaptado para os quadrinhos pela Ebal.

Cecília por fim concordou, e a versão de um poema seu – feita em apenas uma página – saiu na quarta capa do volume da série *Grandes Figuras*, que trazia como atração a biografia de Tiradentes, feita a partir de um livro de Animoso Alferes. Os versos escolhidos faziam parte do livro *Romanceiro da Inconfidência*, e a autora, ainda receosa, fez questão de cuidar pessoalmente da revisão das provas.

Albagli e Naumim se revelariam dois incansáveis lutadores para convencer escritores e formadores de opinião de que os quadrinhos "educativos" da Ebal eram um exemplo positivo do uso dessa linguagem em benefício de crianças e adolescentes. Argumentavam que os padres combatiam os quadrinhos principalmente pela falta de conhecimento sobre o assunto. Para os escritores, afirmavam que os quadrinhos apenas substituíam os antigos folhetins e que, se não estimulavam, pelo menos não prejudicavam o gosto pela leitura.

Nesses encontros com autores, a dupla levava vários exemplares de cortesia e lembrava-lhes da frase que Aizen mandou colocar no final das quadrinhizações de romances de *Edição Maravilhosa*: "Se você gostou dessa história, procure ler o próprio livro, adquirindo-o em qualquer livraria. E organize sua biblioteca porque uma biblioteca é sinal de cultura e bom gosto".

Mesmo com a adoção do código interno de censura, Aizen, mais que nunca, apostou na produção e na edição de gibis educativos e religiosos que, ao contrário do que se imaginava, nem sempre traziam compensação financeira. Tanto que, embora o papel fosse subsidiado pelo governo, alguns mal cobriam os custos de produção. Mas aplacavam a ira dos padres e professores.

Era isso o que mais interessava ao editor. Entre 1953 e 1954, ele lançou, nesses segmentos, *Ciência em Quadrinhos*, *Série Sagrada* e a edição especial *O Antigo Testamento em Quadrinhos*. A primeira, em edição bimestral, começou a circular em fevereiro de 1953. Trazia curiosidades distribuídas por temas que quase sempre ocupavam uma edição inteira: história do átomo, história do vidro, história do papel, história da eletricidade etc.

O sucesso da primeira experiência da Ebal na linha religiosa, o número especial *A História de Nossa Senhora de Fátima em Quadrinhos*, de agosto de 1952, estimulou Aizen a fazer uma segunda edição em maio do ano seguinte. O editor só trocou a capa, que era de Monteiro Filho, pela de Antônio Euzébio. No mesmo ano, lançou *A História de Jesus Cristo em Quadrinhos*.

A *Série Sagrada*, publicada mensalmente, circularia com algum sucesso até 1961, com 63 volumes. A revista agradou aos padres mais do que o judeu Aizen esperava. Prova disso foram as dezenas de cartas de párocos e bispos que recebeu, com parabéns pelo serviço cristão que prestava ao lançar a revista. Parte dessa correspondência, em especial de autoridades do clero, era reproduzida na página de cartas da revista, a "Seção do Leitor", com o propósito de mostrar que eles não só liam como recomendavam as revistas religiosas da Ebal aos fiéis.

Esse aval permitiu ao editor colocar na capa uma tarja com fundo preto onde se lia em destaque: "Com aprovação das autoridades eclesiásticas". A *Série Sagrada* contou a vida de santos, papas, missionários e reproduziu os mais variados textos religiosos. Para coordenar a coleção, Aizen chamou o cônego Antônio de Paula Dutra, então capelão do presídio da cidade de Niterói e um dos religiosos mais populares do Rio de Janeiro.

E não parou aí. Em 1956, saiu a segunda tiragem do livro *História de Jesus Cristo em Quadrinhos*, a edição de luxo da *Bíblia em Quadrinhos* e até um álbum infantil, *Presépio de Natal*, em cartolina pré-recortada, para destacar e montar. O esforço de Aizen para dobrar a resistência dos padres rendeu um resultado melhor do que o esperado: o editor conseguiu o apoio de muitas lojas paroquiais de todo o Brasil para revender suas revistas da linha católica, inclusive de números atrasados. Esse sistema de distribuição melhorou sensivelmente as vendas, e algumas edições chegaram a se esgotar em poucas semanas.

Aizen respondeu a seus críticos ainda por outros flancos. Como parte de sua estratégia, esforçou-se para se aproximar de políticos e militares. O editor se empenhou em manter boas relações com as Forças Armadas, a partir do envio regular de exemplares de cortesia, acompanhados de cartas nas quais explicava o diferencial de suas revistas e sua preocupação com a formação moral e religiosa dos leitores.

Sucesso entre os católicos, as biografias de santos do judeu Aizen eram compradas de editores italianos, em sua maioria. AA

Regularmente, ele também convidava essas autoridades para visitar a editora. Em seu arquivo pessoal, acumulou uma impressionante coleção de cartas de agradecimento e congratulações que recebeu pelas revistas e álbuns enviados, em sua maioria vindas de oficiais de alta patente da Marinha, do Exército e da Aeronáutica. Mandara-lhes como oferta lotes generosos de *Edição Maravilhosa*, *Ciência em Quadrinhos* e as biografias da *Série Sagrada*.

Ele acreditava que as três coleções eram as que melhor representavam sua preocupação em fazer "bons" quadrinhos. Ao mesmo tempo, respondia pessoalmente tanto as cartas elogiosas como as dos que o procuravam para condenar suas revistas.

Um exemplo foi correspondência que manteve com estudantes da Faculdade de Filosofia do Senhor Bom Jesus, de Curitiba, Paraná. Os alunos se definiam como fãs de gibis e consideravam o trabalho da Ebal "diferente" do dos concorrentes. Disseram-se preocupados com os malefícios das revistinhas na formação do jovem brasileiro e que, por isso, haviam decidido "agir" contra os maus editores. Assim, enviaram cartas a todas as principais editoras de gibis com "pedidos preventivos" para melhorar o conteúdo de suas revistas e sugestões para que fizessem rigoroso controle dos desenhos.

Em uma das cartas, de 2 de novembro de 1954, o estudante Ambrósio Moreto se ofereceu para "ajudar" o editor a conter os "excessos" de suas revistas. Sugeriu que a Ebal adequasse sua produção aos critérios morais dos estudantes de filosofia – ou seja, aos dele e de seus colegas.

Moreto afirmou que seu grupo tinha especial preocupação com o conteúdo "prejudicial" da revista *Rosalinda*, editada por Aizen e dirigida a garotas adolescentes. Na mira dos estudantes estavam ainda outras publicações da Ebal que tinham sido incluídas na lista dos gibis condenados pela Ação Católica da Diocese de Santa Maria do Rio Grande do Sul. A relação acabara de ser distribuída para as paróquias de todo o Brasil. O estudante, que teve acesso a seu conteúdo, mostrou sua preocupação de modo enfático: "Não sabemos bem qual o critério usado por aqueles censores gaúchos, mas gostaríamos de lhes enviar [aos censores] com esta carta melhores esclarecimentos, indicando, por exemplo, o nome da revista e a página onde se encontram inconvenientes".

O universitário prometeu entrar em contato com a diocese de Santa Maria para pedir informações sobre os critérios usados para incluir na lista as publicações da Ebal e de outras editoras e, desse modo, ajudar a editora a "melhorar" suas revistas. E arrematou: "Quem sabe talvez os senhores mesmos [da Ebal] possam escrever aos tais censores com o mesmo pedido, pois não faz mal que eles recebam duas cartas a respeito?".

Porém, nenhuma outra estratégia diplomática da Ebal para seduzir políticos, militares e religiosos a favor da causa dos quadrinhos teve melhores resultados do que os famosos almoços oferecidos às quartas-feiras no seu refeitório, a partir de 1953. Depois de uma visita às dependências da Ebal – redação, gráfica e museu permanente das histórias em quadrinhos –, os convidados recebiam de presente os últimos lançamentos. Por fim, almoçavam com Aizen e outros membros da direção.

As visitas eram sempre acompanhadas por um fotógrafo que trabalhava para Aizen. Pelo menos uma foto era usada na seção de cartas das revistas, acompanhada de um texto no qual o visitante fazia algum elogio ao trabalho da Ebal ou a favor dos quadrinhos. Em uma de suas revistas, Aizen explicou: "Os almoços das quartas-feiras, que esta editora oferece a homens de letras, parlamentares, autoridades, eclesiásticos e professores, estão se tornando notórios pelos grandes problemas nacionais neles discutidos".

Os membros da Comissão de Cultura da Câmara dos Deputados, por exemplo, mereceram generosa atenção nas revistas da Ebal depois de uma dessas visitas. Compareceram, de uma só vez, o presidente Menezes Pimentel e os colegas João Menezes e Ulisses Lins. Pimentel aproveitou o almoço para entregar a Aizen uma lista dos números de *Edição Maravilhosa* que faltavam na coleção de seu neto. O deputado foi "prazerosamente" atendido pela Ebal.

Em outra foto publicada em uma de suas revistas, Aizen apareceu ao lado do escritor Osvaldo Orico, membro da Academia Brasileira de Letras. Explicava-lhe como funcionavam "as normas" (os "Mandamentos") de controle da produção e edição das histórias em quadrinhos da editora.

Dinah Silveira de Queiroz ficou tão impressionada com o almoço e com as versões para os quadrinhos dos romances brasileiros que Aizen vinha fazendo que acabou dedicando-lhe o artigo "Aizen, o pequeno imperador", publicado no *Jornal do Commercio* de 5 de janeiro de 1955. Num dos trechos, ela ressaltou:

> Uma das boas impressões deste ano que passou foi, sem dúvida, a descoberta de um novo mundo dentro da cidade do Rio de Janeiro. O mundo das histórias em quadrinhos. Esta aventura me foi proporcionada à hora do almoço, num edifício situado em frente ao campo do Vasco. É lá que mora com todas as comodidades a História em Quadrinhos, é lá que se tornou imperador o homem que está dando a este gênero de atividades já quase uma existência. Refiro-me a Adolfo Aizen.

O fundador da Ebal não poderia esperar mais elogios da escritora. Afinal, Dinah havia sido a primeira voz na imprensa a criticá-lo, no final da década de 1930, por editar quadrinhos. O que, aliás, ela fez questão de admitir no mesmo artigo:

> Devo dizer, com toda a honestidade, ter sido, no Brasil, a primeira pessoa a abrir campanha contra as histórias em quadrinhos. De lá para cá – foi perto de quinze anos que escrevi no *Correio da Manhã* as minhas acusações, e muitas coisas ocorreram, e além de tudo houve esta revolução do "abrasileiramento" dos quadrinhos. Entretanto, o que eu tinha como má vontade dentro de mim, ao chegar à editora, era considerável.

Depois de conhecer a Ebal, a escritora confessou que, pouco a pouco, foi verificando a honestidade dos propósitos de Aizen, o intuito de moralização de seus colaboradores, a dignidade com que se tratavam ali, sob aparência menos profunda, os fatos históricos. Dinah assistiu a uma revisão minuciosa de uma história elaborada na Itália sobre a vida de Napoleão e que continha determinados erros, corrigidos pela equipe redatorial, que tinha a seu dispor as mais modernas enciclopédias e dicionários.

Aquilo a deixou boquiaberta. "Aconteceu que pouco a pouco fui me deixando vencer." Como resultado da visita, Dinah permitiu que dois de seus romances, *Floradas na Serra* e *A Muralha*, fossem adaptados para *Edição Maravilhosa*. Nesses encontros, Aizen costumava repetir, a seu favor, um argumento que quase sempre impressionava os visitantes ilustres: o de que *Edição Maravilhosa* conseguia divulgar livros importantes da literatura brasileira em grandes tiragens e a preços populares.

Durante a década de 1950, a lista de autores consagrados que tiveram seus romances adaptados para a revista seria impressionante: José Lins do Rego, Jorge Amado, Menotti del Picchia, José de Alencar, Ribeiro Couto, Paulo Setúbal, Bernardo Guimarães, Gastão Cruls, Gustavo Barroso, Graça Aranha, Narbal e Ofélia Fontes, Martins Pena, Théo Filho, Euclides da Cunha, Lúcia Benedetti, Osvaldo Orico, Dinah Silveira de Queiroz, Manuel Antônio de Almeida, Emi Bulhões Carvalho da Fonseca, Coelho Neto, Herberto Sales, Afrânio Peixoto, Raul Pompéia, Pedro Bloch e outros.

O editor ainda aproveitou o espaço das capas internas de suas revistas para promover sua editora e tentar tirar de suas publicações a imagem de nocivas a crianças e adolescentes. Na edição de junho de 1955 de *Quem Foi?*, por exemplo, reproduziu na íntegra a carta que lhe fora enviada por seu amigo Carroll Rheinstrom, da Macffaden Publications, com elogios a seu trabalho de editor de quadrinhos educativos.

Durante sua vinda ao Brasil alguns meses antes, no começo de 1955, a convite de Alfredo Machado, Rheinstrom visitou a Ebal e ficou entusiasmado com a ideia de Aizen de lançar a revista *O Reino Encantado das Histórias em Quadrinhos*, uma edição especial que não chegou a ser vendida em banca: em vez disso, foi distribuída a quem ia a Ebal e enviada a intelectuais, jornalistas, padres, educadores e políticos.

A publicação reuniu um apanhado de opiniões favoráveis aos gibis escritas por nomes conhecidos como Gilberto Freyre, Dinah Silveira de Quei-

Restaurante da Ebal. Às quartas, eram oferecidos almoços estratégicos a políticos, escritores, educadores e autoridades militares. AG

roz, Sílvio Rabello, José Lins do Rego, Elsie Lessa, Menotti del Picchia, Eurípedes Cardoso de Menezes e outros. Trazia também cartas elogiosas aos quadrinhos da Ebal de figuras ilustres do clero brasileiro, como o cardeal dom Augusto Álvaro da Silva, arcebispo primaz do Brasil.

O editor chegou a preparar um segundo volume da revista, com mais 28 artigos, que jamais seria lançado (a pasta com os textos permaneceu cuidadosamente montada em seu arquivo pessoal nos quarenta anos seguintes). O que mais chamou a atenção de Rheinstrom em sua visita foi a estratégia do editor de oferecer os almoços das quartas-feiras para atrair a simpatia das autoridades e dos intelectuais para os quadrinhos, na carta que enviou ao colega brasileiro, ele escreveu:

> É uma das tentativas mais inteligentes que já foram feitas para a solução do problema de fazer compreender a verdade a respeito das revistas de histórias em quadrinhos. Ninguém mais, em parte alguma, fez coisa semelhante – nem mesmo neste país [EUA]. É um exemplo que poderia ser bastante proveitoso para nós, americanos. Quando nossa diretoria se reunir, vou sugerir que um programa semelhante ao seu seja aqui elaborado.

Aizen não teria sucesso em sua política de cativar as autoridades pelo estômago, com bons pratos e farto sortimento de vinhos, se não contasse com o empenho do bem relacionado cônego Dutra, editor da *Série Sagrada*. Ele desfrutava um invejável trânsito entre as figuras mais influentes do clero e da política – do Governo Federal, da Assembleia Legislativa do Distrito Federal e do Congresso Nacional –, o que lhe permitiu convidar nomes do alto escalão para conhecer a editora.

Cônego Dutra mantinha bons vínculos principalmente com autoridades de seu estado, Minas Gerais, tradicional reduto do pensamento conservador brasileiro. Graças a ele, o futuro governador mineiro Magalhães Pinto, entre outros, mudou sua opinião negativa sobre os quadrinhos depois de um animado almoço com Aizen na Ebal.

Ao passar a cuidar das revistas de conteúdo católico, Dutra resolveu o velho problema de consciência religiosa para Aizen, que era judeu. Com a entrada do cônego, a Ebal pôde expandir seus quadrinhos dirigidos à comunidade católica. Até a década seguinte, Aizen produziria, entre outras obras, seu mais ambicioso projeto nessa linha: uma edição mais completa da *Bíblia em Quadrinhos*, que seria publicada em quatro volumes de grande sucesso.

A série foi encomendada especialmente a uma editora italiana, que fez a adaptação e as ilustrações. A Ebal cuidou da versão para o português. Como referência iconográfica, o religioso orientou seus artistas a utilizar, nos desenhos, as principais reproduções de quadros de pintores famosos do acervo da Pinacoteca do Vaticano. Em uma de suas respostas aos leitores, na *Série Sagrada*, Dutra ousou afirmar que a Ebal mostrou que as quadrinhizações de biografias de santos poderiam fazer mais pelos fiéis que muitas missas.

Um dos episódios curiosos da peregrinação evangélica e educativa de Aizen pelos quadrinhos aconteceu em meados dos anos de 1950, quando ele recebeu um convite para participar de uma mesa-redonda em uma emissora de rádio – na época, o mais popular veículo de comunicação do país. Entre os participantes estava o casal de escritores Narbal e Ofélia Fontes, para quem os quadrinhos poderiam ser utilizados tanto na forma de veneno como na de remédio.

Durante o debate, com polidez, Aizen ouviu as críticas, fez um discurso sobre as potencialidades positivas dos quadrinhos na educação e disse aos ouvintes que redobraria sua atenção quanto aos erros gramaticais e de ortografia. Para isso, contrataria professores especializados em gramática. Também informaria, no expediente das revistas, que a ortografia era orientada pelo *Pequeno Dicionário Brasileiro de Língua Portuguesa*, de Hildebrando de Lima e Gustavo Barroso (que, mais tarde, revisto por Manuel Bandeira e José Batista da Luz e encorpado por Aurélio Buarque de Holanda Ferreira, daria origem ao atual *Aurélio*). E a medida foi mesmo adotada pela editora.

Tanto empenho, no entanto, tinha resultados limitados. O cônego Dutra não conseguiu amenizar, por exemplo, as críticas contra os supostos estudos científicos que atribuíam aos gibis o aumento da criminalidade ou os ataques feitos aos quadrinhos por professores e pela imprensa, principalmente para expor Roberto Marinho.

No começo do segundo semestre de 1954, enquanto os editores americanos cogitavam a adoção de uma medida conjunta para reagir às críticas, o Ibope divulgou os resultados reveladores de uma pesquisa realizada no Rio e em São Paulo sobre o mercado das histórias em quadrinhos e suas influências sobre crianças e adolescentes.

A primeira pergunta do instituto quis saber se, na opinião dos adultos, as histórias em quadrinhos eram prejudiciais ou se, pelo contrário, mostravam-se inofensivas à educação das crianças. No Rio, 58% responderam que eram prejudiciais e 32% que não; 10% não quiseram opinar. Em São Paulo, a reação negativa foi maior: 75% dos paulistanos disseram que os gibis eram prejudiciais aos leitores.

Nas duas cidades, a maioria dos que condenaram os quadrinhos era formada por homens. A reação maior, de acordo com a divisão social dos entrevistados em São Paulo, veio da classe A: 83% condenaram os quadrinhos, contra 70% da classe C. Os reflexos dessa intolerância se espalharam por todo o país nos cinco primeiros anos da década.

Em outubro de 1955, o jornal católico piauiense *O Dominical*, de Teresina, divulgou uma lista na qual indicava as revistas e jornais "que nenhum católico pode ler", de acordo com os princípios cristãos. À recomendação vinha, mais uma vez, do Departamento Nacional de Defesa da Fé e da Moral, entidade católica oficiosa, com representantes em todo o país e que defendia "os sacros valores da família".

Novamente, as publicações foram classificadas em cinco categorias, que atingiam desde os quadrinhos até as revistas com fofocas sobre os bastidores do rádio e do cinema: "indecentes"; "infantis de quadrinhos desaconselháveis para crianças" ("porque fomentam o crime, o roubo, perturbam a fantasia etc."); "mundanas, desaconselháveis"; "de orientação anticlerical"; e "inofensivas". Entre as desaconselháveis para crianças estavam as principais revistas editadas por Roberto Marinho e Adolfo Aizen.

Em São Paulo, começou a circular um abaixo-assinado de educadores, padres e donas de casa que seria encaminhado ao presidente da República Café Filho, com a solicitação de que fossem tomadas medidas eficazes para não permitir que continuassem sendo editadas publicações "danosas à formação do caráter da juventude".

Uma das poucas reações a essa mobilização aconteceu no começo de novembro, quando foi aberta a Primeira Exposição Regional Educativa sobre História em Quadrinhos, na cidade de Ribeirão Preto. O evento, realizado pelo Instituto de Educação Otoniel Mota, teve como organizadores os professores Itajaí Feitosa Martins, Divo Marino e Ari Correia.

Os três eram defensores entusiasmados dos gibis, apesar de admitirem o prejuízo que alguns gêneros poderiam trazer aos leitores. Segundo o jornal *Folha da Manhã*, a exposição não buscava o combate sistemático e indiscriminado às histórias em quadrinhos, mas tão-somente àquelas que, pela apresentação das figuras e pelo enredo, constituíam "verdadeiro perigo para a formação do caráter da juventude e a perversão dos costumes".

A exemplo do evento de 1951, realizado em São Paulo, a exposição de Ribeirão Preto reuniu uma série de artigos publicados por jornais e revistas sobre a censura aos gibis no Brasil e no mundo. Os visitantes puderam conferir seções temáticas que mostravam o histórico dos quadrinhos, as primeiras revistas, o universo dos super-heróis, as publicações "licenciosas", o combate aos quadrinhos nos EUA, um painel dos quadrinhos franceses, dicas de como se fazia uma história e uma comparação entre a "boa" e a "má" HQ.

Pequenas iniciativas como essa, porém, seduziam pouca gente no esforço de combater o preconceito contra os gibis. A maioria de seus frequentadores era formada por fãs de quadrinhos. Assim, a guerra contra os gibis seguia firme, rumo a uma solução radical.

CAPÍTULO 12 – POLÍTICA E LITERATURA

PARA ADULTOS
GABRIELA, CRAVO e CANELA
Quadrinização do Romance de
JORGE AMADO
Edição Monumental
N.º 1 ★ Cr$ 50,00

O CERCO SE FECHA NO CONGRESSO

Em 1955, a pressão de educadores, padres, políticos e de parte da imprensa contra os editores de gibis continuou tão intensa quanto havia sido nos três anos anteriores. Porto Alegre se manteve como um foco de acaloradas discussões contra as revistinhas editadas no Rio e em São Paulo. Em sua edição de 13 de fevereiro, o jornal *A Hora* estampou uma manchete que apenas repetiu a discussão de sempre: "História em quadrinhos, veneno para a infância", assinada por Flávio Vogt.

A reportagem teve como pretexto o Decreto nº 5.922, do dia anterior, que finalmente regulamentou a Lei nº 22.220, da autoria de Cândido Noberto, que tinha sido aprovada pela Assembleia Legislativa gaúcha em 17 de dezembro de 1953. Como visto, desse modo, aumentou-se de 3% para 80% o imposto sobre circulação de mercadorias (ICM) das revistas em quadrinhos consideradas nocivas às crianças e dos brinquedos em forma de armas de fogo.

Com o decreto, seria possível, finalmente, estabelecer a censura na forma de multa a partir da análise do conteúdo das revistinhas. Na matéria, Vogt fez um apelo dramático:

Senhores editores, por que não empregam o seu poder econômico para editar revistas de caráter educacional e recreativo, em vez destas histórias de características degradantes e nefastas? Se assim o fizerem, evitarão que a humanidade retorne aos tempos das cavernas, quando o homem não possuía o dom da palavra escrita e expressava-se apenas por meio de figuras feitas na areia ou sobre as pedras.

No mesmo dia, o também porto-alegrense *Jornal do Dia* dedicou seu editorial ao tema. Só que, em vez de atacar os editores, preferiu questionar a legitimidade da lei de Cândido Norberto. E apontou uma série de incoerências do ponto de vista constitucional nas modificações que haviam sido feitas na lei antes de sua promulgação. Na nova versão, caberia à Secretaria de Educação e Cultura definir os critérios de classificação das publicações em quadrinhos a serem taxadas pelos fiscais.

O jornal quis saber quais as funções educativa e cultural que se atribuiria a secretaria e se ela estaria mais preocupada em condenar o que era imoral ou em usar a tributação como pretexto para benefício dos cofres públicos: "Será compatível com as finalidades de uma Secretaria de Educação e Cultura? Será isso conforme às leis do país e da moral?".

Depois que seu advogado tentou, sem sucesso, vetar a lei gaúcha de taxação dos gibis, com o argumento de inconstitucionalidade, Aizen partiu para outra estratégia: usar os próprios jornais gaúchos que criticavam suas revistas para atrair a simpatia do leitor e melhorar a imagem de suas publicações. Gastou um bom dinheiro nisso. Comprou espaços publicitários em *A Hora* e no *Jornal do Dia* e, durante várias semanas, alguns dias depois do decreto que regulamentou a lei, publicou anúncios com fotos e pequenos textos sobre a visita de intelectuais e autoridades nos almoços que promovia às quartas-feiras na editora.

No domingo do dia 20 de fevereiro, por exemplo, *A Hora* estampou uma fotografia e uma nota intitulada "Os deputados Menotti del Picchia e Nestor Duarte são grandes amigos das boas histórias em quadrinhos". A mesma edição trazia em outra página mais uma foto com legenda relacionada à Ebal: "O deputado Coelho de Souza é favorável às boas histórias em quadrinhos". Quatro dias depois, nova publicidade no mesmo diário dizia: "Governador do Amazonas visita a Editora Brasil-América, no Rio".

Os jornais, porém, com explícita má vontade, não deixaram por menos. Venderam o espaço para Aizen, mas, sem pudor de fugir à regra da discrição de sua política de publicidade, estamparam no alto de cada propaganda a palavra "anúncio", com o propósito de não deixar dúvidas de que se tratava de uma informação paga.

Na mesma semana em que os críticos gaúchos de quadrinhos comemoraram a regulamentação da Lei nº 22.220, a revista paulista *Visão* fez um perfil lisonjeiro de Adolfo Aizen e de suas adaptações de clássicos literários em quadrinhos. A publicação apresentou o editor como bem-sucedido empresário da imprensa. Não deixou, porém, de comentar com ironia: "Aizen, reunindo qualidades de jornalista às de industrial, trouxe divertimento para milhões, ao mesmo tempo que amealhou milhões de cruzeiros para si mesmo".

A revista se mostrou simpática ao descrever o prédio da Ebal como um misto de estúdio de cinema, redação de jornal e jardim de infância – "uma autêntica fábrica de sonhos". Do total de 170 funcionários que trabalhavam na editora, cerca de trinta eram desenhistas que integravam uma espécie de linha de montagem: uns faziam as letras, outros montavam as legendas, e os demais eram especializados em desenhar balões e retocar cenas.

De acordo com a revista, os desenhos que a Ebal publicava, importados dos EUA, Itália, França, Espanha e Inglaterra, eram inteiramente remontados pela editora para atender à pressão dos vigilantes da moral que ocupavam generosos espaços na imprensa e inundavam a editora com cartas de protestos. Segundo a *Visão*, ao produzir histórias nacionais, o editor tinha o mérito de criar uma "fonte de renda" para os artistas brasileiros. Mas, salientou, sua principal luta consistia em demonstrar que suas histórias não continham os vícios combatidos por tantos educadores, padres e pais de família.

O cerco aos gibis e às editoras brasileiras de histórias em quadrinhos se fechou em 1955, quando, no dia 4 de março, entrou na pauta da Comissão de Educação e Cultura da Câmara dos Deputados o projeto de lei de Aarão Steinbruch, o mesmo apresentado em dezembro do ano anterior. Significava que, além da discussão que ocorria durante alguns meses, a proposta seria encaminhada para votação ainda naquele ano.

No dia 21 de março, Aizen recebeu uma carta de apoio da Associação dos Jornaleiros de Curitiba. Seus associados estavam indignados com a reportagem contra os gibis publicada no dia 1º daquele mês no jornal *O Estado do Paraná*. O diário acusava os donos de bancas de jornais de ser "os verdadeiros criminosos que oferecem à nossa juventude essas publicações". O autor da carta desabafou:

Ora, essa! Onde já se viu chamar de criminosos aqueles que lutam o dia inteiro para ganhar seu pão? Como já foi dito e redito pelas revistas da Ebal, as histórias em quadrinhos não fazem mal a ninguém. Mas se existem aqueles que são contrários, eles devem lembrar-se que estamos no Brasil, a terra em que cada um é dono de si.

Em maio, dois episódios tentaram mais uma vez manipular a opinião pública contra os gibis. No dia 17, o secretário de Educação e Cultura do Rio Grande do Sul, Liberato Salzano Vieira da Cunha, anunciou a criação de uma comissão que finalmente poria em vigor o Decreto nº 5.922. O grupo, formado por técnicos e educadores, apontaria quais revistas teriam seus impostos sobre circulação elevados por serem consideradas imorais.

A primeira lista foi prometida para 17 de julho. No total, 49 títulos receberam o rótulo de "taxáveis", sete tiveram a circulação proibida e sete permaneceriam sob observação. Em carta a Aizen, o distribuidor Arno da Fontoura Pupe descreveu a cena local com certo alívio: "Pela atmosfera criada contra as nossas revistas em Porto Alegre, esperávamos coisa pior".

O representante da Ebal disse ao editor que pretendia pedir pessoalmente ao governador gaúcho Ildo Meneghetti, eleito no ano anterior, que adiasse a aplicação da lei até pelo menos o mês de outubro, como estratégia para ganhar algum tempo e, assim, esfriar um pouco a pressão da imprensa. Pupe informou ainda que seu advogado estava com um mandado de segurança pronto para impetrar assim que a taxação entrasse em vigor:

> Tenho as melhores relações de amizade com o governador Meneghetti e, dada a situação de ordem geral que estou enfrentando, estou disposto a fazer o sacrifício de, pela primeira vez na minha vida, bater às portas do palácio, para pedir um favor. Quero crer que serei atendido.

Enquanto isso, no Rio, a edição do *Última Hora* de 26 de maio não fez rodeios para especular por que as estatísticas criminais mais recentes revelaram que o maior número de crimes e roubos era praticado por quadrilhas formadas por menores entre 13 e 18 anos. Não havia novidade nenhuma na especulação: "Os policiais chegaram à conclusão de que todos os menores delinquentes eram leitores de histórias em quadrinhos".

A edição de julho de *Seleções* publicou na seção "Espantoso" uma nota que indignou ainda mais os críticos brasileiros dos gibis. Um estudo da

Universidade da Califórnia concluíra que o mercado americano de *comics* movimentava por ano cerca de cem milhões de dólares (em valores da época). Esse número representava bem mais que o faturamento das editoras de livros didáticos do primário e do secundário e quatro vezes a verba do governo americano destinada às bibliotecas públicas. O que mais impressionou a revista foram os 12% dos professores americanos que admitiram gostar de histórias em quadrinhos. A nota concluiu que "quem quer censurar os gibis precisa saber que o inimigo está mais perto das crianças do que se imagina, e em número maior que se pensa".

A retomada da cruzada gaúcha antigibi tinha um paralelo não menos barulhento em São Paulo naquele momento. No dia 21 de julho, a edição paulista do *Última Hora* estampou com destaque: "Guerra aos quadrinhos da morte e do crime na Assembleia Legislativa". Com a justificativa de que se tornara rotineiro encontrar marginais levados aos crimes "inspirados" pelas revistas em quadrinhos, o deputado estadual paulista Fioravante Zampol apresentou à Comissão de Justiça um projeto de lei para proibir a venda de revistas "nocivas" a crianças e adolescentes. Zampol justificou a medida em debate no plenário:

> Há a considerar que todas essas publicações são escritas em péssimo português, numa linguagem chula. Os meninos que procuram essas revistas e esses livros, abandonando os livros escolares, ali encontram em tais publicações o que vai servir de instrumento para eles ingressarem no mundo do crime.
> É total a inescrupulosidade dos que vivem dessa subliteratura infame. Se não atentam em nenhum caso para o aspecto moral e social das revistas, deixam de lado qualquer interesse de, no mínimo, respeitar a ortografia; o que é, via de regra, um amontoado de monstruosidades e imoralidades é também um modelo de analfabetismo, de pobreza intelectual.

O projeto de Zampol era parecido com o do governador Adhemar de Barros, de 1948: a Secretaria de Educação deveria criar uma comissão de censores para examinar todas as publicações "suspeitas" de estimular a prática de crimes. Depois de selecionados os títulos condenáveis, seria remetida à Secretaria de Segurança a lista com as revistas que deveriam ser recolhidas pela polícia e ter sua venda proibida em todo o território paulista.

Na prática, o deputado queria instituir a censura oficial no estado, medida que era contrária ao texto constitucional de 1946. Segundo ele, somente na cabeça daqueles que ganhavam a vida "explorando de modo vil" as crianças e os jovens poderia ter eficácia a sugestão de lacrar os exemplares e limitar a faixa de idade dos leitores, como faziam algumas revistas de nudez – quando, na verdade, havia garotas seminuas quase sempre estampadas em títulos de humor. "Por que iremos confiar na honestidade dos vendedores dessas publicações, quando os próprios editores são desonestos? O intento, sabem todos, é espicaçar ainda mais a curiosidade dos meninos para irem à cata de novidade, da 'coisa proibida'."

Era preciso separar o que era bom e o que era ruim quando se discutia a censura aos quadrinhos no Brasil. Assim insistiam Aizen e Marinho quando faziam a defesa enfática de suas revistas. Para isso, valia até se pronunciar publicamente contra determinadas revistas em quadrinhos que, garantiam eles, pouco tinham a ver com as suas. Os gibis de terror da La Selva e de outras pequenas editoras de São Paulo se tornaram alvo frequente de críticas porque traziam histórias de horror com cenas de morte violentas.

O Globo, de Marinho, publicou na coluna "Globotrotter" uma crônica de Elsie Lessa que exemplificava as contradições da intolerância contra os gibis. Com o título "Um velho problema", Elsie relatava seu drama de mãe diante das "más" revistinhas consumidas por seu filho (o futuro jornalista e escritor Ivan Lessa):

Estou em casa com um louro menino, alegre, inteligente, vivo, sensível e vibrátil. Vai cedo para o banho de mar, corre, alegre, pela areia, ao sol da manhã. Volta para casa, come com apetite e sobra a tarde de férias para encher.

Qual é o programa? Cinema? Faço que vá e volte a pé, para ao menos desintoxicar o pulmão e enrijecer os músculos na caminhada. É o que ele terá de melhor no programa. Com o troco posso comprar uma revistinha? Pode.

E, depois que o pobre acorda, noite alta, pedindo uma água com açúcar, ou para deixar a luz acesa, resolvo visitar sua mesa de cabeceira. Qual de vós dormiria naquela ruim companhia? *Contos de Terror*, uma edição emocionante; *O Gato Preto, A Cova, Noites de Terror*, vibrantes histórias de terror; *Mundo de Sombras*, pesadelo macabro; *O Terror Negro* ou *Tragédias do Além; Sobrenatural, A Volta do Morto-Vivo; A Cabeça Ressuscitada; Diário de um Monstro*.

Na capa, esqueletos, monstros sem cabeça, olhos esgazeados, mãos peludas em garras. Faço um chá de erva-cidreira, parto um Bromural pela metade, mais para o efeito moral que para outra coisa, digo que a minha porta vai ficar aberta. E o loirinho é tão equilibrado, tão boa coisa, que até dorme, dentro de cinco minutos.

Quem não dorme sou eu. Não posso tirar da cabeça o monstro decapitado ou o esqueleto voando, na noite escura, com uma foice e um manto em chamas, depois de ter vendido a alma ao diabo. Mas me digam se é justo que se venda, por qualquer cinco cruzeiros, numa banca de esquina, a uma pobre criança, inocente e desprevenida, esses pesadelos impressos?

A diversidade de ideias e as dúvidas sobre o real poder de influência das histórias em quadrinhos sobre crianças e adolescentes às vezes eram contrabalançadas por algumas poucas opiniões, nem sempre radicais, com abertura para o diálogo. Aconteceu desse modo com o Instituto de Educação do Rio de Janeiro, que convidou para uma palestra sobre o tema o professor Sérgio Macedo, responsável pela área cultural da RGE e secretário do núcleo de produção de revistas em quadrinhos da editora de Roberto Marinho.

Macedo foi acompanhado pelo desenhista Gutemberg Monteiro para falar sobre a produção das revistinhas. Enquanto o representante da RGE fazia uma palestra em defesa dos gibis, Monteiro mostrava num quadro de giz de que modo os quadrinhos poderiam ser utilizados como "poderosos" veículos de educação popular.

Mas o marketing das editoras para melhorar a imagem dos quadrinhos continuou pouco eficiente. Os empresários protelaram por alguns meses, mas não conseguiram evitar que finalmente, no dia 26 de novembro, entrasse em discussão na Comissão de Educação e Cultura da Câmara o projeto de lei de Aarão Steinbruch. Ao noticiar o fato, o *Correio da Manhã* destacou que a proposta do deputado atingiria também os quadrinhos de terror das editoras paulistas, descritos pelo diário como "verdadeiras orgias de sadismo, pornografia e estupidez e fonte de corrupção de menores".

No dia seguinte, em editorial, o jornal deu continuidade ao assunto com uma provocação. Sem citar nomes, afirmou que alguns editores de gibis estariam se beneficiando de empréstimos em bancos públicos para ampliar sua atuação no mercado de histórias em quadrinhos: "Corrompem-se as massas; e depois os corruptores declaram essas massas incapazes de exercer bem o direito de voto e de compreender a sutileza de certos negócios do Banco do Brasil".

O projeto de Steinbruch já havia sofrido uma baixa significativa quatro meses antes, quando a proposta dividiu os parlamentares, graças ao trabalho de bastidores de Marinho. Em seu parecer de cinco páginas, divulgado no dia 5 de junho, o deputado Jesus Belo Galvão, relator da Comissão de Educação e Cultura, considerou prudente que, diante da "dificuldade" de criar uma lei de modo "eficiente e justo" contra as revistas em quadrinhos – porque estabeleceria a censura –, fosse seguido o "plano de trabalho" elaborado pela Campanha de Inquéritos e Levantamentos do Ensino Médio e Elementar (CILEME), com o objetivo de "amenizar" a gravidade do problema.

Assim, em vez da censura, a CILEME sugeriu que se estudasse mais a fundo o tema, de modo a apontar as vantagens e desvantagens dessas publicações na personalidade dos jovens. Ao mesmo tempo, propôs que se investigassem seus reflexos nos pais, nos educadores e nos próprios jovens e crianças. Depois de determinar o que haveria de ser aceitável ou indesejável nas revistinhas, que fosse elaborado um plano de sugestões e normas para melhorar a qualidade dos gibis.

O relatório de Galvão, até aquele momento, era a manifestação política sobre a polêmica dos quadrinhos no Brasil mais equilibrada desde os pareceres de Gilberto Freyre, de 1948, e de Jarbas Maranhão, de 1951, que derrubaram as duas propostas semelhantes do deputado Armando Leite. Não havia dúvidas, porém, de que o *lobby* de editores como Roberto Marinho e Assis Chateaubriand influenciara sua opinião. Os dois não se cansaram de denunciar as manobras de Orlando Dantas e Carlos Lacerda.

Além disso, Galvão tinha argumentos fortes contra a censura aos gibis. Para ele, não era conveniente apresentar os quadrinhos como a causa de todas as deformações dos jovens antes de um aprofundamento sobre o tema: "Essa literatura, como qualquer outra, é produto do meio, do ambiente socioeconômico. É, na realidade, um espelho das condições da vida social, bem como um evidente e seguro sintoma dos males que atormentam a sociedade".

A opinião do deputado sobre os gibis era parecida com a do escritor e ex-deputado Gilberto Freyre. Não bastava simplesmente censurá-los de modo genérico, pois se estaria condenando uma nova forma de comunicação e de entretenimento. Ambos acreditavam que os quadrinhos poderiam trazer resultados benéficos aos leitores, desde que fossem aproveitados em temas "edificantes, de fundo moral ou espiritual". Caso contrário, como parecia acontecer naquele momento, se eram direcionados para temas "licenciosos" e para relatos de crimes e brutalidades, poderiam trazer resultados "desastrosos à nossa geração moça, ainda na madrugada do seu raciocínio". O que ocorria em relação às revistinhas deveria ser creditado em parte à falta de rigor dos pais para "controlar a leitura de revistas de temas adultos que seus filhos consomem livremente", disse ele.

No final de 1955, os editores enfrentaram o maior risco de implantação de censura aos gibis até então. Tramitavam na Câmara dos Deputados três projetos de lei relacionados ao controle dos quadrinhos no Brasil, dois deles propostos no decorrer de 1955. Além do de Aarão Steinbruch (nº 3813/53), havia o nº 254/55, do deputado José Alves, que pretendia proibir em todo o território nacional a circulação de revistas em quadrinhos que fizessem referências a "crimes e brutalidades"; e o nº 379/55, de Nestor Massena. Esse último estabelecia uma licença para circulação de revistas com textos e/ou ilustrações considerados obscenos. Massena também queria a apreensão das publicações que se encaixassem na categoria de "imorais", e que seus responsáveis fossem processados por atentado ao pudor, além de obrigar as editoras de gibis a destinar metade das páginas de suas revistas a artistas brasileiros ou residentes no Brasil.

O deputado Oscar Correia ficou encarregado, então, de estudar as três propostas e tentar fundi-las em uma só. O parlamentar afirmou que o assunto vinha sendo merecidamente debatido no Congresso porque era "da mais viva importância e da mais viva atualidade", mas ficou contra a implantação da censura às revistas. Segundo ele, a Lei de Imprensa, sancionada por Vargas em 12 de novembro de 1953, já trazia dispositivos que poderiam ser usados para fazer restrições aos quadrinhos – sobretudo o que proibia a publicação de impressos que fossem "clandestinos ou quando atentarem contra a moral e os bons costumes". Para ele, parte das revistas em circulação poderia ser encaixada na segunda categoria.

Em sua justificativa, Correia explicou que se posicionava contra as propostas, por considerá-las "preventivas de censura e pela sua ilegalidade constitucional". O deputado concordou com a ideia de aproveitar artistas brasileiros na produção de quadrinhos, mas, para alívio dos editores, não apoiava que as editoras fossem obrigadas a publicar 50% de material brasileiro.

O parlamentar parecia bem informado sobre o assunto quando repetiu o mesmo argumento dos donos das editoras para justificar sua posição: como a produção de quadrinhos no Brasil praticamente inexistia, não seria correto sobrecarregar os editores a curto prazo ou até mesmo impedi-los de manter suas publicações circulando. Como alternativa, sugeriu a redução do percentual de nacionalização do que fosse publicado para 20% das ilustrações e 15% dos textos.

Edição não comercializada por Aizen reuniu pareceres de acadêmicos favoráveis aos quadrinhos. Revista foi enviada a formadores de opinião e dada a autoridades que visitavam a editora. FA

Em 1955, o clima contrário aos editores de gibis estava longe de ser uma peculiaridade do mercado editorial brasileiro. Em vários países, principalmente na Europa, a hostilidade contra os editores não arrefecera. Em uma de suas edições, a revista francesa *Temps Modernes* – editada por Jean-Paul Sartre e Simone de Beauvoir, então em grande moda no Brasil e no mundo – assombrou seus leitores ao afirmar que estudar a influência dos gibis era como investigar uma "doença infecciosa", por causa da gravidade do problema.

As acusações de que os quadrinhos levavam ao crime já eram um argumento estabelecido entre os críticos franceses. Como ocorrera menos de uma década antes, os *comics* americanos cada vez mais constituíam a verdadeira ameaça para os membros do Partido Comunista de vários países, que os consideravam elementos propagadores do imperialismo em todo o mundo. Nada disso, porém, desestimulava os editores a investirem para atender à demanda do mercado.

No Brasil, as tiragens e o número de títulos em quadrinhos não paravam de crescer. Em novembro, na "Conversa com o leitor", publicada na segunda capa de suas revistas, Aizen anunciou para um futuro próximo o mais importante lançamento da Ebal até então: *Edição Monumental*, uma revista somente com romances brasileiros em quadrinhos (*Edição Maravilhosa* e *Álbum Gigante* incluíam versões de livros estrangeiros).

A publicação, porém, não seria lançada até o começo da década seguinte. Dois anos depois, o editor pediu desculpas aos leitores pela promessa não cumprida e alegou dificuldades nas oficinas gráficas, de pessoal e de espaço para fazer uma nova revista com o formato e a ambição pretendidos.

As visitas de convidados ilustres à Ebal continuaram a marcar as seções de cartas de todas as revistas de Aizen naquele ano. Uma das fotos publicadas em julho mostrava o jornalista e escritor João Condé ao lado da pesquisadora de música popular Eneida, descrita pelo editor como "técnica em histórias em quadrinhos".

Em setembro, além de registrar a visita da escritora Lúcia Benedetti – que teve seu romance *Os Três Soldados* publicado em quadrinhos na *Edição Maravilhosa* –, Aizen pagou a publicação de um artigo favorável aos gibis em *O Jornal*, no dia 19 de junho, escrito por Gustavo Barroso, historiador, membro da Academia Brasileira de Letras e diretor do Museu Histórico Nacional, e também integralista e antissemita, o que ressalta as contradições pragmáticas de Aizen. Meses depois, Barroso teve seu livro *Senhora do Pangim* adaptado por Gutemberg Monteiro para a *Edição Maravilhosa*.

No ano de 1956, o entra-e-sai de políticos na Ebal não diminuiu. Em janeiro, recém-imortalizado pela ABL, José Lins do Rego acompanhou à editora o empresário Carlos Ribeiro, da Livraria São José, considerado um inovador no mercado de livros brasileiro por ter introduzido décadas antes a ideia de uma sessão de autógrafos no dia de lançamento da obra – algo que até então nunca havia sido feito pelas livrarias e editoras no Brasil.

AIZEN E MARINHO SE APROXIMAM

Roberto Marinho, por sua vez, percebera que só teria forças para resistir aos críticos aproximando-se dos concorrentes. Admitiu, pelo menos, que deveria juntar sua munição com a de Aizen. Na verdade, desde o começo da década, era visível a sua tentativa de aproximação com o fundador da Ebal. No decorrer

As campanhas contra os quadrinhos reaproximaram Aizen e Marinho. Aqui, em dois momentos na década de 1950. No primeiro, com Herbert Moses. AG

de anos, O Globo dedicou generosos espaços para divulgar o trabalho que Aizen desenvolvia na área de quadrinhos "educativos". A simples visita à Ebal do deputado Eurípedes Cardoso de Menezes, presidente da Confederação Católica, mereceu destaque na edição de 8 de dezembro, ainda em 1955.

O Globo lembrou que o deputado sugerira em seu programa *Meditação Vesperal*, na Rádio Nacional, que os ouvintes de todo o Brasil incluíssem uma visita à Ebal no seu roteiro turístico quando fossem ao Rio. Para o deputado, Aizen tinha se esmerado nos mínimos detalhes, fazendo dos escritórios, da redação, das salas de desenho e das suas oficinas "o lugar mais agradável que se pudesse imaginar", de modo que todos ali trabalhavam com "alegria e eficiência". O jornal descreveu a Ebal como o "maravilhoso reino encantado das histórias em quadrinhos, que se situa em frente ao campo do Vasco da Gama, em São Januário".

Na mesma matéria, o jornal de Marinho ressaltou que a editora de Aizen continuava a receber visitas "das mais importantes". E que todas tomavam conhecimento do trabalho "sem par" que ali se realizava pelo aprimoramento de um gênero de literatura que era "tão apreciado pelas crianças quanto pelos adultos". Esse apoio de Marinho e o aval ao trabalho de Aizen dado por parte de católicos ilustres como o deputado Eurípedes Cardoso de Menezes, de certa forma, tranquilizavam o dono da Ebal. Ajudou ainda o já mencionado sucesso do marketing obtido pela *Série Sagrada* na imprensa e a boa receptividade de *Ciência em Quadrinhos* pelos professores.

Mesmo assim, Aizen chegou ao auge da angústia de ter sua nacionalidade russa descoberta em outubro de 1955, quando Samuel Wainer fora condenado a dois anos de prisão por esse motivo. De acordo com a sentença, o empresário cometera crime de falsidade ideológica ao mentir sobre sua nacionalidade. Artur, irmão de Samuel que o teria ajudado a forjar sua certidão de nascimento, foi condenado a quatro anos, mas fugiu do país com a ajuda de amigos.

Aizen, no entanto, guardava para si o tormento. A dedicação com afinco à sua editora, enquanto isso, o tornaria nos anos seguintes o maior editor nacional de histórias em quadrinhos, posição que fora ocupada durante mais de uma década por Roberto Marinho. Sua ideia de quadrinizar romances consagrados da literatura brasileira, porém, não conseguiu agradar a todos, e a polêmica em torno de *Edição Maravilhosa* continuou a dividir os escritores, envolvendo vários deles na discussão sobre a legitimidade das versões simplificadas de livros e a eficiência da narrativa ilustrada. Enquanto alguns críticos se apoiaram na tese de que a revista "prestava um desserviço" à cultura e à educação de crianças e adolescentes porque as desestimulava a ler as obras originais, outros se mostraram defensores entusiasmados da coleção. Os escritores Jorge Amado e José Lins do Rego figuravam entre os mais empolgados com aquele projeto editorial.

Amado, então um militante comunista, tornou-se tão próximo de Aizen que, por diversas vezes ao longo da década de 1950 e no começo da seguinte, visitou a Ebal para levar seus dois filhos, João Jorge e Paloma, apaixonados leitores de quadrinhos. Em todos os encontros cobrou do editor que fizesse uma revista de preço bem popular, que trouxesse a cada número um romance brasileiro com o texto na íntegra. Dizia que na União Soviética havia vários títulos nesse formato com sucesso. Seu interesse era tamanho que chegou a levar exemplares para mostrar a Aizen.

Por volta de 1960, a editora chegou a fazer a composição de *Iracema*, de José de Alencar, mas o editor desistiu na última hora. Em artigo publicado n'*O Globo*, em 10 de fevereiro de 1954, Lins do Rego defendeu a versão em quadrinhos de suas obras. Lembrou que conhecia Aizen havia mais de duas décadas e que com ele mantinha uma dívida de gratidão desde a época em que o futuro fundador do *Suplemento Juvenil* era dono da Adersen Editores, em 1932, e publicara a primeira edição de *Menino de Engenho*.

Não era por isso, porém, que ele apoiava a quadrinhização de romances. O escritor contou que, depois de ver as primeiras páginas de seu livro de estreia desenhadas por André Le Blanc no dia anterior ao que escrevia aquele artigo – a história só seria publicada em março de 1955 –, ficara emocionado: os trechos escolhidos e as imagens fixadas lhe teriam dado uma impressão real da história. Tanto que depois só se lembraria das feições dos personagens quando tomava como referência as ilustrações de Le Blanc.

A princípio, a adaptação dos livros do escritor paraibano para os quadrinhos o deixou com receio quanto à reação da imprensa, da crítica e dos colegas. Ele próprio tinha certa rejeição aos quadrinhos por causa das críticas que costumava ler nos jornais ou ouvir de pessoas próximas. Mas se deixou levar pelos argumentos de Aizen e concluiu que havia nos ataques aos gibis "um exagero caviloso, envolvendo até interesses políticos" – referindo-se, é claro, à investida dos jornais *Diário de Notícias*, *Tribuna da Imprensa* e *Última Hora* contra Roberto Marinho nos últimos anos.

E mudou definitivamente de opinião quando viu a adaptação de *Cangaceiros*. Ficou impressionado, como se estivesse vendo um álbum de fotografias da família, como ele mesmo definiu. Para o escritor, "a força da condensação e a expressiva e vigorosa maneira do artista de imaginar personagens deram à narrativa em quadrinhos um sentido de vida mais à flor da pele". Ao ver os personagens desenhados, o autor teve a impressão "de que corriam e se agitavam como se fossem de carne e osso".

O esforço contínuo de Gilberto Freyre na defesa dos quadrinhos, na sua coluna em *O Cruzeiro*, era uma das poucas exceções entre os intelectuais e políticos, que não tinham opinião positiva sobre o assunto. Freyre sabia, porém, que não estava sozinho. O escritor e membro da Academia Brasileira de Letras Menotti del Picchia também deu seu apoio aos gibis, em uma surpreendente mudança de posição: de combatente, virou defensor. No artigo "A vitória dos quadrinhos", publicado em de 3 de janeiro de 1955, em *A Gazeta*, de São Paulo, e reproduzido no Rio por *O Globo*, ele afirmou que a reação contra a literatura em quadrinhos era "violenta, múltipla e injusta".

O escritor lembrou que alguns faziam isso por considerar o novo gênero de narrativa vulgar; outros, porque os gibis ajudavam na "desnacionalização espiritual de nossa mocidade". Picchia disse que concordava com as influências negativas dos gibis no linguajar das crianças, mas fez ponderações a favor dos quadrinhos. Reconheceu que era impossível, àquela altura, acabar com aquele tipo de entretenimento:

O quadrinho é um gênero vitorioso e irredutível. Nasceu na pressa do instante cinematográfico e nervoso em que não há mais tempo para a leitura calma e criativa. O desenho é uma linguagem sintética que salta aos olhos e de fulmínea compreensão. A história desenhada pode ser lida no bonde, entre os trancos do lotação, enchendo-se o curto lapso de uma viagem com a sedução recreativa de uma história ou com a informação útil de um problema. Aí está a causa da vitória da literatura dos quadrinhos.

Assim, concluiu, se o mal era inevitável, só havia uma coisa a fazer: "torná-lo útil, senão anódino". Segundo ele, os quadrinhos adaptados ao ambiente brasileiro e à tradição nacional poderiam se transformar em um processo útil de socialização dos conhecimentos ou de mera recreação. Bastava tirar-lhe o que chamou de "vírus do exotismo", ou seja, os aspectos incompatíveis com o ideal de educação da criança. Como exemplo dessa possibilidade, citou o trabalho do seu amigo Adolfo Aizen, que conseguiu "utilizar para o bem o que se considera mal" quando adaptou para os quadrinhos importantes romances brasileiros.

Edição Maravilhosa, no entanto, não trazia adaptações apenas dos grandes clássicos da literatura brasileira e estrangeira. Em gesto de gratidão, em janeiro de 1955, por exemplo, Aizen publicou a sofrível e apressada adaptação de *Memórias de um Revolucionário*, a autobiografia de seu antigo sócio e "padrinho" João Alberto Lins de Barros, que acabara de ser lançada em livro pela editora Civilização Brasileira. Com capa de Antônio Euzébio, a revista não trouxe o nome do autor dos desenhos, José Geraldo Barreto, porque ele preferiu não assinar o trabalho.

A versão dava ênfase à participação do militar no movimento tenentista iniciado em 1922 e na Coluna Prestes. A ideia da adaptação do livro para os quadrinhos foi de Barreto, que, na ocasião, "enganou" Aizen. Como João Alberto estava doente, o desenhista sugeriu ao editor uma homenagem em quadrinhos. Na verdade, seu propósito era falar de Prestes – Barreto era ligado ao Partido Comunista, então na clandestinidade. Ele, então, falou de João Alberto nas primeiras páginas e depois se concentrou na trajetória triunfal da Coluna Prestes. Aizen nem desconfiou – nem o homenageado, que morreu uma semana antes de a edição chegar às bancas.

Dez anos depois do fim da Segunda Guerra Mundial, a escassez de papel ainda era um entrave para a expansão do mercado editorial brasileiro. Para evitar o colapso da imprensa, o governo decidiu fazer um racionamento e reduziu em 35% o fornecimento da matéria-prima para jornais e revistas. Assim, mesmo obrigados a diminuir as tiragens, todos podiam continuar circulando.

A medida levou Aizen a adiar para 1956 o relançamento de toda a coleção *Edição Maravilhosa*. O editor prometera que faria uma revisão completa dos textos e das novas capas para as reedições. Antes do corte do papel, ainda em janeiro, a Ebal lançou uma nova série de seus grandes sucessos, que denominou de *Álbum Gigante*, em formato semelhante a *O Cruzeiro* e *Manchete*. A edição tinha a mesma proposta editorial de *Edição Maravilhosa* – publicar romances adaptados para os quadrinhos. Os dois primeiros números traziam os clássicos universais *A Maravilhosa Aventura de John Davys*, de Alexandre Dumas, e *O Capitão Estrondo*, de Théophile Gautier. A estreia de uma obra brasileira veio na edição seguinte, com *O Moço Loiro*, de Joaquim Manuel de Macedo.

O pouco retorno em vendas de *Ciência em Quadrinhos*, no entanto, mostrou que a resposta das escolas e dos professores não seria tão positiva quanto a dos padres e das freiras diante da *Série Sagrada*. A tiragem não estimulou Aizen a fazer novos lançamentos nessa linha. Ainda assim, a partir de abril de 1955, ele pôs um anúncio na quarta capa de suas revistas com o propósito de estimular a leitura da publicação: "Educadores, leitores e pais de família de todos os quadrantes do país falam desta revista!". Abaixo, ao lado da capa do nº 11, reproduziu dez fragmentos de cartas recebidas com elogios à publicação.

Apesar de não existirem registros, estima-se que os títulos de maior circulação da Ebal, como *Superman*, *Batman*, *Tarzan* e *Zorro* se mantinham acima dos 150 mil exemplares por edição. Algumas revistas como *Quem Foi?*, *O Idílio* e *Rosalinda* vendiam um pouco menos, mas atingiam públicos de todas as idades e de ambos os gêneros, principalmente homens e mulheres em idade jovem e adulta, e faziam com que a editora se firmasse no mercado.

Enquanto Aizen ampliou seu catálogo de títulos, a linha religiosa cresceu em vendas e se consolidou com uma tiragem satisfatória. No caso da *Série Sagrada*, a tiragem ficou quase sempre à mercê da popularidade do santo que tinha sua vida narrada naquele mês. O incentivo dos religiosos e lojas paroquiais ajudou bastante no sucesso dessas revistinhas.

Em meados dos anos 1950, a Ebal chegou a publicar 42 revistas por mês, número que se estabilizou até o começo da década seguinte. Isso sem contar as edições extras mensais, os álbuns de luxo e os festejados almanaques de Natal – em geral, com o dobro de páginas das revistas comuns –, além de livros para colorir e montar, dirigidos a crianças em fase de alfabetização.

Com tantas crianças que consumiam cada vez mais revistinhas, claro, acirravam-se as críticas da Igreja e dos educadores contra aquele tipo de leitura. Muitas vezes, as reações anulavam o esforço de Aizen para tentar provar que seus quadrinhos religiosos e educativos constituíam um diferencial no mercado.

Na luta para seduzir os professores, o editor aumentou o número de versões de romances brasileiros em *Edição Maravilhosa*. Embora as adaptações de livros ainda dividissem opiniões, a revista prosseguiu durante toda a década como uma das mais bem-sucedidas publicações com quadrinhos nacionais de todos os tempos. Dos 201 números publicados até 1961, 54 trouxeram obras brasileiras.

Muitas dessas adaptações foram marcadas por casos de censura interna intolerante na Ebal, aplicada pelo próprio Aizen. E a qualidade da maioria deixava a desejar, por causa de alguns equívocos na transposição do texto literário para a linguagem dos quadrinhos. Essa dificuldade fez com que os romances brasileiros quadrinhizados pela Ebal tivessem qualidade variável.

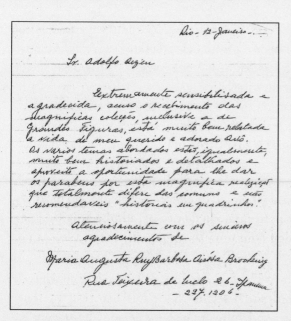

Aizen mandava revistas pelos Correios para formadores de opinião, enquanto se tentava censurar os quadrinhos em vários estados. FA

Em *Canaã*, de Graça Aranha, por exemplo, a editora errou tanto na qualidade do texto como na sisudez dos desenhos. A edição foi feita por Nilo Cardoso e pelo boliviano Gil Coimbra. Cardoso era considerado por Aizen não um roteirista de quadrinhos, mas um fraco "condensador" de romances. A história precisou ser refeita e foi avaliada pelo editor como um desastre, mais chata que o próprio romance.

A versão de *Jubiabá*, de Jorge Amado, nunca chegou às bancas porque simplesmente não atingiu a qualidade mínima estabelecida pela editora. Na última hora, a redação em peso foi convocada para opinar e concordou que não era possível publicar a história. Anos depois, Fernando Albagli, na época redator da Ebal, fez outra adaptação do livro. A nova versão foi ilustrada pelo imigrante italiano Eugênio Colonnese e também nunca foi lançada – dessa vez por falta de interesse editorial.

Talvez a melhor adaptação de toda a série tenha sido a primeira adaptação brasileira da coleção, a nº 24, lançada em 1948, com *O Guarani*, de José de Alencar. A história foi ilustrada por André Le Blanc, a partir do roteiro de sua esposa, Elvira Le Blanc. O romance de Alencar foi escolhido para iniciar a série brasileira porque a história era de aventura e tinha mais chance de agradar ao público.

Mesmo com o exemplo de *O Guarani*, os colaboradores da Ebal se mostravam preocupados demais em serem fiéis ao texto original. Evitavam condensá-lo, como exigem os quadrinhos, o que tornava as histórias meras edições mutiladas e ilustradas dos livros.

A escolha dos títulos a serem quadrinhizados seguiu pelo menos quatro critérios estabelecidos por Aizen. Primeiro, o grau de popularidade do romance – a editora priorizava os livros mais conhecidos do público. Depois, seu valor como obra literária – ou seja, sua importância no contexto da história da literatura brasileira. Em terceiro lugar, o potencial de cada livro de render uma boa adaptação para os quadrinhos – vencia o título com mais ação. E, claro, havia o critério moral. Livros que fizessem qualquer referência negativa à Igreja Católica ou que tivessem o mínimo de erotismo eram descartados.

Um exemplo foi o polêmico *A Carne*, de Júlio Ribeiro, que continuava com fragmentos censurados desde o século XIX e que não teve qualquer chance de adaptação para os quadrinhos por causa de sua abordagem sexual. Um velho projeto de André Le Blanc era adaptar *As Minas de Prata*, também de Alencar, que o ilustrador considerava folhetinesco. Após discutir com Elvira sobre as possibilidades de adaptação, desistiu por temer que, depois de tanto trabalho, fosse censurado – o vilão do romance era um padre jesuíta, o que desagradaria a Igreja Católica.

Anos depois, o professor e sociólogo Estevão Pinto, que se gabava de seu poder de síntese, assumiu o desafio de condensar o livro de Alencar e deixar de fora as passagens "censuráveis", sem prejudicar, na sua opinião, o conjunto do texto original. A versão seria publicada no nº 180, primorosamente ilustrado pelo italiano Nico Rosso, que acabara de se mudar para o Brasil. Para não correr o risco de censura, o roteirista fez uma série de recomendações ao desenhista, acompanhadas de uma cópia do código de ética da Ebal. Rosso mostrou o jesuíta vilão fazendo das suas, mas com o comportamento bem atenuado.

A maioria dos artistas de *Edição Maravilhosa* não tinha vínculo empregatício com a Ebal. Aizen chamava seus colaboradores de acordo com a disponibilidade de cada um e a demanda de produção. Particularmente, gostava mais de Le Blanc, mas nem sempre podia contar com ele. O desenhista dividia seu tempo entre o Rio e as viagens pelo mundo, até que em 1956 viajou para Nova York e passou a viver lá, pois Elvira precisou fazer um tratamento na coluna que não existia no Brasil. Mesmo assim, Le Blanc ainda colaborou com Aizen, com a versão de *Cascalho*, livro de seu amigo Herberto Sales, lançada no nº 158; e de *Banguê*, de José Lins do Rego, que saiu no nº 178.

Outro caso de autocensura desse período envolveu o ambicioso projeto de adaptar *Casa-Grande e Senzala*, de Gilberto Freyre, também por Estevão Pinto. Fiel aos mandamentos da Ebal, o roteirista eliminou do texto original todas as passagens consideradas mais "fortes", com a alegação de que a edição se destinava "a jovens". A versão de Estevão, desenhada por Ivan Wasth Rodrigues – e que só seria publicada pela Ebal em 1980 –, excluiu um tópico importante da obra, com autorização do próprio Freyre: a influência sexual do negro na vida do português no período colonial brasileiro.

A preocupação com o erotismo nas versões nacionais de *Edição Maravilhosa* já aparecera em 1950, no segundo título nacional publicado pela série. Le Blanc fez *Iracema*, de José de Alencar, em mais uma parceria com Elvira, e cuidou de colocar os cabelos da índia sobre os seios para evitar protestos de padres, professores e donas de casa.

Em 1969, Naumim Aizen resolveu reeditar a história, mas descobriu que precisaria refazer os fotolitos, queimados no incêndio de 1952. Le Blanc, que estava no Rio, soube da ideia e ligou para Adolfo Aizen. Propôs-lhe desnudar os seios de Iracema, argumentando que o mundo havia evoluído desde a década de 1950 e que o que era bonito era para se ver. Autorizado, Le Blanc fez o que quis. A nova edição com as modificações, porém, nunca saiu, pois o editor achou mais prudente não correr riscos de provocar possíveis moralistas.

Enquanto a Ebal tentava provar que seu código era tão sagrado quanto os dez mandamentos de Deus, os quadrinhos continuavam na pauta de discussão dos grandes jornais, das reuniões de pais e mestres nas escolas, de alguns deputados e dos desenhistas cariocas e paulistas, cada vez mais organizados para tentar aprovar no Congresso lei que lhes garantisse reserva de mercado. E eles perceberam que a hora era propícia para isso.

CAPÍTULO 13 – HORA DE SEDUZIR O INIMIGO

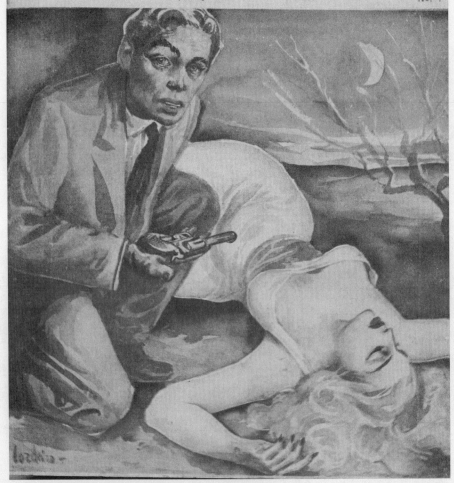

LEITORES FORA DE CONTROLE

Na segunda metade da década de 1950, as histórias em quadrinhos podiam ser comparadas – em popularidade entre crianças e adolescentes e em polêmica entre os adultos – aos *videogames* dos anos 1980, 1990 e 2000. Ou mesmo à dificuldade de se ter controle do acesso à internet por crianças e adolescentes nas primeiras décadas do século xxi. Não era considerado exagero fazer um paralelo entre a condenação das revistinhas e a do uso de drogas menos pesadas, tal era a paranoia entre alguns críticos. Para eles, a meninada parecia fora de controle no hábito de ler gibis.

Lia-se gibis em todos os lugares e horários: durante o almoço, antes de dormir, na sala de aula, na hora de fazer o dever de casa. As bancas se entulhavam todos os meses de mais de uma centena de publicações do gênero. Novas revistas não paravam de ser lançadas. Poucas eram as feiras populares que não tinham bancas com pilhas de gibis antigos para compra, troca ou venda. O mesmo acontecia nas proximidades dos cinemas, antes das exibições das matinês, quando se trocava revistas. Nas escolas, antes ou depois das aulas, ou durante o recreio, pequenos colecionadores entusiasmados com a descoberta das incríveis aventuras abriam suas pastas para trocar com os colegas.

Aizen, a escritora Eneida e o colega João Condé, que visitaram a Ebal em junho de 1955. FA

A situação havia definitivamente fugido ao controle dos pais e professores. O esforço de conter essa presença supostamente não nociva, mas que para alguns constituía uma praga dos tempos modernos, continuou com a mesma intensidade na segunda metade da década.

Os dirigentes das associações paulista e carioca de desenhistas de histórias em quadrinhos – ADESP e ABD – insistiam cada vez mais na ideia de que poderiam tirar proveito dessa situação. E chegaram a 1955 bem mais mobilizados, embora não tivessem ainda obtido qualquer resultado prático quanto à aprovação da lei de reserva de mercado. Os desenhistas do Rio completavam sete anos de campanha, iniciada desde a fundação da entidade, em 1948. Em São Paulo, a batalha pela nacionalização da produção, que surgira a partir da Exposição Internacional de Quadrinhos de 1951 e da proposta de Aizen durante o Estado Novo, também não avançou de modo significativo.

Nada disso, porém, tirou a disposição dos artistas para lutar pela sonhada lei. No balanço final, até aquele momento, podiam comemorar pelo menos uma vitória: haviam convencido deputados a incluir em seus projetos de lei de censura aos quadrinhos no país cotas de produção para artistas brasileiros. Embora nenhum desses projetos tivesse sido votado no Congresso até então, a polêmica não perdeu espaço nos jornais. Pelo contrário.

A *Tribuna da Imprensa*, de Lacerda, e o *Última Hora*, de Wainer, desconfiavam havia tempo da morosidade dos parlamentares em votar as propostas e continuavam a acusá-los – primeiro, apenas com insinuações – de empurrar com a barriga uma providência mais enérgica contra os gibis porque teriam se rendido aos interesses dos donos das editoras (em especial Assis Chateaubriand e Roberto Marinho, esse último ainda o principal alvo das críticas). Fosse por prudência ou mesmo medo de serem alvo de matérias investigativas, fosse porque queriam ficar bem com os dois empresários.

De fato, a pressão dos empresários nos parlamentares, até mesmo por parte de Aizen, com seus almoços, era também intensa e ainda mais eficaz que a dos desenhistas, porque eles conseguiram adiar as votações e derrubar pelo menos seis projetos com propostas de censura na Câmara em sete anos, além das iniciativas regionais em Porto Alegre, Belo Horizonte, São Paulo e Rio de Janeiro.

Os artistas de São Paulo podiam fazer pouca pressão contra as editoras, pois o mercado estava praticamente restrito às ainda pequenas La Selva e Abril, além das efêmeras de histórias de terror que surgiam de vez em quando. Apesar de ter começado a produzir e publicar versões do cinema e da TV para os quadrinhos, a La Selva não absorvia toda a mão de obra nacional disponível, pois a maioria de suas revistas continuou a ser preenchida com material importado, inclusive com incontáveis republicações.

Como o trabalho era pouco, para sobreviver, parte da turma da editora migrou para o jornal *O Tempo*, no começo daquele ano. Foram para lá Álvaro de Moya (que já trabalhava também com produção de TV) e a dupla de amigos Jayme Cortez e Miguel Penteado. Os três conseguiram convencer o secretário de redação do jornal, Hermínio Sacchetta, a publicar charges e quadrinhos brasileiros. *O Tempo* era um jornal bem-feito e moderno, assumidamente de esquerda, que abriu espaço para charges e caricaturas. O idealismo que movia a direção e os jornalistas não evitou, entretanto, que o diário morresse antes de completar um ano de existência.

Eram tempos de extremos. Época de Guerra Fria, quando tudo se confundia com subversão, entre capitalistas e comunistas. Até fazer histórias em quadrinhos. A imprensa brasileira continuou a reproduzir com destaque qualquer iniciativa, nacional ou internacional, que denunciasse os perigos dos gibis. Nos EUA, apesar do êxito da imposição do código de ética para autorregulamentar o mercado, a vigilância sobre os quadrinhos manteve o fôlego em 1956.

A revista brasileira *Coletânea* da Editora Vida Doméstica – versão em português da americana *Magazine Digest* e concorrente da *Seleções do Reader's Digest* – reproduziu um artigo que contrariava a tese de Fredric

Wertham sobre a má influência dos gibis no crescimento da criminalidade infantojuvenil nos EUA.

O autor não identificado disse que não estava demonstrado que a leitura de *Superman*, *Batman* ou das cerca de setecentas outras revistas em quadrinhos que circulavam nos EUA fosse responsável pelo "surto alarmante" de delinquência de menores. Aquela era, sem dúvida, uma voz isolada em meio a quase uma unanimidade sobre o tema depois de *The Seduction of the Innocent*. E o tempo mostraria que era mais prudente se apegar ao código de ética, que deu certo como meio orientador para pais e educadores, ajudado pelas matérias positivas publicadas na imprensa.

No Brasil, a pressão dos educadores atingia um ponto crítico. Eles pareciam ignorar a tese do respeitado psicólogo e educador suíço Jean Piaget, de que, ao contrário do que se dizia, as ilustrações das histórias em quadrinhos ajudavam a criança a assimilar o conceito desejado pelo autor de obras escolares.

Naquele ano, os almoços das quartas-feiras na Ebal se consolidaram como a mais importante iniciativa de resistência de Adolfo Aizen. Sem se expor, com o cuidado de preservar o temido segredo de sua nacionalidade, sua estratégia de aproximação dos formadores de opinião e políticos conseguiu impressionar também o colunista Mauritônio Meira, do *Última Hora*.

Na edição de 5 de março de 1956, Meira se mostrou entusiasmado com a visita que fez à Ebal. Em sua coluna "Plantão Diário", publicou o artigo "Romances em quadrinhos: valorização do escritor", no qual lembrou que já vira algumas vezes nos jornais fotografias de escritores, jornalistas, deputados e até ministros de Estado em visita à Ebal. Confessou que, de tanto ver a "exploração" que faziam da inocência infantil com os gibis desde a adolescência, havia tomado prevenção contra esse tipo de publicação. Daí sua surpresa ao conhecer de perto uma editora que usava uma série de critérios de seleção, apresentação e senso artístico na produção de suas revistas em quadrinhos. Sobretudo, acrescentou, preceitos "de honestidade sem alarde, além da valorização do escritor brasileiro, pela remuneração digna".

No final de abril, pouco depois da publicação do artigo de Meira, Aizen assinou um contrato com Samuel Wainer para publicar no *Última Hora* biografias em quadrinhos de personagens importantes da história nacional e romances brasileiros quadrinhizados em capítulos.

Por ser um jornal acostumado a tratar os gibis de modo implacável, a novidade surpreendeu seus leitores e os críticos dos quadrinhos. Com direito a chamada de primeira página, ao lançar a novidade, o jornal descreveu Aizen como "homem a quem o Brasil devia os mais arrojados empreendimentos naquele setor fundamental da educação popular".

Se não oferecia almoços para atrair a simpatia de políticos, padres e intelectuais, como fazia a Ebal, a RGE, de Roberto Marinho, continuou a usar O Globo não só para desmoralizar os adversários como tentar seduzir os críticos cada vez mais, ao investir na produção de quadrinhos "saudáveis".

A partir de 1956, o diário promoveu uma série de reportagens sobre a editora para divulgar seu "comprometimento" em fazer quadrinhos "responsáveis", claramente inspirados nos gêneros explorados por Aizen: revistas sobre religião, ciências, literatura e história do Brasil.

A edição de 5 de maio, por exemplo, trouxe a manchete: "Como a Rio Gráfica e Editora prepara as famosas histórias em quadrinhos de suas numerosas publicações especializadas". A reportagem traçou o perfil de Wilson Drummond, secretário de redação do núcleo de gibis da editora. Para ele, se os quadrinhos tinham inimigos, era indiscutível que haviam conseguido se impor, transformando-se num fenômeno de massa no Brasil.

O secretário lembrou que a RGE havia adotado o cuidado de colocar páginas com textos instrutivos, curiosidades e informações históricas em todas as suas revistas, como demonstração de que se preocupava com a formação de seus leitores.

Em última análise, os quadrinhos deveriam ser vistos como "educativos", pois no fim das histórias o bem sempre vencia o mal. Drummond garantiu que a editora mantinha havia anos um "serviço de censura interno"

Para os fãs de quadrinhos, o imponente prédio da Ebal virou até cartão postal. Aizen tentava passar a imagem de que sua editora era uma fábrica de sonhos. Só os críticos dos gibis não achavam isso. FA

para controlar sua produção, que agia de modo "bastante rigoroso" quando necessário: "Policiamos cuidadosamente os textos destinados à juventude, e muitos desenhos são cortados, sem apelação, já que estamos perfeitamente conscientes das nossas responsabilidades".

O Departamento Cultural da RGE, de acordo com o secretário, sempre teve zelo sobretudo com os leitores infantis. O setor de censura interna tinha como diretor o professor Sérgio Macedo, que, assim como Drummond, também fora colaborador de Aizen no *Suplemento Juvenil* nos primeiros anos.

Macedo preparava, então, o mais ambicioso projeto que Marinho já desenvolvera até então para utilizar os quadrinhos como meio de educação: a primeira enciclopédia em quadrinhos do Brasil, que seria lançada ainda naquele ano.

Escrita por nomes considerados expressivos do magistério nacional, a enciclopédia vinha sendo anunciada como uma obra para divertir e instruir os leitores com recursos gráficos e desenhos que tornariam o aprendizado escolar "mais interessante". Ao mesmo tempo, com a enciclopédia, Marinho expandiu sua produção de quadrinhos brasileiros.

Se nos últimos anos ele mantivera uma reduzida equipe de artistas, apenas para fazer as capas, a arte-final e "amenizar" as cenas de violência e de sexo, o fundador d'*O Globo Juvenil* partiu para adaptar obras literárias brasileiras para os gibis, como fazia a Ebal em *Edição Maravilhosa* e *Álbum Gigante*.

Em abril, a RGE mandou para as bancas, com uma forte campanha de marketing, a série *Romance em Quadrinhos*, inicialmente com circulação bimestral. O coquetel de lançamento do primeiro número – *Pedras Altas*, de Emi Bulhões Carvalho da Fonseca – recebeu ampla cobertura d'*O Globo*.

A noite de autógrafos contou com a presença de nomes da política, da cultura e da sociedade carioca. A chegada do gibi foi curiosamente destacada pelo jornal como mais um *round* da "guerra dos quadrinhos" entre Marinho e Aizen. Foi a primeira referência feita por *O Globo* à concorrência entre os dois.

Sem dúvida, criara-se uma disputa entre a Ebal e a RGE para conseguir os direitos de adaptação dos melhores romances brasileiros de autores vivos. Por causa disso, em maio, Aizen teve uma baixa importante entre seus colaboradores. Depois de editar em quadrinhos algumas obras de José Lins do Rego, o autor de *Menino de Engenho* – que morreria naquele ano – foi convencido a vender os direitos de *Eurídice* para a coleção da RGE.

Antes dos videogames e da internet, os quadrinhos eram a forma mais moderna preferida de diversão das crianças. E pagou um preço alto por isso. RV

Para comemorar a vitória, a edição d'*O Globo* de 5 de maio trazia uma foto de Lins do Rego ao lado do diretor-gerente da RGE, Rubens de Oliveira, na qual os dois assinavam o contrato de cessão dos direitos. Aizen não quis polemizar, mas, segundo contaria mais tarde seu filho, Naumin Aizen, alguns anos antes ele pagara pelos direitos de todos os livros de Lins do Rego, inclusive *Eurídice*. O escritor, ao que parece, esquecera-se disso.

A Ebal lançou em 1955 quatro novas revistas de grande sucesso: *Misterinho* (abril), *Rin Tin* (maio), *Lassie* (junho) e *Princesinha* (junho). A segunda e a terceira traziam versões em quadrinhos dos seriados do cinema e da TV estrelados por cachorros heróis, bastante populares na época. As outras eram de personagens infantis. A última trazia clássicos infantis em quadrinhos e tinha como alvo as meninas, no momento em que a Editora O Cruzeiro lançava com sucesso a famosa *Luluzinha*, de Margie.

A estratégia de Aizen de fazer quadrinhos educativos e religiosos acabou por ajudá-lo a superar Roberto Marinho em número de revistas publicadas. A Ebal fechou o ano com 26 títulos mensais, sete a mais que a RGE. Esta, porém, não editava somente quadrinhos, mas revistas de diversos gêneros.

Marinho competia com força também no mercado de publicações especializadas em fofocas e bastidores do rádio, da TV e do cinema (*Radiolândia* e *Cinelândia*) e de revistas de contos policiais (*X-9* e *Meia-Noite*), tradição mantida por ele desde o começo dos anos de 1940. Editava ainda *Aconteceu*, revista de atualidades voltada para o noticiário policial e de fatos curiosos, de conteúdo explicitamente sensacionalista.

Por isso, para os especialistas de mercado, Marinho foi o maior editor de revistas populares do país nos anos de 1950. Sem qualquer pudor, como diziam os adversários, sua editora sabia como agradar em especial ao público masculino. E inundava as capas e as páginas internas de suas revistas policiais com fotos de garotas de *lingerie*, maiô ou biquíni, em poses provocantes. Com isso, fornecia farta munição para que suas revistas – assim como os gibis – fossem consideradas um atentado à moral e aos bons costumes, exemplos acabados de "mau gosto" e da "perversão".

Entre seus leitores, Aizen não era lembrado pelo engajamento nas campanhas cívicas da ditadura do Estado Novo e em tentar proibir quadrinhos estrangeiros. Ele desfrutava a fama mítica de guardião apaixonado dos quadrinhos. Isso tinha alguma verdade, mas acima de tudo os gibis eram um excelente negócio, que o editor conhecia como ninguém. Tanto que uma de suas preocupações até o começo dos anos de 1960 continuou a ser a ampliação cada vez maior da produção de quadrinhos religiosos e educativos como forma de preservar sua empresa.

O cuidado com a elaboração dos textos e das adaptações também estava entre as prioridades da editora. A série *História do Brasil em Quadrinhos*, por exemplo, levou oito anos para ser pesquisada e ilustrada antes de ir para as bancas. Trouxe biografias de dezenas de personagens da política e da cultura nacionais, com vendas modestas, mas foi um sucesso entre os educadores.

O impacto da série levou Marinho a deixar a concorrência entre ele e Aizen de lado para lhe pedir ajuda. Os dois se encontraram para um pedido inusitado do presidente de *O Globo*: que a Ebal autorizasse a publicação, em seu jornal, de capítulos das biografias de brasileiros ilustres. Aizen consentiu, como uma gentileza. Na época, a impressão dos jornais era feita em clichês, e Marinho mandava de presente para o amigo as placas de metal depois de publicadas.

Não havia, porém, regularidade na série. Os pedidos em geral eram feitos quando Marinho era alvo de alguma campanha difamatória por causa de seus gibis ou quando havia alguma data especial. A Ebal permanecia creditada como dona dos direitos das histórias.

UMA EDITORA FORTALECIDA

A Ebal começou 1957 comemorando as suas vendas, superiores a oitenta mil exemplares por título para quase todas as suas 32 revistas, com circulação quinzenal ou mensal – as de ponta, como *Batman*, *Zorro*, *Tarzan* e *Superman*, se mantiveram sempre acima dos 150 mil. Somadas as edições especiais, lançadas todos os meses, o volume mensal de exemplares vendidos ultrapassava os 3,5 milhões de gibis. O grosso das vendas vinha mesmo das revistas de heróis produzidas nos EUA.

Se não davam lucro, os gibis "catequizadores", de religião e temas educativos não traziam tanto prejuízo, já que o papel era subsidiado pelo governo. Alerta às oportunidades para defender seus quadrinhos, Aizen começou a atender a todos os jornalistas que quisessem entrevistá-lo. Não era uma tarefa das mais fáceis para ele, uma vez que era extremamente controlador na produção das revistas. Esforçou-se para ser simpático e evitou hostilizar os críticos dos quadrinhos.

Fazia isso também quando viajava para outros estados, o que acontecia quase todos os anos. Em fevereiro, durante férias com a família no Recife, concedeu uma longa entrevista ao *Diário de Pernambuco*, na qual aproveitou para agradecer publicamente ao escritor Gilberto Freyre pela defesa que fazia dos quadrinhos.

O editor também prometeu que, nos meses seguintes, seria lançada a já mencionada versão em gibi do maior clássico de Freyre, *Casa-Grande e Senzala*, com argumento de Estevão Pinto e desenhos de Monteiro Filho. Aizen anunciou a edição como o mais ambicioso projeto da Ebal, com custo final de um milhão de cruzeiros.

Em maio, para comemorar o décimo aniversário de lançamento de *O Herói* e de *Superman*, as duas primeiras revistas em quadrinhos da Ebal, Aizen anunciou a construção de um novo prédio, anexo à sede da editora, onde funcionaria finalmente seu parque gráfico, que pretendia ampliar.

O projeto foi desenvolvido por Samuel de Aratanha, o mesmo arquiteto que cuidara do primeiro bloco do edifício dez anos antes. Os técnicos da Ebal já haviam escolhido as máquinas de fotolito e rotogravura da futura gráfica, fabricadas na Europa e consideradas a última novidade em tecnologia.

O editor divulgou também que mais dois novos títulos na linha de revistas educativas seriam lançados até julho: *Grandes Figuras em Quadrinhos*, com biografias, feitos e glórias dos vultos da história do Brasil – em 1940, ele havia publicado dois volumes com o título *Grandes Figuras do Brasil* –, e *Biografias em Quadrinhos*, com a vida de homens que foram importantes para a humanidade.

Logo em seguida, Aizen fez duas viagens importantes. Na primeira, em maio, em uma espécie de volta às raízes, o editor retornou a Salvador para um passeio na companhia da esposa Luba e dos filhos Naumim, Paulo e Mário.

Na segunda semana de junho, o casal embarcou para a Europa na companhia de Alfredo Machado e de sua esposa, Maria da Glória. A viagem serviu para reaproximar Aizen e Machado, cuja amizade andara estremecida por quase uma década, depois que o pupilo de Aizen trocara o *Suplemento Juvenil* por *O Globo Juvenil*, no final dos anos de 1930.

A estadia de Aizen na Europa daria uma nova dimensão empresarial à editora – tanto que levou seu fundador a dizer, tempos depois, que tudo o que ele havia conquistado como empresário devia a Alfredo Machado. Não havia exagero nessa frase. A Ebal, então, era uma das principais compradoras de tiras e de histórias em quadrinhos da Record. Machado e Décio de Abreu concluíram que a editora, com uma boa estrutura gráfica, certamente publicaria mais quadrinhos. Logo, compraria mais quadrinhos da Record.

Assim, decidiram financiar a expansão da empresa. Essa justificativa escondia um gesto de camaradagem de Machado, que fez a Aizen uma proposta irrecusável: ofereceu-se para ajudá-lo na compra de novas máquinas para sua editora, dando a ele um prazo longo para pagá-las. E, ainda por cima, só depois disso Aizen voltaria a pagar os quadrinhos comprados da Record. A gentileza de Machado com o ex-chefe foi além (e Aizen nunca ficaria sabendo disso): ele chegou a vender um pequeno prédio para bancar a compra das máquinas da Ebal.

Na Alemanha, o editor adquiriu várias máquinas auxiliares e duas principais: uma para impressão em rotogravura, da Albert Frankenthal, e outra para fotolitagem dos originais, da Klimschi. O fundador da Ebal, no entanto, cometeu um erro que se mostraria fatal a longo prazo: não optou por impressoras ofsete – que se revelariam o futuro da indústria gráfica nas décadas seguintes. Por causa disso, em 1970, Machado voltaria a socorrer a Ebal. A Record havia se transformado em uma sólida editora de livros e adquirido uma máquina ofsete plana Ultra-Man para impressão em formato 76 × 112 cm que ainda não havia sido instalada. Machado propôs que, se Aizen quisesse ficar com ela, bastaria pagar duzentos cruzeiros por mês. Uma pechincha.

A viagem dos dois casais pelo continente europeu durou 44 dias. Eles percorreram mais de vinte mil quilômetros de trem e de carro em seis países. Todo o passeio foi registrado em fotos e anotações em diário que Aizen reproduziu em várias de suas revistas, nos meses de agosto e setembro.

Na volta, em julho, a Ebal mandou para as bancas, como prometera dois meses antes, as séries bimestrais *Grandes Figuras em Quadrinhos* e *Biografias em Quadrinhos*, com homenagens, entre outros, ao Marechal Rondon, Oswaldo Cruz, José de Anchieta, general Osório, Castro Alves, Ruy Barbosa e Dom Pedro II. Nas duas capas internas, Aizen incluiu a cronologia de cada biografado, fotografias da casa ou cidade onde nascera, bustos e monumentos em sua memória.

Outra novidade foram as fontes bibliográficas utilizadas na produção de cada número. Para dar credibilidade à pesquisa, o editor encomendou as adaptações a professores conceituados no Rio. No caso do general Osório, por exemplo, os textos foram realizados pela professora Maria da Rocha Miranda, com desenhos de Nico Rosso.

A revista *Publicidade & Negócios* dedicou mais uma reportagem a Adolfo Aizen, bem simpática para uma revista que via os gibis com desconfiança. Chamou o editor de "o mágico das histórias em quadrinhos". O tema da matéria, publicada em 20 de julho, foi o aniversário de dez anos das primeiras revistinhas da Ebal. A publicação relatou em detalhes – com reprodução de algumas fotos – a viagem que Aizen acabara de fazer à Europa com Alfredo Machado.

E o que fazia, então, Roberto Marinho? O jornalista e empresário se dividia entre suas empresas – jornal, rádio e editora – e a atividade de *lobby* com deputados e senadores para protelar qualquer iniciativa de criar uma lei de censura aos quadrinhos.

Essa experiência de cortejar o poder para evitar a censura a seus gibis, intensificada desde a década de 1940, se revelaria importante no final dos anos 1960, quando o Congresso organizou uma CPI para investigar os empréstimos do grupo americano Time-Life para montar a TV Globo.

Em 1957, porém, sua imagem de vilão da formação moral e intelectual de crianças e adolescentes ainda era a mesma de 1948, quando começou a campanha contra ele por Orlando Dantas, no *Diário de Notícias*. E podia ser avaliada pela leitura do boletim clandestino *Guerrilha*, distribuído entre os gráficos do Rio de Janeiro na primeira quinzena de junho. Impresso em mimeógrafo a óleo em uma só face de folha de papel ofício, o panfleto apócrifo se autodenominava "Boletim semanal de informações verdadeiras" e trazia um dossiê de conteúdo polêmico sobre o dono do jornal *O Globo*.

O título daquela edição dava o tom do texto: "Da corrupção da juventude e do incitamento à prostituição vem a riqueza de Roberto Marinho". Não se sabe a origem do panfleto, se estava relacionado a alguma entidade religiosa preocupada com o crescimento do mercado de gibis ou se havia partido de algum inimigo comercial de Marinho. A origem mais provável era o sindicato dos gráficos do Rio de Janeiro. Também não foram encontrados registros de continuidade das denúncias e suas "sensacionais revelações" futuras, como fora prometido no final do texto.

O exemplar chegara até Aizen, que o guardou em seu arquivo pessoal. O texto merece ser reproduzido na íntegra, por estar relacionado apenas aos quadrinhos, pelo teor moralista e pelo modo eloquente como atacou o empresário e o responsável pelo núcleo de quadrinhos da RGE, Rubens de Oliveira. Criticava também autoridades e parlamentares que se deixaram levar pelo *lobby* de Marinho e não tomaram providência contra o risco que suas revistas representavam:

> Não é de *O Globo* nem da Rádio Globo – esta deficiente, aquele devedor do Banco do Brasil – que o sr. Roberto Marinho aufere os proventos necessários ao oferecimento de festas com faisões dourados, javalis, veados assados e iguarias semelhantes.
> É, sim, com os lucros fabulosos provenientes do envenenamento lento e permanente da juventude brasileira através das revistas em quadrinhos da sua Rio Gráfica e Editora, onde, juntamente com seu sócio e parceiro Rubens de Oliveira, funcionário relapso da prefeitura, realiza persistente trabalho de corrupção juvenil com revistas do tipo: *O Globo Juvenil, Biriba, Shazam!, Buffalo Bill, Gibi* e várias outras do mesmo tipo, onde se endeusa a violência, prega-se o crime, açula-se o sexo, através de desenhos e textos imorais e perniciosos.

É também com o lucro de revistas como *Querida*, que convida, sistematicamente, a mulher casada ao adultério e ensina às mulheres como enganar os maridos, pais e esposos sem que eles descubram os deslizes...

Querida é uma revista para excitar. É 100% sexual. Nela se extravasam complexos, recalques e frustrações sexuais. A leitura de qualquer número dessa revista prova o afirmado.

Pobre sociedade brasileira, onde Marinhos e Oliveiras, tão vulgares, mercadejam com consciências!

Pobre sociedade que se deixa comprar por retratos em jornal, presentinhos, coquetéis e jantares!

Até quando o Estado continuará participando da obra de corrupção dos Marinhos, dos Oliveiras, das gentes semelhantes, concedendo isenção de impostos para importação de papel de imprensa destinado a drogas da natureza daquelas revistas?

Até quando continuaremos a perder divisas para editar *Gibis*, *Queridas*, *Aconteces* e drogas semelhantes?

Aguardem nossa próxima edição com sensacionais revelações.

No esforço de proteger sua editora do bombardeio dos críticos jornalistas, religiosos e até políticos, Aizen acabou por se tornar um íntimo colaborador de Juscelino Kubitschek quando o presidente iniciou a construção de Brasília. Considerada a mais polêmica obra de engenharia, arquitetura e urbanismo do século xx no Brasil, a futura capital do país foi construída em apenas quatro anos.

Milhares de revistas em quadrinhos da Ebal foram distribuídas nos canteiros de obras para os operários, desde os primeiros dias de construção da cidade. Tudo adquirido pelo governo para distrair os operários. Aizen chegou a visitar o local, onde conheceu o presidente. Juscelino fez uma série de elogios à sua biografia em quadrinhos, lançada pela Ebal durante a campanha presidencial de 1955: "A revista que o senhor imprimiu a meu respeito ajudou minha campanha. Quero agora que prometa que vai imprimir outra para ajudar a construir Brasília, agora mesmo!".

O editor respondeu: "Pode contar com isso, presidente". Demorou um pouco, mas a encomenda foi atendida. Em janeiro de 1959, Aizen lançou o número especial de *Epopéia: Brasília, Coração do Brasil*. Com apresentação do próprio JK, textos de Nair da Rocha Miranda e desenhos de Ramón Llampayas, a edição ainda trouxe, nas contracapas, um álbum fotográfico do desbravamento do cerrado, onde a cidade estava sendo construída. Juscelino aparecia acompanhando as obras. As fotos foram cedidas como cortesia pela revista *Manchete*.

Antes de ser publicada, a revista foi revisada pelo presidente em pessoa, que recebeu Aizen em audiência no Palácio das Laranjeiras. A edição também passou pelo crivo de Ernesto Silva, diretor da Novacap (a empresa responsável pela obra), do arquiteto Oscar Niemeyer, do arquiteto e urbanista Lúcio Costa e do conselho diretor da revista *Módulo*. Na quarta capa, Aizen afirmava que aquele número era uma homenagem de sua editora a todos os que ali trabalhavam pela conquista do próprio país.

A modernidade que o presidente representava, porém, não encontrava ressonância diante das conhecidas opiniões a respeito das revistas em quadrinhos. Velhos e novos críticos dos gibis se revezavam em seus ataques contra as revistinhas em todo o país, e não havia motivos para não acreditar que, duas décadas depois de ostensiva campanha, um desfecho radical contra Adolfo Aizen e, em especial, Roberto Marinho, estivesse a caminho.

Nesse momento, um crítico despertou particularmente a atenção da mídia pela credibilidade que desfrutava no meio educacional brasileiro. Na segunda metade dos anos de 1950, as editoras de gibis tiveram de amargar a entrada em cena do professor Antônio D'Ávila, de São Paulo, cujas acusações contra os editores, em tom bombástico, prometiam transformá-lo em uma espécie de Fredric Wertham brasileiro.

D'Ávila criticava os quadrinhos desde a década anterior, mas ganhou notoriedade nacional ao lançar, em 1957, o livro *Literatura Infanto-Juvenil*, tratado resultante de uma análise sobre todos os tipos de leitura consumidos por crianças e adolescentes no Brasil, que teria várias reedições ao longo da década de 1960. Pelo menos quatro capítulos foram dedicados aos quadrinhos, citados como "um problema dos tempos modernos" e "a forma mais destrutiva da formação educacional das crianças".

Para mostrar o perigo dos gibis na educação das crianças, o professor teorizou sobre seu tipo de narrativa e recorreu a casos de manifestações públicas de autoridades contrárias à publicação de revistinhas, divulgadas na imprensa ao longo dos últimos quinze anos, principalmente em São Paulo.

Ele deu também um panorama sobre as mobilizações contra aquele tipo de leitura: "Pastorais de bispos do estado e do país, congressos de menores, conferências, debates, campanhas sistemáticas como a do desarmamento infantil são sinais sadios de que se está em alerta quanto aos perigos e malefícios da leitura de má qualidade".

Não havia novidades no discurso de D'Ávila. Sua relevância se deu por causa da influência que despertou entre os professores. Para ele, o jogo de envolvimento "criado" pelos "colonizadores culturais americanos" por meio do cinema, da literatura e dos quadrinhos poderia fazer – "e sem dúvida está fazendo" – da mente e do caráter de crianças e adolescentes uma "deplorável filosofia da vida", em que os valores se mediriam pela força e pelo terror.

Assim, todas as revistas de aventura importadas dos EUA eram "um veículo comercial de um poderoso aparelho de deformação da alma e do coração da criança e do adolescente". Por isso, o crime também encontrava eficientes cartilhas nos gibis. A sintonia entre o livro de Antônio D'Ávila e as ideias de Wertham aparecia na citação de alguns crimes praticados por menores que, para o brasileiro, demonstravam sua relação com a leitura de revistas em quadrinhos.

Por onde, então, se deveria buscar uma solução para o problema dos quadrinhos?, indagava D'Ávila na conclusão de seu livro. Sua sugestão era que houvesse uma interferência direta do poder público no trabalho dos editores. Ele destacou a necessidade de as autoridades prestarem mais atenção à fragilidade emocional e moral das crianças diante das mensagens que recebiam dos quadrinhos. O educador se mostrou implacável:

> Os textos dessas revistas, que enchem estantes de jornaleiros, são fabulosos incentivos à sugestibilidade da criança e do jovem. Pelo que sabemos, não farão eles o mesmo mal a todos, graças ao efeito mental e moral que diversifica os indivíduos.
> O mundo não atua do mesmo modo sobre os homens. Mas a capacidade de sugestão no mundo da criança é extraordinariamente viva aos sons, às vozes, aos conselhos, às gravuras, às histórias, às cenas.

O dossiê de Antônio D'Ávila encontrou eco em publicações de alcance reduzido como a católica *Mundo Melhor*, que dedicou nada menos que seis números aos "problemas" dos quadrinhos, entre setembro de 1958 e fevereiro de 1959. Os textos eram, na verdade, resumos de alguns capítulos de *The Seduction of the Innocent*, de Fredric Wertham, publicado quatro anos antes nos EUA. Para a revista, as conclusões do psiquiatra permaneciam atuais, como "séria advertência para as nossas autoridades, para os nossos pais e educadores".

Os quadrinhistas brasileiros foram influenciados até demais pelos artistas de terror americanos censurados. AA

Os ataques aos gibis também vinham, simultaneamente, de outras frentes. Oito anos após a última tentativa fracassada do deputado federal Armando Leite de alterar o inciso 5 do Artigo 141 da Constituição – com o objetivo de estabelecer a censura prévia aos quadrinhos –, a íntegra do relatório de Jarbas Maranhão, contrário à proposta, ganhou uma edição em livro, em março de 1959, feita pelo Serviço de Documentação do Ministério da Educação.

Maranhão acreditava que, mesmo depois de tanto tempo, a discussão em torno dos quadrinhos justificava o lançamento do parecer em formato impresso, que intitulou de *Liberdade de pensamento e formação da juventude*. Distribuída de graça a professores e bibliotecas do todo o Brasil, em especial nas escolas da rede pública, a obra de Maranhão colocou mais lenha na fogueira contra os gibis.

Agora senador por Pernambuco, ele manteve, no texto revisto do parecer, sua preocupação em preservar o direito de livre manifestação da imprensa diante das seguidas propostas apresentadas na Câmara dos Deputados para censurar os gibis. Por outro lado, lamentou que, tanto tempo depois, nenhuma providência tivesse sido tomada contra a proliferação de revistas em quadrinhos que traziam histórias de violência – policiais, de faroeste e de super-heróis. O parlamentar, no entanto, não apresentou nenhuma sugestão do que deveria ser feito.

Esses argumentos não intimidavam as editoras de quadrinhos, que, naquele final de década, chegaram ao auge do mercado até então. Em 1959, a Ebal editava 41 títulos mensais, além de edições especiais, livros para recortar e montar e álbuns de figurinhas. Adolfo Aizen começou a fazer, nas escolas públicas e particulares, convites para que caravanas de professores e estudantes visitassem a sede da editora. Muitos desses comboios vinham do interior do Rio e de estados vizinhos, como Minas Gerais, Espírito Santo e São Paulo.

Nesses passeios, as crianças conheciam as instalações da Ebal e o processo de produção e impressão das revistas. Também faziam lanches por cortesia da casa, ganhavam exemplares de cortesia, conheciam a biblioteca permanente de histórias em quadrinhos e ainda podiam brincar no parquinho que o editor construíra no jardim da editora.

Se a Ebal era só festa para a garotada, seu fundador não se acomodou e continuava a tomar medidas que amenizassem as críticas. Havia cinco anos que publicava no canto superior esquerdo da capa de suas revistas uma classificação por faixa etária que pretendia servir de guia de leitura para pais e professores. Agora, passava a reforçar essa orientação, listando no expediente de cada edição os títulos do catálogo da editora, apresentando-os por faixa etária.

Os que tinham classificação "Para crianças" traziam exclusivamente histórias de fadas e bichinhos falantes – com poucas legendas e mais gravuras. As revistinhas dirigidas ao público com "mais de treze anos de idade", explicou o editor, pretendiam atingir uma faixa etária de leitores que viviam "dos sonhos de aventuras e heroísmo", com histórias de mocinho e faroeste. A categoria "Para moças e rapazes" reunia sete revistas com histórias românticas em quadrinhos. As classificadas como "Para adultos" estavam liberadas para leitores acima dos 21 anos. Havia ainda as revistas educativas e religiosas, sem restrições, "Para todas as idades".

O esforço em combater o preconceito exigiu ainda algumas iniciativas à parte que tomaram considerável tempo de Aizen. Em sua agenda pessoal de 1959, por exemplo, anotou nas páginas dos dias 23 e 24 de junho uma série de endereços e telefones de novos inimigos dos gibis que começavam a surgir naquele momento: as associações femininas católicas, que procuravam seguir com rigor os princípios morais e cristãos, no zelo pela preservação da "sagrada instituição da família" e contra "todos os males que ameaçavam a educação de seus filhos".

Essas senhoras seriam as mesmas que, em 1964, organizariam as Marchas com Deus pela Liberdade, para pedir a queda do presidente João Goulart. O editor registrou em suas anotações que deveria enviar gratuitamente lotes de mil exemplares de uma de suas revistas aos cuidados de Nalhy Amarante, presidente do Comitê Central Feminino, com sede na rua Senador Dantas, 7-A, segundo andar. A intenção de Aizen era mostrar às donas de casa de classe média o caráter inofensivo de suas revistas.

Pela correspondência particular do editor, percebe-se que, regularmente, enviou um número razoável de cotas de mil exemplares às entidades femininas e a partidos políticos. Hábito, aliás, que se tornou cada vez mais frequente a partir de 1961, quando teve início uma mobilização mais organizada contra o que se considerava uma ameaça do comunismo no país, personificada na figura de Goulart, então vice-presidente da República.

Em setembro daquele ano de 1959, Aizen recebeu um telegrama de agradecimento do Comitê Central Feminino, com a promessa de uma visita da diretoria da associação à sede da editora, em atenção a seu convite.

PLANO PARA EXPANDIR EM SÃO PAULO

Mesmo com a liderança do mercado de quadrinhos na segunda metade dos anos 1950, a Ebal enfrentava dificuldades para ter maior penetração no estado de São Paulo. Na época em que a rivalidade entre o Rio e a capital paulista atingia certo acirramento, estimulado pelo Torneio de Futebol Copa Rio-São Paulo, a editora de Aizen desfrutava uma imagem eminentemente carioca, o que contribuiu para abalar um pouco as vendas no estado vizinho.

Com o propósito de romper a resistência, o desenhista e agora produtor e diretor de TV Álvaro de Moya elaborou, em novembro de 1959, um meticuloso "plano de promoção" das revistas da Ebal em São Paulo. Em doze folhas datilografadas, Moya sugeriu a Aizen que Anuar Daia, gerente da Agência Modesto, então distribuidor da Ebal no estado, cuidasse da área de relações públicas da editora.

Daia deveria, entre outras tarefas estratégicas, tentar convencer os jornaleiros da cidade a não misturar as revistas da Ebal com as de outras editoras. Ao mesmo tempo, montaria uma mala direta de pessoas influentes que receberiam exemplares gratuitos das revistinhas de Aizen e promoveria na imprensa uma intensa campanha das revistas que poderiam ser consideradas "educacionais", como *Ciência em Quadrinhos*, *Série Sagrada*, *Grandes Figuras em Quadrinhos*, *Biografias em Quadrinhos* e *Edição Maravilhosa*. O plano de ação trazia principalmente uma lista de sugestão de nomes importantes da televisão e de autoridades a serem cortejados pela editora. Sua ideia, no entanto, nunca foi posta em prática.

Enquanto isso, o nacionalismo que tomou conta do país durante o governo JK ampliou também outro problema para os editores de quadrinhos: a possibilidade cada vez maior de uma lei de reserva de mercado para os artistas brasileiros – à qual Aizen dessa vez era contrário, porque boa parte de suas revistas publicava material estrangeiro. Em uma de suas entrevistas dessa época, o editor se mostrou preocupado com o movimento dos desenhistas, considerou exagerada a reivindicação de dois terços de produção nacional e se queixou da falta de diálogo entre editores e o comando dos artistas:

> Desde 1934, quando surgiu o *Suplemento Juvenil*, até agora, quando está latente a campanha de "nacionalização" da história em quadrinhos, nunca desanimamos um desenhista ou "candidato a desenhista" de histórias em quadrinhos, quer tenha vindo pessoalmente a nossa editora, quer também aqueles que nos tenham escrito de qualquer parte do Brasil.

Exemplo do que o editor via como um "incentivo" de sua editora aos candidatos a desenhistas foi a então recente publicação em capítulos da série ABC *das Histórias em Quadrinhos*, um guia para artistas iniciantes sobre como desenhar gibis.

Aizen defendia uma discussão mais profunda do tema, porque a publicação de uma história dependia de "mil e um fatores – e não apenas de um desenhista". Ou seja, o processo de produção exigia redatores, condensadores de texto, revisores, letristas, paginadores e "completadores" de desenhos – e todos deveriam participar dos debates.

A OUTUBRO E A NACIONALIZAÇÃO DOS QUADRINHOS

Tanto em São Paulo como no Rio, crescia a insatisfação por parte dos desenhistas e roteiristas, que não tinham alguns dos direitos trabalhistas elementares respeitados pelos donos das editoras – carteira assinada, por exemplo. Todos trabalhavam como colaboradores e recebiam de acordo com a produção do mês. Nem mesmo a pressão da ADESP e da ABD produziu efeito. Apesar da postura mais sindical das associações na defesa dos interesses dos artistas, a mobilização não mostrou força suficiente para que as reivindicações fossem atendidas.

As editoras, claro, insistiam em não ceder às exigências individuais dos desenhistas, e os atritos se tornaram cada vez mais frequentes. Por causa da política de preços baixos, as relações da La Selva com os artistas, por exemplo, nunca chegaram a ser saudáveis, apesar das famosas macarronadas de fim de semana, que continuavam a ser servidas pela família a seus funcionários.

Um acontecimento importante em 1959 foi decisivo para impulsionar a reivindicação dos artistas pela lei de reserva de mercado: a fundação da Editora Continental, em São Paulo, por Miguel Penteado e Jayme Cortez, com vários desenhistas como sócios minoritários.

Criada com o propósito de só publicar autores brasileiros, a editora funcionou como uma espécie de trincheira do movimento dos artistas brasileiros pela nacionalização dos quadrinhos. Suas revistas mostraram aos grandes editores e aos parlamentares que era possível montar uma estrutura rentável exclusivamente com produção nacional de histórias em quadrinhos.

Desde o começo, seus fundadores colocaram nas capas dos seus gibis um selo verde e amarelo, com a frase "escrita e desenhada no Brasil". A proposta era audaciosa, pois até ali nenhuma editora havia se aventurado em um negócio tão arriscado como fazer só revistas nacionais – todas prefeririam a segurança de começar importando material a preços bem baixos. Seria possível contradizer os grandes editores e enfrentar as distribuidoras americanas com produção nacional?

A princípio, os dois sócios acreditaram que sim. E a euforia provocada pelo projeto da Continental foi imediata entre os artistas. Em pouco tempo, a editora conseguiu reunir um grupo de aproximadamente cinquenta profissionais, entre roteiristas, letristas, desenhistas e capistas.

Destacaram-se artistas estrangeiros que migraram para o país, além de desenhistas de São Paulo e do Rio: Nico Rosso, Sérgio Lima, Aylton Thomaz, Juarez Odilon, Julio Shimamoto, Lyrio Aragão, Flavio Colin, Getúlio Delfim, Gutemberg Monteiro, Gedeone Malagola, Jorge Scudellari, José Lanzellotti, João Batista Queiroz, Manoel Ferreira, Orlando Pizzi, Luiz Saidenberg, Isomar Guilherme, Waldir Igayara de Souza, José Bento, Almir Bortolassi, Wilson Fernandes, Ignácio Justo, Antonio Duarte, Paulo Hamasaki, Mauricio de Sousa e Eduardo Barbosa.

A editora contou também com uma equipe de roteiristas formada por Hélio Porto, Cláudio de Souza e Waldir Wey, entre outros. Para mostrar que tinha fôlego, no primeiro ano de funcionamento, a Continental mandou para as bancas o maior pacote de gibis de terror que uma editora já lançara em apenas doze meses.

Foram cinco revistas somente em 1959: *Terror, Contos Macabros, Histórias do Além, Histórias Macabras* e *Seleções de Terror*. Ainda no primeiro

Mauricio de Sousa estreou com revista própria em 1960, pela Editora Continental, em meio à campanha para forçar as editoras a publicar mais quadrinhos brasileiros. AA

407

ano, saiu a revista *Bidu*, o simpático cachorrinho criado pelo então dublê de repórter policial da *Folha da Manhã* e desenhista de quadrinhos Mauricio de Sousa.

Uma retaguarda financeira importante para a editora foi a receita eficiente de adaptações para os quadrinhos de sucessos do rádio, do cinema e da TV, como faziam havia algum tempo a La Selva e a RGE. O seriado diário *Capitão 7*, um dos grandes êxitos da televisão brasileira, que liderou a audiência da Record por sete anos, teve revista própria pela Continental desde 1959.

Foram publicados mais de cinquenta números do personagem interpretado pelo impagável ator e lutador de boxe Aires Campos – que fazia loucuras como pular de um avião em pleno voo dentro de um rio ou mergulhar no poluído rio Tietê. O mesmo aconteceu com o efêmero *Vigilante Rodoviário*, herói da TV Excelsior que foi desenhado por Flavio Colin.

Quase dois anos depois, a Continental foi obrigada a mudar de nome. Miguel Penteado havia feito o registro e, por descuido dos funcionários da Junta Comercial, não se percebeu de imediato que já havia outra empresa com o mesmo nome. E, o que era pior, em processo de falência.

Não demoraram a aparecer credores da firma homônima na porta da editora para cobrar dívidas. Trocou-se, então, a denominação. Virou Editora Outubro. O novo nome, claro, era uma homenagem do militante comunista Penteado à Revolução Russa de outubro de 1917.

Miguel Penteado posa para uma HQ policial; e editorial da Continental em defesa da produção nacional. WA

Como era difícil competir com os heróis americanos, editoras paulistas adotaram o gênero terror. AA

Poucos dias depois da mudança, os sócios da editora foram informados de que Victor Civita, da Editora Abril, havia registrado como propriedade sua para fins editoriais o nome de todos os meses do ano – de janeiro a dezembro –, a fim de evitar que algum oportunista se aproveitasse do sucesso de sua empresa para montar uma concorrente com nome semelhante. Penteado decidiu não ceder e manteve o nome.

O problema acabou num processo judicial que se arrastaria por cinco anos, até a sentença final, favorável a Civita. Enquanto a disputa transitou pelos caminhos da burocracia judiciária, Penteado preservou o direito de usar a marca Outubro.

O começo da editora foi marcado pelo idealismo e pela descontração dos colaboradores, que dividiam seu tempo entre o trabalho nas revistas e a reestruturação do movimento de nacionalização dos quadrinhos – que ganharia força a partir de 1961.

A posição de editor e dono da empresa não afastou Penteado do movimento que ajudara a fundar. Ele frequentava regularmente o estúdio de Julio Shimamoto, no edifício Martinelli, no centro de São Paulo, onde foi rearticulada a mobilização pela lei de reserva de mercado dos quadrinhistas.

Ele não só aparecia para bater papo como também estimulava e fazia palestras para os colegas. O editor achou mais conveniente, porém, não assumir a liderança da ADESP. Explicou que, na condição de empresário, comandar a categoria dos quadrinhistas profissionais não seria ético. Além disso, não queria mais ter contatos diretos com políticos – e presidir a ADESP significava a obrigação de buscar o apoio deles.

Para ampliar a campanha de nacionalização dos quadrinhos, as duas associações de desenhistas – do Rio e de São Paulo – intensificaram sua relação para troca informações. A iniciativa empolgou principalmente novatos como Mauricio de Sousa, que se revelaria um articulado e ativo militante da causa.

Como ele, não faltaram jovens talentos dispostos a abrir espaço e profissionalizar os quadrinhos "na raça", como diziam. Era o caso de Shimamoto, que, em 1959, com apenas vinte anos, trocara o sonho de ser publicitário pela incerteza de viver de quadrinhos.

Eles sabiam que não seria fácil, mas apostaram todas as suas fichas no novo presidente da República, o incendiário e moralista Jânio Quadros, que tomaria posse em janeiro de 1961. Ele não os decepcionaria. Pelo menos até decidir renunciar, na tentativa de um golpe de Estado – que, felizmente, não deu certo.

CAPÍTULO 14 – CARLOS ZÉFIRO E O BRASIL DE JÂNIO

OS "CATECISMOS" PORNOGRÁFICOS

Se, para os críticos, as histórias em quadrinhos eram subversivas em sua essência, o que dizer, então, de um novo gênero de gibi que surgiu no Rio de Janeiro na segunda metade da década de 1950? No mínimo, que esse mau conceito foi radicalizado. Eram as escandalosas revistinhas pornográficas de um certo desenhista misterioso – não identificado por mais de trinta anos – que assinava como Carlos Zéfiro.

As edições que ele publicava – impressas em pequenas gráficas às escondidas, às vezes, nas madrugadas, e vendidas de modo clandestino – logo transformariam seu autor no quadrinhista brasileiro mais combatido e procurado pela polícia de todos os tempos. Odiado por juízes e inspetores de menores que o caçavam entre os jornaleiros, Zéfiro teria sido investigado por delegados de polícia, agentes da Polícia Federal e de órgãos ligados à repressão durante a ditadura militar – em 1970, foi apreendida em Brasília uma carga com cinquenta mil dos seus livrinhos.

Não foi descoberto certamente porque boa parte dos policiais que o investigavam era formada por leitores seus e conivente com sua assídua produção. Até que, durante a Primeira Bienal Internacional de Quadrinhos do

Revista de HQ que mirava o público feminino na qual Zéfiro copiava angulações de cenas; e uma ousadia herege do artista misterioso. AA

Rio de Janeiro, em novembro de 1991, o escriturário aposentado carioca Alcides Caminha foi apresentado como o verdadeiro Zéfiro pelo editor da revista *Playboy*, Juca Kfouri que o descobriu em um furo de reportagem de grande repercussão até mesmo internacional.

Compositor nas horas vagas, Caminha fez vários sambas. E foi parceiro de gente famosa. É dele "Notícias", em parceria com Nelson Cavaquinho e Nourival Bahia, sucesso na voz de Roberto Silva; e o hoje clássico "A flor e o espinho", com Nelson Cavaquinho e Guilherme de Brito, famosa pelo verso "Tire o seu sorriso do caminho / Que eu quero passar com a minha dor".

Caminha, porém, não viveu para usufruir as glórias de ser reconhecido como o maior pornógrafo brasileiro. Morreu poucos meses depois de ter sua identidade revelada. Mas deixou como legado uma vasta obra com incontáveis livretos de sacanagem que, desde 1948 expunham uma face recalcada da sociedade brasileira.

Fãs e colecionadores estimam que Zéfiro tenha produzido mais de quatrocentas revistinhas eróticas em quadrinhos. Ele teria produzido no ritmo alucinante de dois títulos por semana em alguns momentos. Se percebia alguma movimentação da polícia, sumia por alguns anos.

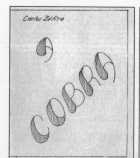

Zéfiro nunca evoluiu no traço, nem mesmo em anatomia, mas se esforçava para fazer cenas sensuais.

Irreverência e provocações moralistas, principalmente em relação à família, eram temas constantes em seus quadrinhos. AA

O anonimato permitia-lhe fazer suas revistas sem nenhum pudor. Muitas vezes, mostrava façanhas sexuais de rapazes bem-dotados com suas primas e cunhadas, vizinhas e desconhecidas, patroas e empregadas. Havia também padres com freiras, padres com padres, freiras com freiras. Algumas vezes, suas histórias de final moralista e abordagem machista caíam para o grotesco, com mulheres que transavam com cachorros e cavalos, por exemplo.

Oculto no anonimato, Zéfiro foi o mais subversivo dos autores de quadrinhos brasileiros, o mais imoral, o mais indecente. E fazia isso de modo pretensioso: em vez da pornografia fácil, simulava situações de romance entre os personagens, de modo a envolver o leitor o máximo possível. Valia mais a ousadia sem limites do autor, que, sem qualquer pudor, construía roteiros realistas, narrados em primeira pessoa, com relatos detalhados de conquistas amorosas que culminavam com um festival de posições – e penetrações – sexuais.

Uma das curiosidades dos fãs era saber a origem do pseudônimo de Caminha. Ele revelou que o havia copiado do nome de um autor mexicano, responsável por uma série de quadrinhos (românticos, nada de erótico) impressa no México e vendida semanalmente no Brasil pela Editormex, cujos exemplares pegava no quarto de suas filhas e adorava ler.

Suas histórias, pode-se afirmar, também não tinham como referência as Tijuana Bibles, revistas pornográficas populares nos EUA nos anos de 1930 e de 1940, supostamente impressas no México com sátiras a personagens famosos dos quadrinhos e astros do cinema e da música. A certeza dessa afirmação se deve ao fato da abordagem temática – uma era satírica e fazia gozação com astros do cinema e do esporte, e a outra explorava a pornografia para chocar os moralistas de plantão.

Zéfiro preferia tratar de tipos comuns, como os próprios leitores de suas revistinhas. Os títulos de suas histórias traziam o duplo sentido que caracterizaria os filmes de pornochanchada a partir da década de 1960, como "Boas Entradas", "Frutos Proibidos", "Juca Cavalo", "A Viúva", "O Fugitivo", "A Carona" etc. O desenhista não era um primor no traço. Pelo contrário, a prática jamais corrigiu sua dificuldade de dominar a anatomia dos personagens – era conhecido também por repetir as posições sexuais.

Preconceituosos, reflexo de sua época, os livrinhos se tornaram um privilégio exclusivo do público masculino, que devorava suas páginas entre quatro paredes, quase sempre na solidão dos banheiros. Representavam o exemplo mais ousado de um tempo em que até os clássicos da literatura erótica só circulavam em edições de tiragem limitada e de difícil acesso. Além disso, os textos deixavam a desejar, com tramas mal-amarradas, soltas, além de erros ortográficos e gramaticais.

Mesmo assim, transformou-se em mito da cultura nacional, ícone de pelo menos duas gerações que aliviavam o apetite sexual da adolescência com seus livretos. Rapazes na puberdade buscavam ali as primeiras lições – bem rudimentares, diga-se – sobre sexo e não mediam esforços para adquirir seus números com jornaleiros, livreiros e até baleiros de portas de colégios.

A Carlos Zéfiro seria creditado o título de principal "orientador sexual" de praticamente duas gerações de garotos brasileiros. As revistas também eram consumidas por adultos apreciadores desse tipo de "leitura". Além do medo que tinha do Juizado de Menores, o desenhista – com 1,81 m de altura, pai de cinco filhos, morador da Baixada Fluminense por toda a vida, – temia perder o emprego como funcionário público, acusado de atentar contra a moral e os bons costumes.

Seu pseudônimo se tornou sinônimo de imoralidade e de falta de decência, e seus gibis pornôs, impressos em formato de bolso, ficaram conhecidos pelo provocativo nome de "catecismos". O termo, no fundo, tinha pertinência como guia de aprendizado. Cada um deles tinha entre 24 e 32 páginas. Quando reunidos em coleções de doze unidades, formavam um "testamento". Se encadernados em 24 edições, constituíam a "bíblia".

Caminha parecia se divertir mais com a criação das histórias e dos desenhos do que com o faturamento de cada revista. Segundo ele, o dinheiro era tão pouco que não passava do equivalente ao preço de um exemplar da *Playboy* de hoje – em outras entrevistas, admitiria um valor mais alto, perto de meio salário-mínimo.

A distribuição dos catecismos de Zéfiro funcionava por meio de um esquema de risco, de venda antecipada que, na prática, nunca deu prejuízo para o vendedor final. Esse comprava um lote e pagava ao retirar o material. Muitas vezes os exemplares passavam pelas mãos de tantos atravessadores que o consumidor pagava pelo produto um valor alto, "preço de maconha", como declarou um jornaleiro da época.

Além da quantia elevada – que equivalia, em média, ao preço de uma revista semanal como *O Cruzeiro* ou *Manchete* –, o interessado ainda tinha de levar um exemplar de uma revista séria, onde o catecismo era escondido e o comprador podia levá-lo para casa camuflado, sem maiores riscos. As edições nunca traziam data, nome de editora ou numeração, a fim de dificultar a identificação da origem.

A vida de Jânio em quadrinhos; e revista com HQ mexicana que inspirou pornografia de Zéfiro. AA

417

Para o editor ou editores – nunca se provou quantos eram, embora Hélio Brandão, dono de um sebo no Rio, tenha sido citado como um deles –, saía barato, porque a revistinha era impressa em folha de papel-ofício (A4), em que cabiam quatro páginas A6 de cada lado. A medida tinha lá sua utilidade – facilitava que a revista fosse escondida no bolso.

Tudo o que o desenhista fazia era condenado por religiosos que se dedicavam a fazer o papel de vigilantes da moral. Afinal, Zéfiro não só provocava. Ele escandalizava, chocava. Tornou-se um fenômeno tão popular no Rio do final dos anos de 1950 que suas revistas circulavam pelos corredores da Ebal com mais regularidade do que se podia imaginar, apesar do rigor com que Aizen conduzia sua empresa.

Um dos leitores era o próprio filho do editor, Naumim, então adolescente. Ele contou depois que, na época, os artistas da editora brincavam entre si com especulações sobre a real identidade do desenhista e que ele faria parte da empresa. "De dia, faziam histórias de santos e, de noite, de pecado", afirmavam. Ou seja, insinuou-se que um dos desenhistas da série *Bíblia Sagrada* escrevia e desenhava as histórias de Zéfiro.

De qualquer modo, o misterioso desenhista escandalizou mães, irmãs, namoradas e esposas que flagravam os marmanjos mais próximos com os tais catecismos, a ponto de a revistinha se tornar tema de frequentes protestos nos sermões dominicais – os padres eram alarmados com a informação nos confessionários. Alguns as consideravam um sinal do fim dos tempos, um indício de que o dia do Juízo Final estaria próximo.

A conta, claro, quem pagava era a péssima reputação dos quadrinhos de modo geral. Zéfiro era citado como exemplo de até onde poderiam chegar os danos causados pelos gibis para a formação moral de crianças e adolescentes. Ao mesmo tempo, reforçava a ideia de uma urgente interferência dos poderes públicos para controlar a circulação de gibis no Brasil de forma indiscriminada.

"O QUADRINHO É NOSSO!"

Para piorar, nunca se vendeu tanto gibi no Brasil como em 1960. Depois de 26 anos do lançamento do *Suplemento Infantil*, as histórias em quadrinhos eram um fenômeno de comunicação de massa incorporado ao cotidiano urbano brasileiro. Pelo menos duas gerações consumiram os gibis de

Adolfo Aizen, Roberto Marinho e Assis Chateaubriand no decorrer desses anos. De acordo com números dos principais editores, só entre Rio e São Paulo, cerca de 150 revistas em quadrinhos circulavam todo mês, distribuídas pelas cinco empresas editoriais consideradas mais importantes: Ebal, RGE, O Cruzeiro, Abril e La Selva.

O volume mensal de exemplares vendidos, incluindo edições especiais, extras e reedições, ultrapassava quinze milhões de exemplares por mês e 180 milhões por ano. Dois dos gibis mais vendidos da RGE eram produzidos no Brasil: *Jerônimo, o Herói do Sertão*, com textos de Moisés Weltman e desenhos de Edmundo Rodrigues, e *As Aventuras de O Anjo*, escrito por Álvaro de Aguiar e desenhado por Flavio Colin. Ambos tinham o impulso da audiência de suas respectivas novelas no rádio.

Ainda no decorrer de 1960, foram lançadas mais duas revistas na linha educativa da Ebal: a edição especial de *Biografias em Quadrinhos*, sobre a vida do infante dom Henrique, o Navegador, com desenhos de Ramón Llampayas; e o álbum *História do Brasil em Quadrinhos*, volume 1, com texto de Gustavo Barroso e ilustrações de Ivan Rodrigues. No segmento de revistas com quadrinhos importados, Aizen lançou em agosto duas com nomes bem brasileiros: *Per-Lim-Pim-Pim* e *Xuxuquinha*.

A Ebal publicava quarenta títulos a cada mês. Aos 53 anos de idade, Adolfo Aizen sabia que parte do sucesso de sua editora se devia ao contato cordial que mantinha com seu público. Desde os tempos do *Suplemento Juvenil*, respondia ele mesmo as cartas que recebia na coluna "Conversa do Editor" (que às vezes chamava de "Conversa do Diretor") publicada em suas revistas. Por causa da limitação de espaço, enviava também a resposta pelo correio.

Alguns anos depois, delegou a tarefa de atender ao público a terceiros e mudou o nome da coluna de cartas para "Conversa com o Redator". Mesmo assim, continuou a se comunicar com leitores por carta. O editor se sentia gratificado quando recebia notícias de velhos fãs que acompanhavam sua trajetória desde as décadas de 1930 e 1940. Boa parte escrevia para agradecer por ter "preenchido" de alegria sua infância com tantos heróis dos quadrinhos.

O servidor público federal Carlos Henrique e Silva, de Belém do Pará, por exemplo, foi um deles. Em 17 de março de 1961, ele mandou uma carta para contar que se considerava um dos primeiros leitores de histórias em quadrinhos da Ebal, "desde a época da última grande guerra mundial".

Colecionador de *Edição Maravilhosa, Pequenina, Álbum Gigante* e *Série Sagrada*, disse que guardava as revistas não só como lembrança da infância. Queria entregá-las aos filhos, depois que aprendessem a ler.

Não raro, algumas cartas traziam recortes de jornais e revistas dos estados mais distantes com matérias que faziam severas críticas aos gibis (parte desse material foi usada na produção deste livro). Chegavam ao editor também panfletos, em geral distribuídos por entidades ligadas à Igreja Católica, além de manifestos contrários às revistinhas e em defesa da moral e dos bons costumes.

O vasto arquivo pessoal de Aizen abrigou ainda dezenas de cartas recebidas de autoridades que lhe agradeceram a cortesia de mandar exemplares de suas revistas. A crítica aos quadrinhos, porém, se manteve entre as principais preocupações do editor. Na primeira semana de março de 1961, vários jornais da rede Diários Associados, de Assis Chateaubriand, reproduziram uma entrevista concedida por Aizen.

Para responder à pergunta do título, "As histórias em quadrinhos fazem bem ou fazem mal?", o jornal foi buscar a resposta com o fundador da Ebal, denominado "o pai das histórias em quadrinhos no Brasil". No bate-papo, mesmo comedido, o editor cometeu, mais uma vez, certo exagero ao defender os gibis. Afirmou, por exemplo, que os quadrinhos constituíam uma forma moderna de leitura rápida que se impôs por se adequar à correria estabelecida no dia a dia dos grandes centros:

> A atual geração de crianças e adolescentes, com a vida motorizada da manhã à noite, com os transportes apinhados, com o rádio, o cinema e a televisão, não consegue vez para a leitura senão de uma pequena parte daquilo que há mais de dois mil anos o gênero humano vem produzindo (para o editor, os quadrinhos existiam desde os tempos das cavernas, quando os primeiros homens registravam narrativas em sequências nas paredes de grutas). Daí as histórias em quadrinhos constituírem para muitos uma espécie de "mal de uma época".

A entrevista destacava que a Ebal e as Edições O Cruzeiro – "estas de propriedade dos Diários Associados" – eram as empresas jornalísticas que mais se empenhavam pela "recuperação" das histórias em quadrinhos em face do mau uso que alguns editores faziam daquele meio de comunicação. As Edições O Cruzeiro, na ocasião, também vendiam revistas em quadrinhos como nunca acontecera, desde o lançamento de *O Guri*, 21 anos antes.

Os onze gibis mensais da editora terminariam aquele ano com mais de 150 mil exemplares de tiragem cada um, graças a uma longa e bem-sucedida campanha publicitária em toda a rede dos Diários Associados para aumentar as vendas, iniciada em meados daquele ano. A receita se mostrou infalível para prender a atenção da garotada e, ao mesmo tempo, vender as revistinhas: álbuns de figurinhas com distribuição de prêmios como bicicletas e cadernetas de poupança.

A estratégia era simples. Em cada revista, vinha um álbum de figurinhas. Se quisesse completar a coleção "O Cruzeiro no Mundo Maravilhoso", por exemplo, e ter os cupons que lhe permitiriam concorrer aos prêmios, o leitor era obrigado a comprar todos os títulos, tanto da linha infantil como da juvenil, durante oito meses.

As figurinhas nunca eram repetidas de uma revista para outra e vinham impressas na dobra da capa, para serem recortadas e coladas. Os adultos que completassem o álbum teriam o direito de concorrer a seis carros zero-quilômetro das marcas Renault Dauphine e JK. Para as crianças sorteadas, prêmios de seis milhões de cruzeiros cada um, em cadernetas de poupança. A promoção "O Cruzeiro no Mundo Maravilhoso" foi lançada com estardalhaço no dia 12 de maio de 1961 e se prolongou até dezembro do mesmo ano em sua primeira fase.

A ideia deu tão certo que seria retomada nos dois anos seguintes. Além das insistentes chamadas nos programas infantis da TV Tupi, que também pertencia a Chatô, várias reportagens publicadas nos jornais e revistas do grupo destacaram a "mobilização nacional" provocada pelas figurinhas, descrita como um "fenômeno" editorial.

Os fotógrafos d'*O Cruzeiro* passaram a "flagrar" colecionadores ilustres que teriam sucumbido à promoção da editora. Tudo armado antes, claro. Entre eles, até o polêmico bispo progressista dom Hélder Câmara, que, aparentemente, encontrou tempo em meio a seus compromissos sociais e humanitários para juntar figurinhas. Pelé, a deputada Sandra Cavalcanti e o cantor Sérgio Ricardo apareceram na revista em poses sorridentes, folheando os álbuns, colando figurinhas e "lendo" gibis como *Luluzinha* e *Bolinha*.

Até 1960, as Edições O Cruzeiro nunca haviam se arriscado a fazer uma revista brasileira de história em quadrinhos. E quando o fizeram, não se arrependeram, pois ela alcançou enorme sucesso. Em outubro daquele ano, lançaram *Pererê*, criação de Ziraldo Alves Pinto – o mesmo que, quando garoto, em Caratinga, Minas, escrevera a Aizen para lhe dizer que queria ser desenhista de quadrinhos quando crescesse.

A aposta da editora no artista mineiro superou todas as expectativas de vendas. Logo, *Pererê* tornou-se um dos gibis mais lucrativos da empresa. Críticos dos quadrinhos e intelectuais a saudaram como um exemplo sadio de "brasilidade" e de vida inteligente nos quadrinhos, que deveria ser copiado por todos os editores. Mais que isso, entenderam que a revista era a demonstração clara de que a ideia de nacionalizar a produção dos gibis contava com a aceitação dos leitores.

Dois meses antes do lançamento de *Pererê*, em agosto de 1960, durante a campanha eleitoral para presidente da República, Aizen dedicou o volume de estreia da série *Homens do Brasil* à biografia do candidato Jânio Quadros, que liderava as pesquisas com a promessa de "varrer a bandalheira" do país com sua vassoura – símbolo de suas campanhas até ali. A revista tinha feições oportunistas: apenas doze páginas, com capa e miolo do desenhista Ramón, e um conteúdo que enaltecia a biografia dele – o que aconteceria também com os outros candidatos.

Uma cota razoável, comprada da Ebal pela coligação de Jânio (PTN-PDC-UDN-PR-PL), foi distribuída gratuitamente para os eleitores e outra foi vendida a um preço simbólico pelo comitê para arrecadar fundos de campanha. *Homens do Brasil* prosseguiu com mais dois números lançados algumas semanas depois: o marechal Henrique Teixeira Lott e Juarez Távora, também candidatos à Presidência. Todas as edições foram publicadas antes da eleição, para aproveitar a euforia da campanha.

Aizen garantiu que, desse modo, dava sua contribuição para ajudar o eleitorado a conhecer melhor os candidatos pela linguagem simplificada dos quadrinhos. Naquele momento, a mobilização contra e a favor dos quadrinhistas se inseriu diretamente no instável contexto político do Brasil. Os artistas estavam motivados pelo clima nacionalista impulsionado por Juscelino. A frágil democracia do país, porém, era ameaçada desde 1954, com os ânimos dos militares ainda alterados contra o "continuísmo" dos ideais de Getúlio Vargas, representados por Juscelino, eleito em 1955.

A possibilidade de um golpe militar havia sido uma constante nos últimos quarenta anos, desde a primeira rebelião tenentista, em 1922. E se intensificou depois da campanha da Força Expedicionária Brasileira (FEB), em 1945, quando cresceu na caserna uma antipatia generalizada pelo então ditador Vargas. Durante os cinco anos de seu mandato, Juscelino adotou uma postura política que, para alguns, só foi possível graças ao seu "jeitinho mineiro" de governar, que lhe permitiu segurar as rédeas dos militares mais exaltados. E deu certo, mesmo com as duas tentativas isoladas e frustradas de subverter a ordem por meio de golpes militares.

Ao passar a faixa para Jânio Quadros, o primeiro presidente a ser empossado na nova capital, Brasília, em 31 de janeiro de 1961, Juscelino disse que estava consolidada a democracia e estabelecida a paz no Brasil. A situação, porém, não era tão boa assim. O novo governo tinha uma série de desafios para enfrentar a curto prazo, não só políticos, mas também a inflação crescente, que atingira mais de 30% no ano de 1960.

Nesse contexto, as editoras paulistas La Selva e Outubro haviam causado uma pequena efervescência no mercado brasileiro de quadrinhos, com títulos totalmente produzidos por artistas nacionais. O impacto no mercado, no entanto, era mínimo, por causa das grandes tiragens das editoras cariocas. A saída, concluíram os artistas, era uma só: partir para o tudo ou nada e nacionalizar a produção das grandes editoras.

A prioridade para desenhistas e roteiristas de São Paulo e Rio de Janeiro passou a ser fazer chegar ao presidente da República uma proposta de lei que lhes garantisse a reserva de mercado, uma vez que as tentativas anteriores, no Congresso Nacional, não haviam dado certo. Uma luz surgiu no horizonte com a eleição de Jânio Quadros, cuja campanha foi amparada no nacionalismo ufanista e na moralização do país.

O novo presidente conquistara o eleitorado com a imagem de governante que ia acabar no curto prazo com a corrupção administrativa no serviço público. Aos 42 anos, Jânio era, no mínimo, um excêntrico. Entre um discurso e outro, comia sanduíches de mortadela e pão com banana, na tentativa de identificar sua imagem com a da população mais pobre. Ao mesmo tempo, para se diferenciar dos outros políticos, vestia roupas surradas, vivia com os cabelos desalinhados, deixava a barba por fazer, os ombros cobertos de caspa e costumava fazer caretas para os fotógrafos.

Em seus discursos, sempre procurava utilizar um vocabulário apurado e excessivamente rebuscado de professor de português, recheado de frases de efeito. Tornou-se, então, um enigma para especialistas em política, que queriam saber como conseguia se comunicar de forma eficiente com seus eleitores – a maioria sem instrução escolar. Jânio seria considerado um precursor do marketing político porque sabia como ninguém criar eventos que o colocavam em evidência no noticiário.

Foi dele, quando presidente, o polêmico decreto que proibiu o uso de biquínis nas praias de todo o país. O folclore político atribui a medida a uma inspiração sua apenas para ocupar a manchete dos jornais no dia seguinte. No seu esforço para o "saneamento moral da nação", investiu contra as transformações de comportamento que começavam a chegar ao país. Instituiu a censura para "melhorar" o nível da TV e proibiu a propaganda comercial em cinemas, os desfiles de *miss* com maiôs "cavados", o uso de lança-perfume no Carnaval, as rinhas com brigas de galo e as corridas de cavalos em dias úteis – tudo isso somente nos sete meses que durou seu governo.

Temperamental, Jânio não fez o menor esforço para se aproximar dos governadores e congressistas. Determinou que só receberia os primeiros duas vezes por mês, e senadores e deputados, uma única vez. Nos dois casos, em audiência coletiva. Tanto a oposição como a situação se queixavam de que ele, desde o começo, nutria completo desprezo pelos partidos políticos e pelo Legislativo.

Outra categoria de desafetos seus era a dos jornalistas. Não foram poucos seus atritos com a imprensa desde a campanha presidencial. Uma de suas primeiras medidas foi proibir o acesso de jornalistas ao seu gabinete. Ele acreditava que essas demonstrações de força aumentariam sua popularidade. O preço desse comportamento foi alto, com seu rápido isolamento político.

Quando seu mandato teve início, a mobilização dos desenhistas se encontrava na sua fase de maior força desde o começo do movimento, em 1948. Em São Paulo, os artistas tinham se entrincheirado nos dois últimos anos em torno do sucesso dos quadrinhos da Editora Outubro. No Rio, no êxito de vendas de *Pererê*, que se tornou a bandeira da ABD.

Depois da tentativa malsucedida de se aproximar de Juscelino Kubitschek para convencê-lo a criar a lei de cotas, os artistas conseguiram um contato direto, quase sem querer, com Jânio, durante uma visita à redação d'*O Cruzeiro*, no Rio, antes da posse. Ao ver o novo presidente passar perto de sua prancheta, acompanhado da diretoria da revista, Ziraldo o parou e lhe falou sobre a dificuldade que os desenhistas brasileiros enfrentavam para publicar seus trabalhos. Disse também que a única saída para resolver o problema seria criar uma lei que garantisse reserva de mercado para os

Jânio Quadros foi o primeiro presidente a defender lei de reserva de mercado para quadrinhos brasileiros, em 1961. AE

brasileiros. Jânio ouviu com atenção e em silêncio a reivindicação, pegou um pequeno pedaço de papel numa mesa próxima, fez umas anotações e guardou no bolso. Em seguida, disse a Ziraldo que aguardasse, que ele tomaria providência para "resolver o problema".

Alguns dias depois da posse do presidente, o desenhista Oku, então funcionário do Ministério da Educação e Cultura (MEC), telefonou de Brasília para dizer ao criador de *Pererê* que o presidente o encarregara de procurá-lo para discutir a elaboração do projeto de lei de nacionalização dos quadrinhos. Os artistas cariocas tiveram dois encontros com Oku até que o texto final ficasse pronto. Da primeira reunião participaram Ziraldo, José Geraldo, Fortuna, o jornalista Renato Bittencourt e o professor e crítico de arte Mário Pedrosa – como representante dos educadores.

Na verdade, como foi visto, Jânio conhecia bem a polêmica das histórias em quadrinhos. Basta lembrar que, quando era vereador em São Paulo, em 1949, ele tentara aprovar uma lei municipal que autorizava a fiscalização do comércio de livros e revistas em quadrinhos para crianças na capital paulista, com o propósito de impedir que as leituras "atentatórias aos bons costumes" continuassem a ser expostas nas livrarias e bancas de jornais.

Quando foi prefeito da capital e depois governador do estado, acompanhou com atenção as denúncias contra os gibis publicadas na imprensa. Por tudo isso, decidiu agir com prioridade. Enquanto a assessoria do MEC discutia o tema com os desenhistas cariocas, Jânio determinou que seu assessor particular, J. Pereira, procurasse os desenhistas de São Paulo – o quartel-general informal da ADESP ficava no edifício Martinelli, no centro da cidade –, uma vez que lá ficavam estúdios de alguns artistas, como Shimamoto.

J. Pereira foi à capital paulista com o mesmo propósito de discutir o projeto de nacionalização dos quadrinhos. O primeiro encontro entre os autores paulistas e o representante do presidente foi noticiado pela imprensa com certa ironia. O assessor de Jânio trazia no currículo um antecedente não recomendável, que se transformou em ponto fraco a ser explorado pela mídia contrária à nacionalização dos quadrinhos: ele havia sido um eficiente censor do DIP nos tempos do Estado Novo, e os jornais não se esqueceram do seu nome. Seu envolvimento nas discussões do projeto de nacionalização mais prejudicou do que ajudou os desenhistas.

Mas antes disso, diferentemente do que acontecia no Rio, onde duas grandes editoras de quadrinhos – RGE e O Cruzeiro – que não tinham interesse no projeto, estavam ligadas a grandes diários (*O Globo* e os jornais dos Diários Associados), os artistas paulistanos contaram com o apoio dos principais jornais da capital paulista quando começaram a divulgar sua proposta ao presidente.

O *Correio Paulistano* comprou a briga dos desenhistas e publicou uma série de artigos e reportagens sobre o tema. O título do primeiro brincava com o nome do presidente e sua simpatia já demonstrada à causa dos artistas: "Quadros e quadrinhos: as nossas histórias por desenhistas nossos". No centro da página, o jornal fez uma montagem da foto de Jânio cercado por vários personagens brasileiros desenhados por Ely Barbosa, Daniel Messias, Ruy, Carvalho e Roberto, todos associados da ADESP.

O jornal observou que as matérias tinham o objetivo de convencer o presidente a "tomar pulso, com exatidão, de um problema que, a princípio, pode parecer insignificante, mas que, na verdade, é de suma importância para o nosso país, tanto no que diz respeito à parte financeira como, e principalmente, no que tange ao aspecto moral".

A mobilização dos artistas e a sinalização de Jânio Quadros de que pretendia atendê-los levaram o jornalista Antônio Délia, do *Correio*, a escrever o empolgado artigo "O quadrinho é nosso", no dia 11 de junho:

Abaixo os Marvels (ou Marveis, segundo a boa regra da pluralização dos nomes terminados em "el"), os Flash Gordons, os Jims das Selvas, os Brucutus, os Pinducas! E vivam os nossos Fernão Dias Pais, Bequimão (jamais Beckman), Antônio Raposo, Pedro Malasartes, Saci, Pelé, Lampião – heróis de ontem, de hoje, de sempre! E vivam o burrinho pedrês do mestre Guimarães Rosa e Macunaíma, um a prudência empacadora, outro o heroísmo sem caráter!

Para o jornalista, no entanto, o Brasil não tinha heróis de quadrinhos devidamente formados no espírito do povo, o que o levou a duvidar do êxito da lei de reserva de mercado:

> A questão da nacionalização é mais intrincada do que parece. Não se resolve com decretos drásticos e lacônicos como bilhetinhos. É necessário formar uma tradição de valores indígenas. E isso demanda tempo; e escolas. E nas escolas há que se adotar um sistema de ensino menos negligente. E dar escolas a todas as crianças e por mais largos períodos. Desse modo, os Flash Gordons e os Marvels cairiam por si mesmos. Para que possamos senti-los estranhos à nossa mentalidade, é preciso que tenhamos, afinal de contas, uma mentalidade nossa. Então, sem que isto nos seja imposto por decreto (ou decreto-lei, do que Deus nos livre e guarde!), poderemos dizer: "O quadrinho é nosso!".

A discussão mereceu uma reportagem de destaque em *O Estado de S. Paulo* de 19 de maio, com o título "Assessor quer nacionalizar histórias em quadrinhos". O jornal trouxe uma entrevista com J. Pereira, feita pela Agência Estado. Ele explicou que o governo não cogitava baixar um decreto proibindo a circulação de revistas em quadrinhos com personagens estrangeiros no país, mas pretendia nacionalizar parte da produção.

A justificativa era que as revistas infantis e juvenis haviam sido invadidas pelos autores estrangeiros:

> Eles impingem à nossa mocidade historietas inteiramente divorciadas da nossa realidade, dos nossos usos e costumes, e contribuem assim para a formação de uma mentalidade brasileira deformada, impregnada de influência nada elogiável, sobretudo pelo nível baixo das histórias produzidas lá fora.

Apesar da má vontade da imprensa com o ex-censor, a proposta de Pereira acrescentava certa maturidade na discussão. Em vez de propor a restrição oficial aos quadrinhos estrangeiros e obrigar as editoras a publicar 70% de material brasileiro, como queriam os desenhistas, ele propôs outro caminho: incentivar as editoras a contratarem desenhistas brasileiros em troca de benefícios através de linhas especiais de financiamento do governo.

Ao mesmo tempo, com o propósito de melhorar a qualidade do trabalho dos autores nacionais e torná-los capazes de concorrer com os estrangeiros, o próprio governo lhes ofereceria prêmios como estímulo – que incluíam bolsas de estudo no exterior. A ideia, no entanto, acabou totalmente ignorada pelos artistas, que se mantiveram irredutíveis na defesa da lei de cotas compulsórias.

Outra proposta que chegou a ser discutida entre os desenhistas foi a de elevar o câmbio do dólar de importação das histórias para a categoria de "itens de luxo". Com isso, os editores pagariam 1.500 cruzeiros a mais por dólar de mercadoria importada, o que os forçaria a recorrer à produção nacional, supostamente. Essa sugestão também não conseguiu defensores.

No esboço do documento que seria apresentado ao presidente, divulgado alguns dias antes pelo O *Estado de S. Paulo*, os desenhistas argumentaram que, como havia uma evidente preferência popular pelos personagens americanos, desenvolvida ao longo de três décadas de publicação de gibis no Brasil, as editoras brasileiras de grande porte dificilmente aceitariam correr o risco de lançar heróis nacionais em substituição aos estrangeiros.

A publicação de quadrinhos brasileiros, ao mesmo tempo, exigiria "grandes" despesas de estruturação que os empresários não estavam dispostos a fazer. Depois de discussões com os desenhistas do Rio e de São Paulo, os assessores do MEC se reuniram com J. Pereira para juntar as propostas em um único projeto. Decidiu-se que um grupo de representantes dos artistas cariocas iria a São Paulo participar da elaboração do documento final.

O presidente da ABD, José Geraldo, convenceu os colegas paulistas a procurarem juntos os canais de TV em busca de apoio. Conseguiram participar do badalado programa *Brasil 61*, da TV Excelsior, de São Paulo, apresentado por Bibi Ferreira. Para homenagear os desenhistas, Bibi anunciou que dois indígenas autênticos cantariam em guarani.

O que parecia ser uma festa teve um final inesperado, graças à presença do tempestuoso e explosivo José Geraldo. Quando os indígenas pisaram no palco, calçando mocassins e fantasiados de peles-vermelhas americanos, o desenhista pegou o microfone e protestou indignado. Disse que aquilo era um típico exemplo de submissão ideológica e cultural. Diante de uma apresentadora constrangida, sobrou até para o "aculturado diretorzinho" de TV que fantasiara aqueles indígenas à maneira de Hollywood.

Na manhã de 24 de junho, um grupo de aproximadamente trinta roteiristas e desenhistas reuniu-se – na verdade, amontoou-se – na sala 1922 do edifício Martinelli, para definir a posição oficial dos artistas sobre a nacionalização dos quadrinhos. O documento-manifesto, que seria enviado ao Ministério da Educação antes de chegar a Jânio, ficou com vinte páginas e continha "um minucioso estudo sobre a situação do autor de historieta no Brasil".

Participaram da elaboração do projeto, da parte da diretoria da ADESP os desenhistas Mauricio de Sousa (presidente), Ely Barbosa (vice), Lyrio Aragão Dias (secretário-geral), Luiz Saidenberg (primeiro-secretário), Daniel Messias (segundo-secretário), Julio Shimamoto (tesoureiro), José Gonçalves de Carvalho (primeiro-tesoureiro) e o conselho fiscal, composto por Ernani Torres, Gedeone Malagola e Ernesto da Mata.

O documento foi entregue por Mauricio de Sousa e José Geraldo a Herculano Pires, chefe do subgabinete da Casa Civil da Presidência da República, em São Paulo, com direito a solenidade e ampla cobertura da imprensa. O discurso dos artistas, mais uma vez, recorreu à estratégia de condenar moralmente os *comics* americanos e propor defesa de sua censura como pressão para a aplicação da lei de cotas.

E teve mais. Eles chegaram ao ponto de sugerir a elaboração de um código de ética a ser seguido pelos editores na edição dos quadrinhos americanos, para evitar "a continuidade dessas histórias imorais, indecentes e de cunho ideológico". As duas associações de desenhistas pretendiam atribuir a si mesmas poderes para controlar o conteúdo do que seria publicado. Ou seja, os próprios desenhistas brasileiros censurariam os quadrinhos que vinham de fora.

Além de criar uma "cooperativa de produção" que se encarregaria de distribuir de modo equitativo os trabalhos dos artistas, eles exerceriam vigilância sobre o "conteúdo" das histórias publicadas no país, "inclusive as estrangeiras das grandes editoras". Para reforçar a tese da necessidade de combater os quadrinhos estrangeiros, os desenhistas também entregaram ao representante do ministério uma série de prospectos de agências americanas que, segundo eles, mostravam o grau de penetração das histórias americanas em todo o mundo. Forneceram também diversos exemplares de revistas em quadrinhos que exploravam, segundo eles, o sexo, o terror e a "pregação ideológica", todas dirigidas às crianças.

Ao cobrir o evento, a edição paulista de 4 de julho do *Última Hora* observou com indisfarçável entusiasmo:

> O movimento nacionalista dos quadrinhos já ganhou as ruas, com manifestações em praças públicas, realizadas por estudantes e educadores de Mogi das Cruzes [cidade onde morava Mauricio de Sousa], muitos dos quais compareceram ontem à subchefia da Casa Civil, durante a entrega do memorial.

A campanha pela nacionalização dos quadrinhos, porém, não era uma unanimidade na capital paulista. O movimento ganhou um violento opositor: o articulista e crítico d'*O Estado de S. Paulo* Sérgio Milliet. Em um dos artigos que dedicou ao tema, Milliet atacou de modo duro o projeto dos artistas. Considerou absurda a ideia de aplicar à produção das editoras uma "espécie" de lei dos dois terços. E perguntou por que não foi preciso regular de igual modo a caricatura no Brasil. Isso não aconteceu, na sua opinião, porque os caricaturistas souberam encontrar seu estilo pessoal e os temas da vida social e política brasileira.

É preciso observar, no caso, que Milliet estava equivocado na comparação. A caricatura não podia ser parâmetro para os quadrinhos porque se tratava de uma ferramenta humorística diária na imprensa, de alcance quase sempre limitado a uma realidade específica de cidade, estado ou país. É, portanto, um tipo de humor que precisa ser feito por artistas próximos que observam esse meio social e político.

Em artigo de 27 de junho, o jornalista voltou à carga contra o que chamou de "nacionalismo absurdo" dos quadrinhos. Segundo ele, a movimentação a favor da reserva de mercado não passava da tentativa de criar uma medida de "censura velada hoje e mais clara amanhã". Observou que, "lamentavelmente", a proposta havia encontrado adeptos em São Paulo. Essa mobilização, acrescentou, era inevitável, uma vez que, "quando se descobre campo para manobra da demagogia, há sempre quem queira aproveitar".

A reação do jornalista ao projeto, no entanto, poderia ser interpretada como mais uma manifestação da oposição que *O Estado* fazia a Jânio. Desde os primeiros dias do governo, o jornal publicou críticas às medidas de repressão com fumos de moralidade do novo presidente. Sobretudo por causa da criação do Conselho Nacional de Cultura, "uma instituição típica do regime ditatorial" que, como no caso da nacionalização dos quadrinhos, serviria "mais fácil e comodamente aos que fazem da cultura um mero instrumento de suas medíocres ambições".

Para o jornal, Jânio queria institucionalizar no Brasil o "nacionalismo por decreto", que traria para o país a ameaça de uma "estranha ditadura", cujo objetivo aparente era defender a música e os artistas nacionais. E Milliet tinha razão quando acusou os artistas de usarem a censura como forma de reivindicação. O jornalista chamou a atenção para a gravidade da proposta dos desenhistas em relação à liberdade de expressão:

> É impossível para o desenhista brasileiro, no momento, suplantar os concorrentes estrangeiros por diversas razões. Mesmo assim, advogam os estranhos artistas, que deveriam ser os primeiros defensores da liberdade criadora, que o primeiro passo seria submeter a produção de historietas a um processo de nacionalização.

Milliet chamou de "uma piada" a proposta da lei dos dois terços. Disse ser irônico que os desenhistas de São Paulo envolvidos na discussão não percebessem que estavam "cavando seu próprio túmulo" e se colocando em uma posição que desvirtuava todos os princípios relacionados à liberdade artística. O jornalista alertou que, pelo caminho que queriam seguir, se pretendiam proibir os quadrinhos estrangeiros, o que pleiteariam depois? A resposta que deu foi sarcástica: "Certamente lhes seriam decretados os temas que deveriam desenhar".

E a luta pela aprovação da lei continuou durante todo o mês de julho, diante da expectativa da assinatura do decreto pelo presidente. Jânio, porém, vivia dias de turbulência política que não lhe permitiam dar atenção ao assunto. Em 16 de agosto, pouco mais de uma semana antes de sua renúncia (ocorrida no dia 25), os dirigentes das duas associações se reuniram com os representantes do Conselho Nacional de Cultura do MEC para fechar em definitivo o texto do projeto de nacionalização dos quadrinhos a ser apresentado ao presidente.

Dessa vez, o encontro contou com a presença de representantes das três principais editoras de histórias em quadrinhos do Rio – Ebal, RGE e O Cruzeiro –, que fizeram uma proposta aos desenhistas: continuariam a publicar as historietas estrangeiras, mas pagariam 10% do preço de cada uma à associação dos desenhistas, como acontecia em relação aos discos estrangeiros, cujas gravadoras eram obrigadas a ceder uma porcentagem à associação dos cantores e músicos brasileiros. A proposta, entretanto, não foi aceita pelos desenhistas.

A renúncia de Jânio Quadros, alguns dias depois, frustrou por completo a expectativa dos artistas. Antes de sair, porém, o presidente tomou uma medida que seria capaz de balançar a estrutura das editoras de jornais e revistas, com reflexos diretos nas que publicavam histórias em quadrinhos. Por meio de um decreto, cortou os subsídios do governo ao papel de imprensa, o que provocou imediato e considerável aumento nos custos do produto.

A medida obrigou a Ebal a reavaliar a viabilidade de parte dos seus títulos, que não alcançavam grandes tiragens e tinham um custo elevado de mão de obra, mas que, com o subsídio, compensavam. As outras revistas, estrangeiras, vendiam bem, mas não podiam sustentar edições brasileiras sozinhas. E Aizen teve de cortar quase todas as publicações religiosas e educativas de linha, inclusive a *Série Sagrada*, que começava a ser reeditada.

Antes do final do ano, foram tiradas de circulação *Biografia em Quadrinhos, Ciência em Quadrinhos, Epopéia, Grandes Figuras em Quadrinhos* e *Edição Maravilhosa* – algumas dessas revistas seriam relançadas ainda nos anos de 1960, mas sem o cuidado editorial de antes e sem os mesmos resultados em vendas.

Mauricio de Sousa, presidente da ADESP, havia depositado suas esperanças na lei de nacionalização. A saída do presidente o deixou particularmente frustrado. Quando Jânio abandonou o poder, o desenhista passava por uma situação financeira difícil. O aluguel estava atrasado havia oito meses. No dia seguinte à renúncia, ele pegou o primeiro trem para São Paulo para comandar uma assembleia de emergência na sede da associação que presidia. Esperou a turma chegar e então, orgulhosamente, ergueu os braços e bateu palmas. Todos o acompanharam no gesto. E fez um discurso emocionado:

– Nós vamos continuar com a luta, aconteça o que acontecer! Vamos fazer uma nova reunião amanhã porque continuaremos com nossa luta!

Sem a lei de Jânio, havia outro problema para os desenhistas encararem de imediato. Durante a polêmica pela decretação da lei de reserva de mercado do presidente, o movimento recebeu uma dura contraofensiva dos grandes editores, que se tornou o ponto alto de quase três décadas de perseguição incessante às revistas em quadrinhos no Brasil: a decretação de um código de ética de autocensura semelhante ao americano – um golpe que parecia ser a rendição dos editores diante das várias tentativas de se criar uma lei de censura a essa forma de comunicação relativamente nova no Brasil. A guerra dos gibis chegava ao seu capítulo mais dramático.

CAPÍTULO 15 – CÓDIGO DE ÉTICA E A AVENTURA DE BRIZOLA

A CRIAÇÃO DO SELO BRASILEIRO

Em julho de 1961, os principais editores de revistas em quadrinhos do Rio de Janeiro se encontravam encurralados pelo presidente Jânio Quadros. Quase duas décadas depois de bons jogos de cintura para evitar a censura e a obrigatoriedade de publicar cotas de autores brasileiros – ideia que Aizen defendeu no Estado Novo e abandonara –, os empresários tinham certeza de que esse indesejado momento havia chegado. E, pior, nada puderam fazer no curto espaço de tempo entre a reivindicação da lei dos desenhistas e a disposição do presidente de atendê-los.

A entrega do projeto dos artistas à subchefia da Casa Civil, no dia 4 daquele mês, não deixara dúvidas quanto ao objetivo do presidente de interferir em suas atividades editoriais. Os gibis eram, então, vistos quase unanimemente como desprezíveis por vários segmentos da sociedade.

Jornais e revistas continuavam a dedicar extensos artigos e matérias com as mesmas abordagens contrárias de sempre: que os quadrinhos eram meios de desnacionalização das crianças, traziam leituras superficiais e carregadas de erros gramaticais, além de incentivadoras do crime, da prostituição e do "homossexualismo".

Esses argumentos, usados à exaustão e somados à ameaça da lei de Jânio, levaram o distribuidor Alfredo Machado, da Record, a tomar a frente e tentar agir em defesa dos editores urgentemente e de modo mais enérgico do que fizera até aquele momento. Desde as primeiras críticas mais contundentes aos gibis, na década de 1940, Machado vinha se esforçando para unir os principais empresários em torno de uma ofensiva conjunta a favor dos quadrinhos. Não conseguiu. Mágoas remanescentes de Aizen em relação a Roberto Marinho que demoraram a ser curadas e a rivalidade empresarial entre o dono d'*O Globo* e Assis Chateaubriand mantiveram os três isolados por bastante tempo. Assim, quando reagiam aos ataques a suas revistas, as respostas eram quase sempre individuais. Embora a reaproximação de Aizen e Marinho, no começo da década de 1950, tivesse tido alguma eficácia, já que, diversas vezes, seu jornal fez matérias elogiosas à editora de Aizen, não chegou a haver uma união efetiva entre eles.

Durante anos, Machado traduziu e enviou a seus clientes (os editores) e à imprensa artigos de importantes publicações americanas, sempre com posições simpáticas aos gibis. Abasteceu com esses textos também as revistas de Aizen – que os reproduzia nas contracapas –, além dos jornais de Marinho e Chateaubriand. Nas visitas que fazia sobretudo aos donos da RGE e da Ebal, deu sugestões de respostas aos críticos que muitas vezes foram seguidas, em especial por *O Globo*.

A postura do jornal de Marinho, aliás, refletiu bem a estratégia de defesa que Machado achava que Aizen deveria adotar. Ele nunca compreendeu por que o velho amigo jamais o fez. Mas, no começo da nova década, o distribuidor não escondia seu cansaço diante do esforço para valorizar os gibis.

Com o empenho de Jânio em aprovar a lei, ele concluiu que aquele seria um golpe mortal, capaz de liquidar os editores. A única saída para tentar reverter a situação seria uma resposta de impacto junto à opinião pública que os ajudasse a neutralizar o projeto de lei.

Em um segundo momento, caso o presidente cumprisse o prometido, levariam a questão para o campo jurídico. Isto é, tentariam demonstrar a inconstitucionalidade do projeto no Supremo Tribunal Federal (STF). A forma encontrada para dar essa resposta, no entanto, resultou num retrocesso: os editores brasileiros decidiram copiar o mesmo gesto dos americanos, que sete anos antes haviam criado um código de ética ou de autorregulamentação dos quadrinhos. Com isso, esperavam convencer seus detratores de que, se os quadrinhos distorciam a realidade e eram excessivamente lascivos e violentos como diziam, agora seriam controlados com maior rigor.

Na prática, o código de ética dos grandes editores era uma confissão de culpa por todas as críticas que vinham recebendo até ali. Significou também uma derrota, depois de sobreviverem até 1961 sem qualquer censura oficial, apesar das tentativas de estabelecê-la desde 1939 – quando Aizen defendeu o banimento dos quadrinhos americanos, que lhe tinham sido tomados por Marinho. Como se viu, isso aconteceu porque as grandes editoras, ancoradas em importantes veículos de comunicação, como *O Globo* e os Diários Associados, conseguiram arregimentar um bom número de deputados e senadores. Nesse sentido, os "principescos" almoços de Aizen deram uma contribuição importante.

Os editores resistiram por anos à ideia de importar um dos códigos de autorregulamentação criados em vários países para restringir o conteúdo de suas revistas. Aizen foi o único a tomar uma medida semelhante, em 1954, ao criar "Os mandamentos das histórias em quadrinhos", como foi visto.

A situação para os editores de quadrinhos com Jânio, no entanto, se deteriorou em pouco tempo. Primeiro, porque o presidente adotou uma postura de confronto aberto com a imprensa e mostrou isso ao cortar o subsídio ao papel usado para impressão de jornais e revistas.

Entre os que faziam revistas em quadrinhos, concluiu-se que deveriam fazer concessões como um código de ética para neutralizar os argumentos dos artistas brasileiros para fundamentar a lei de nacionalização do setor. Como o projeto dos desenhistas atacava o caráter moral das histórias que vinham de fora, tentou-se contestar essa alegação. Ebal, RGE, O Cruzeiro e Abril, além da Record, combinaram que usariam um selo para distinguir suas revistas como "sérias". Esperavam, desse modo, que o público acreditasse que os editores "atuavam com responsabilidade" e aplicavam com rigor regras a seus colaboradores como forma de "amenizar" suas revistas.

O assunto foi discutido durante alguns dias entre Machado e três editores, em especial: Adolfo Aizen, Roberto Marinho e Victor Civita (Assis Chateaubriand, naquele momento, lutava para recuperar movimentos mínimos depois de sofrer um derrame cerebral). Nos últimos tempos, aliás, os donos da Abril e da RGE estreitaram sua amizade. Conversavam longamente por telefone, ocasiões em que demonstravam sua apreensão com a campanha feita contra as revistas em quadrinhos.

Tanto o regulamento como o desenho do selo do código foram preparados por Alfredo Machado em sua agência de publicidade, que funcionava como anexo do departamento de arte da Record – que se tornaria, nas décadas seguintes, uma das maiores editora de livros de interesse geral do país. A elaboração dos artigos contou principalmente com a assessoria de Aizen, por causa da amizade entre os dois. O documento era uma combinação dos "Mandamentos das histórias em quadrinhos", da Ebal, e do "Comics Code Authority", criado pelas editoras americanas de *comics*, ambos de 1954.

O regulamento tinha os mesmos objetivos de qualquer regra de autocensura em moda entre os editores de quadrinhos em vários países durante a Guerra Fria: proibia temas políticos, sexo, violência, ofensas a valores religiosos e morais, aos pais, aos professores, às autoridades e aos deficientes físicos. O termo de compromisso para obedecer às 18 determinações do código foi assinado na sede da Record na última semana de julho de 1961 pelos seguintes editores: Adolfo Aizen, pela Ebal; Rubens de Oliveira, representando Roberto Marinho, pela RGE; Manuel Lopes de Oliveira, pelas Edições O Cruzeiro, dos Diários Associados; Victor Civita, pela Abril; e Alfredo Machado, pela Distribuidora Record.

Os demais editores paulistas não foram convidados a participar da preparação do código. Não porque não eram considerados editores de grande porte, ou por causa de seu comprometimento com o movimento de nacionalização dos desenhistas. A justificava estava no fato de focarem sua produção em revistas policiais e de terror, apontadas pelos colegas do Rio como responsáveis pela piora da imagem dos quadrinhos ao longo dos dez anos anteriores.

O documento recebeu destaque no jornal *O Globo*, que reproduziu a íntegra do texto e justificou sua adoção como uma medida que regulamentaria com eficiência a produção e publicação de quadrinhos com o propósito de tranquilizar pais e professores. A revista *O Cruzeiro* – que vinha ignorando a discussão sobre a nacionalização dos quadrinhos por conveniência, com exceção dos artigos de Gilberto Freyre –, publicou uma pequena matéria sobre o código na edição de 9 de setembro. Era quase uma nota, não fosse a inclusão de todos os tópicos.

Segundo a revista, os editores responsáveis já seguiam aquelas "normas e preceitos" em suas publicações havia tempos, mas decidiram divulgá-los "para conhecimento do público e das autoridades". E fez a observação de que as revistas estampariam na capa um selo indicativo de sua adesão aos

Gibis verde-amarelos: o principal erro da CETPA foi ter limitado a produção a temas gaúchos. AA

princípios do código, medida que poderia também ser adotada por outros editores que desejassem "cingir-se às suas normas e exigências".

Como a produção das revistas era feita com antecipação de três edições, o selo só começou a ser usado nos gibis das Edições O Cruzeiro a partir de novembro de 1961. Naquele mês, sua adoção veio acompanhada de uma matéria sobre o sucesso da revista *Pererê*. E parece ter dado coragem para que os Diários Associados enfim entrassem na discussão pela moralização dos quadrinhos. Afinal, pelo menos na aparência, suas revistas estavam protegidas pelo regulamento das editoras.

Os Diários Associados reproduziram, em todo o país, uma entrevista com Ziraldo sobre a repercussão de sua revista, com enfoque também no preconceito contra os gibis. O título da reportagem destacava: "Êxito de *Pererê* prova que público não quer só histórias de bangue-bangue".

Ziraldo disse que sua revista tinha o propósito de levar a criança a "pensar em brasileiro", porque, acostumada às histórias importadas, ela só pensava em fazer bonecos de neve, em comer morangos e passear em trenós na época do Natal. Destacou que "esses são defeitos que, se histórias excelentes como as das revistas *Luluzinha* e *Bolinha* [editadas por O Cruzeiro] conseguem anular, outras (a maior parte) só fazem acentuar". O desenhista mineiro comemorava a significativa tiragem mensal de noventa mil exemplares de sua revista.

A RGE se tornaria a editora a usar por mais tempo o emblema da autocensura nas suas capas. Faria isso por dez anos, até o final de 1971. Nos primeiros meses de vigência, a editora deu tanto destaque ao símbolo que chegou a reproduzi-lo com o triplo do tamanho adotado pela Abril – que começou a utilizá-lo a partir de dezembro.

Na editora paulista, o emblema foi entregue por Victor Civita ao diretor de revistas infantis Cláudio de Souza, durante uma reunião com o núcleo de publicações para crianças convocada com esse propósito. A estampa fora enviada ao dono da Abril por Machado, em cópia fotostática.

A Ebal esperou mais dois meses para usar a marca, começando em janeiro de 1962. Mas, em julho do mesmo ano, o selo deixou de ser reproduzido pela editora. As publicações de *O Cruzeiro* o usaram até 1965. Por que Aizen logo abriu mão do selo? Porque o impacto esperado pelos editores foi esvaziado com a renúncia de Jânio e por causa dos acontecimentos políticos que se seguiram.

O episódio, ocorrido três semanas depois da divulgação do código, interrompeu, pelo menos por algum tempo, o movimento de nacionalização dos quadrinhos. Mas não por causa do impacto da renúncia em si, mas sim devido ao impasse criado em relação à posse do vice-presidente João Gou-

Artistas brasileiros se mobilizaram, representados por uma associação de classe presidida por Mauricio de Sousa, para pressionar por uma lei de nacionalização das HQs. WA

lart, que estava na China quando Jânio renunciou – fato que provocou uma das mais tensas crises da história política brasileira e ajudou a esfriar o esforço para aprovação da lei dos quadrinhos.

A ala mais radical das Forças Armadas ficou contra a posse de Goulart por considerá-lo um getulista histórico e simpatizante do comunismo. Todo um clima conspiratório tomou conta do noticiário e das atenções do país. A crise institucional fez com que Goulart só assumisse a Presidência graças a uma colcha de retalhos alinhavada às pressas entre algumas lideranças civis, a cúpula militar e o Congresso. A saída veio na adoção do regime parlamentarista. Ou seja, o presidente governava, mas não mandava.

As decisões executivas caberiam ao primeiro-ministro, Tancredo Neves. O remendo pretendia também evitar – mas apenas retardaria – um golpe militar que vinha sendo amadurecido havia sete anos, desde a crise que resultara no suicídio de Getúlio Vargas. O tempo mostraria que a posse de Goulart só fez esquentar os ânimos da ala radical dos militares, que considerou o acordo para a posse uma fraqueza dos ministros fardados.

Sem a pressão dos artistas, os editores brasileiros nem chegaram a criar uma entidade responsável pela aplicação das normas do código, como aconteceu nos EUA. Isso não significava, no entanto, que a autocensura brasileira tivesse deixado de existir. Por mais que depois se pensasse que o código não passara de um enfeite nas capas das revistas, estava, enfim, sistematizada no Brasil uma espécie censura impositiva e não oficial aos quadrinhos.

O código fazia restrições diretas à produção da La Selva e da Outubro (principalmente do gênero terror), cujos editores foram acusados de explorar cenas "fortes" de violência e sexo. Ou seja, sem o selo nas capas, as pequenas revistas ficariam mais expostas aos críticos e aos pais mais atentos, que se orientariam pelo selo na capa para vetar a leitura dos filhos. Ao mesmo tempo, isso tendia a acentuar o preconceito de educadores e religiosos em relação aos malefícios das revistas das duas editoras paulistas.

O regulamento prometia também acirrar de imediato os conflitos entre os grandes editores e os desenhistas e roteiristas. Na verdade, desde o começo do ano, com o crescimento da campanha pela nacionalização, não faltaram acusações de que as editoras cariocas só ofereciam trabalho para os profissionais considerados "amigáveis" e que não estavam envolvidos no movimento. Ajudou na deterioração o clima de paranoia difundido pela Guerra Fria. Os empresários foram tomados pelo pânico de ter seus negó-

Na guerra para só publicar quadrinhos brasileiros, valia defender a censura ao material americano. BN

cios controlados pelos desenhistas. Falou-se até que suas editoras seriam transformadas em repúblicas sindicalistas.

A COOPERATIVA GAÚCHA

Após a posse de Jango, os desenhistas e roteiristas do Rio e de São Paulo retomaram suas reuniões na busca pela lei de cotas. Para eles, só havia duas alternativas: esquecer o espaço conquistado com a discussão durante o governo de Jânio ou tentar conseguir a simpatia do presidente João Goulart para a causa e convencê-lo a fazer o decreto. Afinal, tinham chegado perto demais de seu propósito.

A primeira hipótese foi totalmente descartada. O problema maior, no entanto, era descobrir como levar suas reivindicações ao novo presidente. O grupo de São Paulo não demorou a saber de uma boa notícia: o presidente da ABD, José Geraldo Barreto, convencera o governador gaúcho, Leonel Brizola, cunhado de Goulart, a marcar uma audiência dos desenhistas com o presidente. Correligionário de Brizola no Rio, José Geraldo tinha intimidade com o político e não teve dificuldade de lhe falar sobre a reivindicação dos artistas.

O encontro entre os quadrinhistas e Goulart aconteceu ainda em 1961, no Palácio das Laranjeiras, no Rio. Brizola estava presente, e, durante a breve conversa, a comissão da ABD entregou ao presidente uma cópia do manifesto enviado a Jânio Quadros pouco antes da renúncia.

O presidente ouviu um breve resumo da reivindicação dos artistas – a lei de nacionalização. Jango disse que considerava o pedido justo, mas explicou que, como governante em regime parlamentarista, nada podia fazer porque não tinha poderes para tomar decisões. Pediu, então, que esperassem até que suas atribuições executivas fossem restabelecidas, como ele esperava que acontecesse em breve. Garantiu que, quando isso ocorresse, baixaria um decreto-lei para atendê-los.

Brizola ficou tão empolgado ao ouvir o pedido dos desenhistas que sugeriu a José Geraldo que elaborasse um projeto imediatamente para que o próprio governador pudesse agir em seu estado a favor dos artistas. Como Brizola não tinha poderes para obrigar os editores a obedecerem uma cota de autores brasileiros, José Geraldo sugeriu a criação de uma cooperativa de desenhistas de histórias em quadrinhos.

O governante gostou da ideia e lhe prometeu que destinaria recursos para bancar a empreitada. Mas ressaltou que a iniciativa deveria ter sede em Porto Alegre, para justificar a doação da verba. O entusiasmado José Geraldo, então, ignorou os protestos da família, interrompeu suas colaborações de ilustrador em jornais, transferiu os negócios a parentes (ele era dono de uma revendedora de carros importados) e, em duas semanas, embarcou para Porto Alegre.

Instalado no Preto Hotel, que pertencia a um senhor de origem libanesa, partidário ardoroso de Brizola, o desenhista começou a trabalhar em tempo integral no projeto da cooperativa. Apesar de contar com o prometido suporte financeiro do governo, não demorou a perceber que as coisas não seriam fáceis. A diretoria da Associação das Cooperativas do Rio Grande do Sul, por exemplo, não entendeu a proposta dos desenhistas e lhe negou registro. Ligada ao Ministério da Agricultura, a entidade custou a aceitar que, em vez de leite ou hortifrutigranjeiros, a cooperativa produziria histórias em quadrinhos.

Quem socorreu o desenhista foi o presidente da entidade, o auditor militar Lauro Schuck, que convenceu os colegas a ceder. José Geraldo também contou com o apoio de Francisco de Toledo Piza, presidente do cooperativismo paulista, que o ajudou a conseguir respaldo de todas as associações do país e, assim, o registro nacional da cooperativa.

O reconhecimento da entidade como órgão de utilidade pública, entretanto, esbarrou na oposição a Brizola na Assembleia gaúcha. Os deputados conseguiram embargar a verba destinada para sua instalação.

Graças à mobilização dos parlamentares governistas e a uma reserva financeira que José Geraldo trouxera do Rio, a estruturação da entidade continuou a ser feita sem interrupção. A resistência de parte da imprensa local ao projeto da "cooperativa de Brizola", como se dizia, levou um grupo de extrema direita a planejar uma ação terrorista contra José Geraldo.

O desenhista havia alugado um sobrado no morro do Menino Deus, que pertencia ao artista gaúcho e seu velho amigo do Rio, Nelson Junglubuth, então diretor da seção de arte da Varig. Mal instalou a família e sua filha, Elizabete, foi vítima de uma tentativa de sequestro na saída da escola. Por sorte, no momento em que tentaram levá-la, passou uma patrulha da Brigada – a polícia militar gaúcha. Quando ouviram os gritos da menina e da babá, os brigadistas saíram em perseguição aos sequestradores, que conseguiram fugir.

Teve início, em seguida, uma série de telefonemas ameaçadores para que José Geraldo deixasse imediatamente a cidade. Lutador de boxe na juventude, o desenhista não se deixou intimidar. Conseguiu com o gabinete de Brizola que a Brigada guardasse sua casa 24 horas por dia. A pressão chegou aos muros próximos de sua casa, que apareceram pichados com acusação de comunismo e ordens para deixar a cidade o mais rápido possível. Lugar de comunistas, escreveram, era no Rio.

Para José Geraldo, as ações eram de extremistas de direita inimigos de Brizola. E ele seguiu em frente. Estreitou seus contatos, sobretudo na área de comunicação do governo, que o ajudaram a agilizar a conclusão das instalações da cooperativa. Entre eles os jornalistas Hamilton Chaves, João Maia Neto e Carlos Conturzi. O chargista e ilustrador argentino Aníbal Bendati fez parte do núcleo que fundou a Cooperativa Editora de Trabalho de Porto Alegre (CETPA) e foi o primeiro a ser procurado quando José Geraldo desembarcou em Porto Alegre, recomendado pelo seu amigo chargista Lanfranco Vaselli, o Lan, italiano criado em Montevidéu que trabalhava no *Última Hora*, no Rio.

Bendati acumulava as funções de chefe de diagramação, desenhista e chargista da edição gaúcha do jornal de Samuel Wainer. Chegara à cidade

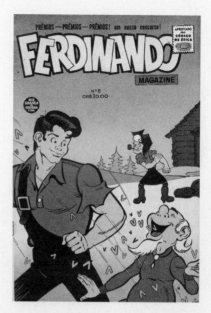

Gibis de Marinho com o selo do Código de Ética. Na verdade, as histórias vinham censuradas dos EUA. AA

quatro anos antes, depois de trabalhar por quatro meses no *Última Hora* carioca. Nascido em Buenos Aires em 1930, o artista mudou-se para o Brasil em agosto de 1957. Veio à procura de trabalho, depois que a repressão política do governo provisório do general Pedro Aramburu, na Argentina, fechou vários jornais e revistas. Ele trabalhava então na humorística *Picardia Universal*, empastelada no dia 6 de fevereiro de 1957.

Como quase não se produziam quadrinhos no Rio Grande do Sul, no primeiro momento José Geraldo e Bendati tiveram alguma dificuldade para reunir um número mínimo de artistas que permitisse começar a cooperativa. Ao mesmo tempo, tentavam trazer desenhistas de outros estados. Para piorar, a verba prometida por Brizola demorou quase um ano para ser liberada, por causa de mais um embargo dos deputados.

Como o dinheiro de José Geraldo estava acabando, ele sacrificou seu querido Peugeot 404, vendido bem abaixo do valor de mercado para pagar suas despesas. Sem o empecilho da oposição, Brizola liberou uma verba de vinte milhões de cruzeiros, suficiente para comprar todos os móveis e o material para produção de quadrinhos e para alugar o espaço necessário por alguns meses. O desenhista escolheu quatro salas no quarto andar de

 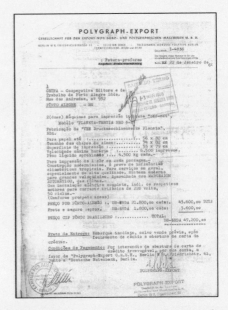

Pererê, de Ziraldo, era citado como exemplo de HQ nacional; e a inusitada cooperativa de Brizola para fazer quadrinhos. AA

um prédio de dez andares, recém-inaugurado, na rua da Praia, em frente ao cinema Cacique e próximo à praça da Alfândega.

Nesse local foi instalada a sede da cooperativa. No térreo funcionava uma galeria de lojas, bares e restaurantes. A ideia era que, com essa estrutura, os artistas pudessem montar uma base de produção de tiras para jornais e histórias em quadrinhos no formato parecido com o dos *syndicates* americanos. O material finalizado seria vendido a publicações de todo o Brasil.

Antes mesmo que a CETPA começasse a funcionar, surgiu uma polêmica na imprensa ligada ao projeto. Como o regimento da entidade permitia a contratação de um gerente técnico fora do quadro de associados, José Geraldo submeteu aos colegas o nome do argentino José Maria Villone – ex-ministro das Finanças de Perón, exilado em Porto Alegre –, que foi imediatamente aprovado. Mas os jornais de oposição a Brizola não gostaram da escolha e acusaram a CETPA de dar emprego a um "fascista argentino".

O ex-ministro afirmou que queria apenas uma ocupação e José Geraldo saiu em sua defesa. Disse que seria uma estupidez recusar a colaboração de alguém com a sua competência e experiência. O economista só teve paz quando anunciou que trabalharia de graça. Coube ao economista pôr em ordem a precária administração da entidade.

Além da convocação a colegas feita por José Geraldo, a notícia da fundação da cooperativa não demorou a atrair desenhistas de São Paulo e do Rio para a capital gaúcha, em especial os que participavam naquele instante do movimento pela nacionalização das revistas. O coordenador do projeto chegou a adiantar do próprio bolso as passagens para que Julio Shimamoto pudesse viajar, e também ajudou Mauricio de Sousa a resolver seus problemas financeiros em Mogi das Cruzes.

José Geraldo combinou com o futuro criador da Turma da Mônica que, após receber o dinheiro, esse se juntaria ao grupo na capital gaúcha. Mauricio nunca apareceu, o que causou mágoa ao fundador da entidade. "Infelizmente, ele não honrou o prometido e nos deixou na mão. Sua presença em Porto Alegre teria sido relevante para atrair mais colegas, porque ele era o presidente da ADESP", observou.

Mauricio deu sua versão do episódio mais de quarenta anos depois e contou detalhes de suas dificuldades naquele momento:

A história [contada por José Geraldo] não foi bem assim. Eu jamais recebi qualquer ajuda, apoio ou subsídio por parte da cooperativa do Rio Grande do Sul ou do Governo Brizola. Nem jamais me comprometi a seguir para o sul junto com os colegas que pra lá foram em uma confiante debandada.

Consigne-se que eu jamais fui contra a existência, a montagem da cooperativa e do uso de personagens brasileiros feitos por brasileiros. Era um projeto bonito, autêntico e oportuno. Não concordei foi com a forma. E tinha outra alternativa, que preferi usar. Talvez Zé Geraldo até tenha botado na cabeça que me ajudou financeiramente. Ele realmente me ligou de Porto Alegre (para o telefone de uma vizinha, pois eu não tinha telefone) e me convidou para participar da cooperativa. Prometeu-me publicação de revista, boa moradia (por conta do governo do Rio Grande do Sul) e tudo o mais que eu precisasse. Mas eu estava, nesta altura, totalmente decepcionado com promessas políticas. A renúncia de Jânio, a debandada dos desenhistas da associação do Martinelli, a minha situação financeira difícil (de começo de carreira) me fizeram repensar e abandonar de vez a luta pela nacionalização dos quadrinhos via decreto.

Eu tinha sido "expulso" da *Folha* por causa da campanha pela nacionalização, vinha sendo chamado de comunista em editais do *Estado de São Paulo*, estava com o aluguel atrasado em meses, ameaçava faltar leite para minhas filhas novinhas (Magali entre elas, imagine...) minha esposa Marilene, mãe da Mônica, acompanhando as dificuldades de perto, me ajudou nessa tomada de decisão para eu me centrar na organização de meu sistema de produção e redistribuição particular de tiras.

Optei por isso, mesmo com a dificuldade de poder atender somente a uma área geográfica restrita (cidades próximas de Mogi das Cruzes, onde eu morava), mesmo eu precisando emprestar dinheiro de parentes para realizar as novas investidas.

José Geraldo, quando soube da minha negativa para ir para o sul, me procurou pessoalmente em Mogi das Cruzes e veio com mais argumentos... e informações. Tipo: as minhas atuais historinhas teriam que ter, a partir da cooperativa, um componente levemente politizado, onde os vilões seriam povos loiros, de olhos azuis, que moravam em países do norte e que tentariam dominar outros povos... Era só o que faltava, haveria interferência na linha dos roteiros, na filosofia.

Isso era totalmente inaceitável para mim. Mais do que nunca pensei que as nossas histórias em quadrinhos (as minhas, pelo menos) precisavam obedecer à lei da oferta e da procura para se posicionarem e ganharem um lugar ao sol, e me recusei, para exasperação do José Geraldo, que tentou novos contatos comigo, mas em vão.

Cheguei a perceber tons de ameaça em alguns contatos com outros elementos que organizavam a cooperativa, chegaram a me chamar de vendido, traidor, vira-casaca e outros termos menos elegantes. Mas eu jamais, mesmo nos meus discursos mais inflamados durante a campanha pela nacionalização, introduziria o elemento político na nossa causa. E não seria agora.

Do meu lado, fui atrás da lei da oferta e da procura... e não me arrependo. Foi difícil, foi duro, foi lento, foi e é um malabarismo. Mas valeu a pena.

A cooperativa logo reuniu alguns dos melhores e mais promissores nomes de todo o país. Além de Shimamoto, mudou-se para Porto Alegre o carioca Getúlio Delfim, que ficaria responsável pelos magníficos desenhos de Aba-Larga, série inspirada na polícia montada gaúcha. Shimamoto desenhou de um só fôlego *Histórias do Rio Grande do Sul em Quadrinhos*.

Flavio Colin preferiu permanecer no Rio. Mesmo assim, tornou-se um dos colaboradores mais participativos. Ele criou o herói Sepé Taraju, baseado no mítico líder dos Sete Povos das Missões, que morreu na defesa de sua república indígena. Bendati produziu Lupinha, um detetive gordo e divertido que gostava de tomar chimarrão. Flávio Luiz Teixeira fez Piazito, um gurizinho do pampa gaúcho. Já Luiz Saidenberg escreveu a oportuna edição especial *História do Cooperativismo em Quadrinhos*.

Grandes talentos dos quadrinhos migraram para Porto Alegre e produziram várias revistas. WA

Um jovem talento que entrou para o grupo foi o gaúcho Renato Canini, que se destacou com Zé Candango, uma das primeiras criações brasileiras a personificar a militância pelos quadrinhos nacionais, com a irreverência do autor. Outro destaque foi João Mottini, que tivera passagem consagradora no mercado argentino de quadrinhos. Entre os argumentistas reunidos estavam Carlos Freitas, Hamilton Chaves, Cavalheiro Lima, o próprio José Geraldo e outros.

Em julho de 1962, com direito a banda de música, presença de autoridades e festa, foi finalmente inaugurada a sede da cooperativa, já com o lançamento dos seus primeiros gibis. Foram publicadas as revistas *Aba-Larga*, *História do Cooperativismo*, *Histórias do Rio Grande do Sul* e *Zé Candango*. A série *Seleções Gaúchas* estreou no mês seguinte, com Sepé Taraju, de Flavio Colin.

José Geraldo conseguiu que o miolo das revistas fosse impresso na gráfica porto-alegrense Casa do Pequeno Jornaleiro – depois, a impressão passaria para a Dom Bosco. Em seguida, o material foi remetido para a Ebal, no Rio, onde recebeu as capas coloridas e foi entregue a Fernando Chinaglia para distribuição. Os gibis tinham formato americano (*comic book*) e, invariavelmente, 32 páginas.

O editorial de estreia, reproduzido em todas as revistas, mostrou o entusiasmo dos artistas pela iniciativa:

> A CETPA é o resultado da luta desenvolvida há anos por desenhistas e argumentista patrícios, no anseio de aqui produzirem histórias brasileiras identificadas com nossos hábitos e costumes.
> Na árdua e longa luta em busca de um mercado que possibilite transformar sua arte em autêntica mensagem de nosso folclore, hábitos e costumes, o artista brasileiro, graças à compreensão e ao apoio do governo do Rio Grande do Sul, concretiza a sua mais cara aspiração: descobrir um Brasil novo, rico de belezas históricas e heróis autênticos.
> Pintaremos o Brasil de verde e amarelo.

A cooperativa contou, desde o início, com o patrocínio da Varig. O contato foi feito pelo presidente da CETPA, que convenceu Rubem Berta, presidente da empresa, a apoiar a iniciativa. A Varig também comprou lotes das tiragens das revistas para distribuição a bordo dos aviões e forneceu cotas de passagens aéreas à entidade.

José Geraldo soube aproveitar bem essa facilidade para viajar. Com o propósito de divulgar as proezas dos policiais abas-largas nas fronteiras do Sul, transpostas para os quadrinhos, ele embarcou com parte de um pelotão de verdade da Brigada pelo Brasil afora. Na redação do jornal *Última Hora*, em São Paulo, por exemplo, o sargento Cunha empolgou os jornalistas ao

O sexagenário Aizen volta à casa onde viveu no bairro de Brotas, em Salvador. Anos de 1960. SK

aceitar um desafio do diretor de redação Josimar Moreira para descarregar seu revólver calibre .38 num alvo a mais de dez metros de distância. A tentativa, felizmente, não chegou a ser feita, por falta de um local adequado.

Em Brasília, o mesmo grupo de militares gaúchos causou pânico quando irrompeu no plenário da Câmara durante a sessão do dia. Atônitos, alguns parlamentares acharam que se tratava de um golpe de Estado liderado por Brizola. Logo souberam que o motivo da visita era divulgar as revistas da CETPA e protestar contra a condecoração do ator americano Gene Barry, feita dias antes pelo presidente Goulart. Barry interpretava na TV o caubói almofadinha William Bartley em *Bat Masterson*, seriado de grande sucesso na época.

Barulho, aliás, era o que José Geraldo sabia fazer bem. Irritado com o uso da imagem do indígena norte-americano, e não do brasileiro, nos quadrinhos, na TV e no cinema, ele decidiu divulgar na mídia nacional a figura épica do indígena gaúcho Sepé Taraju. Não pensou duas vezes para levar ao Rio – via Varig, claro –, o índio Barreto, um autêntico nativo charrua, figura folclórica de Porto Alegre que todo ano desfilava na parada de 7 de setembro montado em seu vistoso cavalo Tubiano.

Um caminhão do Primeiro Exército, que partira de Porto Alegre dias antes, desembarcou solenemente o cavalo do indígena na porta dos estúdios da Tupi carioca. Barreto, trajado de Sepé, montou o animal e, focalizado pelas câmeras, desembestou pelo auditório da emissora adentro, que funcionava no antigo cassino da Urca. Com suas vistosas botas de potrilho e esporas, fez o maior sucesso e arrancou aplausos da plateia.

Mesmo com o entusiasmo dos artistas e o esforço heroico do incansável e determinado José Geraldo, a experiência da cooperativa revelou-se, em pouco tempo, um desastre comercial. O projeto da CETPA previa a criação de uma editora de revistas em quadrinhos e uma distribuidora nacional de tiras, nos moldes dos *syndicates* americanos. As primeiras tiras oferecidas foram *Sepé Taraju*, *Piazito*, *Lupinha* e *Aba-Larga*.

Não foi difícil prever que os artistas enfrentariam pelo menos alguma estranheza do público na aceitação de seus personagens de temática regionalista. Claro que experiências raras como *Edição Maravilhosa*, de Aizen, *Pererê*, de Ziraldo, e versões para os quadrinhos de sucessos do rádio, do cinema e da TV feitas por várias editoras mostraram que o leitor era receptivo a produtos brasileiros. Mas, no caso da iniciativa gaúcha, foi diferente, porque o regionalismo era marcante e característico.

Apesar de alguns professores se simpatizarem com as HQs, a resistência nas escolas duraria décadas. AA

Optou-se pelo que se poderia chamar de "gauchês absoluto" em todos os produtos.

Ao mesmo tempo, havia certa dificuldade por parte dos roteiristas para se libertar da influência americana no estilo de fazer quadrinhos. Nesse aspecto, alguns trabalhos da cooperativa mais pareciam tentativas de transpor para a ambientação brasileira (gaúcha) alguns gêneros de quadrinhos americanos bem conhecidos no Brasil. A tropa de heróis que dava nome à revista *Aba-Larga*, por exemplo, misturou a polícia montada gaúcha – inspirada originalmente na canadense – com histórias de detetive e faroeste que traziam referências explícitas aos *comics* americanos.

Para o leitor, essas histórias eram vistas como tentativas mal elaboradas e inverossímeis de copiar o estilo estrangeiro. Na verdade, em alguns casos, os autores não conseguiam separar influência de interferência no estilo – ou seja, não diluíram as referências. Apenas copiaram. Para piorar, parte dos textos das revistas era panfletária e até doutrinária, como no caso de *Aba-Larga*. Predominava nas tiras e histórias um tipo de quadrinho ideologicamente "catequizador", comprometido de maneira explícita com ideias nacionalistas defendidas pelo partido de Brizola e pela esquerda brasileira. A proposta de *Aba-Larga* estava mais para os "cômicos" cubanos de louvação ao movimento socialista revolucionário que começaram a ser produzidos no país de Fidel Castro, como forma de consolidar a insurreição de 1959.

A cooperativa mostrou que havia assimilado bem o discurso preconceituoso e exaustivamente repetido nas três últimas décadas contra os quadrinhos no Brasil. Não podia ser diferente, já que parte de seus membros participou do movimento de nacionalização dos gibis.

Os dirigentes argumentavam que os *comics* estrangeiros alienariam os leitores e seriam mesmo usados como propaganda para difundir ideias políticas convenientes aos interesses de seus países.

Diziam isso, mas suas próprias produções seguiam essa lógica. A CEPTA, no entanto, garantiu haver apenas a preocupação "educativa" de fazer com que as revistas infantis ajudassem a consolidar usos, costumes, linguagem e tradição do país – leia-se Rio Grande do Sul. Em muitas histórias, esse esforço para instruir os leitores foi evidente, mas resultou em textos chatos e cansativos.

Com todos esses problemas, a entidade começou a ter dificuldades para que seus quadrinhos fossem aceitos antes mesmo de eles serem submetidos ao crivo dos leitores de jornais e revistas. Esbarrou, de imediato, nos editores. Apenas *Jornal do Brasil* e *Última Hora* compraram as tirinhas de *Zé Candango*, de Canini. Os outros alegavam que as histórias traziam temática excessivamente gaúcha e que os leitores não entenderiam as histórias.

Sem fazer uma autocrítica, os artistas responsabilizaram o poder de fogo dos *syndicates* para dominar todo o mercado latino-americano de quadrinhos. Depois, tentaram furar o bloqueio com um preço mínimo decente, que lhes permitisse competir com os estrangeiros.

Em São Paulo, parte da grande imprensa apoiou o movimento de nacionalização das HQs. AA

TECNOLOGIA ALEMÃ

A resistência não impediu que, quase dois anos depois da fundação da cooperativa, José Geraldo ainda acreditasse na virada do mercado. Insistiu que era preciso, principalmente, uma estrutura gráfica suficiente para rodar as revistas e baratear o preço final, de modo a torná-las mais competitivas. E saiu à procura de mais dinheiro. Mas a crise política que mais tarde derrubaria João Goulart com um golpe militar parecia conspirar contra ele.

Enquanto o capital de giro minguava, a CETPA sofreu uma baixa importante: a saída de José Maria Villone, que resolveu trocar seu trabalho voluntário na capital gaúcha pela direção de uma empresa em Los Angeles, nos EUA. Para substituí-lo, José Geraldo convenceu Rubem Schneider a deixar o estável cargo de gerente estadual da Pepsi-Cola – refrigerante que acabava de ser lançado no país – pela aventura da cooperativa de quadrinhos.

Enquanto buscava dinheiro para comprar as máquinas, José Geraldo vendeu alguns imóveis no Rio e investiu o dinheiro em outro negócio na área editorial. Alertado por um amigo sobre a oportunidade vantajosa de adquirir o parque gráfico da Editora Americana, então penhorado ao Banco do Brasil, ele se associou ao empresário Lúcio Abreu, velho amigo seu, e comprou a empresa.

Para isso, contou com a influência de Brizola, mais uma vez, que interferiu em Brasília e suspendeu a execução das máquinas. A Americana ficara conhecida por publicar com sucesso nas décadas anteriores a *Revista da Semana* e a prestigiada *Eu Sei Tudo*, precursora no Brasil do formato editorial da americana *Reader's Digest*. Em retribuição ao favor de Brizola, José Geraldo colocou a gráfica à disposição do PTB do estado da Guanabara para imprimir cartazes e panfletos, já que a candidatura do governador gaúcho à Câmara estava sendo lançada. Brizola seria eleito como o deputado mais votado do Brasil.

A rotina de José Geraldo durante meses se manteve na ponte aérea Porto Alegre–Rio de Janeiro (e vice-versa). Agora, com o aval do movimento cooperativista nacional, o presidente da CETPA recorreu ao Banco Nacional de Crédito Cooperativista (BNCC) em busca de recursos para importar impressoras da Alemanha. Habituado a financiar implementos agrícolas, o BNCC não quis se arriscar a dar crédito a uma cooperativa de desenhistas de quadrinhos.

Só depois da intervenção direta do próprio João Goulart, após um pedido de Brizola, o banco liberou o empréstimo. Como de praxe, no entanto, creditou apenas 80% do total requerido. Sem dinheiro suficiente para pagar as máquinas alemãs, José Geraldo se desesperou. Ele comprara as impressoras sem dar garantia nenhuma aos alemães, apenas graças à sua conversa envolvente e a lábia desenvolvida como comerciante de carros.

Depois de muito empenho, com promessas e mais promessas por telefone, a encomenda finalmente havia chegado da Alemanha. Como 20% do empréstimo da cooperativa ainda estava retido no BNCC, a mercadoria não pôde ser retirada da alfândega no Rio de Janeiro e enviada a Porto Alegre. Os dias e as semanas foram passando, e as dívidas da armazenagem, se avolumando.

Amigos sugeriram a José Geraldo que tentasse juntar recursos com a impressão para terceiros na gráfica da Americana para evitar o confisco das impressoras pela alfândega. Ele até tentou, mas concluiu que não alcançaria a quantia necessária no pouco tempo que tinha. Sem alternativas, resolveu apelar diretamente a João Goulart para liberar o restante do empréstimo.

No auge da crise que antecedeu o golpe militar de março de 1964, o desenhista tentou por todos os meios chegar ao presidente, de quem se tornara conhecido graças à sua constante presença ao lado de Brizola. Não conseguiu. O ex-governador gaúcho também não podia ajudá-lo: estava viajando. Um dia, como conhecia alguns funcionários do Palácio das Laranjeiras, José Geraldo entrou facilmente no seu pátio e ficou à espreita durante horas.

Quando um tenso e preocupado Goulart desembarcou do helicóptero presidencial, o desenhista correu, passou pelos seguranças e o agarrou pelo braço. Assustado, o presidente tentou se desvencilhar. O diálogo que se seguiu teria sido assim, de acordo com o quadrinhista:

— Presidente, preciso falar com o senhor agora...

— O que é isso, José Geraldo, você ficou louco em me parar assim, dessa forma?

— Presidente, o senhor precisa me ajudar a liberar o resto do empréstimo para tirar as máquinas de nossa cooperativa que estão retidas na alfândega; senão, aquelas rapinas que mandam lá vão confiscá-las. É uma questão política que só o senhor pode resolver.

— Falaremos disso em outra hora, estou ocupado agora. Procure-me amanhã, sim?

— Não, presidente, não posso mais esperar. Preciso de uma ordem sua agora, eu não saio daqui sem uma autorização sua.

— José Geraldo, largue o meu braço.

— Não, só largo se o senhor assinar a autorização.

Como seu muque de velho boxeador ainda estava em forma, José Geraldo prendeu firme o presidente. Insistiu para que o ajudasse a liberar as impressoras. Irritado com o comportamento do amigo de Brizola, Goulart deu ordens ao general Assis Brasil, que o acompanhava, para que prendesse o desenhista e o levasse para a Casa Militar. E assim foi feito, com a ajuda da guarda presidencial e diante dos protestos do desenhista aos gritos.

Não era a primeira vez que José Geraldo tirava Goulart do sério. No ano anterior, ele havia pregado uma peça no presidente. No momento em que Jango desembarcou no aeroporto Salgado Filho, José Geraldo e Hamilton Chaves, assessor de imprensa de Brizola, convenceram-no a acompanhá-los até o hangar da Varig para conhecer algumas aeronaves novas. Era uma armação da dupla: lá dentro, um repórter e um câmera da TV estatal cubana estavam escondidos para arrancar uma declaração do presidente brasileiro. Ao perceber que fora enrolado, Goulart não conseguiu esconder sua irritação. Mas respondeu "mineiramente" à embaraçosa pergunta do repórter sobre qual seria a sua posição se os EUA invadissem Cuba: "Nada tenho a declarar sobre isso. Mas acredito que um país soberano não pode ser invadido".

Nessa segunda ocasião, depois de ficar detido por algumas horas na Casa Militar, José Geraldo foi procurado pelo ajudante de ordens do presidente, o capitão Eduardo Chuai, por determinação do próprio Goulart, que havia esfriado a cabeça. "Veja lá o que aquele maluco quer e resolva, por favor", teria dito o presidente. Chuai ouviu com paciência as reivindicações do prisioneiro. Ouviu também queixas contra a alfândega e a taxa "aviltante" que estava sendo cobrada pelo armazenamento das impressoras.

O capitão, então, levou-o na mesma hora à direção da Carteira de Comércio Exterior (CACEX) e determinou que, por ordem direta do presidente, as máquinas da cooperativa fossem liberadas e despachadas o mais rápido possível para Porto Alegre. Por causa da burocracia, antes que o pedido de José Geraldo fosse atendido, veio o golpe militar. Chegava ao fim o sonho de três anos do desenhista.

4 endividada e já fora de atividade no final de 1965, ele foi orientado por seu advogado a negociar as máquinas ainda sem uso com a paulistana Empresa Folha da Manhã, que publicava o jornal *Folha de S. Paulo*, e com a companhia Lista Telefônica, também de São Paulo. Durante décadas, as impressoras que antes rodariam os quadrinhos da bem-intencionada CETPA imprimiram jornais e listas telefônicas.

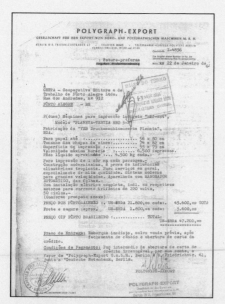

Documentos de uma época esquecida: ligas de senhoras em defesa da família; a nacionalização dos gibis; e a cooperativa de quadrinhos de Brizola. AA

Mesmo com a dificuldade de distribuição e o esvaziamento da entidade, a cooperativa de José Geraldo manteve a produção de tiras para o *Última Hora* e o *Jornal do Brasil* no decorrer de abril de 1964. Os militares, então, interditaram o jornal de Samuel Wainer, que apoiava Goulart. Como Brizola tinha sido o fundador da cooperativa, não havia clima político para insistir no projeto. No entanto, isolados em Porto Alegre, Bendati e Mottini ainda tocaram a CETPA por mais dez meses.

Concluíram que não havia mais o que fazer. A ameaça de prisão, de cassação dos direitos políticos e até de banimento do país que recaiu sobre alguns de seus amigos jornalistas os levou, por cautela, a interromper as atividades da cooperativa. Bendati, por exemplo, escondeu colegas em sua casa e os ajudou a buscar refúgio em consulados. José Geraldo não voltaria mais ao Rio Grande do Sul. Aconselhado por amigos, resolveu desaparecer por uns tempos, enquanto as trevas cobriram os céus de Porto Alegre e de todo o Brasil.

Mas antes disso, a guerra dos gibis viveu mais um *round*.

CAPÍTULO 16 – O DECRETO DE JOÃO GOULART

A LEI DE RESERVA DE MERCADO

Em 1963, os leitores brasileiros que tinham o hábito de ler revistas em quadrinhos podiam se considerar privilegiados. Em um dos períodos mais tensos da vida política brasileira, quando a conspiração para derrubar o presidente João Goulart caminhava a passos largos para o desfecho trágico de um golpe militar no ano seguinte, circulavam regularmente, em meados daquele ano, mais de duzentos títulos, entre publicações mensais e quinzenais, de acordo com levantamento da revista *Publicidade & Negócios*.

O volume de vendas a cada mês foi estimado em vinte milhões de exemplares – em média, cerca de cem mil revistas para cada título, ou 240 milhões de exemplares por ano. Outro fenômeno editorial também já havia se estabelecido no país naquele momento: a publicação diária de tiras de quadrinhos em jornais. Duas empresas dominavam o mercado de distribuição desse formato de história e atendiam a cerca de 120 jornais de todo o Brasil: a Record e a APLA.

A Ebal liderava o mercado de revistinhas, seguida de perto pela RGE e por O Cruzeiro. Aizen ocupava a posição de um bem-sucedido empresário dos meios de comunicação, com cerca de quarenta títulos que imprimia em seu parque gráfico todos os meses, apenas no gênero quadrinhos. Também faziam parte do seu catálogo livros infantis, segmento que começou a despertar cada vez mais seu interesse e ao qual se dedicaria com prioridade na década de 1980, quando abandonaria os quadrinhos.

Mas algo não ia bem com a editora nos dois últimos anos. Depois que Jânio Quadros cortou o subsídio para o papel de imprensa, a Ebal não só cancelou os títulos educativos e religiosos como começou a dar sinais de cansaço. Desde o final da década anterior, Aizen não publicara quase nenhum título novo. Em 1961, lançou o único número de seu sonhado projeto *Edição Monumental*, com a quadrinhização de *Gabriela, Cravo e Canela*, de Jorge Amado.

Sem arriscar, limitou-se a fazer reedições de antigos sucessos da editora, como *Edição Maravilhosa, Epopéia, Grandes Figuras em Quadrinhos* e até alguns títulos de santos mais populares da *Série Sagrada*. Seus gibis de maiores tiragens ainda eram os mesmos lançados até a primeira metade da década anterior – *Tarzan, Zorro, Batman* e *Superman*. Relançar gibis era uma ideia econômica porque reaproveitava, além das histórias já compradas, os fotolitos do miolo. Somente as capas eram, às vezes, mudadas.

Mas a repetição de fórmulas consagradas no passado representava um perigo a longo prazo: poderia tirar o interesse dos leitores mais antigos – vários deles colecionadores das revistas da Ebal havia uma, duas ou três décadas. Ao mesmo tempo, sinalizava certa acomodação de Aizen em sua posição de líder do mercado.

A falta de renovação acabaria por minar a liderança da editora a partir do começo da década de 1970, quando a Abril assumiu a ponta nas vendas, ao adequar sua linha de quadrinhos às necessidades do mercado, sobretudo com a aposta no "formatinho" (13,5 × 20,5 cm) e a incorporação da cor em todos os seus gibis – medida que só seria adotada com atraso por Aizen nos anos 1970.

O editor justificou a perda de espaço como reflexo de um problema mundial, já que as vendas de quadrinhos vinham despencando em vários países depois da adoção do código de censura nos EUA. As outras editoras, mais agressivas em publicidade e lançamentos, levavam outra vantagem na concorrência com a Ebal: não tinham quadrinhos como o único ou o principal produto. Assim, podiam se manter, mesmo que com alguns prejuízos – o que não era o caso de Aizen.

De modo curioso, a partir da segunda metade da década de 1950, quando suas duas primeiras revistas, *O Herói* e *Superman*, atingiam a centésima edição, ele começava uma nova coleção, com o mesmo título, mas com a contagem recomeçando a partir do nº 1 e uma identificação por série – Primeira Série, Segunda Série etc. Quando questionado sobre isso, limitava-se a dizer: "Porque é assim que se faz".

Naumim, filho do fundador da Ebal, explicou por que o pai adotou esse critério: para ele, cem meses (cem números) eram o período que durava o ciclo de leitura na vida de uma criança e adolescente – ou seja, pouco mais de 8 anos. Depois disso, perdiam o interesse e passavam a se preocupar com outros assuntos como namoro, faculdade, trabalho etc.

Com nova numeração, achava que atraía colecionadores mais jovens. Algumas revistas tiveram até seis séries. A exceção foi *Edição Maravilhosa*, que chegou a 201 volumes. Essa opção editorial causou confusões entre os leitores e colecionadores, uma vez que os novos números não eram reedições, mas revistas inéditas. Algumas teriam inclusive coleções em "formatinho", em cores e edições extras.

Enquanto a CETPA tentava emplacar seu projeto de produzir revistas nacionais em Porto Alegre, no segundo semestre de 1963, todas as atenções do mercado de quadrinhos estavam concentradas no cumprimento da promessa feita pelo presidente João Goulart de criar a lei de reserva de mercado assim que conseguisse restabelecer o regime presidencialista. Goulart recuperara seus poderes por meio de um plebiscito realizado em janeiro daquele ano e não demorou a atender aos artistas.

Em 23 de setembro, assinou em Brasília o Decreto-Lei nº 52.497, que "disciplinaria" a produção de revistas em quadrinhos no país. Pela lei, as editoras deveriam publicar, no conjunto de suas edições, histórias em quadrinhos nacionais nas seguintes proporções mínimas: 30% a partir de janeiro de 1964; 40% a partir de janeiro de 1965; e, por último, 60% a partir de janeiro de 1966.

A medida alcançava também os jornais que publicaram tiras em quadrinhos, só que de modo bem mais radical. De imediato, todos deveriam obedecer a proporção de três histórias com textos e desenhos brasileiros para cada lote de sete estrangeiras. Seis meses após o começo da vigência, a proporção deveria aumentar em seis tiras nacionais para quatro estrangeiras. Após o décimo segundo mês, enfim, nove tiras brasileiras e apenas uma estrangeira.

Os prazos estabelecidos pelo decreto de Goulart foram justificados como forma de permitir que os editores se adaptassem às mudanças e para que os desenhistas e roteiristas tivessem tempo para se profissionalizar e se tornar mais competitivos, de modo a atender às encomendas.

A interferência do Estado no mercado de quadrinhos apareceu de modo ainda mais surpreendente nos dois últimos artigos do decreto, que definiam o controle sobre o conteúdo das histórias. Os artistas conseguiram emplacar a antiga reivindicação de censura às revistas que trouxessem qualquer mensagem de caráter ideológico ou moral externo, de outro país – principalmente os EUA, na prática. Proibiu-se ainda, por exemplo, a abordagem de temas ofensivos a qualquer país ou que servissem como propaganda de guerra, divulgação de racismo e de cenas de nudez, prostituição e sadismo.

Segundo o decreto, caberia ao ministro da Educação e Cultura, Paulo de Tarso, criar uma comissão a ser formada por um pedagogo, um desenhista, um roteirista de histórias em quadrinhos e um representante do próprio ministro para a elaboração de um código de conduta profissional (autocensura) a ser obedecido por artistas e editores de quadrinhos. Em trinta dias, a partir da data de publicação da lei, o ministro deveria divulgar as regras para funcionamento da comissão.

A preparação do texto final, que reduziu o percentual de cota para os artistas brasileiros de 70% para 60%, ficou a cargo do Conselho Nacional de Cultura do MEC, sob a coordenação de Paschoal Carlos Magno – homem de teatro, poeta, romancista, diplomata de carreira, vereador pelo Distrito Federal e ex-chefe de gabinete no governo de Juscelino Kubitschek.

Ao desenhista carioca Eduardo Barbosa coube a tarefa de relator do projeto. Da discussão, participaram Ziraldo, Fortuna, Flavio Colin, Benício, Gutemberg Monteiro, José Menezes, Primaggio, José Geraldo e Aylton Thomaz, entre outros – todos representavam os artistas das associações de São Paulo e do Rio. Mais uma vez, as editoras não foram convidadas a participar dos debates, embora tivessem interesse direto na questão.

A assinatura do decreto, claro, dividiu mais uma vez a imprensa. Os principais jornais do país deram amplo destaque ao assunto. Enquanto *O Estado de S. Paulo* e *O Globo* condenaram a iniciativa, *A Nação* e a *Folha de S. Paulo* a aplaudiram. *A Nação* afirmou em editorial que os pais de família brasileiros haviam recebido "com agrado" a medida e, na mesma edição, publicou uma reportagem que falava sobre os aspectos positivos da lei.

Entre os entrevistados estava o deputado Cid Franco (pai do futuro compositor e cantor Walter Franco), apresentado como escritor, poeta, tradutor e "homem debruçado sobre problemas que dizem respeito à educação popular". Para ele, que seria o primeiro deputado cassado pela ditadura militar, a porcentagem estabelecida para a cota de material brasileiro nas revistas deveria ter sido maior, porque os quadrinhos estrangeiros quase sempre traziam temas que só "deseducavam" a infância, "deturpando-lhe a mentalidade e deformando a sua formação nacional".

A *Folha de S. Paulo*, em sua página de opinião, festejou a novidade na edição de 26 de setembro. Disse que o decreto presidencial merecia aplausos e aproveitou para lembrar a seus leitores que fora um dos veículos pioneiros na publicação de histórias em quadrinhos da autoria de artistas brasileiros – em São Paulo em 1959, o jornal lançou as tiras de Mauricio de Sousa:

> Teve este jornal o cuidado de evitar, em seu suplemento infantil, *Folhinha de S. Paulo*, de tamanha repercussão, as histórias em quadrinhos de autores e motivos estrangeiros. E isso não por xenofobia, mas por entender que aquelas histórias, quando sistematicamente retratam ambientes e maneiras de comportamento que não são nossos, contribuem para uma espécie de "desenraizamento" das crianças.

Segundo a *Folha*, não faltavam artistas brasileiros "competentes" para elaborar histórias em quadrinhos de boa qualidade, educativas, capazes de levar à criança e ao adolescente "muito de nossas boas tradições, que as histórias que vêm de fora, preparadas em série, nem de longe podem espelhar". O jornal observou que muitos advogariam, por causa do decreto, outra medida mais radical, como a proibição dos gibis – como queriam alguns educadores –, porque enxergavam naquela linguagem o que chamavam de "vícios pedagógicos":

> Acreditamos que essa última iniciativa não se justifica. A grande aceitação que esse tipo de "literatura" encontrou há de ter explicações mais sérias e profundas do que a do mínimo esforço, que, para alguns, seria a mola real daquela aceitação.

O crítico literário, escritor e ex-deputado Menotti del Picchia, velho polemista dos quadrinhos, também manifestou seu apoio ao decreto de

Goulart. No artigo "Literatura em quadrinhos", de 1º de outubro, na mesma *Folha*, ele saiu em defesa dos gibis como entretenimento para adultos, antes de fazer algumas ressalvas, segundo as quais nem todos os gêneros deveriam ser lidos por crianças.

Picchia considerou justa a preocupação do governo em tentar poupar as crianças daquela "literatura nociva". A lei, observou, "tirando essa tão ridícula xenofobia que exacerba nosso estúpido complexo colonial, parece-nos magnífica". A medida ainda tinha outro ponto positivo, na sua opinião: daria aos desenhistas e escritores brasileiros mais oportunidades econômicas e poder para "conduzir para um campo de nacionalismo sadio, nada tacanho e restritivo".

Por fim, fez uma observação antes defendida por Gilberto Freyre:

> A nacionalização, no entanto, não deveria exprimir um mínimo de restrições à colaboração internacional, o que seria testemunho de botocudo primarismo, mesmo porque é eminente nos nossos artistas o desejo de ver reproduzidos em jornais e revistas de qualquer parte do mundo seus achados originais.

O *Diário de Notícias*, de Orlando Dantas, também apoiou a iniciativa do presidente. Em entrevista ao jornal, em 8 de outubro, a escritora Maria Lúcia Amaral disse que o decreto de nacionalização só merecia aplausos. Além de redatora de *Calunga*, o suplemento infantil do jornal, Maria Lúcia era autora de vários livros e peças infantis. Para ela, a medida atenderia à necessidade antiga da criança brasileira de conhecer mais temas da cultura e do folclore nacionais.

Como sugestão para preencher as novas revistas que deveriam surgir por causa da lei, a escritora disse que poderiam ser mais aproveitadas figuras do folclore brasileiro, como fazia Ziraldo com *Pererê*. Também elogiou o trabalho desenvolvido pela Ebal na área de quadrinhos educativos. Alertou, porém, que a resistência à aplicação da lei seria violenta: "Tenho certeza de que o presente decreto vai suscitar muita celeuma, porque são muitos os interessados nesse negócio rendoso que é importar histórias em quadrinhos".

Para ser posto em prática, o decreto dependia de regulamentação. Não seria fácil fazê-la diante da discussão que se seguiu à sua publicação. O texto da lei, apesar de estabelecer os percentuais das cotas para as editoras, tratou do tema de forma genérica e deixaria brechas que, se não fossem especificadas na regulamentação, permitiriam aos empresários recorrer a artifícios para driblá-lo.

Não havia, por exemplo, uma definição clara quanto ao que se queria dizer com a expressão "quadrinhos produzidos no Brasil". Qualquer editor, portanto, poderia contratar desenhistas e roteiristas brasileiros para escrever e desenhar heróis estrangeiros, como já fazia a RGE nas revistas *O Fantasma* e *Cavaleiro Negro* como forma de suprir, respectivamente, a pouca produção de originais – insuficiente para as 48 páginas das edições brasileiras – ou o cancelamento do título no país de origem. Dessa forma, estaria cumprindo a lei, pois havia "nacionalizado" sua produção. Na prática, portanto, o decreto corria o risco de funcionar mais como uma reserva de mão de obra do que qualquer outra coisa.

E de que modo os editores reagiram ao decreto? Entre a indignação e a revolta. Não foram consultados em nenhum momento, o que lhes pareceu uma decisão inconcebível e arbitrária, uma vez que eram uma das duas partes mais interessadas. Para eles, a medida unilateral do presidente a favor dos artistas deu poderes ao Estado para interferir com amplos poderes no mercado editorial de gibis e, por tabela, nos rumos de seus negócios.

E eles não deixaram barato. Uma semana depois da publicação do decreto, advogados representantes da RGE, Ebal, O Cruzeiro e Abril impetraram um mandado de segurança, "em caráter preventivo", no STF contra a lei de nacionalização. Argumentaram que a medida seria inconstitucional por ferir a liberdade de mercado.

No dia 10 de outubro, o ministro do STF Cândido da Motta Filho acatou o pedido dos editores e se manifestou pela anulação da iniciativa presidencial. Justificou que o decreto visava impedir que as editoras de histórias em quadrinhos continuassem a editá-las dentro das regras de livre mercado, e argumentou que não cabia ao presidente da República limitar ou interferir na atividade editorial de jornais e revistas, que tinham para resguardá-las a Constituição e as leis, "em um país onde a publicação de livros e periódicos não depende de licença do poder público".

Durante a sessão do Supremo, o procurador-geral da República, Oswaldo Trigueiro, saiu em defesa da legalidade do ato do presidente. O julgamento do mandado foi adiado porque o ministro Hermes Lima pediu vistas do processo para que pudesse examinar mais detalhadamente o pedido.

O STF só se pronunciaria sobre o assunto – a favor dos artistas – quase dois anos depois, quando o marechal Castelo Branco já era o presidente da República, imposto por um golpe militar. Por isso, a lei, prevista para entrar em vigor no começo de 1964, acabou por ficar sem efeito.

ROBERTO MARINHO E A TV

Os anos que se seguiram entre o código de ética dos editores de 1961 e a lei de João Goulart de 1963 marcaram também o afastamento definitivo de Roberto Marinho do comando de suas revistas populares e de quadrinhos. A transição começara na década anterior, quando Rubens de Oliveira passara a cuidar dos gibis e das revistas de contos policiais da RGE.

Isso não significou, porém, que o empresário tivesse perdido o interesse em editar quadrinhos. Pelo contrário, suas publicações continuaram como uma de suas atividades mais lucrativas e que lhe permitiram formar um patrimônio razoável. O suficiente para pensar em realizar um antigo e ambicioso projeto. Naquele momento, Marinho estava mergulhado na captação de recursos para a estruturação de sua sonhada rede de televisão, a TV Globo – que entraria no ar em abril de 1965.

Isso só seria possível com a ajuda do grupo americano Time-Life, em um dos episódios mais polêmicos da história da imprensa brasileira, que envolveu três dos quatro maiores editores brasileiros de gibis de todos os tempos – Roberto Marinho, Assis Chateaubriand e Victor Civita –, quase levou o quarto – Adolfo Aizen – ao pânico, e cuja história tem alguns detalhes que merecem ser revelados.

Tudo começou em São Paulo, por volta de 1961. O que Aizen mais temia – ter sua nacionalidade descoberta e denunciada – aconteceu com Victor Civita. Roberto, filho do editor e diretor da Abril na época, foi procurado por um representante da revista *Publicidade & Negócios*, que lhe ofereceu um pacote de anúncios a ser veiculado na edição especial sobre mercado editorial brasileiro que sairia em breve. O editor alegou que sua verba de promoção publicitária do ano já estava toda comprometida e que não poderia fechar o acordo.

Para sua surpresa, em retaliação, a revista publicou um perfil bombástico de Victor Civita. Embora suas biografias que saíram posteriormente nunca tenham comentado, o empresário ítalo-americano era, até então, desconhecido da maioria do público, uma vez que, por ser estrangeiro, levou mais de dez anos para incluir seu nome no expediente das publicações. O editor responsável era seu sócio, Giordano Rossi.

Civita só se naturalizara brasileiro em 1960, e o fez quando lançou a revista *Quatro Rodas*, em que assinou o editorial do número de estreia. Essa decisão de não aparecer deu margem a uma especulação maldosa de *Publicidade & Negócios*. A Abril foi definida pela reportagem como "empresa de origem judaica" e, pasmem, "com ligações comunistas". A revista afirmou que desconhecia por que ninguém ainda havia investigado as atividades editoriais de Victor Civita.

Segundo a publicação, o empresário estava no Brasil a serviço do "imperialismo americano", sobretudo de empresas e instituições financeiras e políticas – para dominar a opinião pública nacional. E fez graves insinuações sobre o editor que ocupava a incômoda posição de imigrante supostamente não naturalizado, no país em que os próprios donos de jornais fiscalizavam com atenção a presença de estrangeiros nos meios de comunicação.

A revista não sabia, claro, que Civita já estava sob investigação constante do Departamento Estadual de Ordem Política e Social (DEOPS), de São Paulo. Embora seu prontuário e as informações sobre seus primeiros vinte anos de Brasil tenham desaparecido do acervo que hoje está sob a responsabilidade do Arquivo do Estado de São Paulo (entre 1983 e 1991, a documentação foi mantida sob sigilo na Polícia Federal e se acredita que muita informação importante foi convenientemente destruída nesse período por remanescentes da repressão), o dossiê do editor registra treze referências a seu nome a partir da década de 1970.

Algumas tratam de seu interesse em adquirir uma emissora de televisão. Como em maio de 1972, quando teria comprado a TV Bandeirantes e desfeito o negócio depois de denúncia do jornalista Sebastião Nery. Aparece também como perigoso subversivo porque sua distribuidora, a DINAP, fazia circular jornais alternativos, sob censura, que faziam oposição à ditadura.

O episódio de *Publicidade & Negócios*, no entanto, não teve qualquer repercussão ou providência das autoridades, como esperava seu proprietário. Pelo menos naquele momento. Até que, em 1963, Civita recebeu em seu escritório um senhor bem-vestido, de origem americana. Os dois conversaram durante horas no nono andar da sede da empresa, na rua João Adolfo, no centro de São Paulo.

Quando se despediram, Civita fez sinal para que Cláudio de Souza, seu antigo secretário particular e que agora cuidava da sua distribuidora, fosse até sua sala. Na ocasião, Roberto Civita estava viajando, e o editor disse ao funcionário de confiança que acabara de "perder" uma emissora de televisão. E explicou que a pessoa que deixara sua sala instantes atrás era representante do grupo americano Time-Life e viera para lhe propor uma sociedade na montagem de um canal de televisão no Brasil.

Civita justificou:

— Posso até ter feito uma besteira, Cláudio, mas disse a ele que não temos ainda estrutura financeira para aceitar tamanho empreendimento. Por isso, sugeri que ele procurasse Roberto Marinho, que me falou sobre seu desejo de montar uma estação de TV.

Nunca se soube como, mas o encontro entre o empresário e o emissário do Time-Life vazou para a direção dos jornais e emissoras de televisão de São Paulo e do Rio. A conversa não foi noticiada, mas acabou nos ouvidos de Assis Chateaubriand, ainda enfermo por causa de um derrame cerebral que lhe tirara boa parte dos movimentos do corpo e o deixou com enorme dificuldade para falar.

O dono dos Diários Associados (que incluíam as emissoras da TV Tupi), que até então mantinha relações de cordialidade com Civita, mudou de comportamento da noite para o dia. Durante mais de um ano, publicou artigos demolidores contra o dono da Abril com os mesmos argumentos usados por *Publicidade & Negócios*. Afirmou que Civita era um judeu italiano que estava no Brasil "a serviço de forças desconhecidas" e que manipulava a opinião pública em nome do capital internacional — na verdade, Civita era um nova-iorquino filho de imigrantes judeus italianos. Cláudio de Souza, seu secretário particular entre 1951 e 1959, recordou depois que o empresário era um agnóstico, uma pessoa que acreditava apenas em si mesmo para realizar seus projetos e sonhos.

A informação de que Civita fora procurado pelo Time-Life acordou a concorrência para a Abril, uma editora que crescia tanto em termos de estrutura física como em número de títulos e tiragens.

A empresa não tinha sido levada a sério até então pelas concorrentes cariocas, tradicionais no mercado de revistas. Perceberam, enfim, que ela tinha todas as condições de se tornar uma editora de peso, ao prestar atenção nas modernas e ambiciosas revistas segmentadas que estava lançando, como *Manequim*, *Quatro Rodas* e *Claudia*. Mas já era tarde demais para segurá-la.

Os artigos de Chatô com ataques a Civita logo seriam desviados para Roberto Marinho, por causa do mesmo assunto. O acordo, no entanto, foi fechado com o Time-Life para montar a TV Globo. Aizen acompanhou a polêmica com bastante atenção. Pela segunda vez em doze anos, o fantasma de uma investigação sobre a presença de estrangeiros no comando de empresas de comunicação voltava a rondar seu travesseiro.

Enquanto os desenhistas esperavam uma solução do STF sobre a lei de nacionalização, deflagrou-se o movimento que derrubaria o presidente Goulart e que contou com o apoio de vários setores organizados da sociedade – principalmente empresários e a imprensa. Em 2 de abril de 1964, dois dias depois do levante militar em Minas Gerais, quando Goulart ainda se encontrava em território brasileiro, mais de um milhão de pessoas participaram, no Rio, da histórica Marcha da Vitória, uma passeata em nome da família, da tradição e da propriedade.

Organizada pelas entidades femininas, pelo Instituto de Pesquisas e Estudos Sociais (IPES), pela Sociedade Brasileira pela Tradição, Família e Propriedade (TFP) e pela ala conservadora do clero carioca, com patrocínio de grandes empresas brasileiras e multinacionais americanas, a manifestação arrastou uma multidão – principalmente de donas de casa reunidas em associações femininas, as mesmas temidas e cortejadas por Aizen. Todos agradeciam a Deus e aos militares por livrarem suas famílias de uma delirante ameaça comunista que só existia na imaginação deles.

Manifestações semelhantes foram realizadas em várias capitais nas duas semanas seguintes, com participação ativa das emissoras e dos jornais de Chateaubriand. Quase toda a grande imprensa de todo o país – exceto o *Última Hora* – apoiou a intervenção militar e deu aos líderes golpistas uma recepção mais próxima da euforia da vitória em Copa do Mundo, sem enxergar no movimento a violação dos direitos constitucionais que estava em curso no país.

O diário de Roberto Marinho teve papel importante no golpe, apesar de o empresário ter demonstrado simpatia por Jango no começo de seu governo. Foi inclusive de Goulart que Marinho ganhou sua segunda concessão de TV, em Brasília – a primeira lhe fora dada por Juscelino Kubitschek, no Rio de Janeiro. Em 1961, Marinho chegou a defender em seu jornal a posse de Goulart na Presidência, mas mudou de opinião quando "percebeu" que ele se mostrou "incapaz" de preservar as instituições democráticas diante da radicalização ideológica que parecia ameaçar o país.

No auge da conspiração civil, política e militar para derrubar Goulart, O Globo moveu uma campanha sistemática contra as reformas de base, que o presidente dizia que faria "na marra", com ou sem o apoio do Congresso. Ao mesmo tempo que conspirava, Marinho chamou seus irmãos, Rogério e Ricardo, para lhes comunicar que havia decidido concretizar um projeto que alimentava desde os anos de 1850: montar uma emissora de televisão.

A família se manifestou contra a ideia, por temer que comprometesse a saúde financeira das empresas Marinho – o jornal, a emissora de rádio e a RGE. O filho mais velho de dona Francisca, porém, foi em frente e prometeu aos irmãos que não envolveria o patrimônio da família no negócio. Pediu que confiassem nele. Hipotecou sua casa, vendeu alguns imóveis e começou a montar a emissora.

Embora a presença de grupos pessoas físicas de origem estrangeira fosse proibida pela lei brasileira, o empresário recebeu três propostas de parcerias no momento em que estruturava seu novo negócio – da inglesa BBC e dos grupos americanos ABC e Time-Life. Preferiu o último, "por motivos tecnológicos".

A polêmica rendeu uma CPI, a da Globo-Time-Life, após denúncia do ex-governador Carlos Lacerda, apoiada por Chateaubriand. Eles alegaram que a Globo infringira o artigo 160 da Constituição de 1946 (que ratificou o decreto-lei de 1934), que proibia a participação acionária de estrangeiros em empresas de comunicação. O relatório da CPI concluiu que a Constituição fora de fato desrespeitada, mas a Procuradoria Geral da República, em 1967, e o presidente Artur da Costa e Silva, em 1968, decidiram que a operação havia sido legal, graças a um trabalho de articulação feito por Walter Poyares – o mesmo que tinha sido contratado para melhorar a imagem de Roberto Marinho por causa dos gibis.

A DITADURA E OS QUADRINHOS

Quando o último número da revista *Pererê*, de Ziraldo, chegou às bancas, em abril de 1964, a decisão de O Cruzeiro de cancelar a revista gerou

Projetos abortados: com o golpe militar, algumas revistas da CETPA não foram lançadas, como a humorística Lupinha. AA

uma série de especulações sobre os motivos que o levaram a fazê-lo. O editor Renato de Biasi justificou que a revista dava prejuízo por causa da queda crescente nas vendas e do alto custo da produção. O verdadeiro motivo, porém, foi político. O cancelamento foi determinado por Manoel Lopes de Oliveira, o mesmo diretor comercial que estimulara Ziraldo a lançar o gibi quatro anos antes.

No final de 1963, Oliveira estava entre os conspiradores contrários a Goulart e mandou suspender o gibi por achar que Ziraldo passava mensagens subversivas às crianças em suas histórias. Mais tarde, o desenhista admitiria que realmente fazia isso:

> Fazíamos porque achávamos que o general Jair Ribeiro Dantas, ministro da Guerra de Goulart e um nacionalista convicto, iria garantir a continuidade do regime democrático. Nosso herói naquela época era um militar, entende? Mas meu saci era vermelho e hipernacionalista.

Com o golpe de abril de 1964, não demorou para que o suposto listão dos banidos das editoras provocasse um racha entre os artistas. Muitos deles, sem emprego fixo e sem qualquer perspectiva, passaram a reclamar de colegas que estariam contribuindo para que o boicote de companheiros fosse posto em prática. Alguns tentaram convencer os demais a desistir da campanha pela lei de cotas, com o argumento de que a proposta fecharia por completo o mercado para eles. Ao convencer alguns, teriam ajudado a desmobilizar os outros artistas.

Não só Ziraldo como todos os artistas que lutaram pela lei de cotas passaram a ser vistos como suspeitos de comunismo e subversão. Vários ficaram afastados do mercado de quadrinhos por longos anos e até mudaram de profissão por absoluta falta de trabalho. Outros sobreviveram com dificuldade como colaboradores das pequenas editoras de São Paulo e com colaborações avulsas em livros didáticos e agências de publicidade.

Julio Shimamoto e Flavio Colin, por exemplo, só voltariam a fazer quadrinhos doze anos depois. Nesse meio-tempo, trabalharam na publicidade. O medo de serem presos e de terem seus direitos políticos cassados durante o expurgo que marcou os primeiros meses do golpe de 1964 levou os artistas ao pânico. A repressão deixaria sequelas em nomes como Mauricio de Sousa, cuja competência empresarial e talento criativo começariam a projetá-lo no final da década, quando lançou pela Abril a revista *A Turma da Mônica*.

Mauricio, que presidira a ADESP durante a luta pela reserva de mercado, tornou-se o membro mais visado da entidade. Durante o regime militar e nos vinte anos seguintes, temeroso, passou a medir todas as palavras que pronunciava sobre seu envolvimento com a associação de desenhistas. Temia que a referência à sua participação no movimento de nacionalização levasse os militares a considerá-lo comunista. Esse cuidado acabaria por levá-lo a demonstrar publicamente um juízo a respeito dos companheiros.

Ao fazer uma revisão de seu papel, procurou inicialmente amenizar sua importância na campanha. Em uma das poucas vezes em que falou sobre o assunto, disse que se decepcionou com os colegas porque havia interesse político-partidário por trás da campanha pela reserva de mercado, entre 1961 e 1964. Admitiu que havia sido um dos criadores da ADESP, mas que, contra a sua vontade, a entidade ganhara "cores políticas um pouco radicais", o que teria provocado sua saída da associação.

Contemporâneos de Mauricio no movimento como Ziraldo e Shimamoto discordam de que as associações de São Paulo e do Rio de Janeiro tivessem propósitos políticos que não os de realmente profissionalizar e nacionalizar a produção de quadrinhos no Brasil. Ziraldo reconheceu que ele próprio, o desenhista José Geraldo e alguns outros membros tinham suas preferências políticas de esquerda, como era comum naqueles tempos de polarização ideológica, mas insistiu que as reuniões em defesa da lei não tinham propósitos nesse sentido.

Em junho de 1964, dois meses depois da queda do presidente Goulart, deflagrou-se por todo o país a campanha "Dê ouro para o bem do Brasil". Era uma tentativa do novo governo que nasceu como ditadura – ao contrário do que se diria depois – de mostrar à opinião pública internacional o apoio popular ao golpe. Foram arrecadados cinco bilhões de cruzeiros em ouro, doados pelas mesmas senhoras de classe média que se organizavam em associações femininas e haviam ido para as ruas pedir a intervenção militar contra Goulart.

Milhares dessas donas de casa chegaram a abdicar da própria aliança de casamento para o êxito do que chamavam de "revolução". O clima de purificação ideológica e moral que se seguiu ao golpe de 31 de março não deixou de fora o "perigo" que as histórias em quadrinhos representavam para a formação moral e intelectual da criança e do adolescente. No começo do segundo semestre de 1964, o deputado federal carioca Eurico de Oliveira apresentou na Câmara um projeto de emenda à Constituição que proibia a impressão de revistas "destinadas à infância e à juventude que explorem temas baseados na violência, no crime e no terror".

A iniciativa mereceu um editorial de *O Jornal*, de São Paulo. Segundo o diário, havia um consenso entre educadores e pais de que os supostos excessos apontados pelos críticos nas histórias em quadrinhos publicadas no Brasil nas duas últimas décadas estavam sendo contidos com eficiência pelas editoras que aderiram ao código de ética. Portanto, não havia necessidade de criar uma lei de censura.

Na primeira semana de outubro, ainda em 1964, a proposta de Oliveira foi aprovada pela Comissão de Educação da Câmara dos Deputados. Quando fosse posta em prática, a medida transportaria para o poder público praticamente todos os dispositivos de controle e veto do código de ética dos quadrinhos adotado três anos antes pelas editoras. Ou seja, em vez de os próprios editores se censurarem, essa função caberia ao governo.

A aplicação da lei ficaria a cargo do Juizado de Menores em todo o país, que, à mercê do humor e da postura moral de seus juízes, poderia apreender as revistas que considerasse perniciosas às crianças, fechar bancas de jornais e intervir nas editoras. Apesar de sua importância como a primeira lei de censura criada na ditadura militar, a aprovação da medida, no entanto, não mereceu mais que uma pequena nota d'*O Estado de S. Paulo*, em 9 de outubro. Afinal, havia assuntos mais importantes a tratar, como a cassação de políticos e militares e a demissão de centenas de funcionários públicos acusados de ligação com o governo deposto.

Com o título "Proibição de revista em quadrinhos", o jornal informou que, por determinação da lei, os gibis seriam classificados, para efeito de apreensão, na mesma categoria das publicações imorais e pornográficas. Tudo que Marinho e Aizen tanto tentaram evitar em vinte anos veio assim, sem resistência, quase em silêncio, sob o terror "revolucionário" que se instalava e que eles tinham apoiado durante a campanha para instalar o regime militar.

A urgência com que o problema dos quadrinhos foi tratado pelo governo Castelo Branco – que sancionaria a lei no começo do ano seguinte – mostrou, porém, que a campanha pelo saneamento moral dos gibis, desencadeada antes e depois da queda de Goulart, fazia parte de um conjunto de medidas criado pelo novo regime para livrar o país e influências ruins. Foi a vitória, depois de três décadas, de uma cruzada sem trégua, da instituição da censura às revistinhas.

Por causa da ditadura que se seguiu, os desenhistas precisariam esperar mais quinze anos para tentar reativar a discussão sobre a nacionalização dos quadrinhos. Àquela altura, os tempos haviam mudado bastante. Professores, educadores e pais de família tinham outras prioridades, e o tema não ganhou o destaque de antes.

Novos tempos vieram depois de 1964. Tempos difíceis. Tempos de paranoia da subversão. Tempos de delação, de intimidação, de terrorismo, de chantagem, de tortura, de assassinatos sob a tutela do Estado e de desaparecimentos de pessoas em nome de valores menos morais e cristãos do que ideológicos. Tempos novos para as histórias em quadrinhos no Brasil. Dessa vez, haveria a força da censura na forma do poder governamental. E a guerra contra os gibis se estenderia por muito tempo, com novos personagens, em um contexto diferente, mais repressor.

Essa, porém, é outra longa história.

EPÍLOGO – O DESTINO DE CADA UM

Corria o ano de 1966 quando os ministros do STF por fim decidiram que o decreto de nacionalização das histórias em quadrinhos de João Goulart era constitucional. Assim, as editoras estavam obrigadas a estabelecer uma cota de espaço para publicar artistas brasileiros. Essa determinação, no entanto, jamais seria posta em prática. O Congresso Nacional, a essa altura, perdera o interesse pelo assunto, e não havia mais como os desenhistas exercerem qualquer tipo de pressão para que a lei fosse regulamentada.

Com a oposição expurgada pela caça às bruxas promovida a partir de 1964, as prioridades dos parlamentares eram as mesmas dos militares – consolidar a "revolução" em nome da "democracia". A história dos quadrinhos no Brasil, então, viveria um período bem distinto a partir da segunda metade dos anos de 1960. A produção nacional no período se limitou quase apenas às pequenas editoras de São Paulo, que funcionavam num esquema próximo do clandestino, com tiragens que quase nunca ultrapassavam quarenta mil exemplares, nos gêneros guerra, terror, erótico e cópias de super-heróis americanos.

Os grandes editores, como Adolfo Aizen e Roberto Marinho, mantiveram de modo geral a política de recorrer aos artistas brasileiros apenas para produzir as capas e retocar as histórias que considerassem ofensivas à moral. Apenas dois títulos expressivos feitos no Brasil pelas duas editoras seriam publicados até 1970: *O Judoka*, da Ebal, que passou a ser desenhado no país a partir do nº 7, por falta de material original, já que a edição americana fora cancelada; e *A Turma da Mônica*, de Mauricio de Sousa, lançado pela Abril em maio de 1970. Além disso, por exigência do mercado, Victor Civita cada vez mais recorria a desenhistas e roteiristas que produziam histórias Disney para suprir a crescente demanda de suas revistas e a necessidade de novos lançamentos.

A Editora La Selva sobreviveu até 1968, quando problemas financeiros comprometiam irremediavelmente sua continuidade, até que uma enchente inundou seus depósitos e destruiu todo o estoque que usava para vender revistas e livros pelo reembolso postal. Publicou até o fim a pioneira *O Terror Negro*, lançada em 1950 – que entrou para a história pelo seu recorde de dezoito anos de circulação ininterrupta e 232 números, nove desses da primeira série, além de várias reedições. Entre 1967 e 1968, a editora fez seus dois últimos lançamentos de terror: *Vudu* e *Pânico*, ambos de curta duração.

Pouco depois de ter deixado a Editora Outubro, em 1966, Miguel Penteado se juntou a Luiz Vicente Neto e fundou a Gráfica Editora Penteado (GEP). Nos primeiros anos, a empresa só prestou serviços gráficos a tercei-

Aizen apostou em livros infantis nos anos de 1970; com o inseparável filho Naumim, pouco antes de morrer, em 1991. FA

ros. Depois de um intervalo em que a gráfica foi vendida para a Editora Giroflê, a GEP comprou novas máquinas e começou a editar revistas que seguiram a tendência do mercado na época, ainda dominado pelos gibis de terror e faroeste. Seus primeiros títulos foram *Estórias Negras, Esporas de Ouro, Múmia* e *Histórias Diabólicas*.

Penteado continuou a editar quadrinhos nacionais "com desenhistas mal pagos como sempre", de acordo com ele próprio. Em fevereiro de 1970, ao ter todas as suas revistas incluídas na lista de títulos proibidos pelo Decreto-Lei 1.077, apontadas como pornográficas pela censura, decidiu parar de editar. Só faria desde então trabalhos gráficos para terceiros. Na segunda metade dos anos 1970, começou a se afastar definitivamente dos quadrinhos. Antes de se aposentar, vendeu a editora, em 1980. Faleceu em abril de 2001, aos 83 anos, lúcido e com a motivação juvenil de ver um dia o Brasil se tornar um grande país, com mais justiça social para todos. Viveu os últimos anos ao lado da esposa em Mongaguá, uma pacata cidade do litoral paulista. Ele se definia, então, como "um grande vagabundo". Levou até o fim sua fama de pessoa honesta e sempre disposta a ajudar todos.

A última revista em quadrinhos lançada pela Outubro chamou-se *Páginas Sinistras*, em 1966. Os sócios que assumiram a editora com a saída de Penteado e Cortez foram obrigados a mudar o nome da empresa por causa da vitória da Abril na Justiça, que alegava ser proprietária de todos os meses do ano para uso em nomes de editoras. O grupo liderado por Manoel César Cassolli e Eli Lacerda mudou o nome para Taíka (nome da filha de Eli Lacerda), e manteve a tradição de publicar apenas material brasileiro. Até o começo da década de 1970, a Taíka preservou no alto de suas capas a tarja verde e amarela com a frase "totalmente escrita e desenhada no Brasil".

O último livro escrito pelo psiquiatra Fredric Wertham, *The World of Fanzines*, chegou às livrarias americanas em 1973. Mais uma vez, ele expôs suas ideias alarmistas sobre a violência e o erotismo na mídia, dessa vez enfocando o movimento da contracultura. Em especial, os fanzines – jornais independentes e alternativos, de temática libertária e irreverente, produzidos por meios rudimentares de impressão (mimeógrafo ou fotocópia).

Para alguns estudiosos, ele foi um radical em tempos de posições extremadas e intolerantes. O tempo cuidou de transformar seu livro *The Seduction of the Innocent* em mera referência bibliográfica sem qualquer credibilidade científica, fruto da paranoia da Guerra Fria que assolaria a

América até os anos de 1980. Mesmo assim, a obra continuou a despertar a atenção de curiosos, historiadores, jornalistas e psiquiatras por ter sido capital para destruir a indústria dos *comics* nos EUA – que jamais recuperaria as grandes tiragens de antes.

A última edição americana do livro, hoje esgotada, saiu em 1996. Apesar da repercussão, jamais foi editado em língua portuguesa, e pouquíssimos colecionadores possuem cópia do livro no Brasil. O psiquiatra morreu em 18 de novembro de 1981, aos 86 anos. Até o fim, alegou que os quadrinhos eram mesmo nocivos para as crianças e que seus estudos foram feitos com a mais absoluta correção – anos depois, pesquisadores o acusariam de manipular dados de pacientes para escrever sua obra.

William "Bill" Gaines, da EC Comics, principal vítima da campanha *anticomics* de Wertham, morreu em 1993, aos 73 anos, como um herói da contracultura, reverenciado por uma legião de fãs de todo o mundo que ainda idolatravam as histórias de terror de sua editora e consideravam a *Mad* um marco na cultura americana. Aos poucos, a partir da década de 1970, seus quadrinhos de horror passaram a ser republicados e admirados pelos novos elementos de linguagem – desenhos e roteiros –, que contribuíram com a evolução dos *comics* no século XXI.

Os velhos gibis da EC, republicados à exaustão durante 30 anos, chegaram à última década do século XX como os quadrinhos mais cultuados dos EUA – só comparáveis à obra de Robert Crumb. Suas histórias viraram temas de filmes e seriados de TV e inspiraram o visual de bandas de rock e de heavy metal. Em 1991, o editor Sérgio Machado – filho de Alfredo Machado –, da agora Editora Record, em parceria com Otacílio Barros, deu o tratamento merecido às histórias da EC Comics, na revista *Contos de Terror*. A revista, entretanto, não fez sucesso e terminou no sétimo número. Nada mais saiu depois disso.

Roberto Marinho faleceu no dia 6 de agosto de 2003, a quatro meses de completar 99 anos. Ele chegou a essa idade com um recorde difícil de ser superado: o de mais antigo editor de revistas do Brasil em todos os tempos. Desde 1937, por 66 anos, sua editora – O Globo, RGE e depois Editora Globo (a partir de 1987) – publicou gibis e outros tipos de revistas.

Nos anos de 1970, quando Marinho se consolidava como o maior empresário de comunicação do Brasil – graças à ascensão da Rede Globo de Televisão –, a RGE tentou reviver os bons tempos do tabloide *Gibi*. Em 1974,

Em 1966, o jovem Chico Buarque gravou um programa com Fernando Lobo no auditório da Ebal. Além deles, aparecem, da esquerda para a direita: Hélio do Soveral, Monteiro Filho, Fernando Albagli, Naumim, Paulo e Adolfo Aizen. FA

Encontro inesperado durante eventos de quadrinhos em São Paulo: Lee Falk, criador de O Fantasma e Mandrake, conhece Adolfo Aizen. FA

Naumim, Adolfo e Paulo Aizen, com a maquete da Ebal ao fundo. Anos de 1970. FA

lançou nesse formato o *Gibi Semanal* e a série de almanaques *Gibi Nostalgia*, coordenados por Norival Diniz de Oliveira. As duas publicações lembraram o pioneiro *O Globo Juvenil*.

Estavam lá heróis clássicos como *Dick Tracy, X-9, Steve Roper, O Fantasma, Mandrake, Tarzan, Steve Canyon, Ferdinando, Príncipe Valente, Brick Bradford* e *The Spirit*, além de personagens europeus e nacionais. O *Gibi Semanal* começou com tiragem de 160 mil exemplares e campanhas no jornal e na TV Globo. E terminou um ano depois com 35 mil – enquanto *Tio Patinhas*, da Abril, vendia quinhentos mil por mês. Entre 1975 e 1976, a editora ainda experimentou reviver o *Gibi Mensal*, agora em formato menor e com um personagem por edição. Também não deu certo.

Ao longo das décadas de 1980 e 1990, a Globo fez uma série de tentativas – bem-intencionadas, mas arriscadas – de lançar revistas em quadrinhos com circulação regular, mas fracassou em todas elas. Em dezembro de 1998, cancelou seu último título mensal, o faroeste *Tex*, que circulava desde 1971 – inicialmente lançada pela Vecchi e, depois da falência dessa, absorvida pela RGE em 1983.

Em 1987, Marinho convenceu Mauricio de Sousa a trocar a Abril por sua editora. A parceria durou vinte anos, ao fim dos quais o artista migrou para o grupo editorial italiano Panini, em 2007. No novo século, a Globo não mostrou fôlego de antes na linha de quadrinhos, até parar definitivamente de lançar quadrinhos, em 2008.

Victor Civita construiu um império editorial, iniciado quando tinha 42 anos de idade e não sabia falar português. Ficou à frente do negócio até morrer em São Paulo, no dia 24 de agosto de 1990. Seu filho Roberto assumiu o comando e manteve a excelência das revistas da editora – várias delas criadas por ele mesmo.

Por erros estratégicos, porém, o império editorial dos Civita sucumbiu aos novos tempos da era digital e a Abril ruiu como um castelo de cartas no final da década de 2010. Em agosto de 2018, entrou com um pedido de recuperação judicial, por causa de uma dívida de 1,6 bilhão de reais. Em dezembro do mesmo ano, o empresário Fábio Carvalho comprou 100% das ações da empresa, por meio do grupo Legion Holdings. Quando isso aconteceu, os quadrinhos faziam parte de seu passado.

Alfredo Machado costumava repetir, entre os amigos, uma frase do colunista carioca Ibrahim Sued: "Minha dinastia começou comigo". Com

Boas lembranças: nos anos de 1970, Marinho tentou reviver seu Gibi; Aizen, homenageado por fanzine; e as últimas revistas de super-heróis da Ebal, no começo da década de 1980. AA

1,86 m de altura, lacerdista histórico e torcedor do Botafogo ("o que já significa sofrimento", dizia), o empresário enfrentou o desafio de fazer livros sozinho a partir de 1970, quando rompeu com o cunhado Décio de Abreu.

Machado confiou no faro especial que tinha para detectar sucessos literários e fazer contatos no exterior. Assim, transformou a Record, na década seguinte, em uma das maiores editoras de livros do país. Desde 1974 até sua morte prematura, em 1990, aos 68 anos, nunca deixou de ter pelo menos um livro da editora nas listas dos mais vendidos. Chegou a atingir a marca de 510 títulos lançados em um único ano.

Em 1964, durante uma visita à sede da editora americana Western Printing – que produzia, publicava e distribuía personagens como Zorro, Tarzan e Pernalonga –, Naumim Aizen se deparou com um desânimo generalizado entre os editores e artistas de quadrinhos. Foi informado por um deles de que as vendas de revistas em quadrinhos vinham caindo assustadoramente em todo o mundo. E passou a temer pelo futuro da editora de sua família. A partir daí, a Ebal, sempre com Adolfo Aizen no comando, decidiu mudar de rumo. Em 1965, começou a intensificar a publicação de livros infantis, que se tornariam seu principal produto nas duas décadas seguintes.

No Brasil, porém, essa crise nas vendas ainda demoraria a chegar. Uma pesquisa de 1967, realizada pela escola de jornalismo da Faculdade Cásper Libero, de São Paulo, constatou que somente Abril, RGE e Ebal vendiam juntas respeitáveis 18 milhões de revistas em quadrinhos todos os meses – mais de 220 milhões de exemplares por ano. A editora de Aizen, embora tivesse mais títulos, àquela altura estava atrás de suas duas concorrentes em vendas, com pequena diferença.

No final da década de 1960, a editora de Aizen viveu seu último período de renovação ao lançar no Brasil os heróis da Marvel Comics – Thor, Namor, Homem de Ferro, Hulk, X-Men, Capitão América, Homem-Aranha etc. Diferentemente de outros tempos, o editor recorreu a uma nova estratégia de marketing para fazer decolar os heróis de Stan Lee, Jack Kirby e cia. no país. Por meio de uma inédita campanha publicitária, produziu números zero das revistas, que foram dados gratuitamente nos postos de gasolina da distribuidora Shell. Graças à estrutura promocional da companhia, as revistinhas foram anunciadas com destaque na TV e nos programas infantis e conseguiram atrair um público razoável.

Por sete anos, a Ebal editou os gibis da Marvel, mas sempre com queda nas vendas, até que, em 1974, perdeu os direitos de publicação para a Bloch Editores – cuja família proprietária tinha ligação com os Aizen desde a chegada dos dois clãs ao Brasil, no começo do século, quando Leon Bloch casou-se com Tânia, irmã mais velha de Adolfo Aizen – como foi visto no começo deste livro.

O empresário Adolfo Bloch foi diretamente aos EUA e convenceu a Marvel a mudar de editora mediante a promessa de lançar títulos próprios para cada um de seus principais personagens. Ao mesmo tempo, comprometeu-se a pagar por tudo o que fosse produzido, mesmo que não lhe conviesse lançar.

Os problemas aumentaram para Aizen quando editoras como a Abril se tornaram concorrentes mais agressivas na autopromoção e investiram em qualidade gráfica. O catálogo da Ebal depois da perda dos heróis da Marvel para a Bloch ficaria limitado a alguns heróis da DC, ainda com fôlego de público, e às incontáveis reedições de revistas educativas e religiosas, bem como às tentativas de trazer de volta títulos que marcaram o auge da editora.

A Ebal, porém, caminhou rumo a se tornar apenas uma referência nostálgica para os leitores de gibis dos anos entre 1940 e 1960. Cansado, Aizen

Em meados da década de 1960, no auge da Beatlemania, a Ebal até tentou acompanhar as novas tendências, mas desistiu e logo voltou aos heróis convencionais. AA

abriu mão de editar a DC em 1983. Os direitos foram para a Abril. A editora americana ainda insistiu para que o editor continuasse, por causa da tradição de publicar seus super-heróis. Ele não quis. Preferiu se dedicar cada vez mais aos livros infantis – seu catálogo, naquele momento, era bastante representativo em número de títulos.

O fundador da Ebal trabalhou até a quinta-feira do dia 9 de maio de 1991, do mesmo modo que fizera ao longo dos últimos 59 anos. No alvorecer do dia seguinte, um mês antes de completar 84 anos, faleceu em casa, vítima de um infarto fulminante. Era uma sexta-feira. Como o judaísmo não permite enterro no shabat (sábado), seu corpo foi sepultado no mesmo dia, às 15h30, no Cemitério de Vila Rosali, em São João de Meriti, na Baixada Fluminense.

O coração do velho editor sucumbiu depois de duas semanas difíceis. Primeiro, em um domingo, durante a madrugada, quando foi acordado pelo telefone por um funcionário com a notícia de que o depósito da editora – onde ficavam os encalhes das revistas, que vendia pelos Correios – estava sendo destruído por um incêndio. Poucos dias depois, por volta das oito da manhã, sua editora foi invadida por assaltantes armados com revólveres e escopetas. Aizen foi rendido na entrada do prédio.

Apesar da idade, Aizen não sensibilizou os criminosos, que o seguraram pelo pescoço e o arrastaram com uma arma apontada para sua cabeça até o cofre da editora, que ficava no terceiro andar. Foi libertado logo em seguida, com um empurrão, graças ao apelo de uma funcionária que estava rendida e, às lágrimas, pedira para poupá-lo porque era um ótimo patrão. Havia apenas o equivalente a vinte dólares no cofre, o que mostrava a fragilidade financeira da empresa.

A Ebal, após a morte de seu fundador, lançou apenas um volume dos álbuns do *Príncipe Valente*, seu mais querido personagem. A coleção seria retomada em 2001, pela editora paulista Opera Graphica. Nos anos seguintes, saíram dois volumes pela Pixel. E finalmente, em 2019, a Planeta di Agostini iniciou a publicação da série completa de 81 volumes – um ano por livro –, concluída em 2021.

Mergulhada em dívidas trabalhistas, a editora de Aizen não publicaria uma única revista em quadrinhos na década de 1990 e chegaria ao final do século XX em processo de concordata e administrada por uma cooperativa de ex-funcionários que usava a gráfica para fazer serviços de terceiros e, assim, honrar dívidas trabalhistas.

Da esquerda para a direita: Monteiro Filho, André Le Blanc, Adolfo Aizen, Antônio Euzébio e Ivan Rodrigues, num encontro dos veteranos da Ebal, na década de 1980. FA

Na entrega do Prêmio Yellow Kid, ganho pela Ebal, em 1975. Da esquerda para a direita: Luba Aizen, Salo Brand, Mauricio de Sousa, Jaime Cortez, Adolfo Aizen e Naumim Aizen. FA

No prédio onde outrora funcionara a maior fábrica de fantasia infanto-juvenil do país, defronte ao estádio de São Januário, do Vasco da Gama, no subúrbio de São Cristóvão, ainda resistiam lembranças de um passado glorioso. O parquinho na frente da editora vivia sem ninguém, até parte do prédio ser alugada para uma escola primária. Mesmo assim, não havia mais a gritaria das crianças diante da entrada da editora, a não ser na hora do recreio.

Pelas paredes e corredores quase desertos, originais de artistas consagrados dos quadrinhos mundiais eram ainda preservados em velhas molduras. Em

1999, Naumim transferiu para a Biblioteca Nacional um acervo de valor incalculável: o Museu Permanente de Histórias em Quadrinhos que Aizen montou ao longo da vida. A coleção guardava raridades desde o início do século xx, além de cinco exemplares de cada uma de todas as revistas publicadas pela Ebal.

Com a morte de Aizen, reforçou-se o mito. Para muitos colecionadores que até a virada do milênio veneravam suas revistas, ele foi uma espécie de senhor do castelo que, do prédio da Ebal, dava-lhes acesso a um mundo fantástico de aventura, fantasia e imaginação. Como se só ele tivesse as chaves. O editor teve outro mérito: criou pelo menos duas gerações de escritores, jornalistas, poetas, radialistas e publicitários como aprendizes e funcionários de sua redação. Ou fez isso com os leitores de todo país. Por meio de suas revistas, seduziu-os para o gosto da leitura.

Quando ele faleceu, o jornalista e crítico de quadrinhos Sérgio Augusto escreveu:

> Para a minha geração, Aizen era o dono da Ebal, a Editora Brasil-América, em frente ao campo do Vasco, um símbolo de fantasia, uma Shangri-lá (a terra mágica do romance *Horizonte Perdido*, de John Milton) de personagens inesquecíveis aos quais – todos nós acreditávamos – apenas Aizen tinha acesso. [...] *(sic)*

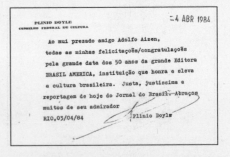

Na década de 1970, quando os quadrinhos ainda vendiam bastante, a Ebal se manteve importante no mercado, com canais diferenciados de comunicação com os leitores.

Adolfo Aizen fazia questão de responder pessoalmente à maioria das cartas.

Acima, mensagem de gratidão de um dos maiores bibliófilos do país, Plínio Doyle. AA

Mais tarde, Roberto Marinho e Assis Chateaubriand descobriram as maravilhas dos quadrinhos, mas nenhum deles conseguiu fazer um trabalho tão perfeito como Aizen. Superman, Roy Rogers, Zorro, Príncipe Valente, Flash Gordon, Lassie, Pernalonga, Frajola, Piu-Piu, Demolidor, Aquaman, Homem-Aranha, Batman e Tarzan. Esses foram alguns dos personagens que alimentaram a imaginação de crianças e adolescentes durante décadas, apresentados ao leitor brasileiro pela primeira vez no *Suplemento Juvenil* ou nos gibis da Ebal.

No começo do novo milênio, até o prédio da editora ser vendido para dar lugar a um supermercado, ficavam na parede de seu escritório abandonado e empoeirado a velha foto que Aizen tirou ao lado de Walt Disney em 1941 e um documento assinado, entre outros, por Austregésilo de Athayde (pela Academia Brasileiras de Letras) e por Barbosa Lima Sobrinho (pela Associação Brasileira de Imprensa), que instituiu o Dia Nacional dos Quadrinhos, 14 de março, data na qual Aizen lançou, em 1934, o número de estreia do lendário *Suplemento Infantil*.

Na mesma sala ficava uma aquarela de Will Eisner, na qual o criador de *The Spirit* homenageou o editor brasileiro. Na ilustração, Eisner saudou o amigo com uma dedicatória emocionada:

Parabéns, Adolfo Aizen, em nome de todos os artistas americanos de quadrinhos que sempre admiraram seus anos de sucesso editorial no Brasil!
Você não apenas deu oportunidade e encorajou os quadrinhistas mas, em virtude de seus altos padrões, contribuiu para seu reconhecimento internacional como uma forma de arte em série.

A consagração de seu trabalho de editor fora do Brasil ocorreu em 1975, quando recebeu um dos prêmios mais importantes da área de quadrinhos, o *Yellow Kid*, concedido pela Bienal Internacional de Quadrinhos de Lucca, na Itália. A justificativa para a escolha foi a sua dedicação aos quadrinhos por toda a vida.

Onze anos antes de morrer, Aizen chegou a esboçar um texto que pretendia que fosse sua "biografia profissional". Curiosamente, escreveu o texto em terceira pessoa. Sua história começava de forma singela e reforçava com orgulho um segredo que pretendia guardar para sempre: "Adolfo Aizen é brasileiro (da Bahia) e tem a idade provecta dos que já precisam descansar em casa".

E prosseguia com bom humor: "Fazer o quê? Tricô? Certamente... Mas, não. Adolfo Aizen continua acordando às seis da manhã, sai de casa às sete e meia e bate o ponto na editora junto com os empregados, às oito". Mais adiante, falou sobre a importância da viagem que fez aos EUA em 1933: "Uma coisa curiosa foi que nenhum jornal quis publicar de início esse material. Hoje, cinquenta anos passados, todos pagam fortunas pelas histórias em quadrinhos e as oferecem de graça aos leitores, como chamariz...".

Aizen saiu ileso de uma época de radicalismo, preconceito e intolerância. Conseguiu deixar no passado erros que cometeu no calor da hora e que a história não o julgará. O segredo sobre sua nacionalidade russa jamais seria descoberto até a confecção deste livro.

O "crime" que tentou esconder não tinha mais qualquer sentido quase setenta anos depois, quando o presidente Fernando Henrique Cardoso sancionou, em dezembro de 2002, a lei que abriu as empresas de comunicação para o capital estrangeiro.

Ao fundar o *Suplemento Infantil*, Aizen fez mais do que tornar mais nostálgica e saudosista a infância da maioria dos brasileiros que nasceram nos centros urbanos de todo o país depois de 1930. Sua iniciativa aproximou o Brasil da cultura americana – como fez também o cinema – e trouxe o formato dos suplementos diários para a imprensa nacional.

Foi, por isso, um modernizador do jornalismo no país. Depois, dedicou-se sem medir esforços a combater o preconceito contra os quadrinhos. Para os amigos, familiares e admiradores, deixou a lembrança de um empreendedor que era um apaixonado pelas aventuras de um certo Príncipe Valente. E parece ter se espelhado na perseverança do personagem de Hal Foster para driblar todos os obstáculos que encontrou para editar quadrinhos. Nesse sentido, os velhos leitores que o chamavam de herói dos quadrinhos tinham toda a razão.

Apêndice
Íntegra de todos os códigos de ética e legislação de censura aos quadrinhos no Brasil até 1965

1 – CÓDIGO DE ÉTICA DA EDITORA DC COMICS EUA, 1944

1. Nunca mostrar alguém esfaqueado ou baleado.
2. Nunca mostrar cenas de tortura.
3. Nunca mostrar seringas (pois sugerem uso de drogas).
4. Nunca mostrar cenas de esquartejamento ou desmembramento dos corpos das personagens.
5. Nunca mostrar caixões, especialmente com alguém dentro.

2 – CÓDIGO DE ÉTICA DA ASSOCIAÇÃO BRASILEIRA DE EDUCAÇÃO (ABE), 1948

a. Temas censuráveis:
1. A linguagem não pode conter erros ou vícios que prejudiquem a correção, a clareza e o sentimento estético preconizados pela escola.
2. As ilustrações não podem descer a um nível que comprometa os objetivos da educação artística.
3. As histórias não versarão nunca temas imorais, impatrióticos, sectários, dissolventes, desanimadores, capazes de criar ou estimular a descrença, a indolência, a luxúria, a devassidão, o preconceito de raças, o crime, a irresponsabilidade, a passividade.
4. Essas histórias devem ter sempre um fundo moral, nunca podendo ser apontadas como fonte de sugestão a qualquer prática nociva.

5. As histórias não devem ser exclusivamente constituídas de quadrinhos "desenhados", mas também de textos com ilustrações, a fim de que o público infantil e juvenil se beneficie desses dois primorosos recursos – a palavra e o desenho.
6. As publicações não devem ser reduzidas a historietas, mas incluir seções de informação cultural em todos os domínios, desde a ciência até a história, geografia, vida literária, política, economia, viagens etc.
7. Nunca é demais que jornais e revistas procurem associar seus leitores à vida da publicação, por meio de concursos culturais, na base de perguntas e respostas, maratonas e outras competições.

b. Temas "aconselháveis":
1. O conhecimento da terra e da gente do Brasil, aproveitando suas lendas, suas riquezas e suas histórias.
2. O conhecimento do exterior, especialmente dos povos amigos, a fim de consolidar o espírito de fraternidade que une nosso país à comunidade americana e, de um modo geral, ao mundo.
3. O espírito de iniciativa e a prática da cooperação, que constituem dois postulados fundamentais da filosofia educacional democrática, pela valorização do indivíduo e pelo desenvolvimento do hábito do livre concurso e associação de esforços.
4. A observância dos preceitos morais, que representam a base indestrutível de nossa civilização, de essência cristã, transmigrada do Ocidente europeu e aclimatada na América.
5. O desenvolvimento da imaginação das crianças e adolescentes, tão propício por força da idade, de tão fecundos efeitos, quer sob o ponto de vista individual, quer sob o ponto de vista social, pelas descobertas e invenções que podem gerar.

3 – ASSOCIAÇÃO AMERICANA DOS EDITORES DE REVISTAS DE QUADRINHOS (ACMP) CÓDIGO DE QUADRINHOS DE 1948

A ACMP, compreendendo a sua responsabilidade para com os milhões de leitores de revistas de quadrinhos e o público em geral, exige que seus membros e outros interessados publiquem revistas contendo unicamente material bom e sadio, de entretenimento ou de educação, e, de maneira alguma, inclua em qualquer revista quadrinhos que possam de algum jeito atentar contra os padrões morais dos leitores. Em particular:
1. Quadrinhos de conteúdo sexual ou libertino não devem ser publicados. Nenhum desenho deve mostrar personagens femininas expostas de maneira indevida ou indecente, e em nenhuma situação de maior nudez do que a envolta em um roupão de banho usado habitualmente nos EUA.
2. O crime nunca deve ser apresentado de modo que provoque sentimentos contra a lei e a justiça ou que inspire em outros o desejo de imitar atos criminosos. Quadrinhos não devem mostrar detalhes e métodos de crimes cometidos por adolescentes. Policiais, juízes, autoridades do governo e instituições respeitadas

não devem ser retratados como estúpidos ou ineficientes, nem representados de maneira que enfraqueça o respeito pela autoridade estabelecida.

3. Cenas de tortura sádica não devem ser mostradas.
4. Linguagem vulgar ou obscena não deve ser usada. As gírias devem ser poucas e utilizadas apenas quando forem essenciais para a história.
5. O divórcio não deve ser tratado humoristicamente nem representado como glamoroso ou atraente.
6. É inadmissível atacar ou ridicularizar qualquer grupo religioso ou racial.

4 – LEI 171, DE OUTUBRO DE 1948 BASEADA NO PROJETO DE LEI DO DEPUTADO GABRIEL MIGLIORI – SÃO PAULO

Criação de uma comissão mista denominada "Comissão Orientadora de Literatura Infanto-Juvenil":

Adhemar de Barros, governador do estado de São Paulo, usando das atribuições que lhe são conferidas por lei. Faço saber que a Assembleia Legislativa decreta e eu promulgo a seguinte lei:

Artigo 1º – É criada uma comissão mista denominada "Comissão Orientadora de Literatura Infanto-Juvenil", para investigar, colher dados e apresentar conclusões opinativas ao secretário da Educação, sobre a literatura considerada nociva à mentalidade infantil e juvenil.

Parágrafo único – Cabe à comissão denunciar imediatamente ao secretário da Educação, o qual encaminhará as denúncias às autoridades competentes, as publicações de toda ordem que divulgarem a literatura de natureza da referida neste artigo, bem como o nome dos responsáveis pela sua divulgação.

Artigo 2º – A comissão, que funcionará anexa à Secretaria da Educação, terá cinco membros escolhidos entre educadores e professores de reconhecida capacidade no setor educacional e de ilibada idoneidade moral, os quais tomarão posse perante o secretário de Educação, a quem ficarão subordinados diretamente.

Artigo 3º – Dos membros da comissão, três serão de livre nomeação do governo e dois nomeados por indicação de entidades particulares, culturais ou educacionais, as quais não poderão indicar mais de três nomes.

Parágrafo único – Se não houver indicação por parte das entidades referidas neste artigo, a escolha dos outros dois membros será feita pelos três primeiros nomeados.

Artigo 4º – A comissão terá o prazo de quinze dias, a partir de sua constituição, para elaborar o seu regimento interno.

Parágrafo único – Do regimento a que se refere este artigo deverá constar que a comissão realizará pelo menos duas sessões semanais, cujas conclusões serão tomadas pela maioria dos seus membros; as atribuições do presidente, do secretário e de seus demais componentes; a forma de requisição ao secretário de Educação de funcionários e de material de uso para organização de sua secretaria, bem como o critério de classificação das publicações em didáticas, de "diversão" e em outras espécies.

Artigo 5º – Qualquer cidadão poderá representar ao secretário de Educação sobre as conclusões da comissão, as quais constarão dos extratos das atas das reuniões a serem publicadas no órgão oficial.

Artigo 6º – Os membros da comissão receberão ajuda de custo, por sessão a que compareçam, fixada pelo secretário da Educação.

Artigo 7º – A fim de concorrer a despesa com a execução desta lei, fica aberto, na Secretaria da Fazenda, à Secretaria da Educação, um crédito especial de Cr$ 300.000,00 (trezentos mil cruzeiros).

Parágrafo único – O valor do presente crédito será coberto com os recursos provenientes do produto da operação de crédito que a Secretaria da Fazenda fica autorizada a realizar.

Artigo 8º – Esta lei entrará em vigor na data de sua publicação, revogadas as disposições em contrário.

Palácio do Governo do Estado de São Paulo, aos 11 de outubro de 1948.
a) Adhemar de Barros, João de Deus Cardoso de Mello, Benedito Manhães Barreto Publicado na Diretoria Geral da Secretaria da Educação dos Negócios do Governo, aos 11 de outubro de 1948
Assina: Cassiano Ricardo, diretor geral

5 – PROJETO DE LEI 90/48, DO VEREADOR PAULISTANO JÂNIO QUADROS

Dispõe sobre fiscalização do comércio de livros e outras publicações na cidade de São Paulo e "visa impedir que as leituras atentatórias aos bons costumes continuem a ser expostas nas livrarias e bancas de jornais".

A Câmara Municipal de São Paulo decreta:

Artigo 1º – Todo aquele que, tendo obtido, no município, licença para o exercício de atividade comercial, industrial ou profissional, venha, por condenação passada em julgado, a ser capitulado no Código Penal, artigo 234, ou em seu parágrafo único, inciso I, sofrerá a imposição de multa de Cr$ 2.000,00 (dois mil cruzeiros) a Cr$ 5.000,00 (cinco mil cruzeiros), que será arrecadada pelos cofres municipais.

Parágrafo único – No caso de reincidência, a multa será aplicada em dobro no previsto nesse artigo, além da cassação do alvará, a juízo e poder municipal.

Artigo 2º – A presente lei entrará em vigor na data de sua publicação, revogadas as disposições em contrário.

6 – MANIFESTO DE REPÚDIO AOS EDITORES DE QUADRINHOS – SEGUNDO CONGRESSO BRASILEIRO DE PROTEÇÃO À INFÂNCIA – CURITIBA, 1952

Proposições:
1. Melhor posicionamento de empresas jornalísticas e editoras inescrupulosas que amealham lucros à custa de publicações que empeçonham a alma de nossa infância e de nossa adolescência.
2. Proibição taxativa e absoluta de importação pelas mesmas empresas das histórias em quadrinhos, de procedência ianque ou outra qualquer, distribuídas por conhecidos sindicatos estrangeiros, de *features*. Não somente proibição, mas, sobretudo, fiscalização rigorosa, para que aquela se torne efetiva e de relevância prática.
3. Melhor e mais rigorosa observância do dispositivo legal que proíbe a distribuição, a venda ou exposição em público de publicações obscenas.

7 – PROJETO 3.813, DO DEPUTADO FEDERAL AARÃO STEINBRUCH, 1953

Artigo 1º – É proibido o registro e publicação de textos e desenhos de histórias em quadrinhos que versarem sobre assuntos que não sejam científicos, culturais, religiosos, históricos ou humorísticos, não podendo, em nenhuma hipótese, encerrar qualquer sugestão referente a crime, violência ou má conduta.

Artigo 2º – Todo exemplar de qualquer publicação periódica que inclua histórias em quadrinhos editada em língua portuguesa e exposta à venda no país deverá conter pelo menos 50% (cinquenta por cento) de textos e desenhos de autores nacionais ou estrangeiros que tenham como único domicílio o Brasil.

Artigo 3º – Será punido com a multa de Cr$ 10.000,00 (dez mil cruzeiros) e reclusão de um a três anos, quem registrar ou der publicidade a textos e desenhos que contrariem a presente lei.

Artigo 4º – Esta lei entrará em vigor na data de sua publicação, revogadas as disposições em contrário.

Sala das Sessões, em 9 de novembro de 1953.
Deputado Aarão Steinbruch.

8 – CÓDIGO DA EDITORA BRASIL-AMÉRICA (EBAL), 1954

Parte 1
Recomenda-se:
1. Dar feitio original e ambiente brasileiro às histórias que se situem em lugares indeterminados.
2. Quando houver oportunidade, fazer humorismo e criar trocadilhos originais, empregando ditos e expressões nacionais, em lugar dos ditos e das expressões em outro idioma ou de outros países.
3. Dar nomes brasileiros (comuns) aos personagens.

4. Escrever histórias originais, se necessário, para tirar efeitos cômicos, românticos ou dramáticos dos assuntos.
5. Estabelecer correlação entre as legendas, os balões e os quadrinhos. Isto é:
a) as legendas devem justificar e desenvolver o que há nos quadrinhos;
b) os balões devem completar o que foi dito ou insinuado nas legendas;
c) os quadrinhos devem corresponder às legendas e aos balões.
6. Usar a linguagem do povo, espontânea, corrente, natural.

Parte 2
Deve-se evitar:
7. Tradução ao pé da letra (a não ser nos casos aconselháveis).
8. O emprego de regionalismo.
9. O abuso da linguagem floreada de preciosismos.
10. Os cacófatos ("uma madeira", "a boca dela", "ama a minha" etc.).
11. Os termos chulos.
12. Palavras e expressões que possam dar motivo a interpretações equívocas.
13. Alusões a ideologias ou partidos políticos, nacionais ou não.
14. Referências, fora das publicações especializadas, a religiões e outras doutrinas políticas.
15. A invocação abusiva ou desnecessária ao Nome de Deus ou às coisas divinas.
16. Gracejos baseados em defeitos físicos das pessoas.
17. Palavras e desenhos chocantes.
18. Assuntos a respeito de questões de raça ou religião.
19. Assuntos a respeito de questões sexuais.
20. Citação leviana de noções ou coisas científicas.
21. Citação errada de nomes de personagens, datas ou fatos históricos.
22. Assuntos a respeito de conflitos entre raças e classes sociais (patrões contra empregados, pobres contra ricos, brancos contra pessoas de cor etc.).
23. Onomatopeias que não sejam as recomendadas pelo nosso serviço redatorial.

9 – CÓDIGO DA ASSOCIAÇÃO AMERICANA DE REVISTAS EM QUADRINHOS (CMAA), 1954

(Adotado em 25 de outubro de 1954, o Código serviu como base para o programa de autorregulamentação da indústria de revistas em quadrinhos.)
Código para questões editoriais
Determinações gerais – Parte A
1. Crimes jamais devem ser mostrados de forma a criar empatia com criminosos, promover descrédito sobre a lei e a justiça ou inspirar o desejo de imitar criminosos.
2. Nenhuma revista em quadrinhos deve mostrar de forma explícita detalhes e procedimentos específicos de um crime.

3. Policiais, juízes, autoridades do governo e instituições de respeito jamais devem ser mostrados de modo a fomentar desrespeito à autoridade estabelecida.
4. Se crimes forem representados em desenhos, devem figurar como uma atividade sórdida e desagradável.
5. Criminosos não devem ser apresentados de maneira glamorosa ou que provoque desejo de imitação.
6. Em toda e qualquer situação, o bem deve triunfar sobre o mal e os criminosos devem ser punidos por seus delitos.
7. Cenas de excessiva violência devem ser evitadas. Cenas de tortura brutal, uso excessivo e desnecessário de facas e armas de fogo, agonias físicas, crimes sangrentos e hediondos devem ser eliminados.
8. Nenhum método para esconder armas deve ser mostrado, seja ele original ou comum.
9. Situações em que oficiais cumpridores da lei morrem em decorrência de atividades criminosas devem ser desencorajadas.
10. O crime de sequestro não deve ser mostrado em nenhum detalhe, nem deve resultar em benefício para o sequestrador ou raptor. Em qualquer circunstância, o criminoso ou sequestrador deve ser punido.
11. As letras da palavra "crime" na capa de uma revista em quadrinhos não devem ter dimensões maiores que as outras palavras do título. A palavra "crime" jamais deve aparecer sozinha na capa.
12. Deve-se restringir o uso da palavra "crime" em títulos e subtítulos.

Determinações gerais – Parte B

1. As revistas em quadrinhos jamais devem usar as palavras "horror" ou "terror" em seus títulos.
2. Cenas de horror, sangramentos em excesso, crimes sangrentos e hediondos, depravação, luxúria, sadismo e masoquismo não são permitidas.
3. Policiais, juízes, autoridades do governo e instituições de respeito jamais devem ser mostrados de modo a fomentar desrespeito à autoridade estabelecida.
4. Histórias sobre o mal devem ser usadas ou publicadas apenas quando o objetivo for ilustrar uma discussão moral, e em nenhum caso o mal deve ser apresentado de forma sedutora ou que ofenda a sensibilidade do leitor.
5. Cenas ou instrumentos relacionados a mortos-vivos, tortura, vampiros e vampirismo, profanação de cadáveres, canibalismo e licantropia são proibidas.

Determinações gerais – Parte C

Todos os elementos ou técnicas não mencionados especificamente aqui, mas que sejam contrários ao espírito e intenções deste Código, e sejam considerados violação ao bom gosto e à decência, estão proibidos.

Diálogos

1. Profanidade, obscenidade, vulgaridade ou palavras ou símbolos que tenham significado indesejável estão proibidos.
2. Devem-se tomar precauções especiais para evitar referências a sofrimento físico e a deformidades.

3. Embora gírias e coloquialismos sejam aceitáveis, seu uso excessivo deve ser desestimulado e, sempre que possível, deve-se empregar corretamente a gramática.

Religião

1. Ridicularizar ou atacar qualquer religião ou grupo racial é terminantemente proibido.

Vestimentas

1. Nenhuma forma de nudez é permitida, por ser uma exposição indecente e indevida.
2. Ilustrações sugestivas ou lascivas e posições sugestivas são inaceitáveis.
3. Todas as personagens devem ser retratadas em trajes de acordo com os padrões sociais.
4. As mulheres devem ser desenhadas de forma realista, sem exageros nos atributos físicos.

NOTA: Devem-se observar as proibições relativas a costumes sociais, diálogos e ilustrações tanto na capa quanto no conteúdo das revistas.

Casamento e sexo

1. O divórcio não deve ser tratado com humor nem deve ser representado como algo sedutor.
2. Relações sexuais ilícitas não devem ser insinuadas nem representadas. Cenas violentas de amor são inaceitáveis, bem como aberrações sexuais.
3. O respeito aos pais, às normas morais e ao comportamento honrado deve ser encorajado. Uma visão compreensiva dos problemas amorosos não permite distorções mórbidas.
4. As histórias sobre amor romântico devem enfatizar o lar como valor e o caráter sagrado do casamento.
5. Paixões ou interesses românticos jamais devem ser representados de modo que estimulem sentimentos inferiores e vulgares.
6. Sedução e estupro jamais devem ser mostrados ou sugeridos.
7. Perversões sexuais ou quaisquer referências a perversões sexuais estão estritamente proibidas.

Código para questões publicitárias

Essa regulamentação deve ser aplicada a todas as revistas publicadas por membros da CMAA. O bom gosto deve ser o princípio norteador na aceitação de publicidade.

1. Fica proibida a publicidade de cigarros e bebidas.
2. Anúncios de sexo ou de livros de instruções sexuais são inaceitáveis.
3. A venda de cartões-postais, calendários, pinturas e outros artigos que reproduzam figuras nuas ou seminuas está proibida.
4. Fica proibida a publicidade de facas ou armas de brinquedo realistas.
5. Fica proibida a publicidade de fogos de artifício.
6. Fica proibida a publicidade de equipamentos para jogos de azar e de material impresso relacionado a jogos de azar.
7. Nudez relacionada à prostituição e posturas lascivas não são permitidas em anúncios de nenhum produto; pessoas vestidas nunca devem ser apresentadas de forma ofensiva ou contrária à moral e bons costumes.

8. Cada editor deve verificar, sempre que possível, se todos os dizeres que constem em anúncios estão de acordo com a realidade e não contêm distorções.
9. Anúncios de produtos médicos, de saúde ou de higiene pessoal que sejam de natureza questionável devem ser rejeitados. Anúncios de produtos médicos, de saúde ou higiene pessoal aprovados pela American Medical Association ou pela American Dental Association só poderão ser aceitos se obedecerem aos padrões do Código de Publicidade.

10 – PROJETO DE LEI 105/1953, RIO GRANDE DO SUL

Eleva a taxa de imposto sobre vendas e consignações nas operações de venda, consignações ou transferência de artigos que refere.

Artigo 1º – É elevada de 3% para 80% a taxa do imposto sobre vendas e consignações na primeira operação tributável no estado, seja venda, consignação ou transferência dos seguintes artigos:

a. brinquedos imitando armas de guerra ou de agressão de qualquer espécie;
b. fogos de artifício explosivos (bombas, busca-pés etc.);
c. revistas e publicações de histórias em quadrinhos ou não, de super-homens, guerras entre personagens imaginários tipo "Capitão Marvel", "Capitão Atlas" e "Capitão América", em que o crime e a violência são o traço predominante;
d. revistas e publicações de histórias imorais em quadrinhos ou não, em que o pseudo-humorismo se alicerça em situações equívocas, nas quais o sexo é o motivo constante;
e. publicações imorais de toda espécie, especialmente revistas que exploram o nu, humorísticas ou não.

Artigo 2º – Aos contribuintes que infringirem o disposto nesta lei ou seu regulamento poderão ser aplicadas multas de Cr$ 1.000,00 (hum mil cruzeiros) a Cr$ 10.000,00 (dez mil cruzeiros).

Artigo 3º – Dentro do prazo de trinta dias, contado da publicação desta lei, expedirá o Poder Executivo regulamento para a sua fiel execução. Artigo 42– Revogadas as disposições em contrário, a presente lei entrará em vigor em 1º de janeiro de 1954.

Sala das Sessões, 1º de julho de 1953
Cândido Norberto

11 – PROJETO DE LEI SOBRE NACIONALIZAÇÃO DAS REVISTAS EM QUADRINHOS E REVISTAS OBSCENAS, A PARTIR DA FUSÃO DOS PROJETOS 3.813/51, 254/55 E 379/55, APROVADO PELO SENADO FEDERAL EM 4 DE MARÇO DE 1955

O Congresso Nacional resolve:
Artigo 1º – Não será concedida autorização para publicação periódica com texto obsceno e ilustrações imorais.

Parágrafo 1º – Será apreendida pela polícia toda edição de qualquer publicação com texto obsceno, ou ilustração imoral, considerando-se assim os clichês de nus em revistas que não sejam de arte e destinadas apenas a provocar a concupiscência.

Parágrafo 2º – Com a apreensão da edição total de qualquer publicação que incida no parágrafo anterior, serão cassadas as suas licenças e processados os responsáveis pelas mesmas por atentado ao pudor.

Artigo 2º – Toda publicação periódica ilustrada editada no Brasil e dedicada à infância e à juventude fica obrigada:

I. A publicar 50% (cinquenta por cento), no mínimo, das ilustrações e dos desenhos feitos por desenhistas brasileiros, ou residentes no Brasil, e 25% (vinte e cinco por cento) do texto de leitura de autores nacionais;

II. A destinar 10% (dez por cento), pelo menos, do espaço útil do total de suas páginas a matérias sobre homens, coisas e fatos de nossa terra e de nossa gente.

Artigo 3º – Revogam-se as disposições em contrário.

12 – CÓDIGO DE ÉTICA BRASILEIRO, 1961

Artigo 1º – As histórias em quadrinhos devem ser um instrumento de educação, formação moral, propaganda dos bons sentimentos e exaltação das virtudes sociais e individuais.

Artigo 2º – Não devendo sobrecarregar a mente das crianças como se fossem um prolongamento do currículo escolar, elas devem, ao contrário, contribuir para a higiene mental e o divertimento dos leitores juvenis e infantis.

Artigo 3º – É necessário o maior cuidado para evitar que as histórias em quadrinhos, descumprindo sua missão, influenciem perniciosamente a juventude, ou deem motivos a exageros da imaginação da infância e da juventude.

Artigo 4º – As histórias em quadrinhos devem exaltar, sempre que possível, o papel dos pais e dos professores, jamais permitindo qualquer apresentação ridícula ou desprimorosa de uns ou de outros.

Artigo 5º – Não é permissível o ataque ou a falta de respeito a qualquer religião ou raça.

Artigo 6º – Os princípios democráticos e as autoridades constituídas devem ser prestigiados, jamais sendo apresentados de maneira simpática ou lisonjeira os tiranos e inimigos do regime e da liberdade.

Artigo 7º – A família não pode ser exposta a qualquer tratamento desrespeitoso, nem o divórcio apresentado como sendo uma solução para as dificuldades conjugais.

Artigo 8º – Relações sexuais, cenas de amor excessivamente realistas, anormalidades sexuais, sedução e violência carnal não podem ser apresentadas, nem sequer sugeridas.

Artigo 9º – São proibidas pragas, obscenidades, pornografias, vulgaridades ou palavras e símbolos que adquiram sentido dúbio e inconfessável.

Artigo 10º – A gíria e as frases de uso popular devem ser usadas com moderação, preferindo-se sempre que possível à boa linguagem.

Artigo 11º – São inaceitáveis as ilustrações provocantes, entendendo-se como tais as que apresentem a nudez, as que exibem indecente ou desnecessariamente as partes íntimas ou as que retratam poses provocantes.

Artigo 12º – A menção dos defeitos físicos e das deformidades deverá ser evitada.

Artigo 13º – Em hipótese alguma, na capa ou no texto, devem ser exploradas histórias de terror, pavor, horror, aventuras sinistras, com as suas cenas horripilantes, depravação, sofrimentos físicos, excessiva violência, sadismo ou masoquismo.

Artigo 14º – As forças da lei e da justiça devem sempre triunfar sobre as do crime e da perversidade. O crime só poderá ser tratado quando for apresentado como atividade sórdida e indigna, e os criminosos, sempre punidos pelos seus erros. Os criminosos não podem ser apresentados como tipos fascinantes ou simpáticos, e muito menos pode ser emprestado qualquer heroísmo às suas ações.

Artigo 15º – As revistas infantis e juvenis só poderão instruir concursos premiando os leitores por seus méritos. Também não deverão as empresas sectárias deste Código editar, para efeito de venda nas bancas, as chamadas figurinhas, objeto de um comércio nocivo à infância.

Artigo 16º – Serão proibidos todos os elementos e técnicas não respectivamente mencionados aqui, mas contrários ao espírito e à intenção deste Código de Ética, e que são considerados violações do bom gosto e da decência.

Artigo 17º – Todas as normas aqui fixadas se impõem não apenas ao texto e aos desenhos das revistas em quadrinhos, mas também às capas das revistas.

Artigo 18º – As revistas infantis e juvenis que forem feitas de acordo com este Código de Ética levarão na capa, em lugar bem visível, um selo indicativo de sua adesão a estes princípios.

13 – LEI DE NACIONALIZAÇÃO DAS HISTÓRIAS EM QUADRINHOS DECRETO Nº-52.497, DE 23 DE SETEMBRO DE 1963

Disciplina a publicação de histórias em quadrinhos e dá outras providências.

Artigo 1º – As empresas editoras de histórias em quadrinhos deverão publicar, no conjunto de suas edições, histórias em quadrinhos nacionais nas seguintes proporções mínimas: 30% (trinta por cento) a partir de 1º de janeiro de 1964; 40% (quarenta por cento) a partir de 1º de janeiro de 1965; e, finalmente, 60% (sessenta por cento) a partir de 1º de janeiro de 1966.

Parágrafo 1º – Para efeito de cálculo da porcentagem a que se refere este artigo, levar-se-ão em conta tanto o número total de revistas de histórias em quadrinhos publicadas por editora, quanto o número de páginas do conjunto de edições do gênero feitas mensalmente por empresa.

Parágrafo 2º – Quando se tratar de jornais a porcentagem será contada em função do número de tiras de histórias em quadrinhos publicadas por exemplar.

Parágrafo 3º – Para fins de direito, deverão constar expressamente das edições os nomes do desenhista e do argumentista autores das histórias.

Parágrafo 4º – Os desenhos humorísticos e as ilustrações deverão ser exclusivamente nacionais a partir de 12 de janeiro de 1964.

Artigo 2º – Consideram-se histórias nacionais aquelas que utilizam temas brasileiros e cujo desenho e argumento sejam criação original de artistas brasileiros ou de estrangeiros radicados no Brasil.

Parágrafo único – Consideram-se também histórias nacionais para os fins deste decreto, aquelas que versam temas históricos, culturais, religiosos ou científicos, desde que o desenho e o argumento, ou adaptação, sejam de autoria de artistas brasileiros ou estrangeiros radicados no Brasil.

Artigo 3º – As histórias em quadrinhos, nacionais e estrangeiras, não poderão conter narrativas de caráter obsceno nem encerrar abusos no exercício da liberdade de imprensa, aplicando-se aos jornais, revistas e quaisquer periódicos que publicarem histórias do gênero aqui previsto, as disposições da Lei nº 2.083, de 13 de novembro de 1953, notadamente os artigos 53 e seguinte do citado diploma legal.

Parágrafo único – Estão comprometidas nas restrições impostas na lei e no presente artigo as narrativas ofensivas a quaisquer países, bem como as que sirvam à propaganda de guerra, propagação do racismo, e as que contenham cenas de prostituição e sadismo.

Artigo 4º – O ministro da Educação e Cultura designará uma Comissão a ser integrada por um pedagogo, um desenhista de história em quadrinhos, um argumentista e um representante do próprio ministro para elaborar um Código Profissional a ser observado por artistas e editores de histórias em quadrinhos.

Parágrafo 1º – A presidência desta Comissão caberá ao representante do Ministério, que terá, inclusive, voto de desempate.

Parágrafo 2º – Dentro de 30 (trinta) dias, a partir da publicação deste decreto, o Ministro da Educação e Cultura aprovará as instruções para o funcionamento da Comissão a que se refere este artigo.

Artigo 5º – Este decreto entrará em vigor na data de sua publicação, revogadas as disposições em contrário.

14 – LEI DAS PUBLICAÇÕES PERNICIOSAS AOS JOVENS, OUTUBRO DE 1965

Sanção do projeto de lei do deputado Eurico de Oliveira, que proíbe a impressão e a circulação de revistas sobre temas de crimes, violência e terror destinados à infância e à adolescência.

Artigo 1º – É proibida a impressão e a circulação de quaisquer publicações destinadas à infância ou à adolescência que contenham ou explorem temas de crimes, de terror ou de violência.

Parágrafo Único – As publicações indicadas neste artigo serão consideradas ofensivas à moral e aos bons costumes, ficando seus responsáveis sujeitos às pe-

nalidades previstas no artigo 9º, alínea E, da Lei nº 2.083, de 1º de dezembro de 1953, devendo as autoridades competentes adotar as medidas determinadas nos artigos 53 e 54 da referida lei.
Artigo 2º – Esta lei entra em vigor na data de sua publicação.
Artigo 3º – Revogam-se as disposições em contrário.
Assina: presidente Humberto de Alencar Castelo Branco

FONTES E BIBLIOGRAFIA

DEPOIMENTOS E ENTREVISTAS AO AUTOR

Aimar Aguiar, Álvaro de Moya, Aníbal Bendati, Antonio Callado, Antonio Cedraz, Antonio José da Silva, Carlos Scliar, Carlos Sussekind, Cláudio de Souza, Claudio Seto, Décio de Abreu, Edson Rontani, Eduardo Barbosa, Elizabeth Lins do Rego, Fernando Albagli, Fernando Morais, Francisco Borelli Filho, Gutemberg Cruz, Joel Silveira, José Geraldo Barreto, José Mojica Marins, Julio Shimamoto, Maria Celina de Araújo, Mário Aizen, Mário de Moraes, Mauricio de Sousa, Miguel Penteado, Millôr Fernandes, Minami Keizi, Nilson Azevedo, Nilson Silva, Otacílio Barros, Richard Civita, Romain Roland Pires Leal, Rubens Francisco Lucchetti, Roberto Civita, Roberto Elísio dos Santos, Rodolfo Zalla, Sérgio Machado, Stela Kaz, Wagner Augusto, Walter Poyares, Will Eisner e Ziraldo Alves Pinto.

DEPOIMENTOS A TERCEIROS

Adolfo Aizen a A. J. Henrique (*O Castelo de Recordações*, 1986); Álvaro de Moya a Reinaldo de Oliveira (*Mestres do Terror*, 1987); Cláudio de Souza (*Jornal da Abril*, 1975); Edson Rontani a Worney Almeida de Souza (*30 Anos de Ficção*, 1995); Flavio Colin a Rudolf Piper (*O Grande Livro do Terror*, 1977); Flavio Colin a Reinaldo de Oliveira (*Mestres do Terror*, 1987); Gedeone Malagola a Aníbal Barros Cassal (*Fanzin*, s/d); Jayme Cortez a Reinaldo de Oliveira (*Mestres do Terror*, 1987); Jayme Cortez a Rudolf Piper (*O Grande Livro do Terror*, 1977); José Colella Filho (*Jornal da Abril*, 1975); Julio Shimamoto a Rudolf Piper (*O Grande Livro do Terror*, 1977); Mauricio de Sousa a Dagomir Marquezi (*Movimento*, 1977); Messias de Melo a Worney Almeida de Souza (*Quadrix*, 1985); Micheline Gaggio Frank (*Jornal da Abril*, 1975); Miguel Penteado a Reinaldo de Oliveira (*Mestres do Terror*, 1983); Monteiro Filho a Ofeliano de Almeida (*Notícias dos Quadrinhos*, 1984); Naumim Aizen a A. J. Henrique (*O Castelo de Recordações*, 1986); Otacílio Barros a Ofeliano de Almeida (*Notícias dos Quadrinhos*, 1984); Sérgio Lima a Rudolf Piper (*O Grande Livro do Terror*, 1977); Sérgio Lima a Reinaldo de Oliveira (*Mestres do Terror*, 1987); Will Eisner (*Jornal HQ*, 1990).

PERIÓDICOS

Afinal, Agora – São Paulo, Álbum Gigante, Assinco, Bondinho (0), Boston Sunday Herald, Brasil Rotário, Brooklyn Eagle, O Castelo de Recordações, The Christian Science Monitor, Comic Book Marketplace, Comics Scene, Conjuntura Econômica, Correio da Manhã,

Correio Paulistano, Correio do Povo, Correio Popular, O Cruzeiro, Daily News, O Destaque Art's, Diário Carioca, Diário da Noite, Diário de Notícias, Diário de Pernambuco, Diário de São Paulo, Diário Oficial – Leitura, Diário Popular, Diário do Congresso Nacional, Diner's Club Magazine, Diretrizes, O Estado do Rio Grande, Edição Maravilhosa, Ele & Ela, A Época, Folha de Minas, Folha de S. Paulo, Folha da Noite, Folha da Manhã, Folha da Tarde, Fanzim Especial, Ficção Especial, Fon-Fon!, A Gazeta, Gazeta do Povo, Gazeta Mercantil, O Globo, Grilo, O Guri, A Hora, Imprensa, O Jornal, Jornal da Tarde, Jornal da Gibizada, Jornal de Hoje, Jornal de Tupã, Jornal do Brasil, Jornal do Commercio, Jornal do Dia, IstoÉ, Krazy Comics, O Matutino, Meio & Mensagem, Newsdealer, O Pasquim, Phenix, Propaganda, A Província do Pará, Publicidade & Negócios, Revista Abigraf, Revista da Comunicação, Revista do Globo, Rio Grande, Seleções do Reader's Digest, Serviço Escolar, Suplemento A Tarde Cultural, Suplemento Quadrinhos, A Tarde, O Tempo, Time, Tintin, Tribuna da Imprensa, Última Hora e Visão.

COLEÇÕES DE FANZINES

Balloon Quadrinhos (João Carlos Sampaio, Alexandre Augusto, Marcos Vinhas e Gonçalo Junior); *Bienal HQ* (Ayuri Editorial); *Boletim dos Quadrinhos* (Alessandro Silva); *Boletim de Quadrinhos* (José Agenor Ferreira); *O Grupo Juvenil* (Jorge Barwinkel); *Fanzim* (Aníbal Barros Cassal); *Ficção* (Edson Rontani); *Gibi Clube* (A. J. Henrique); *Jornal da Gibizada* (Waldir Dâmaso); *Marca de Fantasia* (Edgar Guimarães); *Nostalgia dos Quadrinhos* (Aimar Aguiar); *Notícias dos Quadrinhos* (Ofeliano de Almeida); *Quadrinhos afee* (Abelardo Filho); *Quadrinhos Magazine* (Gonçalo Júnior); *Quadrix* (Worney Almeida de Souza); e *Suplemento Quadrinhos* (Delemiro Tupy Assu).

COLEÇÕES DE REVISTAS

Comic-book Market Place; *Comic Interview*; *Comics Scene*, *Crás!* (Editora Abril, 1974); *O Cruzeiro* (Edições O Cruzeiro, 1939 a 1964); *IstoÉ* (Editora Três, 1977 a 1984); *Manchete* (Bloch Editores, 1955 a 1964); *Radar* (1994); *Seleções do Reader's Digest* (1940 a 1965); *Veja* (Editora Abril, 1968 a 1984).

LIVROS

Abreu, João Batista de. *As Manobras da Informação*. Rio de Janeiro, Mauad/Eduff, 2000.
Allison, Anne. *Permitted and Prohibited Desires – Mothers, comics and censorship in Japan*. Berkeley, University of California Press, 1996.
Anísio, Pedro, e Aizen, Naumim. *Chamada Geral – Os 25 anos da Ebal (Epopéia – Edição Comemorativa)*. Rio de Janeiro, Ebal, 29 de maio de 1970.
Anselmo, Zilda Augusta. *Histórias em Quadrinhos*. Petrópolis, Vozes, 1975.

Aquino, Cléber (org.). *Victor Civita – Depoimento, em História Empresarial Vivida, vol. IV*. São Paulo, Gazeta Mercantil S.A. Editora Jornalística, 1988.

Aquino, Maria Aparecida de. *Censura, Imprensa, Estado Autoritário*. Bauru, Editora Edusc, 1999.

Arbex Jr., José. *Guerra fria – Terror de Estado, Política e Cultura*. São Paulo, Editora Moderna, 1997.

Arestizábal, Irma. *J. Carlos 100 anos*. Rio de Janeiro, Funarte, 1984.

Arnold, Arnold. *Violence & Your Child*. Chicago, Henry Regnery Company, 1969.

Augusto, Sérgio. *Este Mundo É um Pandeiro – A chanchada de Getúlio a JK*. São Paulo, Companhia das Letras, 1989.

Badaró, Murilo. *Gustavo Capanema – Revolução na cultura*. Rio de Janeiro, Nova Fronteira, 2000.

Barker, Martin. *A Haunt of Fears – The strange history of the british horror comics compaign*. Jackson, University Press of Mississippi, 1992.

Barreto, José Geraldo. *Apressado para nada – Memórias*. Rio de Janeiro, Editora Garamond, 2001.

Benton, Mike. *The Comic Book in America*. Dallas, Taylor Publishing Company, 1989.

Bernewitz, Fred von, e Geissman, Grant. *Tales of Terror!/The EC Companion*. Seattle, Fantagraphics Books, 2000.

Cabral, Sérgio. *No Tempo de Almirante*. Rio de Janeiro, Editora Francisco Alves, 1990.

Carneiro, Maria Luiza Tucci. *Livros Proibidos, Ideias Malditas*. São Paulo, Estação Liberdade, 1997.

Carvalho, Bárbara Vasconcelos de. *A Literatura Infantil – Visão histórica e crítica*. 4 ed., São Paulo, Global Editora, 1985.

Castro, Ruy. *O Anjo Pornográfico – A vida de Nelson Rodrigues*. São Paulo, Companhia das Letras, 1992.

Cavalcanti, Ionaldo de Andrade. *O Mundo dos Quadrinhos*. São Paulo, Editora Símbolo, 1977.

Cirne, Moacy. *História e Crítica dos Quadrinhos Brasileiros*. Rio de Janeiro, Funarte/Edição Europa, 1990.

_____. *Bum – A explosão criativa dos quadrinhos*. Petrópolis, Vozes, 1970.

_____. *Para Ler os Quadrinhos – Da narrativa cinematográfica à narrativa quadrinizada*. Petrópolis, Vozes, 1972.

Conti, Mario Sergio. *Notícias do Planalto – A imprensa e Fernando Collor*. São Paulo, Companhia das Letras, 1999.

Cortez, Jayme. *Zodíaco, um Herói do Futuro*. São Paulo, Press Editorial, 1987.

Costa, Cecília. *Odylo Costa, Filho*. Rio de Janeiro, Relume Dumará, 2000.

Damasceno, Athos. *Imprensa Caricata do Rio Grande do Sul no Século XIX*. Porto Alegre, Editora Globo, 1962.

Davidson, Steef. *The Penguin Book of Political Comics*. Nova York, Penguin Books, s/d.

D'ávila, Antonio. *Literatura Infanto-Juvenil*. 2 ed. São Paulo, Editora do Brasil, 1967.

Diehl, Digby. *Tales from the Crypt – The official archives*. Nova York, St. Martin's Press, 1996.

Domingues, Henrique Foréis (Almirante). *Incrível! Fantástico! Extraordinário!* Rio de Janeiro, Francisco Alves, 1989.

Dorfman, Ariel, e Mattelart, Armand. *Para Ler O Pato Donald*. São Paulo, Paz e Terra, 1977.

Eliot, Marc. *Walt Disney, o Príncipe Sombrio de Hollywood*. Rio de Janeiro, Marco Zero, 1995.

Ferreira, Argemiro. *Caça às Bruxas – Macarthismo: Uma tragédia americana*. Porto Alegre, L&PM Editores, 1989.

Frattini, Eric, e Palmer, Oscar. *Guia Basica del Comic*. Madri, Nuer Ediciones, 1999.

Fremion, Yves, e Joubert, Bernard. *Images Interdites*. Paris, Éditions Syros Alternatives, 1989.

Friedrich, Otto. *A Cidade das Redes: Hollywood nos anos 40*. São Paulo, Companhia das Letras, 1988.

Goidanish, Hiron Cardoso. *Enciclopédia dos Quadrinhos*. Porto Alegre, L&PM Editores, 1990.

Gubern, Roman. *El Lenguaje de los Comics*. Barcelona, Ediciones Península, 1974.

Guyot, Didier Queila. *A História em Quadrinhos*. Col. 50 Palavras, vol. 1. São Paulo, Edições Loyola, 1994.

Haining, Peter. *The classic era of American pulp magazines*. Londres, Prion Books Limited, 2000.

Hartenian, Larry. *Mussolini*. Série Grandes Líderes. São Paulo, Abril Cultural, 1988.

Hellman, Lilian. *A Caça às Bruxas*. Rio de Janeiro, Livraria Francisco Alves Editora, 1981.

Iannone, Leila Rentria e Roberto Antonio. *O Mundo das Histórias em Quadrinhos*. Col. Desafios. São Paulo, Editora Moderna, 1994.

Katchaturov, Karen Armenovitch. *A Expansão Ideológica dos EUA na América Latina: Doutrinas, formas e métodos da propaganda dos EUA*. Rio de Janeiro, Civilização Brasileira, 1980.

Kezich, Túlio. *Fellini – Uma biografia*. Porto Alegre, L&PM Editores, 1992.

Lacerda, Carlos. *O Poder das Ideias*. Rio de Janeiro, Distribuidora Record Editora, 1964.

Leaming, Barbara. *Orson Welles – Uma biografia*. Porto Alegre, L&PM Editores, 1987.

Leite, Sylvia Helena Telarolli de Almeida. *Chapéus de Palha, Panamás, Plumas, Cartolas – A caricatura na literatura paulista 1900-1920*. São Paulo, Editora da Unesp, 1996.

Lima, Herman. *A História da Caricatura no Brasil*. 4 vols. Rio de Janeiro, Livraria José Olympio Editora, 1963.

Loredano, Cássio. *Nássara Desenhista*. Rio de Janeiro, MEC/Funarte, 1985.

Luján, Néstor. *O Humorismo*. Biblioteca Salvat de Grandes Temas. Rio de Janeiro, Salvat Editora do Brasil, 1980.

Lustosa, Isabel. *Nássara – O perfeito fazedor de artes*. Rio de Janeiro, Relume Dumará, 1999.

Luyten, Sonia Bibe. *Mangá – O poder dos quadrinhos japoneses*. São Paulo, Estação Liberdade, 1991.

Maranhão, Jarbas. *Liberdade de Pensamento e formação da Juventude*. Rio de Janeiro, MEC, 1959.

Marinho, Roberto. *Uma Trajetória Liberal*. Rio de Janeiro, Editora Topbooks, 1992.
Marny, Jacques. *Sociologia das Histórias aos Quadradinhos*. Porto, Livraria Civilização, 1970.
Martins, Mário. *Valeu a Pena*. Org. de Franklin Martins. Rio de Janeiro, Nova Fronteira, 1996.
Melo, José Marques de. *Comunicação Social, Teoria e Pesquisa*. 33 ed. Petrópolis, Vozes, 1973.
_____.(org.). *Censura e Liberdade de Imprensa*. São Paulo, Com-Arte, 1984.
Mendonça, Dora. *A vida trepidante de Wilson Vianna, o Capitão Aza*. Rio de Janeiro, Editora Lidador, dezembro de 1997.
Mercadante, Luiz Fernando. *Victor Civita*. São Paulo, Abril Cultural, 1987.
Moraes, Antonieta Dias. *A Violência na Literatura Infantil e Juvenil*. São Paulo, Global Editora, 1984.
Morais, Fernando. *Chatô, o Rei do Brasil*. São Paulo, Companhia das Letras, 1994.
Morel, Edmar. *Histórias de um Repórter*. Rio de Janeiro, Record, 1999.
Moya, Álvaro de. *História da História em Quadrinhos*. Porto Alegre, L&PM Editores, 1986.
Moya, Álvaro de (org.). *Shazam!* Col. Debates/Comunicação. São Paulo, Perspectiva, 1977.
_____. *O Mundo de Walt Disney*. São Paulo, Geração Editorial, 1996.
Netto, Accioly. *O Império de Papel – Os bastidores de "O Cruzeiro"*. Porto Alegre, Sulina, 1998.
Nordling, Lee. *Your Career in the Comics*. Kansas City, Universal Press Syndicate Company, 1995.
Nyberg, Amy Nyberg. *Seal of Approval – The history of the comics code*. Jackson, University Press of Mississippi, 1998.
Oliveira, Reinaldo de. *La Selva – Pequena história de uma editora popular*. São Paulo, Editora Sublime, 1988.
Paulo, Jorge. *Atuação Parlamentar – Deputado federal*. Brasília, Câmara dos Deputados, 1981.
Peixoto, Fernando. *Hollywood – Episódios da histeria anticomunista*. São Paulo, Paz e Terra, 1991.
Piper, Rudolf. *O Grande Livro do Terror*. São Paulo, Editora Argus, 1978.
_____. *Garotas de Papel*. São Paulo, Global Editora, 1976.
Reidelbach, Maria. *Completely Mad*. Nova York, MJP Books, 1991.
Rosa, Franco, e Augusto, Wagner (org.). *A Arte de Jayme Cortez*. São Paulo, Press Editorial, 1986.
Rosa, Franco. *Certos Quadrinhos*. São Paulo, ed. do autor, 1997.
Sabin, Roger. *Comics, Comix & Graphic Novels*. Londres, Phaidon Press Limited, 1996.
Sadoul, Jacques. *93 ans de BD*. Paris, 1987.
Schatz, Thomas. *O Gênio do Sistema – A era dos estúdios de Hollywood*. São Paulo, Companhia das Letras, 1988.
Sevcenko, Nicolau (org.). *República: Da belle époque à era do rádio*. Col. História da Vida Privada no Brasil, vol. 3. São Paulo, Companhia das Letras, 1998.

Silva, Diamantino. *Quadrinhos para Quadrados*. Porto Alegre, Editora Bels, 1976.
Silva Jr., Gonçalo. *Pais da TV*. São Paulo, Conrad, 2001.
_____. *Alceu Penna e as Garotas do Brasil*. São Paulo, Tapejara Editora, 2004.
Silveira, Mauro César. *A Batalha de Papel – A Guerra do Paraguai através da caricatura*. Porto Alegre, L&PM Editores, 1996.
Simões, Inimá. *Roteiro da Intolerância*. São Paulo, Editora Terceiro Nome, 1999.
Sodré, Muniz. *A Ficção do Tempo*. Petrópolis, Vozes, 1973.
Thompson, Don, e Lupopf, Dick. *The Comic-Book*. ed. 2. Nova York, Krause Publications, 1998.
Thompson, Edward et al. *Exterminismo e Guerra Fria*. São Paulo, Brasiliense, 1985.
Thurston, Henry W. *Concerning Juvenile Delinquency*. Nova York, Columbia University Press, 1942.
Valdés, Santi. *Los Cómics Gay*. Col. Biblioteca Dr. Vértigo. Madri, Ediciones Glénat, 1998.
Vários. *Nosso Século – volumes 1 a 10*. São Paulo, Círculo do Livro/Nova Cultural, 1986.
Vich, Sergi. *La Historia de los Cómics*. Biblioteca Cuto. Madri, Ediciones Glénat, 1997.
Werneck, Humberto (ed.). *A Revista no Brasil*. São Paulo, Editora Abril, 2000.
Wertham, Fredric. *The Seduction of the Innocent*. Nova York, Amereon House, 1972.

CRÉDITOS DAS ILUSTRAÇÕES

AA: Arquivo do autor

AE: Arquivo Público do Estado de São Paulo. (Reprodução: Thyago Nogueira)

AG: Arquivo / Agência O Globo

BN: Arquivo da Biblioteca Nacional

FA: Cortesia da família Aizen

LS: Arquivo da família La Selva

RV: Revista Vox

SK: Cortesia de Stella Kaz

TZ: Cortesia de Tomzé

WA: Cortesia de Wagner Augusto

CRÉDITOS DAS ILUSTRAÇÕES

CADERNO EM CORES

- *A Nação: Suplemento Infantil* [futuro *Suplemento Juvenil*], ano 1, nº 1. Jornal *A Nação*. 14 de março de 1934.
- *Suplemento* Juvenil, ano 6, nº 795. Grande Consorcio Suplementos Nacionais. 13 de janeiro de 1940.
- *Suplemento Juvenil: Mandrake entre as mumias*, ano 6, nº 683. Album fim-de-mês. Grande Consorcio Suplementos Nacionais. Abril de 1939.
- *Suplemento Policial em Revista* [nova fase da *Suplemento Policial*], nº 33. Grande Consorcio Suplementos Nacionais. Dezembro de 1940.
- *Contos Magazine: O Anjo do Mar*, nº 12. Grande Consórcio Suplementos Nacionais. Julho de 1938.
- *Mirim*, nº 497. Grande Consórcio Suplementos Nacionais. 25 de maio de 1941.
- *Mirim Mensal*, nº 381. Grande Consórcio Suplementos Nacionais. 14 de setembro de 1940.
- *O Lobinho* (2ª série), nº 41. Grande Consórcio Suplementos Nacionais. Agosto de 1943.
- *O Lobinho* (2ª série), nº 65. Grande Consórcio Suplementos Nacionais. Setembro de 1945.
- *Mickey: e "o feiticeiro"*, nº 1. Nova Coleção Walt Disney. Ebal. Abril de 1952.
- *Seleções Coloridas – Walt Disney*, nº 1. Ebal/Abril. 1945.
- *Coleção Enfeitada: Cão Pluto – A arte do detective*, n° 10. Ebal. Janeiro de 1959.
- *O Herói* (1ª série), ano 1, nº 1. Revista Juvenil Mensal. Ebal. Julho de 1947.
- *Superman* (1ª série), nº 1. Revista Juvenil Mensal. Ebal. Novembro de 1947.
- *Edição Maravilhosa* (1ª série), nº 1. Clássicos Ilustrados. Ebal. Julho de 1949.
- *Mindinho* (1ª série), nº 1. Revista Infantil. Ebal. Fevereiro de 1949.
- *Aventuras Inéditas e completas de Tarzan: Tarzan* (1ª série), nº 1. Ebal. Julho de 1951.
- *Aí, Mocinho!* (1ª série), nº 1. Ebal. Novembro de 1949.
- *Batman* (1ª série), nº 1. Ebal. Março de 1953.
- *Zorro* (1ª série), nº 1. Ebal. Março de 1954.
- *Roy Rogers em quadrinhos* (1ª série), nº 1. Ebal. Abril de 1952.
- *Quem Foi?* (1ª série), nº 1. Ebal. Abril de 1950.
- *Anjinho: Aladim e a Lâmpada Maravilhosa* (1ª série), nº 1. Ebal. Janeiro de 1959.
- *Údi-Údi: O Pica-Pau*, nº 1. Ebal. Fevereiro de 1959.
- *Pernalonga*, nº 1. Ebal. Abril de 1961.
- *Pinduca*, nº 1. Revista Infantil Mensal. Ebal. Março de 1953.
- *Popeye* (1ª série), nº 1. Ebal. Março de 1953.
- *Reis do Faroeste: com Buck Jones* (1ª série), nº 1. Ebal. Julho de 1953.
- *Possante [Supermouse]: Ei-lo que surge! de Paul Terry* (1ª série), nº 1. Ebal. Março de 1953.
- *Rin Tin Tin* (1ª série), nº 1. Ebal. Maio de 1956.
- *Nevada* (1ª série), nº 1. Ebal. Abril de 1957.
- *Papai Noel: Tom e Jerry* (2ª série), nº 51. Ebal. Dezembro de 1961.
- *Lassie: em aventuras de emocionar!* (1ª série), nº 1. Ebal. Maio de 1956.
- *Cowboy Romântico*, nº 1. Ebal. Julho de 1955.

- *O Capitão Z* (2ª série, nova fase), nº 1. Ebal. Janeiro de 1954.
- *Papai Noel: Tom e Jerry* (1ª série), nº 1. Ebal. Abril de 1952.
- *Per-lim-pim-pim* (1ª série), nº 1. Ebal. Agosto de 1960.
- *Gene Autry em quadrinhos* (1ª série), nº 1. Ebal. Abril de 1952.
- *O Idílio: Uma Revista em Quadrinhos Com Histórias de Amor Romanceadas* (1ª série), nº 1. Ebal. Setembro de 1948.
- *Cinemin* (1ª série), nº 1. Ebal. Novembro de 1951.
- *Capitão Z* (1ª série), nº 1. Ebal. Julho de 1951.
- *Epopéia* (1ª série), nº 1. Ebal. Agosto de 1952.
- *Maravilhas da Edição Maravilhosa: O Guarani* [Edição Maravilhosa], nº 4. Ebal. Abril de 1967.
- *Álbum Gigante: Romances Ilustrados* (2ª série, nova fase), nº 34. Ebal. Agosto de 1957.
- *Ciência em Quadrinhos* (1ª série), nº 1. Ebal. Outubro de 1953.
- *Série Sagrada: Missionários de Cristo* (1ª série), nº 15. Ebal. Novembro de 1954.
- *Xuxuquinha*, nº 1. Ebal. Agosto de 1960.
- *Minha Revistinha*, nº 1. Ebal. Janeiro de 1962.
- *O Juvenil Mensal* (1ª série), nº 1. Ebal. Janeiro de 1962.
- *Cinco Por Infinitus: A Formação da Equipe* [Edição Monumental], nº 1. Ebal. Junho de 1970.
- *Superman* (5ª série), nº 23. Ebal. Fevereiro de 1979.
- *Tarzan* (5ª série), nº 29. Ebal. Agosto de 1979.
- *Zorro Extra: Capa e Espada*, nº 46. Ebal. Agosto de 1979.
- *O Globo Juvenil*, ano 1, nº 2. O Globo. 16 de junho de 1937.
- *Album do O Globo Juvenil: Homem de Aço*. O Globo.
- *Gibi: Começou as aventuras de Charlie Chan!*, nº 1. O Globo. 12 de abril de 1939.
- *Biriba*, nº 4. O Globo. 30 de maio de 1948.
- *O Globo Juvenil Mensal*, nº 39. O Globo. Janeiro de 1944.
- *Gibi Mensal*, nº 48A. O Globo. Dezembro de 1944.
- *Gibi: Edição Especial de São João*. O Globo. Junho de 1941.
- *Meia-Noite: As melhores novelas policiais*, nº 137. RGE. Setembro de 1959.
- *X-9: As Aventuras do "Cavaleiro Sam Kern"*. RGE. Junho de 1953.
- *Biriba Mensal*, nº 1. O Globo. Dezembro de 1948.
- *Coleção Gibi: Sombra & Khan o Hipnotizador*, nº 12. O Globo. 1942.
- *Shazam!*, nº 1. O Globo. Janeiro de 1949.
- *Aconteceu*, nº 141. RGE. 1963.
- *Suspense: Alfred Hitchcock apresenta*, nº 55. RGE. s/d.
- *Meia Noite: Revista Mensal de Mistérios*, nº 198. RGE. s/d.
- *O Fantasma Magazine: Aventuras Inéditas e Completas*, nº 1. Reimpressão comemorativa 1980. RGE. Março de 1953.
- *Flecha Ligeira Magazine*, nº 1. RGE. Novembro/Dezembro de 1953.
- *Don Chicote Magazine*, nº 1. RGE. Janeiro de 1955.
- *Mandrake Magazine*, nº 60. RGE. Janeiro de 1962.
- *Almanaque do Búfalo Bill para 1960*. RGE. 1960.
- *Rocky Lane*, nº 1. RGE. Janeiro de 1953.
- *Campeões do Oeste Magazine*, nº 1. RGE. Abril/Maio de 1956.
- *Jim das Selvas*, nº 1. RGE. 1960.
- *Cavaleiro Fantasma Magazine: Um novo e valente herói*, nº 1. RGE. Janeiro de 1960.

- *Flash Gordon Magazine* (1ª série), nº 6. RGE. Segundo Trimestre de 1957.
- *Águia Negra Magazine*, nº 15. RGE. Abril/Maio de 1957.
- *O Capitão e os Meninos: Nos Mares do Sul* [futuro *Os sobrinhos do Capitão*]. Gibi Edição Especial. O Globo. 1942.
- *Águia Negra Magazine*, nº 1. RGE. Janeiro/Fevereiro de 1955.
- *O Santo Magazine*, nº 1. RGE. Primeiro Trimestre de 1955.
- *Bronco Piller Magazine*, nº 1. RGE. Fevereiro/Março de 1955.
- *Ferdinando Magazine* (1ª série), nº 08. RGE. Maio/Junho de 1962.
- *Brucutu Magazine*, nº 1. RGE. Novembro/Dezembro de 1960.
- *Búfalo Bill Magazine*, nº 20. RGE. Janeiro/Fevereiro de 1958.
- *Capitão Marvel Magazine*, nº 76. RGE. Novembro de 1965.
- *Bang Bang Magazine*, nº 1. RGE. Julho/Agosto de 1963.
- *Romance em Quadrinhos: Eurídice, de José Lins do Rego*, nº 9. RGE. Julho/Agosto de 1957.
- *Enciclopédia em Quadrinhos*, ano 1, nº 1. RGE. Abril de 1956.
- *O Globo Juvenil Mensal*, nº 272. RGE. Setembro de 1963.
- *Xerife Magazine*, nº 1. RGE. s/d.
- *Riquinho: O pobre menino rico*, nº 1. RGE. Novembro/Dezembro de 1967.
- *Gibi Apresenta: Gato Felix*, nº 1. RGE. 1963.
- *Pimentinha*, ano 1, nº 1. O Cruzeiro. 10 de maio de 1959.
- *Raio Vermelho: Revista mensal de grandes historietas*, ano 1, nº 1. Abril. Maio de 1950.
- *O Pato Donald: Revista mensal de grandes historietas de Walt Disney*, ano 1, nº 1. Abril. Julho de 1950.
- *Misterix*, ano 1, nº 1. Abril. 1953.
- *Mickey apresenta: Cinderela*, ano 1, nº 1. Revista mensal de Walt Disney. Abril. Outubro de 1952.
- *O Gury: Filhote do "Diario da Noite"* (1ª série), nº 1. Diário da Noite. 1 de maio de 1940.
- *O Guri: Suplemento Semanal em Rotogravura*, ano 1, nº 1. O Cruzeiro. 1 de março de 1952.
- *Capitão Atlas* (1ª série), ano 1, nº 1. Garimar. Outubro de 1959.
- *Revista do Capitão Atlas: apresentando "Mistério nos Garimpos"*, nº 1. Garimar. 15 de fevereiro de 1951.
- *Coleção de Aventuras (Força Expedicionária Brasileira): Edição Especial Max Wolf, morto em combate*, ano 1, nº 7. Garimar. Setembro de 1957.
- *Chico e Chica*, nº 1. Revista do Rádio Editora. 1960.
- *Congo King*, nº 1. Edições SAV. 1953
- *Pecos Bill: O Furacão do Texas*, episódio nº 1. Álbum de Ouro. Editorial Vecchi. Março de 1954.
- *Serviço Secreto*, nº 7. Maya. 1957.
- *Aba Larga*, nº 2. CETPA. Agosto de 1962.
- *Aba Larga*, nº 1. CETPA. Julho de 1962.
- *História do Cooperativismo*, nº 1. CETPA. Julho de 1962.
- *Sepé*, nº 1. CETPA. Agosto de 1962.
- *Disco Voador*, nº 1. Orbis. Dezembro de 1953.
- *Hopalong Cassidy*, nº 1. Orbis. Setembro de 1955.
- *Justiceiros (Falcão Branco)*, nº 1. Orbis. 1954.
- *Marruá*, nº 1. Orbis. Fevereiro de 1954.
- *Pele Vermelha*, nº 1. Orbis. Fevereiro de 1954.

- *Pica-Pau*, nº 1. Orbis. 1955.
- *Polícia Montada*, nº 1. Orbis. Novembro de 1953.
- *Rancho Grande*, nº 1. Orbis. Novembro de 1953.
- *Sexta-Feira 13: Casa Misteriosa*, nº 1. Orbis. Dezembro/Janeiro de 1953.
- *Sissi*, nº 1: *Cacareco e Outros Bichos*, nº 1. Continental. 1959.
- *Estórias Caipiras de Assombrações*, nº 6: *A mão da defunta*. GEP. 1969.
- *Frankenstein*, nº 1. GEP. 1969.
- *Múmia*, nº 16. GEP. Julho de 1969.
- *Bidu*, nº 5. Outubro. Julho de 1960.
- *Capitão 7*, nº 1. La Selva. 1959.
- *Capitão Estrêla*, nº 1. Continental. 1960.
- *Clássicos de Terror*, nº 4: *O Fantasma da Ópera*. Continental. 1960.
- *Clássicos do Faroeste*, nº 2: *Rio Vermelho*. Outubro. 1963.
- *Clássicos de Terror*, nº 12: *A mão cortada*. Outubro. Setembro de 1960.
- *Colorado*, nº 1. Outubro. 1964.
- *Seleções de terror*, nº 55: *Drácula e as Cinzas do Vampiro*. Outubro. 1966.
- *Fantasia*, nº 1: *A Bela Adormecida*. Outubro. 1960.
- *Histórias do Além*, nº 3. Outubro. 1966.
- *Histórias Macabras*, nº 10. Outubro. 1963.
- *Histórias do Além*, nº 1. Outubro. 1962.
- *O Pistoleiro Fantasma*, nº 1. Outubro. 1964.
- *Seleções de Terror*, nº 6: *A maldição do Drácula*. Outubro, 1964.
- *Jet Jackson*, nº 1. Continental, 1960.
- *O Vigilante Rodoviário*, nº 1. Outubro. 1962.
- *O Vingador*, nº 1. Outubro. Julho de 1961.
- *Zaz Traz*, nº 1. Outubro. 1960.
- *Ciência Ilustrada*, nº 3: *Aventuras no Far-West*, nº 1. Edições SAV. 1957.
- *Ciência Ilustrada*, nº 1: *Capitão Wings*, nº 1. Edições SAV. Dezembro de 1952.
- *Cômico Colegial*, nº 1. Auro Teixeira Editor. 1949*.
- *Seleções em Quadrinhos*, nº 57: *Big Ben Bolt*, nº 1. Chiodi. Março de 1956.
- *Cômico Colegial*, nº 1: *O Terror Negro* (1ª série), nº 1. La Selva. Julho de 1950.
- *O Terror Negro* (2ª série), nº 1. La Selva. Março de 1951.
- *Contos de Terror*, nº 1: *A mão maldita*. La Selva. Fevereiro de 1954.
- *Sobrenatural*, nº 1. La Selva. Janeiro de 1954.
- *Frankenstein (Conto de Terror Apresenta)*, nº 1. La Selva. Novembro de 1959.
- *Histórias de Terror*, nº 80. La Selva. Junho de 1967.
- *Histórias do Além*, nº 5: *A Fera do Vale!*. Outubro. 1962.
- *Seleções em Quadrinhos* (1ª série), nº 1: *Fantasma Vingador*, nº 1. Novo Mundo. 1956.
- *Cômico Colegial*, nº 22: *Bill Kid*. La Selva. Agosto de 1952.
- *Seleções Juvenis: Rock Lane apresenta Sensacionais aventuras com Black Jack*, nº 1. La Selva. 1960.
- *Cômico Colegial*, nº 474: *Cheyenne Kid*, nº 1. La Selva. Fevereiro de 1961.
- *Seleções em Quadrinhos: Cow-boy* nº 1. Novo Mundo. 1957.
- *Cômico Colegial: Gatilho!*, nº 1. La Selva. 1961.
- *Cômico Colegial*, nº 14: *John Wayne*, nº 1. La Selva. 1952.
- *Cômico Colegial (nova série)*, nº 437: *Kid Colt*, nº 1. La Selva. Maio de 1960.

- *Seleções Juvenis: Kid Montana*, nº 1. La Selva. 1961.
- *Cômico Colegial: Revista do Texas*, nº 1. La Selva. 1964.
- *Cômico Colegial: Rifle*, nº 1. La Selva. 1962.
- *Cômico Colegial*, nº 454: *O Espírito* nº 1. La Selva. Outubro de 1960.
- *Seleções em Quadrinhos* (2ª série), nº 58: *Brick Bradford*, nº 1. Gráfica Novo Mundo. Março de 1980.
- *Seleções Juvenis*, nº 8: *Casal Jato*. La Selva. Junho de 1954.
- *Aventuras Heróicas*, nº 1: *A Torre de D. Ramires*. La Selva. Abril de 1954.
- *Seleções de Rir Ilustrada*, nº 1. La Selva. 1950.
- *Gilda*, nº 57. La Selva. Fevereiro de 1956.
- *Seleções Juvenis: Zé Peteca*, nº 1. La Selva. 1963.
- *Cômico Colegial: Contos de Fadas*, nº 1. La Selva. 1956.
- *Os sobrinhos do Capitão*, nº 1. Novo Mundo. 1957.
- *Cômico Colegial*, nº 608: *Naves do Espaço - Johnny Galáxia, o Herói do Espaço*, nº 1. La Selva. 1963.
- *Seleções Juvenis*, nº 269: *Reino Encantado*, nº 1. La Selva. 1960.
- *Seleções Juvenis*, nº 161: *Varinha Mágica*, nº 1. La Selva. 1958.
- *Seleções Juvenis*, nº 101: *Os 3 Patetas*, nº 1. La Selva. 1957.
- *Cômico Colegial*, nº 106: *Abbott e Costello*, nº 1. La Selva. Outubro de 1953.
- *Seleções Juvenis*, nº 59: *Arrelia e Pimentinha*, nº 1. La Selva. Março de 1956.
- *Cômico Colegial*, nº 337: *Carequinha e Fred*, nº 1. La Selva. Março de 1956.
- *Cômico Colegial*, nº 171: *Fuzarca e Torresmo*, nº 1. La Selva. Outubro de 1955.
- *Seleções Juvenis*, nº 127: *Mazzaropi em Quadrinhos*, nº 1. La Selva. 1957.
- *Seleções Juvenis*, nº 121: *Oscarito e Grande Otelo em Quadrinhos*, nº 1. La Selva. Junho de 1957.

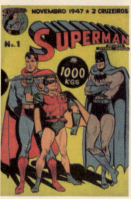

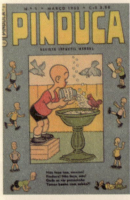 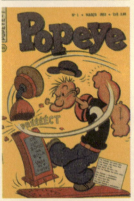  

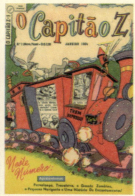
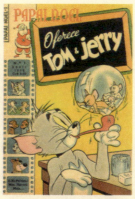

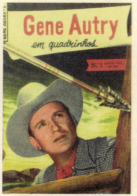

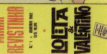

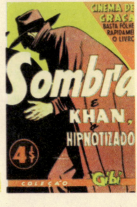

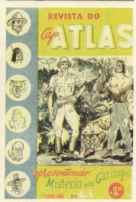

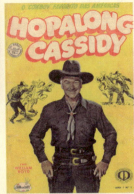

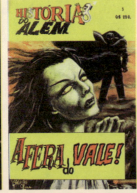

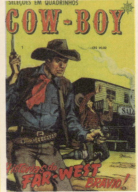

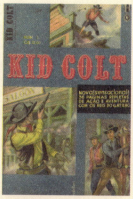

ÍNDICE ONOMÁSTICO

Aba-Larga 448-9, 451-2
Abbott e Costello 347
ABC 472
ABC das Histórias em Quadrinhos 405
ABD (Associação Brasileira de Desenho) 188, 238, 277, 296, 346, 388, 406, 424, 428, 442-3
ABE (Associação Brasileira de Educação) 187-8, 190-3, 197-8, 202-3, 205, 208-10
ABI (Associação Brasileira de Imprensa) 24, 64, 122, 190, 293, 337-8, 491
Abreu, Décio de 151-53, 233, 396, 486
Abreu, Helena Ferraz de 69
Abreu, Lúcio 454
Abreu, Maria da Glória 151
Abril, Editora 167, 239, 240, 258, 270, 271, 310, 345, 389, 409, 419, 437, 438, 440, 462, 467-70, 474, 480, 481, 484, 486-8
Acquarone, Francisco 62, 69, 82
Adersen Editores 62, 377
ADESP (Associação Brasileira de Desenhistas de São Paulo) 277-8, 305, 346, 388, 406, 410, 426, 429, 432, 447, 474
Agência Distribuidora 151

Agência Periodista Latino-Americana (APLA) 153, 347, 461
Agente Secreto 50, 345
Agente Secreto X-9. Consulte X-9
Agostini, Ângelo 67
Agripino, João 249
Aguiar, Álvaro de 419
Aí, Mocinho 231
Aizen, Adolfo 12, 13, 15, 17-27, 35-40, 43-56, 58-64, 67-75, 78-80, 83-99, 103-4, 108-9, 111-5, 120-3, 125, 127-43, 147-9, 153-61, 164-8, 171-4, 177-8, 188, 190, 201-2, 204, 208, 210, 216, 230-5, 237-40, 251, 253-8, 262-3, 268, 272, 275, 277-8, 281, 290-3, 297, 306-11, 313, 323, 336-9, 344, 348-53, 355-7, 359, 361, 366-8, 370, 375-84, 388-400, 403-5, 418-20, 422, 432, 435-8, 450-1, 461-2, 468, 471, 476, 479, 480, 483, 485-92
Aizen, David 25, 56
Aizen, Isaac 56, 167
Aizen, Lídia 25, 37, 39, 56
Aizen, Luba 21, 83-4, 396, 489
Aizen, Mário 98, 396

Aizen, Nahum 53, 56, 167
Aizen, Naumim 63, 79, 83, 98, 177, 384, 396, 418, 463, 480, 483, 486, 489-90
Aizen, Paulo 98, 396, 483
Aizen, Pavel 55-6
Aizen, Salomon 56-7
Albagli, Fernando 351-2, 382, 483
Álbum Gigante 177, 231, 375, 380, 392, 420
Alencar, José de 69, 142, 172, 357, 377, 382-3
Alferes, Animoso 352
Almeida, Manuel Antônio de 357
Alonso, Carmem 202
Alves, Aluísio 259
Alves, Castro 308, 397
Amado, Jorge 51, 173-4, 357, 377, 382, 462
Amaral, Maria Lúcia 346, 466
Amaral, Tarsila do 74
Amarante, Nalhy 404
Americana, Editora 454, 455
American Foreigner Power 26
Américo, Pedro 163
Anchieta, José de 138, 397
Andersen, Hans Christian 203
Andrade, Almir 157
André, Alberto 283-5, 287, 291
Aninha, a órfã 85
Anísio, Pedro 72, 159
Antigo Testamento em Quadrinhos, O 352
Aragão, Lyrio 407, 429
Aramburu, Pedro 445
Aranha, Graça 173, 357, 382
Aratanha, Samuel de 170, 396
Araújo, Murilo 59, 60, 141, 167
Arrelia e Pimentinha 270, 348
Arruda, Hélio 264
Arstrong, Carroll 149
Arte Gráfica do Brasil 271
Associação Americana das Editoras de Revistas de Quadrinhos (Association of Comics Magazine Publishers – ACMP) 176, 178
Associated Press 151
Athayde, Austregésilo de 491
Aurélio 14, 360
Auriol, Vincent 178, 302
Autores e Livros 157
Aventuras 266
Aventuras de Nhô Quim, As 67
Aventuras de O Anjo, As 419

Aventuras de Roberto Sorocaba, As 51
Aventuras de Zé Caipora, As 67
Aventuras do Caveirinha, As 82
Aventuras Heroicas 272
Aventuras no Far-West 345
Azevedo, Sebastião de 72

Bahia, Nourival 414
Bamba 250
Banco do Brasil 151, 166, 294, 309, 315-7, 371, 398, 454
Bandeira, Manuel 360
Banguê 173, 383
Barata, Agildo 77
Barbosa, Eduardo 348, 407, 464
Barbosa, Ely 426, 429
Barbosa, Ruy 76, 122, 138, 397
Bardi, Lina 275
Bardi, Pietro 275
Barreto, José Geraldo 125, 188, 296, 379, 428, 429, 442-51, 454-8, 464, 474
Barrie, J. M. 121
Barros, Adhemar de 207, 320, 369
Barroso, Ary 44, 191, 192
Barroso, Celso 74, 138, 159
Barroso, Gustavo 357, 360, 375, 419
Barros, Otacílio 482
Barry, Gene 451
Batista, Homero Martins 338
Batista, José Pereira 349
Batman 104, 126, 134, 168, 232, 261, 344, 380, 390, 395, 462, 491
Bat Masterson 451
BBC 153, 472
Beauvoir, Simone de 374
Beck, José Mariano 291
Benário, Olga 107, 319
Bendati, Aníbal 444-5, 448, 458
Benedetti, Lúcia 357, 375
Bentivegna, Gráfica 271
Bentivegna, Salvador 271
Bernardes, Artur 47
Berta, Rubem 450
Bíblia em Quadrinhos 262, 353, 359
Bidu 408
Bilac, Olavo 163, 298
Biografias em Quadrinhos 396-7, 405, 419
Biriba 211, 213-4, 398

530

Bittencourt, Edmundo 237
Bittencourt, Renato 425
Black Terror 232, 268
Bloch, Adolfo 487
Bloch Editores 88, 487
Bloch, Leon 57, 487
Bloch, Pedro 357
Bolinha 345, 421, 439
Bom Humor 265-6
Bonelli, Gian Luigi 236
Borba, Osório 203
Borelli Filho, Francisco 72
Borges, Heitor 137, 139
Borges, Lino 68
Borges, Theodolino de Paula 56
Bortolassi, Almir 407
Boy Comandos 168
Braga, Rubem 213-4
Brandão, Hélio 418
Brandão, Jorge 296
Brand, Salo 26, 489
Brasil 61 428
Brasil, Editora do 267
Brasiliense, Editora 239
Brazil Railway 156
Breiner, Cristóvão 213
Brenner, Oscar 74
Brick Bradford 50, 168, 484
Brito, Mário de 61
Brizola, Leonel 433, 442-7, 451-2, 454-7
Brucutu 50, 80, 98, 134, 163, 298
Buch, Taylor G. 296
Buck Rogers 38, 50, 85, 87
Buffalo Bill 345, 398
Burroughs 26
Buster Brown 68

Caldas, Tupi 121
Callado, Antonio 812, 153
Calmon, desenhista 812
Calunga 456, 466
Câmara, Hélder, dom 421
Caminha, Alcides. *Consulte* Zéfiro, Carlos (pseudônimo)
Camões 125
Campos, Francisco 106, 117, 122, 130
Canaã 173, 382
Cangaceiros 173, 378

Caniff, Milton 330
Canini, Renato 449
Capanema, Gustavo 112, 118, 120, 137
Capitão 7 408
Capitão América 126, 486
Capitão e os Meninos, O 80
Capitão Estrondo, O 380
Capitão Marvel 205, 235, 345
Capitão Meia-Noite 126
Capitão Radar 272
Capitão Z 233
Capricho 240
Cardoso, Fernando Henrique 492
Cardoso, Lúcio 125, 155, 205-7
Cardoso, Nilo 382
Carlos, J. 49, 63, 68
Carne, A 382
Carrero, Tônia 188
Carroll, Lewis 82, 203
Cartilhas de Vargas 119
Carvalho, Afonso de 114
Carvalho, Daniel de 249
Carvalho, Jarbas 122
Carvalho, José Gonçalves de 429
Casa Distribuidora de Publicações Nacionais e Estrangeiras 291
Casa do Livro 151
Casa do Pequeno Jornaleiro, Gráfica 449
Casa-Grande e Senzala 227, 342, 383, 395
Casa Publicadora Brasileira 184
Cassolli, Manoel César 481
Castellar, José de Oliveira 72
Castro, Fidel 452
Cavalcanti, Sandra 421
Cavaleiro Negro 317, 467
Cavaquinho, Nelson 414
CCA (Comic Code Authority) 332
Cencini, Ítalo 266
Ceneviva, Valter 69
Centro Cultural Eduardo Prado 284
Cerqueira Lima, P. B. de 20
CETPA (Cooperatica Editora e de Trabalho de Porto Alegre) 439, 444, 446, 450-1, 454, 456, 458, 463, 473
Chacarian 17, 19, 20, 40, 43

531

Chateaubriand, Assis 48, 101, 110, 123-7, 143, 152, 185, 230, 234, 240, 268, 272, 281, 284, 291, 306-7, 309-10, 320, 344, 372, 389, 419-20, 436-7, 468, 470-2, 491
Chateaubriand, Freddy 154
Chaves, Hamilton 444, 449, 456
Chiacchio, Carlos 58
Chiodi, Victor 271
Chiquinho 68
Chuai, Eduardo 456
Cícero 68
Ciência em Quadrinhos 293, 352, 354, 376, 380, 405, 432
Ciência Ilustrada, Editora 345
Cileme (Levantamentos do Ensino Médio e Elementar) 372
Cileno, Taciel 324
Cinderela 258
Cine-Fan 272
Cinelândia 394
Cinemin 233
Cisco Kid 345
Civita, César 167-8, 230, 239
Civita, Roberto 470
Civita, Victor 239-40, 270, 310, 409, 437-8, 440, 468-71, 480, 484
Classics Illustrated 172
CMAA (Comics Magazine Association of America) 331-3, 337
CNI (Conselho Nacional de Imprensa) 121-2
Coimbra, Gil 382
Coleção King 168
Coleção Novíssima Biblioteca Mirim 168
Coletânea 389
Colin, Flavio 407-8, 419, 448-9, 464, 474
Colonnese, Eugênio 382
Combat 114, 115
Cômico Colegial 266, 268
Comissão de Educação e Cultura 208, 228, 247-8, 250-1, 342, 367, 371-2
Comissão Diretora da Associação dos Pais de Família 324
Comissão do Controle da Literatura Infantil 202
Comissão Orientadora de Literatura Infanto--Juvenil da Secretaria dos Negócios do Governo 207
Companhia Editora Nacional 239

Condé, João 375, 388
Conjuntura Econômica 245-6, 250
Continental, Editora 406-7
Contos de Mistério 270, 272
Contos de Terror 270, 272, 347, 370, 482
Contos Magazine 71-2, 85, 110
Conturzi, Carlos 444
Correia, Oscar 373
Correio da Manhã 35, 59, 64, 202, 215, 237, 260, 320, 356, 371
Correio do Povo 283-4, 286-7, 290
Correio, O 69, 80, 290, 426
Correio Paulistano 221, 239, 263, 426
Correio Universal 68-9, 75, 80, 82
Cortez, Jayme 266-8, 271, 275, 305, 389, 406, 481, 489
Costa, Canrobert Pereira da 320
Costa, Carlos 267
Costa e Silva, Artur da 472
Costa, Lúcio 400
Costa, Miguel 47
Couto, Ribeiro 357
Criança dos seis aos doze anos, A 260-1
Crime Não Compensa, O 266, 272, 274
Crítica 61
Cruls, Gastão 357
Crumb, Robert 482
Cruzeiro, O 27, 81, 124-5, 154, 233, 239, 310, 338, 341, 343, 345, 378, 380, 393, 417, 419-21, 424, 426, 431, 437-40, 461, 467, 472
Cruz, Oswaldo 163, 298, 397
Cultura Moderna, Editora 110
Cunha, César da 299
Cunha, Euclides da 357
Cunha, Vieira da 368
Curvello, Mário de Assis 72

D'Ávila, Antônio 400, 401
D'Onell, Talaia 338
Daia, Anuar 405
Daniel 68
Dantas, Jair Ribeiro 473
Dantas, Orlando 50, 123, 179, 181, 185-95, 198-9, 202-3, 205, 210, 213-4, 216-9, 221-3, 237, 278, 282, 294, 312, 318, 345, 372, 398, 466
Dantas, Raimundo Souza 72

Darvin, Leonard 333
Davidovich, Elias 21, 26, 60
Davidovich, Rebecca 21
DC Comics 149, 175, 329
Deane, Percy 68
DEIPS (Departamentos Estaduais de Imprensa e Propaganda) 118
Delfim, Getúlio 407, 448
DEOPS (Depaartamento de Ordem Política e Social) 121, 469
Departamento Arquidiocesano de Ensino Religioso do Rio de Janeiro 262
Departamento Gaúcho de Defesa da Fé e da Moral 285
Departamento Nacional de Defesa da Fé e da Moral 360
Detective 72, 110, 127, 154, 155
Diário Carioca 20, 35, 40, 135, 137, 139, 192
Diário de Minas 257
Diário de Notícias 32-5, 50, 89, 91, 111, 114, 123, 164, 171, 179, 185, 189-90, 192-3, 196-7, 199, 202-3, 207-19, 222, 231, 237, 260, 263, 278, 291, 303, 318, 345, 378, 398, 466
Diário do Congresso Nacional 312
Dias, Gomez 69
Di Biasi, Renato 72
Dick Tracy 87, 97, 484
Dinis, Júlio 173
DIP (Departamento de Imprensa e Propaganda) 107, 111, 114-5, 117, 118-23, 128, 130, 134-5, 155-7, 163, 185, 192, 210-1, 297, 308, 318, 426
Diretrizes 128, 203
Disney, Walt 50, 68, 130, 167, 239, 491
Distribuidora de Publicações Difusão Cultural 338
Distribuidora Record 151, 268, 438
Distribuidora Record de Serviços de Imprensa 151
DNPD (Departamento Nacional de Propaganda e Difusão Cultural) 117-8
DOP (Departamento Oficial de Propaganda) 117
Dornelles, Ernesto 291
Drummond, Wilson 149, 391
Dumas, Alexandre 380
Dutra, Alciro 74

Dutra, Antônio de Paula 353
Dutra, Eurico Gaspar 106, 112, 316
Dutra, Lia Correia 171

Ebal (Editora Brasil-América) 160, 166-8, 170-2, 177, 216, 233, 236, 239, 254, 262-3, 281, 291, 323, 336, 338, 341, 343-4, 348-59, 366-8, 375-7, 380-4, 388, 390-7, 399, 403-5, 418-20, 422, 431-2, 436-8, 440, 449, 461-3, 466-7, 479, 483, 485-91
EC Comics 272, 329-30, 332, 334-5, 482
Ecos Marianos 283
Edição Maravilhosa 142, 172, 177, 230, 233, 258, 323, 350, 352, 354, 356-7, 375, 377, 379, 380-1, 383, 392, 405, 420, 432, 451, 462-3
Edição Monumental 375, 462
Editor & Publisher 200, 204
Eisner, Will 96, 491
Emoção 270, 272
Empresa Gráfica Santo Antônio 170
Empresa Jornalística Aliança 345
Empresa Jornalística Brasileira 317
Empresas Incorporadas ao Patrimônio Nacional 157
Enciclopédia em Quadrinhos 323
Eneida (pesquisadora) 375, 388
Época, A 278
Epopéia 233, 344, 351, 399, 432, 462
Esquire 165
Estado de S. Paulo, O 114, 239, 427, 428, 430, 464, 476
Estórias Negras 481
Etgen, Alberto 284
Eurídice 392-3
Eu Sei Tudo 27, 454
Euzébio, Antônio 74, 159, 353, 379, 489
Exposição Internacional de Quadrinhos 388

Falcão, Armando 310
Falcão da Noite 85, 168
Falcão Negro 345
Falk, Lee 69, 236, 483
Família Marvel 205, 235
Fantasma de Canterville, O 81, 82
Fantasma e a Guerra na Floresta, O 98

Fantasma, O 69, 80-2, 98, 134, 163, 168, 236, 317, 345, 467, 483-4
Fawcett, Editora 126, 152, 235, 272
FBI (Federal Bureau of Investigation) 325
Federação dos Estabelecimentos de Ensino 324
Ferdinando 80, 484
Fernandes, Millôr 125
Fernandes, Wilson 407
Fernando Chinaglia Distribuidora 271
Ferraz, Maurício 69
Ferreira, Aurélio Buarque de Holanda 360
Ferreira, Bibi 428
FGV (Fundação Getúlio Vargas) 245
Fiction House 126
Filho, Café 361
Filho, Mourão 203
Filho, Théo 357
Firestone 26
Flannery, William 203
Flash Gordon 50, 87, 92, 95-6, 98, 125, 134, 163, 168, 491
Flecha Ligeira 317, 345
Floradas na Serra 128, 357
Folha da Manhã 239, 361, 408, 456
Folha de S. Paulo 239, 456, 464, 465
Folha do Brasil 88, 133
Fonseca, Emi Bulhões Carvalho da 323, 357, 392
Fontes, Lourival 118, 122, 130, 156-7
Fontes, Ofélia 357, 359
Fortuna (desenhista) 425, 464
Fortunato, Gregório 313, 315
Foto Labor 267
Fraccaroli, Lenira 264
Fragoso, Tasso 156
Frajola 345, 491
Franco, Cid 465
Fred e Carequinha 270, 348
Freitas, Carlos 449
Freyre, Gilberto 172, 208, 227-30, 247-8, 341-3, 348, 357, 372, 378, 383, 395, 438, 466
Fundação Romão de Matos Duarte 302
Fuzarca e Torresmo 270, 348

Gabriela, Cravo e Canela 462
Gaines, Bill 330-1, 333, 335, 482
Galleppini, Aurelio 236

Galvão, Arroxelas 50, 80-1, 93, 95-6, 149
Galvão, Jesus Belo 372
Garcia-Roza, Matilde 51
Gastal, Manuel Braga 284
Gato Preto 270, 347, 370
Gautier, Théophile 380
Gazeta, A 68, 206, 239, 282, 378
Gazeta Juvenil, A 69
Gazetinha, A 68-9, 80, 83-4, 245
Gene Autry 233, 344
GEP (Gráfica Editora Penteado) 480, 481
Getúlio Vargas para crianças 120
Ghiaroni, Giuseppe 72
Gibi 13, 93, 94, 96-8, 123, 124, 133, 172, 189, 198, 202, 204, 211, 213-5, 235, 258, 296, 299, 301, 312, 398, 482, 484, 485
Gibi Mensal 97, 98, 172, 200, 202, 213, 235, 258, 484
Gibi Nostalgia 484
Gibi Semanal 484
Gilda 272
Giroflê, Editora 481
Globinho, O 84, 85
Globo, Editora 236, 482
Globo Juvenil, O 79, 80-4, 87, 93, 95, 97, 99, 123, 133, 147, 148-9, 153, 172, 189, 190, 205, 209, 211, 213-4, 235, 258, 296, 392, 396, 398, 484
Globo, O 17, 35, 38, 40, 43-4, 64, 70, 75-82, 93-5, 122, 133, 147-9, 153-4, 172, 185-6, 189-90, 194-5, 197-8, 203, 208-9, 213, 215-6, 222-3, 235, 251-2, 258, 260, 282, 307, 312-3, 315-20, 323, 370, 376-8, 391-4, 398, 426, 436-8, 464, 472, 482
Gógol, Nikolai 167
Goldwater, John 337
Goulart, João 404, 440-3, 454-5, 456, 459, 461, 463, 468, 471-3, 475-6, 479
Goulart, Stella 317
Governador Editora, O 110
Grande Consórcio de Suplementos Nacionais 70, 73, 78, 80, 84, 87, 90, 93, 98, 109, 121, 127, 130, 134, 139, 142, 147-8, 153, 155, 157-8, 160, 165-6, 230, 234
Grandes Figuras 352
Grandes Figuras do Brasil 128, 129, 396
Grandes Figuras em Quadrinhos 396, 397, 405, 432, 462

Grimm, irmãos 203
Guarani, O 69, 172, 382
Guerrilha 398
Guevara, Andrés 307
Guilherme, Isomar 407
Guimarães, Bernardo 357
Guimarães, Josué 290
Guimarães Rosa, João 427
Guimarães, Vicente 183
Guinle, Octavio 23, 24
Gurevitch, Sonia 55
Guri, O 143, 152-4, 213, 241, 296, 299, 301, 420
Gutiérrez, Horácio 266

Hamasaki, Paulo 407
Hasslocher, Cláudio Germano 349
Hearst, William Randolph 165
Hendrickson, Robert C. 329-31
Herói, O 168, 216, 231, 237, 395, 463
Hersen, Sebastião de Oliveira 62
História de Jesus Cristo em Quadrinhos 353
História do Brasil em Quadrinhos 394, 419
História do Cooperativismo em Quadrinhos 448
Histórias da Bíblia Sagrada 262-3
Hitler, Adolf 72, 104-5, 107, 119-20, 155
Hofmeister, Alfredo 284
Homem-Aranha 486, 491
Homem, Homero 237

Idílio, O 230, 258, 380
Ilustração Israelita 60
Instituto Nacional de Estudos Pedagógicos (Inep) 160-4, 171, 183-4, 218, 228-9, 297, 302
International News Service 203
Iracema 377, 383, 384

Jango. *Consulte* Goulart, João
Jean, Ivone 237
Jerônimo, o Herói do Sertão 419
Jim das Selvas 50, 92, 95, 168
JK. *Consulte* Kubitschek, Juscelino
Joffly, Irineu 293, 337
Johnny Trovoada 85, 168
Jornal do Brasil 164, 261, 453, 457
Jornal do Commercio 217, 356
Jornal do Dia 284-5, 288, 291, 366

Jornal, O 48, 260, 375, 475
José Olympio, Livraria 262
JT Lima Editor 110, 127
Juca Cavalo 416
Junglubuth, Nelson 74, 444
Júnior 235-6, 258
Junta Comercial do Rio de Janeiro 166
Júpiter, Gráfica 347
Justo, Ignácio 407

Kefauver, senador 330
Kelly, Celso 209
Kelly, Walt 330
Kfouri, Juca 414
KFS (King Features Syndicate) 50-1, 80, 93, 95, 151, 165, 168, 185, 251
Klayman, Levy 148
Kubitschek, Juscelino 399-400, 405, 421-4, 464, 471
Kurtzman, Harvey 335

Lacerda, Carlos 12, 77, 171, 237, 250-6, 272, 286, 294, 306, 307, 309-10, 313, 315, 320, 372, 388, 472
Lacerda, Eli 481
Laet, Zoia de 202
Lage, João 61
Lanzellotti, José 268, 407
La Selva, Editora 263, 264, 265-72, 276, 345, 348, 370, 389, 406, 408, 419, 423, 441, 480
La Selva, Estêvão 264
La Selva, Jácomo 264, 268, 269, 270
La Selva, Paschoal 264, 270
La Selva, Vito Antônio 264-6, 269, 270
Lassie 393, 491
Leal, Leoberto 249
Leão, Múcio 157
Le Blanc, André 172, 378, 382, 489
Le Blanc, Elvira 172, 382
Lee, Stan 486
Legman, Gershon 178, 263, 296, 326
Leite, Armando 228, 230, 247-9, 251, 296, 372, 402
Leite, Aureliano 282
Leme, Paschoal 189, 191, 197-8
Leo 68
Lessa, Elsie 358, 370

Lessa, Ivan 370
Lessa, Orígenes 157
Liberdade de pensamento e formação da juventude 402
Lima, Cavalheiro 449
Lima e Silva, Rinaldo de 35
Lima, Hermes 467
Lima, Hildebrando de 360
Lima, Salvio Correia 74
Lima, Sérgio 348, 407
Lima Sobrinho, Barbosa 491
Lindembergh 69
Lins de Barros, João Alberto 44-9, 52-4, 69, 70, 73, 79, 87, 89, 115, 120-2, 129, 133, 143, 155, 158, 166, 308-9, 379
Lins do Rego, José 63, 173, 357, 358, 375, 377, 383, 392
Lins, Ulisses 356
Lins, Vieira 312
Litvinov, Maksim 38
Llampayas, Ramón 399, 419
Lloyds Register 58
Lobato, Monteiro 121, 142, 203, 301
Lobinho, O 84-6, 97, 127, 139, 168, 200, 202, 254
Lopes, Renato de Oliveira 166
Lott, Teixeira, marechal 422
Loureiro (desenhista) 68
Louzada, Afonso 297
Love and Death – A Study in Censorship 178
Luís, Washington 47, 61, 77
Luluzinha 345, 393, 421, 439
Lupinha 448, 451, 473
Luquin Filho, Paulo 166
Luz, José Batista da 360
Lyra, Jonas Bahiense 72

Macedo, Joaquim Manuel de 380
Macedo, Roberto 44, 48, 141
Macedo, Sérgio 371, 392
Macffaden Publications 336, 357
Machado, Alfredo 71, 72, 145, 147-54, 172, 233, 235, 268, 292, 328, 336-7, 343, 357, 396-7, 436-8, 440, 482, 484, 486
Machado, Aníbal 203
Machado, João 191
Machado, Sérgio 482
Maciel Filho, José Soares 51-3, 122

Mad 329, 335, 482
Madeira, Alcino 125
Magalhães, Dario de Almeida 124
Magazine Digest 221, 232, 389
Mágico de Oz, O 82
Magno, Paschoal Carlos 464
Malagola, Gedeone 347, 407, 429
Malho, O 17, 23, 25, 27, 35-7, 44, 45, 48, 61-4
Manchete 380, 400, 417
Mandrake 50, 87, 92, 168, 236, 298, 317, 345, 483-4
Manha, A 110
Manhã, A 110, 128, 156, 157, 231
Manhães, Maria 202
Maranhão, Jarbas 249, 250, 372, 402
Marinho, Francisca 76-7, 472
Marinho, Irineu 75-7, 156, 315
Marinho, Ricardo 472
Marinho, Roberto 12-3, 17-9, 40, 43-4, 64-5, 70, 73, 75, 77-81, 84-5, 87, 90, 93-9, 103, 108, 113, 115, 119, 121-4, 127, 131-3, 142-3, 147-9, 151, 153, 158, 168, 171-2, 179, 181, 185-6, 189, 190-9, 201-3, 205, 208-10, 213-8, 223, 230-1, 234-6, 250-6, 258-60, 268, 272, 275, 279, 281-2, 284, 289, 292, 294-5, 297-300, 302-3, 305-7, 310, 312-3, 315-20, 323-4, 344, 360-1, 370-2, 375-8, 389, 391-4, 397-8, 400, 419, 436-8, 445, 468, 470-2, 476, 479, 482, 484-5, 491
Marinho, Roberto 286
Marques, Sarah 214, 216
Martins, Itajaí Feitosa 361
Martins, Luís 50, 74
Marvel Comics 150, 329, 332, 334, 345, 486-7
MASP 275
Massarani, Renzo 130
Massena, Nestor 373
Mata, Ernesto da 429
Matos, Eurycles de 77
Mazzaropi 270, 348
McCarthy, Joseph 326, 329
MEC (Ministério da Educação e Cultura) 425-6, 428, 431, 464
Medeiros, Maurício de 192
Medo 270, 347
Meira, Mauritônio 390
Meireles, Cecília 44, 174, 231, 351

Melhoramentos, Editora 239
Mello, Messias de 68, 69
Mendonça, Carlos Sussekind de 303
Mendonça, Edgar Sussekind de 189, 198, 209, 303
Meneghetti, Ildo 288, 368
Menezes, Chilra 202
Menezes, Eurípedes Cardoso de 358, 376
Menezes, João 356
Menezes, José 464
Menino de Engenho 63, 173, 377, 392
Meskin, Mort 268
Messias, Daniel 426, 429
Mickey 68, 240
Migliori, Gabriel 207
Milliet, Sérgio 430-1
Milton, John 490
Mindinho 231, 256
Miranda, Maria da Rocha 397
Miranda, Nair da Rocha 399
Mirim 86, 92-3, 97, 111-2, 124, 127, 129, 139, 159
Mirim Meio-De-Mês 86
Mirim Mensal 86
Montalbán 351
Monteiro Filho 44, 48, 51, 98, 353, 395, 483, 489
Monteiro, Gutemberg 371, 375, 407, 464
Monteiro, Maria 51
Morais, Clóvis Kruel de 121
Moreira, Aníbal 349
Moreira, Ildeu 74
Moreira, Josimar 451
Moreira, Thiers Martins 166
Morel, Edmar 291-2, 294-9, 301-2, 304-5, 310, 312
Moreto, Ambrósio 355
Moses, Herbert 24-5, 64, 376
Motta Filho, Cândido da 467
Mottini, João 449, 458
Moya, Álvaro de 275, 305, 389, 404-5
Müller, Filinto 47
Mundo, O 214
Muralha, A 128, 173, 357
Murphy, Charles 337
Musial, Joe 330
Mussolini, Benito 72, 77, 103-6, 108, 117, 119-20, 178

Mythos Editora 236

Nação, A 24-5, 44, 46-9, 51-3, 62-3, 68-70, 73, 122, 464
Nação Armada 114, 115
Narbal 357, 359
Nássara, Antônio Gabriel 122
Nasser, David 310
NCS (National Cartoonists Society) 330
NEA Syndicate 165
Negromonte, Álvaro 164, 261-3, 283
Nery, Sebastião 469
Neto, Amaral 247
Neto, Coelho 357
Neto, João Maia 444
Neto, Luiz da Costa 137, 139, 157-8, 165
Neto, Luiz Vicente 480
Neto, Manoel 267
Neumann, Theobaldo 287-8, 290-1
Neves, Berilo 25, 35
Neves, Tancredo 288, 292, 313, 441
Nicolau ii, czar 55, 56
Niemeyer, Oscar 400
Nogueira Porto, Luiz Almeida 86
Noite, A 35, 63, 75-6, 98, 134, 156-60, 165-7, 186, 202, 254, 318
Noites de Terror 270, 347, 370
Norberto, Cândido 291, 293, 337-8, 365-6
North, Sterling 173, 175
Nosso Amiguinho 184
Novo Gibi Juvenil 235
Novo Mundo, Companhia Gráfica e Editora 270-1, 347
Novo O Globo Juvenil 235
Nowlan, Philip Francis 38
Odilon, Juarez 407
Oku (dsenhista) 425
Oliveira, José Danton de 284
Oliveira, Manuel Lopes de 438, 473
Oliveira, Norival Diniz de 484
Oliveira, Reinaldo de 268-9, 275, 278, 305
Oliveira, Rubens de 393, 398, 438, 468
Olympio, José 173
Orbis Publicações 270, 345, 347
Ordem, A 61, 69
Orico, Osvaldo 356-7
Orlando, Eronildes 166
Oscarito e Grande Otelo 270, 348

Osório da Rosa, Manoel 288
Osório, general 397
Outcault, Richard F. 68
Outubro, Editora 408, 423-4, 441, 480-1

Pacheco, Mário 74
País, O 61
Panamerican 26
Papai Noel 233, 344
Pato Dizzy, O 272
Pato Donald, O 240
Pavão, Ary 70
Pedras Altas 323, 392
Pedro II, dom 397
Pedrosa, Mário 425
Peixoto, Afrânio 357
Peixoto, Luís 44-5, 47-8, 70
Pelé 93, 421, 427
Pena, Martins 357
Penna, Alceu 81, 82, 83, 153
Penteado, Darcy 266
Penteado, Miguel 267, 275, 305, 389, 406, 408-9, 480-1
Pequenina 344, 420
Pequeno Xerife 235-6, 255
Pereira, J. 426, 427, 428
Pereira, Propício 69
Pererê 422, 424-5, 439, 446, 451, 466, 472
Pernalonga 256, 486, 491
Perón, Juan 446
Pessoa, Epitácio 75
Peter Pan 121
Petiz 345
Piaget, Jean 390
Piazito 448, 451
Picchia, Menotti del 357-8, 366, 378, 465-6
Pimenta, Matos 61
Pimentel, Menezes 356
Pinduca 50, 92, 344
Pinheiro Machado, senador 76
Pinóquio 69, 87
Pinto, Estevão 383, 395
Pinto, Magalhães 359
Pinto, Ziraldo Alves 231, 422, 424-5, 439, 446, 451, 464, 466, 472-4
Pio XII, papa 116
Pires, Herculano 429
Pitanga, Cauby 64

Piza, Francisco de Toledo 444
Pizzi, Orlando 407
Playboy 414, 417
Polícia 258, 266
Pompéia, Raul 357
Pongetti, Henrique 82-3
Popeye 50, 92, 185, 344
Porto, Hélio 407
Poyares, Walter Ramos 259-60, 323, 472
Preiss, José de Oliveira 289
Prestes, Júlio 47, 61
Prestes, Leocádia 319
Prestes, Luís Carlos 47, 107, 319, 379
Primaggio (desenhista) 464
Primeira Exposição Didática Internacional de Histórias em Quadrinhos 275
Príncipe Valente 50, 484, 488, 491-2
Publicidade & Negócios 172, 281, 397, 461, 468, 469, 470
Pupe, Arno da Fontoura 291, 338, 368

Quadros, Jânio 17, 238-9, 410, 411, 417, 422-6, 429-32, 435-7, 440-3, 447, 462
Quatro Rodas 469, 471
Queiroz, Dinah Silveira de 128, 173-4, 356-7
Queiroz Filho 299
Queiroz, João Batista 407
Quem Foi? 233, 258, 350, 357, 380

R. Dupuy Editor 110
Rabello, Sílvio 358
Rádio Nacional 134, 156, 376
Raio Vermelho 239, 240, 258
Ramón (desenhista) 422
Ramos, Rui 249
Rataplã 79
Raymond, Alex 125
Record, Editora 151-3, 235, 269, 336, 347, 396-7, 408, 436-8, 461, 482, 486
Reis, Sólon Borges dos 263-4
Reizinho, O 92, 202, 205
Repartição de Línguas Estrangeiras da Secretaria de Estado dos EUA 260
Revista da Semana 27, 35, 259, 454
Revistas Unidas Ltda. 266
Rheinstrom, Carroll 336-7, 357-8
Ribeiro, Carlos 375
Ribeiro, Hermínio Nunes 166, 349

Ribeiro, Júlio 382
Ricardo, Cassiano 157, 207-8
Ricardo, Sérgio 421
Ridgeway e Jones 259
Rinehart & Company 324
Rio Branco, barão do 163, 298
Rio Editora 156
Rio Gráfica e Editora (RGE) 235-6, 239, 294-5, 312, 317, 323, 338, 343, 345, 348, 371, 391-4, 398, 408, 419, 426, 431, 436-8, 440, 461, 467-8, 472, 482, 484, 486
Roberg, Silas 275
Robinson, Jerry 268
Rocha, Geraldo 75-6, 156, 318
Rocky Lane 345
Rodell, Fred 165
Rodrigues, Chagas 249
Rodrigues Filho, Mário 61
Rodrigues, Ivan 419, 489
Rodrigues, Ivan Wasth 383
Rodrigues, Mário 61
Rodrigues, Nelson 61, 81-3, 153-4
Rohnelt, José Luiz 231-2
Romance em Quadrinhos 323, 392
Rondon, Marechal 343, 397
Roosevelt, Franklin Delano 26
Rosalinda 233, 355, 380
Rosemberg, Luís 153
Rothberg, Phillip 37, 39
Roy Rogers 233, 344, 491
Ruder & Finn Associates 337
Ruy (desenhista) 426

Sá, Luís 68
Sacchetta, Hermínio 389
Sadoul, Georges 109, 112, 175
Saidenberg, Luiz 407, 429, 448
Sales, Herberto 357, 383
Salgado, Plínio 77, 105, 106
Salzano, Liberato 368
Sammarco 69
Sampaio, Djalma 81-3, 148
Sana-Khan 17, 19-20, 40, 43, 64
Sant'Anna, João 69
Santa Rosa (ilustrador) 51
Santo, O 345
Santos, Eugênio dos 214, 216
Santos, Ponciano dos 249

Saraiva, Editora 239
Sartre, Jean-Paul 374
Sayão, Walter 298
Scherer, Vicente 285
Schmidt, Augusto Frederico 63
Schuck, Lauro 443
Scott, T. T. 126
Scott, Walter 142, 230
Scudellari, Jorge 407
Seduction of the Innocent, The 324, 326, 328, 390, 401, 481
Seleções de Modinhas 265, 272
Seleções de Rir Ilustrada 266, 272, 274
Seleções do Reader's Digest 165, 184, 389
Sepé Taraju 448, 449, 451
Série Sagrada 352-4, 359, 376, 380, 405, 420, 432, 462
Serviço de Divulgação da Secretaria de Segurança Pública do Estado 207
Serviço Social 264
Serviço Social da Indústria (SESI) 183, 184
Sesinho 183, 184, 192
Setúbal, Paulo 357
Shazam! 234, 235, 258, 398
Shimamoto, Julio 407, 409, 410, 426, 429, 447, 448, 474
Show of Violence, The 178
Silva, Augusto Álvaro da 358
Silva, Carlos Henrique e 419
Silva, Ernesto 400
Silva, Fernando Dias da 74, 139, 159
Silva, Renato 296
Silva, Roberto 414
Silveira, Osvaldo da 44, 48
Sobrenatural 270, 272, 347, 370
Sociedade Anônima Impressora Brasileira (SAIB) 240
Soglow, Otto 202
Sousa, Mauricio de 407-8, 410, 429-30, 432, 440, 447, 465, 474, 480, 484, 489
Souza, Cláudio de 270, 407, 440, 470
Souza, Waldir Igayara de 407
Soveral, Hélio do 72, 483
Spirit, The 484, 491
Steinbruch, Aarão 282, 291-2, 295-7, 305, 312-3, 319, 367, 371, 373
Stevenson, Robert Louis 230
Stewart, Brown & Associados 172

Stoker, Bram 310
Sued, Ibrahim 484
Super-Homem 97, 134, 197, 484
Superman 168, 200, 202, 232, 234, 254, 258, 380, 390, 395, 462-3, 491
Suplemento Infantil 45, 49, 51-2, 68, 70, 134, 159, 418, 491-2
Suplemento Juvenil 70-5, 78, 80-1, 83-7, 90-1, 95-8, 109, 111-2, 115, 124-5, 130, 132, 134-5, 138-43, 147-8, 153, 159-60, 163, 166, 168, 188, 213, 238, 245, 267, 377, 392, 396, 405, 419, 491
Suplemento Policial em Revista 55, 70, 71, 86, 109, 112, 147, 166
Sussekind, Carlos 303

Taiani, Antonieta 285, 286
Taíka, Editora 481
Tamandaré, almirante 163, 298
Tarso, Paulo de (ministro) 464
Tarzan 38, 50, 85, 97, 256, 380, 395, 462, 484, 486, 491
Tavares, Henrique 80, 95
Távora, Juarez 422
Teixeira, Auro 266
Teixeira, Flávio Luiz 448
Teixeira, Napoleão 298, 299
Tempo, O 389
Terror Negro, O 12, 256, 268-9, 272-3, 275, 370, 480
Tex Willer 236
Theo 68
Thiré, Carlos (Arthur) 188
Thiré, Cecil 188
Tico-Tico, O 17, 40, 58, 63, 67-8, 98, 122, 163, 212, 245, 296
Time 176, 178, 335
Time-Life 398, 468, 470, 471, 472
Torelly, Aparício 110
Tornaghi, Hélio 297
Torres, Ernani 429
Tribuna da Imprensa 12, 237, 247-8, 250-1, 253-4, 261-2, 265, 272-4, 286, 307, 310, 378, 388
Tribuna Popular 197
Trigueiro, Osvaldo 467
Turma da Mônica, A 447, 474, 480

Última Hora 237, 251, 262, 282, 289, 291, 294, 296-300, 303, 305-8, 310-2, 314-8, 320, 333, 368-9, 378, 388, 390, 430, 444-5, 450, 453, 457, 471
União Democrática Nacional (UDN) 191, 228, 315
United Press 151

Vamos Ler! 120, 159, 160
Vargas, Benjamim 319
Vargas, Getúlio 17, 19, 44, 47-8, 51, 53, 61, 64, 69, 72, 77, 89, 98, 104-8, 114-5, 117-22, 128-9, 133, 135, 142-3, 155-8, 165-7, 185, 190, 231, 236, 245, 251, 254, 277-8, 281-283, 289-290, 306-7, 309, 313, 315-6, 318-20, 373, 422-3, 441
Vaselli, Lanfranco 444
Vaz, Rubem 313
Vecchi, Editora 68-9, 163, 235-6, 255, 484
Vergara, Pedro 191, 203
Viana, Brito 206, 263
Viana, Sérgio Rodrigues 166
Vicente Ragonetti Editor 110
Vida Doméstica, Editora 152, 347, 389
Vidal, Jarbas 204
Vieira, Arlindo 113-6, 128, 130, 210, 297, 299
Vigilante Rodoviário 408
Villone, José Maria 446, 454
Visconti, Eliseu 351
Vogt, Flávio 365
Vogue Publicidade 172
Voz do Brasil, A 114, 118

Wainer, Artur 310, 377
Wainer, Samuel 128, 237, 251, 279, 282, 289, 291-2, 294-5, 297, 300, 302, 304-10, 312-3, 315-20, 349, 377, 388, 390, 444, 457
Walpeteris, Guilherme Sigismundo 266
Weissmuller, Johnny 97
Wells, H. G. 153
Weltman, Moisés 419
Wertham, Frederic 175-6, 178, 198, 200-1, 205, 211-2, 263, 296, 298, 321, 324-31, 337, 389, 400-1, 481-2
Western Printing 486
Wey, Waldir 407
Wilcelmann, Hugo 74

Wilde, Oscar 81, 167
World of Fanzines, The 481

X-9 50, 168, 172, 255, 258, 295-6, 299, 301, 312, 394, 484

Yantok, Max 68

Zampol, Fioravante 369
Zé Candango 449, 453
Zéfiro, Carlos (pseudônimo) 188, 411, 413-8
Ziembinski 154
Ziraldo. *Consulte* Pinto, Ziraldo Alves
Zorro 344, 380, 395, 462, 486, 491

Este livro foi publicado em outubro de 2023 pela Conrad Editora, impresso pela Leograf.